广视角·全方位·多品种

权威·前沿·原创

2011年
世界经济形势分析与预测

中国社会科学院世界经济与政治研究所
主　编／王洛林　张宇燕
副主编／孙　杰

WORLD ECONOMY
ANALYSIS AND FORECAST(2011)

社会科学文献出版社
SOCIAL SCIENCES ACADEMIC PRESS (CHINA)

法律声明

世界经济黄皮书编委会

主要编撰者简介

王洛林　男，1938年6月出生，湖北黄冈人，1960年毕业于北京大学经济系，曾任厦门大学副校长、中国社会科学院常务副院长；现任中国社会科学院特邀顾问，中国社会科学院研究生院教授、博士生导师。研究领域：国际贸易、国际投资、世界经济、宏观经济和金融等。代表性作品有：《苏联模式和经济改革》（1993）、《关于国有外贸企业转换经营机制的几个问题》（1995）、《当前日本金融危机》（2001）、《国际金融危机对中国经济的影响》（2008）等。

张宇燕　男，经济学博士，中国社会科学院世界经济与政治研究所研究员、所长。中国世界经济学会副会长，中国国际关系学会副会长，中华美国国际关系学会副会长。曾先后就读于北京大学和中国社会科学院研究生院。主要研究领域包括国际政治经济学、制度经济学等。著有《经济发展与制度选择》（1992）、《国际经济政治学》（2008）、《美国经济论文集》（2008）等。

孙　杰　男，中国社会科学院世界经济与政治研究所研究员，中国世界经济学会常务理事。主要研究领域包括国际金融、公司融资和货币经济学。著有《货币和金融：金融制度的国际比较》（1998）、《汇率与国际收支》（1999）和《资本结构、治理结构和代理成本：理论、经验和启示》（2006）等。

中文摘要

面对国际金融危机的冲击，在各国政府的共同努力下，世界经济在2010年成功摆脱了衰退。然而复苏的进程并不顺利，还存在着诸多不确定因素。首先，世界主要国家前期的货币扩张还没有消化，第二轮数量宽松又来了。货币扩张究竟将在什么时候演变为全球性通货膨胀，将对全球大宗商品市场价格产生什么样的影响，目前还难以准确判断。其次，应对危机的财政刺激方案加剧了不少国家原本就已经捉襟见肘的财政状况，并在2010年初爆发了欧洲主权债务危机。未来可能爆发的全球性主权债务危机成了威胁世界经济平稳复苏的达摩克利斯之剑。再次，新兴市场经济体与发达国家之间在复苏时间和幅度上的差异使得国际经济政策的协调问题成为热点，加剧了全球经济再平衡的难度。是否会因此出现全球贸易战和货币战，发展中国家将在后危机时代发挥哪些新作用，都还有待观察。最后，新的金融监管框架在短期内将给国际资本流动带来什么样的冲击、在长期内能否起到稳定金融市场的作用都还是未知数。总之，判断世界经济的未来走势，分析当前世界主要国家的宏观经济形势，研究全球主权债务危机、贸易战和汇率战的可能性，评价当前的金融监管改革等，构成了本书的内容和价值。

Abstract

Under the joint effort of the governments of many countries, the world economy has recovered in 2010 from the recession caused by the global financial crisis. However, the recovery is not smooth and uncertainties remain. First, while the major countries in the world have yet to absorb the effect of monetary expansion amidst the global crisis, a second round of monetary loosening is on the way. It's now difficult to figure out whether the monetary expansion will evolve into a global inflation and consequently how the world commodity prices will be affected. Second, the stimulus fiscal packages adopted by some countries have worsened the governments' already debt-ridden fiscal position, and have led to the European sovereign debt crisis in the beginning of 2010. The possibility of a worldwide sovereign debt crisis looms to threaten the world economic recovery. Third, the emerging market economies have recovered sooner and more substantially than the developed economies, making it a difficult issue to coordinate the global economic policies and realize the rebalance of the global economy. It remains to be seen whether there will be global trade wars or exchange rate wars, and what kinds of new roles there are for the developing countries to play in the post-crisis ear. Finally, what is the impact of the new financial supervision framework on the international capital flows in the short run? Can it stabilize the financial market in the long run? This book addresses the above issues. It forecasts the development trend of the world economy by analyzing the microeconomic situation of the major countries. It tries to verify the possibility of the global sovereign debt crisis, trade wars and exchange rate wars. Assessment of the global financial regulation reform is also a main content of the book.

目 录

YⅠ 总论

YⅡ 国别与地区

YⅢ 专题篇

YⅣ 世界经济统计与预测

皮书数据库阅读使用指南

CONTENTS

Y I Overview

Y II Country / Region Study

Y III Special Reports

YIV Statistics and Forecasts of the World Economy

总 论

Overview

Y.1 2010~2011年世界经济形势分析与展望

张宇燕 田 丰*

摘 要：2010年全球经济走出衰退并进入缓慢且不稳定的复苏期。经济复苏在不同经济体中显示出相当大的差异性，主要表现为发达国家复苏乏力，主要新兴经济体增长迅速。与之相伴的是发达国家通缩风险和主要新兴经济体通胀风险并存。国际金融稳定性得到改善但仍然面临诸多不确定性。国际贸易与投资实现复苏性增长但可持续性仍待观察。大宗商品价格基本恢复并大致稳定在危机前水平。全球治理在金融等领域正在取得一定进展。工业化国家债台高筑对全球复苏及长期稳定增长投下了阴影。"再平衡"问题愈发成为巩固复苏和实现长期增长的关键议题。2011年世界经济将继续维持缓慢且不平衡、不稳定增长的可能性较大。

关键词：复苏 通胀 再平衡

* 张宇燕，中国社科院世界经济与政治研究所研究员；田丰，中国社科院世界经济与政治研究所副研究员。本文作者感谢孙杰教授和黄薇博士为本文提出的很好的建议和所做的校改工作。在写作过程中，本文参考了本书其他的章节。

一　走出危机进入复苏的2010年世界经济

在2009年经历了“二战”后首次产出负增长后，得益于各国反危机措施以及微观经济主体的自我适应性调整，2010年世界经济开始步入低速增长且不均衡的复苏期。2009年第四季度和2010年第一季度，世界主要经济体增长势头迅猛，其中贸易高速恢复，似乎应和了部分国际机构和经济学家“V”形复苏的判断。随着2010年第二季度和第三季度世界经济增长乏力，全球复苏前景又开始变得复杂。按照国际货币基金组织（IMF）2010年10月发布的《世界经济展望》报告，2008年全球产出按购买力评价（PPP）① 计算增长3%，2009年为-0.6%，在目前已知的上半年季度数据和部分前三季度数据基础上，IMF推断2010年全球产出增长率为4.8%，达到74万亿美元；按市场汇率计算三年相应数字分别为1.8%、-2.0%、3.2%，其中2010年的产出额约为62万亿美元。② 这一估计同去年本报告所做的2010年全球产出增长2%～3%的预测方向相同且偏差不大。从负增长到正增长并且正增长已经持续了四个季度，显示出世界经济正在从第二次世界大战以来最为严重的经济危机或“大衰退”（the Great Recession）中艰难走出，进入缓慢且不稳定、不平衡的复苏期。如果再出现衰退，那也将是一次新的衰退，而不是“二次探底”。概括地讲，2010年世界经济复苏呈现以下八个特征。

其一，全球经济呈现普遍复苏局面。无论是发达经济体还是新兴经济体或其他发展中经济体，无论是北美、欧洲还是亚洲、非洲、拉美，无论是燃料出口国还是进口国，基本上均实现一定程度的正增长。据IMF预测，2010年全球经济将增长4.8%。

---

① 对全球产出的计算，国际货币基金组织分别给出了按购买力平价（PPP）和按市场汇率两组数值。鉴于发达经济体按市场汇率计算的产出值通常高于按购买力平价计算的产出值，而发展中经济体或新兴经济体往往相反，因而两种计算的增长率之间是有不小差距的。1992～2001年间按市场汇率计算的全球产出增长率比按购买力平价计算的全球产出增长率平均低0.6个百分点，2002～2009年间平均低1.1个百分点，其中2008年低1.2个百分点，2009年低1.4个百分点。根据两种方法计算的2009年全球产出总额之差高达21%。本报告引用的IMF数据，除非特别说明，均出自 *World Economic Outlook*, Oct. 2010。

② 除非特别说明，本报告所用产出增长率都是按照PPP计算得出的。不过其间有1个多百分点的差异，说明两种计算方法都有一定的局限性。对此我们需要给予足够的关注。

其二，全年经济复苏呈现前高后低的走势。2010 年第一季度延续了 2009 年第四季度以来的强劲复苏态势，[①] 但此后主要受欧洲主权债务危机影响全球经济复苏势头有所减弱。

其三，世界经济复苏强度不足、速度缓慢。虽然 2010 年全球产出 4.8% 的年增长率明显高于过去 18 年来 3.37% 的平均增长速度，但是该增速是在 2009 年世界经济增长 -0.6% 的基础上取得的，故不可高估。另外，从绝对值看，美国、欧元区和日本等主要发达经济体，以及中东欧和多数独联体国家 2010 年第二季度产出仍未恢复到危机前水平。[②]

其四，发达经济体目前的复苏仍属于无就业复苏，消费和投资活动始终处于低迷状态，加重了投资者对未来经济复苏的担忧。2009 年发达经济体 GDP 增长率为 -3.2%，失业率为 8%；而 2010 年预计经济增长率恢复至 2.7%，而失业率则进一步扩大至 8.3%。[③]

其五，各经济体复苏步伐不一、增长速率各异。发达经济体的低水平增长与发展中经济体的高速增长形成鲜明对照。2010 年亚洲发展中经济体经济增长速度预计高达 9.4%，是世界预期经济增长率 4.8% 的近两倍，是发达经济体 2.7% 的预期增长率的 3.5 倍。

其六，主要国家之间经济实力对比出现变化。由于多年来经济增长速度上的差异，特别是在发生经济危机的 2008～2009 年间，新兴经济体整体权重得到提升，按市场汇率计算，中国经济总量在 2010 年达到 5.7 万亿美元并一举超过日本而成为全球第二大经济体，显得尤为耀眼。

其七，在众多不确定因素的作用下，世界经济复苏的前景尚不明朗。经济复苏程度的差异，带来了国际合作方面的障碍。而部分国家国内经济的持续低迷将导致国际形势更为严峻，在复苏势头持续的同时世界经济下行风险加大。

其八，在巩固经济复苏势头实现全球平衡快速增长的政策实施方面，主要经济体之间存在分歧，并主要表现在如何解决经常账户不平衡问题上。

---

① 上半年全球经济增长率为 5.25%。

② 危机前水平以 2008 年第二季度 GDP 代表。

③ IMF 预计美国 2010 年 GDP 增长速度为 2.6%，而失业率将从 2009 年的 9.3% 上升至 2010 年的 9.7%；欧洲 2010 年 GDP 增长速度为 1.7%，失业率从 2009 年的 9.3% 上升至 2010 年的 10.1%。

二 主要经济体的运行表现

世界最大经济体美国在经历了连续四个季度的同比负增长之后，2009 年第三季度转为 1.6% 的正增长，第四季度增长幅度更是高达 5.0%，2010 年前两个季度分别为 3.7% 和 1.6%，据美联储 2010 年 7 月发布的货币政策报告估计，2010 年和 2011 年美国产出增长率将向 2.5% ~2.8% 长期均衡水平靠拢。比较而言，IMF 对美国 2010 年的增长预期更为乐观一些，即 3.1%。2010 年 9 月下旬美国“国民经济研究局”（NBER）正式宣布，始于 2007 年 12 月的本轮经济衰退历时 18 个月，已于 2009 年 6 月正式结束。对美国实现复苏贡献最大的是国内私人投资和个人消费支出的增长。但它们的增长是否能够持续、净出口和政府投资日益枯竭会在多大程度上迟滞美国经济增长，都是很大的问题。失业率居高难下，消费者和投资者信心仍未完全恢复，以稳定金融市场为主要目标的救市政策虽取得一定效果但已几乎走到极限，大量流动性外溢削弱了宽松货币政策刺激国内需求的能力，核心通货膨胀率和产能利用率在历史低位徘徊显示出经济形势还不乐观，创纪录的国债加剧了美国平衡内外经济的难度。所有这一切均可被视为 2010 年后两个季度美国经济增速下滑的原因。面对增长放缓风险的不断上升，2010 年 9 月奥巴马政府又公布了一项总额为 3500 亿美元的财政刺激方案，其中包括 500 亿美元为期 6 年的基础设施升级计划；11 月美联储宣布继续实施数量宽松政策，金额高达 6000 亿美元。基于以上分析，我们预计美国 2010 年实现 2.5% ~3.0% 的增长可能性较大，2011 年超过 2% 则有一定难度。

虽然在对待经济问题、特别债务问题的方式上欧洲与美国存在分歧，但欧元区的经济复苏步伐大体与美国相同。2009 年欧元区经历了 -4.1% 的“二战”后最严重的衰退。鉴于经济刺激方案起到了一定作用，再加上全球经济整体回暖对欧元区出口的带动作用，欧元区 2010 年实现了正增长，第一季度同比增长 0.8%，第二季度为 1.9%，经济开始进入复苏期。然而，肇始于希腊的主权债务危机为欧洲的平稳复苏投下了巨大的阴影，并迅速蔓延至葡萄牙、西班牙和爱尔兰等国。占欧元区 GDP 总值不到 3% 的希腊债务危机引发如此之大的恐慌，表明了欧元区经济复苏的脆弱性。时至今日，尽管欧盟和 IMF 联合推出了 7500 亿欧元的救援计划，尽管加强财政纪律和进一步协调财政政策日趋成为共识，但欧

洲主权债务危机扩散的风险依然没有完全消除。就经济走势看，欧元区实施的财政紧缩政策和部分国家正在推行的退出战略，已对经济复苏施加了负面影响，并引发了较为激烈的社会矛盾。虽说欧元区就业形势恶化的势头在2010年得以抑制，但10%的失业率仍处于较高水平，劳动力市场的复苏慢于整体经济复苏的局面势必对消费增长产生一定的阻滞作用。在欧元区内部，各成员国在复苏速率上的不平衡十分明显，比如2009年德国和法国增长率之差为2.17%，而2010年预计将近1.77%，[①] 这可能会影响到整个欧元区经济复苏的稳定性。IMF预测欧元区2010年将增长1.0%，欧洲中央银行（ECB）的估计是1.4%～1.8%。[②] 无论哪种预计，我们均不难想象，欧洲的复苏将会步履蹒跚。

与美国和欧元区类似，日本在2009年经历了－5.2%的增长后，于当年第三季度经济增长开始由负变正，并实现了连续三个季度的环比正增长，增速分别为1.0%、1.1%、0.1%，而对增长贡献最大的是净出口，分别为0.6、0.6、0.4个百分点。据日本大和证券研究所（DIR）估计，2010年日本第三季度和第四季度的环比增长率分别为0.5%和0.1%，全年增速为2.7%。虽然2011年增长率预计会进一步下滑至1.2%，但与2008年和2009年连续两年的经济萎缩相比，这已经算是不错的业绩了。导致日本经济增速放缓的直接原因有二：日元升值及连带的海外需求减少使得净出口对增长的贡献率剧减（2010年后两个季度和2011年前两个季度净出口对GDP增长的贡献分别预计为0和0.1个百分点）；日本民主党修正政策以求到2015年把财政赤字占GDP比重减半。[③] 同时，长期制约日本经济的因素将依旧，包括处于历史高位的失业率，顽固的通货紧缩，巨大的政府债务等。值得注意的是，IMF对日本经济走势的估计与日本大和证券的估计存在明显差距：2010年日本经济增长1.9%，2011年为2.0%。虽说两组数据都相差0.8个百分点，但一个趋快一个趋慢。这种预测方向上的差异本身，就在某种程度上显示了日本经济复苏的不确定性。

和发达经济体迟缓复苏形成鲜明对比的是新兴经济体较为强劲的复苏。整体看，新兴经济体的增长速度从2008年的6.1%降为2009年的2.4%后，2010年

---

① IMF，WEO数据库。

② ECB，*Monthly Bulletin*，September 2010；*Statistics Pocket Book*，September 2010.

③ Daiwa Institute of Research，*Japan's Economic Outlook*，Autumn 2010.

迅速回升，IMF 预计将达到 6.3%，2011 年还会提高到 6.5%。仅就新兴经济体中具有代表性的“金砖四国”而言，巴西 2009 年经历了 0.2% 的负增长，并在当年后两个季度开始复苏。据联合国拉美和加勒比经济委员会（ECLAC）提供的数据[①]，2010 年第一季度巴西经济同比增长高达 9%，预计全年 7.6%，2011 年为 4.5%。即使是按 IMF 比较审慎的预测，巴西 2010 年的增长率也将达到 5.5%，而 2011 年为 4.1%。俄罗斯是“金砖四国”中受金融危机打击最大的国家，2009 年经济增长率为 -7.9%，这和 2008 年 5.6% 的增长率形成鲜明的对比。2009 年第四季度俄罗斯经济止跌回升，预计 2010 年增长 4.0%，2011 年为 3.3%。相对而言，印度受金融危机的影响要小得多，其 2009 年的增长率为 5.7%，仅比 2008 年低了 1.6 个百分点，2010 年上半年增长迅速，预计全年增长 8.8%。尽管印度 2011 年增长率可能略有下降，但仍有可能保持 8.4% 的较高增长。中国和印度一样，虽受到金融危机的影响，但由于及时采取了应对措施，经济增长率在 2009 年达到 8.7%，预计 2010 年为 9.9%，2011 年为 10.0%。[②] 由于中印两国从经济总量上看都未出现衰退，进而也谈不上复苏。这表明这两个国家以及巴西，它们今天及未来面临的紧迫和基本问题都还不是维持或巩固复苏，而是其他的一些问题，比如如何管理通货膨胀预期或抑制物价，如何应对发达经济体释放出来的大量流动性，如何在全球进入低速且不平衡增长期间转变增长方式以实现可持续发展，等等。从 IMF 和其他机构所做的预测看，“金砖四国”2011 年的经济走势总体是稳中趋缓的，但增长速度还是明显高于发达经济体。这预示着全球经济增长的不平衡性仍将在下一年中得以继续。

三　国际贸易与投资实现复苏而能否维持高增长仍存疑问

全球金融危机的爆发严重地打击了世界贸易活动，2009 年世界实际贸易增长率出现了“二战”后最大幅度的负增长（-12.2%），名义增长率更是降低了

① ECLAC, *Economic Survey of Latin America and the Caribbean 2009 - 2010*, Briefing Paper, July 2010; *Latin America and the Caribbean in the World Economy 2009 - 2010*, Briefing Paper, September 2010. 转引自江时学，2010，《快速复苏的拉美经济》。

② 中国社会科学院课题组：《中国经济形势分析与预测—2010 年秋季报告》，2010 年 10 月 12 日。

20%以上，以美元计价的商品和服务贸易出口额由2008年的19.8万亿美元降至2009年的15.7万亿美元，其中商品贸易出口额减少3.5万亿美元。各国进口需求呈现萎缩，市场信心不足，特别是大宗商品价格大幅度下跌，被认为是导致2009年世界商品贸易额大幅减少的主要原因。随着全球经济走出危机步入复苏，国际贸易也踏上了复苏之路，2010年上半年，世界商品贸易额快速增长，同比增幅达25%，其中新兴经济体表现甚佳，“金砖四国”的贸易增速均超过30%，发达经济体中的德国出口表现十分突出。据世界贸易组织（WTO）2010年9月预测，2010年全年国际贸易实际增长率有望达到13.5%，名义增长率将超过20%。①

国际贸易的恢复性反弹成为诸多经济体经济强劲复苏的重要引擎，尤其是亚洲。从国际贸易增长中获益的主要是两类国家：大宗商品出口国；与经济走势良好的新兴大国联系紧密的国家。大宗商品价格上涨所导致的贸易条件改善和新兴经济体对于大宗商品的旺盛需求，是第一类国家出口迅速增长的主要原因。新兴经济体在依靠出口增加实现经济快速复苏或维持高速增长的同时，其持续高速的增长又通过贸易渠道外溢至与其联系紧密的伙伴国，从而对第二类国家产出的相对较快增加作出了较大贡献。当然，新兴经济体的影响不可被过分夸大。从最基本的贸易结构看，发达国家与新兴经济体间的贸易主要反映了前者在巨大的国内市场背景下对产品多样化的需求；新兴经济体间以及新兴经济体与其他发展中国家间的贸易，则主要反映的是其各自企业在全球范围内分工与垂直专业化程度。其结果之一是，发达国家需求的缩减将通过垂直分工体系以更大幅度减少新兴经济体的对外贸易。

主要发达经济体在世界经济中举足轻重同时其增长前景不乐观不明朗，构成了分析国际贸易未来走势的基础。其他影响贸易复苏的因素还包括汇率波动幅度、频率与方向，金融市场中与贸易相关的信贷状况，以及包括双边和多边贸易协定在内的各国贸易政策。就目前的走势看，汇率的稳定性和信贷的活跃程度都不令人满意。特别值得警惕的，还有那日趋浓密的、以“货币战争”为标题的

① 相关数据引自WTO《2010年世界贸易报告》，2010年7月；日本贸易振兴（JETRO）《2010年贸易投资白皮书》，2010年8月；IMF《世界经济展望》，2010年10月。2009年国际贸易领域中还出现了一个变化，即中国商品出口额达到1.2万亿美元，超过德国的1.12万亿美元，成为世界第一大商品出口国。

贸易战阴云。所有上述因素都或多或少地表明，发达国家的进口只是会在中期内缓慢接近危机前水平，这也就决定了2010年前半期国际贸易高速增长的局面难以持续。基于此，我们倾向于认为2011年国际贸易的增幅不会高于2010年的增长率。

国际贸易在2010年上半年的快速反弹并没有在国际投资领域展现。2009年全球对外直接投资（FDI）从2008年的1.8万亿美元下降到不足1.2万亿美元。尽管在2009年第四季度和2010年第一季度FDI出现反弹，但第二季度环比又出现下滑，幅度高达25%。2010年全球FDI流动总体上可能会处于停滞状态。除了公共投资正逐步退出和私营部门投资似乎仍持观望态度等因素外，各国限制性政策措施的逐步积累也对FDI的持续增长投下了阴影。根据联合国贸发会议（UNCTAD）的分析，尽管全球总的趋势仍是朝着投资自由化、投资促进和便利化方向发展，但限制性措施在总的投资政策中的比例近年来显著提高。从2000年到2009年，限制性措施在所有投资政策中所占比重从2%增加到了30%。[①] 一个值得注意的现象是，主要新兴经济体在国际投资流动领域中的角色日趋重要。2009年下半年至2010年上半年，新兴经济体与转型经济体吸收了全球FDI资金流入的一半左右，同时释放了约四分之一的全球FDI资金流出，成为全球FDI复苏的主导力量。[②] 中国2010年前8个月吸引FDI金额为660亿美元，同比增长18%，前7个月实现非金融类对外直接投资268亿美元。整体上看，2010年和2011年FDI的形势不甚乐观，增长幅度在10%左右的可能性较大。

四　大宗商品价格得到恢复且未来走势不定

本轮大宗商品价格的上涨开始于2002年，2008年4月达到历史最高点，为2002年初的3倍。在经历了严重的全球性经济危机后，大宗商品价格一度下降近40%，到2010年9月价格水平又恢复到2002年的2.5倍。[③] 2010年前半期，国际大宗商品市场延续着2009年以来的上升势头，但速度明显放缓，波动性加

---

① *Report on G20 Investment Measures*, November 4, 2010, http://www.unctad.org/en/docs.

② UNCTAD, *World Investment Report*, June 2010.

③ IMF, Indices of Primary Commodity Prices, 2010年9月为147.7，2002年为58.3。

大。2010年5月，受欧洲主权债务危机影响，国际大宗商品市场整体回落，此后走势有所分化。原油价格持续在中低位徘徊，基本维持在2009年底的水平。在危机前的2008年7月，原油月度平均价格每桶132.5美元，危机爆发后的2008年12月暴跌至每桶41.5美元，跌幅69%。之后油价缓慢上升，到了2010年秋季，原油月平均价格大体在75～85美元/桶的区间波动。① 比较而言，金属和农业初级产品在价格反弹方面收复的“失地”要大些。到2010年9月，金属和农业初级产品的价格已恢复至2007年的水平。价格反弹最明显的是食品和饮料价格，2009年9月，其价格水平正在接近甚至超过历史最高水平。

国际大宗商品市场近期价格走势的差异，体现了不同产品或不同市场的供需特点与结构差异。食品、饮料和农业初级产品价格上涨的主要动力来自于供给方面。恶劣的气候势必导致美国、欧洲、俄罗斯和乌克兰等农业大国的农作物歉收，从而使市场调低产量预期，进而推高价格。而矿产及金属价格走强则主要受需求方面因素的影响。2010年新兴经济体经济增长较快。由于其增长严重依赖基础设施投资，故它们对于基础金属、钢铁和铁矿石的需求相应迅速增长。与此同时，相对于需求的快速增长，世界在矿业勘探、开发和冶炼方面的投资则存在周期长和相对不足的问题。一般而言，基本金属从初始勘探到确认储量大约需要20年的时间，之后还需要大约9年的时间正式实现产出。有鉴于此，除非新兴经济体的增长速度大幅放缓，短期内金属供应增长相对于需求增长滞后的局面不会改变。

由于自身的特性，大宗商品还兼具金融资产的特点，亦即交易主体多是金融机构，其衍生品交易中“非商品交易”迅速增长。因而大宗商品价格不仅直接取决于供需状况和计价货币币值水平，还取决于市场的流动性状况和投资人的机会主义行为，后者又使得针对特定经济行为的政府监管可以对价格施加重大影响。归根结底，影响大宗商品基本供需状况的主要因素还是对世界经济增长前景的预期。世界经济进入低速复苏期，即使新兴经济体成长迅速，但作为大宗商品主要需求方的发达经济体，其相对不佳的经济走势将是抑制对大宗商品需求的重要因素。在国际大宗商品主要以美元计价结算的时代，美元币值或汇率的变化无疑将对大宗商品价格产生巨大影响。美国不断推出的数量宽松政策造

① UNCTAD, Commodity Price Statistics.

成了全球美元流动性泛滥，或早或晚一定会在大宗商品价格水平上得到反映。眼下美欧日空前低水平的利率，亦将在某种程度上通过扩大流动性的方式推动大宗商品价格上扬。发达经济体脆弱的复苏、充满不确定性的金融市场、不断被释放出来的流动性，都将助长具有金融产品特性的大宗商品市场的投机性。2010 年 11 月以来，美国新一轮的数量宽松政策已经激发起了大宗商品价格的上扬。

判断 2011 年大宗商品价格走势，主要取决于两种基本力量的角逐：一方面全球经济复苏的态势在需求层面不足以支撑大宗商品价格持续大幅上涨，另一方面美欧日极度宽松的货币政策又在不断地为大宗商品价格上涨输送动力。这里的关键问题还在于发达国家经济复苏步伐和强度及其由此决定的货币与财政政策。一旦经济形势进一步好转，发达经济体便会实施退出政策，流动性因此会受到抑制，来自流动性的价格上涨动力便会衰减。但与此同时，伴随经济形势进一步好转，对大宗商品的需求也将扩大。基于这样一种基本逻辑，也是根据前文对发达国家经济走势的分析与评估，2011 年大宗商品价格在 2010 年水平上有所上扬后，大致会稳定在接近历史最高点的水平上，其间出现价格的大幅度波动也是完全可能的。至于石油价格，则在 80 ~ 110 美元/桶之间的可能性会大些。

五　发达经济体通缩风险与新兴经济体通胀风险并存

目前主要发达国家的通胀率均处于历史较低水平。美国与欧元区的核心通胀率已降至1%左右，日本自 2009 年 2 月以来消费者价格指数一直是负增长。与此同时，美国联邦基金利率长期维持在 0 ~0. 25% 的区间，欧洲央行再融资利率依然保持 2009 年 5 月以来 1% 的水平，日本央行无担保隔夜拆借利率更是在 0 利率附近（0 ~0. 1%）徘徊。在空前宽松的货币政策与大规模财政政策刺激后，主要发达国家仍旧如此低的通胀率，并非决策者所希望看到的经济在低通胀基础上温和增长，以至于越来越多的人开始关注在发达国家出现通货紧缩的风险。大规模政策刺激与通胀走势之所以出现背离，原因之一是在资产损失与资产质量下降情况下，金融机构将部分新增货币用于弥补自身流动性不足。但更根本的原因在

于，对未来经济走向的悲观预期导致私人部门贷款和消费意愿不足，金融机构也因为担心经济下行危险将导致贷款风险上升而惜贷，以至于美国工商企业贷款余额和房地产贷款余额在危机爆发后长期保持负增长，而且尚未看到好转的迹象。更让人担忧的是，即使盈利状况趋好，企业也不愿意将利润用于长期投资，至 2010 年中期，美国企业流动资产总额占全部资产的比例为近半个世纪以来的最高水平。

由于发达国家尤其是美国的货币政策具有极强的外部性，新一轮刺激计划创造的流动性，在国内吸收能力有限的情况下，将通过高度融合的金融市场迅速涌入回报率较高的地区，特别是新兴经济体。较高的经济增长速度、上升的工资、增长的信贷和旺盛的国内需求，已经使新兴经济体面临较大的通货膨胀压力。为了应对通货膨胀，部分新兴市场经济体已经逐步实施退出策略，比如巴西已从 2010 年 4 月起三次加息并使实际利率升至 5.6%，印度亦于 2010 年 2 月实施退出政策，目前回购利率已经上调为 6%，并可能在 2010 年底前再次加息。中国 2010 年 10 月以来也多次提高了准备金和贷款利率。这和工业化国家的超低利率形成鲜明对比。利差的扩大为发达经济体流动性外溢注入了强大的激励。据华盛顿的国际金融研究所预测，2010 年和 2011 年期间，新兴经济体的资本净流入将超过 8000 亿美元。①

2010 年 11 月美联储宣布实施第二轮 6000 亿美元数量宽松（QE2）政策。美国这项货币政策几乎受到了全球的一致反对，被认为是国际货币发行国极不负责任的行为。美国之所以采取如此激进的政策，除了含有向世界转嫁危机的意图外，也是出于对国内经济政治局面的不得已选择。美国财政赤字占 GDP 比重一再攀升，一再刷新和平时期的历史纪录，即使想要继续扩大政府支出，势必攀升的国债利率也会抑制投资和消费；同时，美国传统货币政策（利率）已没有进一步操作空间，经济复苏乏力，失业率居高不下，增长前景堪忧。面对这样的财政困局，美国政策工具箱内也就剩下两样工具了：数量宽松和与之关联的货币贬值。前者除了可以增加基础货币供给外，还可收到降低国内融资成本之效。然而，鉴于美国国内目前疲软的经济复苏，鉴于美国和新兴经济体之间存在的大额利差，同时考虑到美国前 500 家大公司超过一半的盈利来自于海外投资，QE2 能

① Institute for International Finance，www. iif. com.

否达到预期的刺激经济增长之效果，实在是一个巨大的问号。虽然在 G20 首尔会议上各国的不满与质疑对美国产生某种约束力，但如果美国经济尤其是就业在未来一两个季度仍无起色，Q3 甚至 Q4 也是完全有可能的。

发达经济体疲软的经济、国内的通缩风险，特别是美国 QE2 政策的实施，无疑会对流动性溢出起到推波助澜的功效。巨额流动性涌入新兴经济体，一方面会减弱发达经济体宽松的特别是数量宽松的货币政策之效能，增添了其掉入流动性陷阱的可能性，另一方面将会加剧新兴经济体的物价水平、特别是资产价格的上涨，加大本币升值压力，从而对新兴市场的宏观经济政策调整带来挑战。对于因资本流入而加剧的货币升值预期，新兴经济体或者让本币升值，削弱外部竞争力；或者干预汇市，积蓄弱势美元，承受未来的资产损失，即使如此，如果市场干预不能有效打消本币升值预期，流动性仍将继续涌入；或者实施成本高昂且效果有限的资本管制。此外，一旦世界经济形势急剧变化或者发达国家政策方向调整，资本流动方向可能在短时间内逆转，新兴经济体发生金融危机的可能性大增。考虑到新兴经济体在世界经济增长中日益凸显的重要作用，其危机反过来又将对发达国家稳定复苏形成严重冲击。

六　全球治理在金融监管领域取得进展

由于参与者是当今世界最大的 20 个经济体的首脑，因而“二十国集团”（G20）肩负起了稳定世界经济，加强国际贸易、金融以及政策方面的合作，增强国际组织作用以及改革金融系统和国际货币体系等一系列重担，G20 峰会已经成为当今讨论全球治理问题的最重要平台。为应对金融危机而创立的 G20 峰会，成立后不久便要求 BIS 提供加强和改进全球金融监管的方案，BIS 也已经向 2010 年 6 月在多伦多召开的 G20 峰会提交了报告，即下面要谈到的“巴塞尔协议Ⅲ”；G20 也要求联合国贸发会议（UNCTAD）、经合组织（OECD）和 WTO 提交贸易与投资报告，并且已于 2010 年 11 月收到上述机构递交的报告。从这些事实可以看出，G20 和其他全球性机构的关系，可以被理解为“全球董事会”和“执行机构”之间的关系，或者是“大股东”和“执行官”的关系。应该讲，最近两年在全球治理中发生的影响最深远的事件，当首推 G20 的创立。可以想见，G20 的决策机制、效率和所做出政治决定以及决定被执行的有效性，将决定 G20

自身未来的命运。

2010年全球经济与金融治理方面最值得关注的事件，当数“巴塞尔协议Ⅲ”的出台。在2010年9月，全球绝大多数经济体的监管机构就“巴塞尔协议Ⅲ”达成共识。协议的主要内容如下：至2015年1月止，全球各商业银行的一级资本充足率下限将从目前的4%上调至6%，普通股比例由2%提高到4.5%；商业银行需持有2.5%的超额资本留存作为应对将来可能出现困难的缓冲（可以在2016～2019年间落实）；对那些拥有系统重要性的资产规模在5000亿美元以上的大银行，其普通股比例、一级资本充足率和资本充足率分别提高到6%、8%和10%。尽管存在着各种各样的批评，但总体而言，“巴塞尔协议Ⅲ”的提出并且在11月召开的G20首尔首脑会议上得到大体认可，一并获得通过的还有有关资本流动性和全球金融机构（SIFI）的国际标准和原则，使全球金融监管提升到一个全新的高度，使人类朝着建立更加稳定、健全的金融体系迈进了一步。

新协议不仅调整了全球商业银行的资本金比例，而且对核心一级资本给出了更为严格的定义，并规定了实施时限。监管规则的变动将对国际金融市场环境以及未来的国际银行业和金融机构产生深远的影响：（1）更高的资本金要求，使得商业银行需要从市场上筹措资金以达到新标准，这种增资行动会改变国际金融市场流动性状况，进而影响到近期相关金融市场的表现；（2）新规定将改变金融部门的商业模式和业务模式，同时资本结构和分配方式也会发生变化，从而对于国际金融市场产生长期且深远的影响；（3）五年的调整时限，将会导致各国实施新标准不同步，这无疑会引发对国际监管的套利行为。从长期看，“巴塞尔协议Ⅲ”对稳定各国及全球金融体系具有重要意义；但从短期看，它亦将影响人们对市场或经济走势的预期，抑制金融机构的信贷，因而在某种程度上具有紧缩货币政策的效应。

金融领域中全球治理的另一件值得一提的事件，是G20峰会提出并最终确认的增加发展中经济体在IMF中份额与投票权，幅度为6%。经过调整，中国在IMF的份额由3.72%升至6.39%，投票权也将从3.65%升至6.07%，成为仅次于日本的第三大投票权拥有国。虽说这样的调整并未动摇美国（拥有近17%的投票权）和欧盟（拥有超过30%的投票权）在IMF决策过程中的主导地位，其仪式价值大于工具价值，然而这种变化毕竟是朝着全球治理公平化和民主化方向

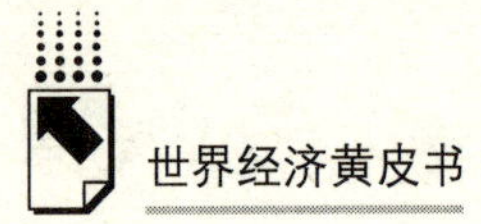

迈进的重要一步，并为IMF未来的改革以及其他全球治理机构决策程序的改革指明了方向。相对于金融领域，国际贸易领域的全球治理则乏善可陈，并主要表现在历时9年的多哈回合谈判仍在原地踏步。积极的信号是，在2010年两次G20首脑会议上，领导人在对积极推动多哈回合谈判问题上达成了共识。这种共识是否能够带来实质进展，人们拭目以待。

七 "再平衡"问题愈发成为巩固复苏的关键议题

全球性的结构失衡或不平衡主要包括实体经济与虚拟经济的失衡、经常账户的失衡、主要经济体内部的结构失衡等不同层次的失衡。鉴于实体经济与虚拟经济的失衡与各国的经济模式与发展方式关系密切，而主要经济体内部的结构失衡主要属于国内经济领域的问题，故目前关于失衡的主要争论集中在经常账户失衡问题上。进入21世纪以来，全球经常账户失衡状况日益突出。危机爆发前，2007年美国的经常账户逆差与GDP之比为5.2%，希腊为14.4%，同时德国经常账户顺差与GDP之比为7.6%，日本为4.8%，中国为11%，新加坡更是高达27.6%。一种比较普遍的观点认为，经常账户不平衡是爆发全球金融危机的主要诱因之一。其中的逻辑是，全球经常账户失衡导致顺差国的贸易顺差通过投资并以美国金融资本品的形式进入美国资本市场，从而压低了美国长期利率水平，助推了美国资本市场尤其是房地产及其衍生金融产品泡沫的滋生。金融危机在重创全球经济的同时，也带来了全球总需求的锐减，并显著降低了这种失衡的程度，从而起到了一定的强制性再平衡作用。与2007年的数字相比较，2009年美国经常账户逆差与GDP之比下滑至2.9%，希腊减少到11.2%，而德国、日本、中国与新加坡经常账户顺差与GDP之比也分别降低到4.8%、2.8%、5.8%和19.1%。①

导致经常账户不平衡的原因有多种，其中最根本的原因是储蓄与投资的不平衡。一国的储蓄不足，势必要在国际收支上反映出来。换言之，高消费低储蓄的国家必然是贸易逆差国。贸易政策是影响贸易不平衡的另一个直接因素。关税和非关税壁垒无疑会对进出口施加重要影响。事实上，贸易保护主义政策也经常作

① IMF, *World Economic Outlook*, April 2010.

为平衡贸易差额的工具。影响贸易不平衡的第三个因素是汇率水平，因为货币比价的升与贬都会直接作用于贸易平衡。这也是一些国家和国际机构把操纵汇率视为贸易保护主义措施的原因。国际关键货币发行国不负责任地滥发货币本质上讲也是一种间接操纵汇率的行为。最后，被列在资本项目下涉及直接投资的政策也可能影响到贸易平衡。中国实行的是鼓励外资进入的政策而且也相当成功，其结果之一，是外国在华投资带动了中国对投资国的出口。同样道理，美国对中国企业对美投资的限制，一方面意味着限制美国对中国的出口，另一方面也为减少中国对美国的“直接”出口设置了障碍。就中美不平衡问题而言，首先要找出导致贸易不平衡的主要原因并且对症下药；其次是要多管齐下综合治理，其中，鼓励中国企业对美投资或取消对美投资限制尤为显得紧迫。

在首尔峰会前的 G20 财长—央行行长会议上，美国财政部长盖特纳提出为经常账户差额与 GDP 比例设置数量指标，无论是顺差国还是逆差国，一旦突破 4% 就需要做出调整。盖特纳方案的一大特色在于，它以一种迂回的方式触及贸易不平衡问题，而不是直接地触及敏感的汇率问题，并且给出了 5 年的实现期。尽管这一倡议在峰会筹备过程中由于包括中国在内的一些国家的反对而没有提交会议讨论，但 20 位领导人最终还是就替代方案达成了共识，即指定“强劲、可持续、平衡增长框架”工作组负责研拟出一个一揽子指导性原则（indicative guidelines），用以评估一国经济外部不平衡，并在 2011 年法国 G20 首脑会议前提交给 20 位财政—行长会议讨论。替代方案与盖特纳方案的区别主要有三点：一是指标由强制性变为指导性；二是由单一目标变为一揽子原则；三是由立竿见影实施变为研究后提交讨论。对于 G20 首脑围绕不平衡问题所形成的妥协方案评价不一。批评者认为它根本无助于不平衡问题的解决，甚至威胁到 G20 本身的信誉。然而就妥协方案本身而言，仍不失为一项最具意义的成果，因为它意味着 G20 开始踏上促进和改善评估准则和完善框架之路，开始了使 G20 框架从短期应急向长效治理的转变。当然转变之路将会是崎岖不平的。

纠正经常账户不平衡任务之所以紧迫，原因在于它是孕育贸易保护主义的温床。以竞争性货币贬值——也就是所谓的“货币战争”——为代表的贸易战，势必拖累全球经济复苏与再平衡的进程，并且在恶化国际经贸环境的同时诱发一系列经济和政治问题。好在 G20 的首脑们对此有充分的了解。虽然不能排除爆发贸易战的可能性，但应该说这种可能性是不大的。

八　充满挑战和不确定性的2011年世界经济

未来一年世界经济将会面临很多的曲折和不确定性。世界经济面临的挑战主要来自于以下几个方面：一是全球总需求不足的局面仍在继续，其主要原因来自于发达国家私人部门需求增长在中短期内依然相对乏力，私人投资活动依然低迷；二是服务于居民和企业的金融部门虽已基本上趋于稳定但基础仍旧脆弱，资本市场（如房地产市场）也未有显著改善，其全面恢复到正常状态仍有待时日；三是公共债务、尤其是发达国家的公共债务已变得难以持续，引发新一轮债务危机的可能性仍然存在，并成为全球长期稳定增长的一大隐患；四是发达经济体（尤其是美国）政府财政刺激政策和宽松的货币政策在促进实体经济增长方面收效不大，其政策空间日渐萎缩；五是发达经济体奉行的极度宽松政策的外溢作用已经体现，新兴经济体面临通货膨胀、本币升值以及资本市场过热的压力剧增，大宗商品市场风险增强，而美国下一步数量宽松政策很可能会给全球带来新的麻烦；六是主要经济体的内部与外部不平衡问题在短期内虽有可能缓解，但得到根治的可能性不大；七是全球经济治理的功效、特别是G20在2011年的表现扑朔迷离，以至于爆发低烈度贸易战或“货币战”正在成为未来众多情景中的一种；八是为防止经济过热将不得不采取的偏紧的财政货币政策，将使得部分主要新兴经济体有可能出现增长速度较大幅度的下滑。

鉴于全球复苏过程中还存在着许多不确定和挑战，本报告认为，在没有大的突发事件的前提下，2011年全球经济增长态势总体而言与2010年类似，即实现按市场汇率计算3%、按PPP计算4%的低速增长的概率较大，而且增长在区域上和速率上将继续表现出不平衡性与不稳定性。尽管概率不高，但在2011年出现另一次衰退的可能性还不能完全排除。从中期看，世界经济有可能进入一个持续多年的不平稳的低速增长时期。我们的预测介于相对悲观的世界银行和相对乐观的国际货币基金组织的预测之间，与OECD的预测最为接近。①

---

① 国际货币基金组织最新预计2011年全球经济增长为4.2%，世界银行的预计为3.3%（*Global Economic Prospects Summer 2010*, June 2010），OECD预计为3.9%（*Economic Outlook No. 87*, May 2010）。

Analysis and Forecast of the World Economy in 2010 –2011

Zhang Yuyan, Tian Feng

Abstract: In 2010, the world economy has stepped out of recession and entered a period of slow and unstable recovery. However, the economic recovery in the developed and developing economies shares little in common in terms of pace and strength, leading to the coexistence of the risks of deflation in the developed countries and inflation in the major emerging economies. The international financial stability has been improved but still faces many uncertainties, while the international trade and investment have shown recovery but the sustainability of growth is still in doubt. The prices of the primary commodities have largely recovered and stabilized at the pre-crisis level. The global governance in the financial field has been making progress. However, the heavy debt burden of the industrialized countries is casting shadow on the global recovery and long-term steady growth, and the "rebalancing" issue has become increasingly crucial for the consolidation of recovery. Therefore, the world economy is expected to continue its slow, unbalanced and unstable growth in 2011.

Key Words: Recovery; Deflation; Rebalancing

国别与地区

Country/Region Study

Y.2

美国经济：不稳定的复苏

孙 杰*

摘　要：美国经济在2009年第三季度扭转了连续4个季度的负增长，并在第四季度创造了近10年来少有的增长纪录以后，到2010年上半年，经济增长又逐渐趋缓，显示出不稳定的特征。虽然国内消费在银行消费信贷支持下出现了增长，不过设备和软件的自主投资也开始恢复，并对经济增长起到了关键性的支撑作用。美联储扩张性货币政策的效果主要体现为金融市场的稳定，但是商业银行的工商贷款依然在下降，以制造业和批发业为代表的实体经济也还没有恢复到危机前的水平。失业率还维持在高位，核心通货膨胀率和产能利用率更显示美国宏观经济形势还不乐观。在资本项目顺差还不稳定的情况下，创纪录的国债负担进一步加剧了美国内外经济平衡的难度。由于经济复苏还不稳健，第二轮数量宽松政策随之出台。我们认为，2010

* 孙杰，研究员，中国社会科学院世界经济与政治研究所，主要研究领域为金融学。

年全年经济增长预计在2.9%左右。如果不出现新的不稳定因素，2011年美国经济各项主要宏观经济指标将逐渐向长期均衡水平收敛，经济增长率预计将维持在2.5%左右。

关键词：宏观经济　货币政策　财政政策

美国经济在2008年第四季度走到了谷底之后，随即出现反弹，并于2009年第三季度开始实现了正增长。2009年全年的经济增长为－2.6%，非常接近我们在2009年－2.5%的预测值。但是，进入2010年以后，伴随存货增长的放缓、出口拉动作用的下降和政府支出力度的减弱，加之欧洲主权债务危机给全球金融市场带来的阴影，美国的经济增长速度又连续走低。我们预计2010年全年的增长率可能在2.9%上下。到2011年，经济增长有望维持在2.5%左右的水平。

一　美国经济复苏的不稳定性

从2009年下半年到2010年上半年美国宏观经济的表现看，尽管出现了明显的反弹，但是也呈现一定的不稳定性。与美国最近40年来5次衰退中相关指标的平均水平比较看，此次危机不仅非常严重，而且持续时间更长。总体来看，由于第二轮数量宽松政策方案已经确定，二次衰退出现的可能性不大。虽然当前的消费者信心指数依然处于历史低点，但是预期的消费者信心指数已经出现了明显的回升。

（一）美国经济增长季度数据分析表明复苏还不稳定

2009年第三季度开始，美国经济终于摆脱了连续4个季度的负增长，经过季节调整并折算为年率的经济增长达到了1.6%。① 和此前4个季度的衰退期相比，个人消费支出和私人国内投资季度同比降幅缩窄，分别从－2.2%和－28.5%下降到－0.9%和－24%，季度环比增长分别达到2%和11.8%，因此对经济增长的贡献分别改变了此前连续4个季度和8个季度为负的状况，对实现

① 美国经济研究局在2010年9月20日正式宣布，始于2007年12月的本轮经济衰退已于2009年6月正式结束，历时18个月。

经济正增长起到了决定性的作用。个人消费支出和私人国内投资颓势的改变，暗示着美国经济出现了自主增长的良好势头。

到了2009年第四季度，美国经济增长反弹力度达到了年率5%的水平（见表1），[①] 一举创下了在过去10年间折合为年率的经济增长季度数据的第三个高点。[②] 在这个季度中，尽管个人消费支出环比增长率从2%下降到0.9%，对经济增长的贡献相比2009年第三季度也有所下降，但是对经济增长的贡献依然为正。在这个季度中，对实现经济增长反弹贡献最大的则是私人投资和净出口，分别达到了2.7个和1.9个百分点。投资最能反映市场对未来经济复苏的乐观预期。2009年第四季度投资同比增长从-24%进一步收窄到-9.6%，环比增长从11.8%上升到26.7%。不过值得注意的是，在这个季度，固定投资对经济增长的贡献依然非常有限，国内投资对经济增长的贡献主要体现为存货的增长，而这显然是难以持久的因素。净出口对经济增长的贡献由负转正。这一方面反映了自2009年3月以来美元实际有效汇率不断下降和世界其他国家的复苏导致美国出口上升，另一方面也反映了美国前期由于国内投资和消费连续下降，国内需求疲软造成的进口下降。事实上，在2009年第四季度，美国出口同比增长从-11%收窄到-0.1%，环比增长则从12.2%上升到24.4%，因此对经济增长的贡献从2009年第三季度的1.3个百分点上升到2.56个百分点，而进口同比增长率从-14.1%收窄到-7.2%，环比则从21.9%下降到4.9%，对经济增长的贡献从2009年第三季度负的2.67个百分点减少到负的0.66个百分点。也就是说，2009年第四季度净出口对经济增长贡献的提高主要是由于美国出口的恢复比进口伴随经济复苏而上升的更快所造成的。随着美国经济逐渐走出低谷，国内需求的上升一定会推动进口上升。从10年以来的历史数据看，净出口对美国经济增长的贡献达到1.9个百分点的水平不仅非常少，[③] 而且都伴随着美国进口的下降。出口

---

① 2010年初公布的初步数据竟然达到了5.7%，之后调整到5.6%，最终下调到5%。

② 在2001~2010年的季度经济增长数据中，只有2003年第三季度达到了6.9%，2006年第一季度达到了5.4%。因此，如果按照调整以前的数据看，2009年第四季度的美国经济增长创下了在过去10年间折合为年率的经济增长季度数据的次高点。

③ 净出口对美国经济增长的贡献在2008年秋天金融危机达到高潮后于2009年第一季度达到了2.88个百分点的最高峰。尽管在这个季度，美国的出口对经济增长的贡献下降到3.61个百分点，但是进口对经济增长的贡献更下降到6.48个百分点。也就是说，净出口对经济增长贡献达到新高的原因不是出口增加，而是进口比出口下降得更快！

增长从来不是支撑美国经济增长的稳定因素。因此，尽管美国经济增长在2009年第四季度达到了本次反弹的一个阶段性高点，但是情况并不令人乐观。

表1　总需求各部分对GDP的贡献度

单位：%

季　度	2008年第三季度	2008年第四季度	2009年第一季度	2009年第二季度	2009年第三季度	2009年第四季度	2010年第一季度	2010年第二季度
GDP增长率	-4	-6.8	-4.9	-0.7	1.6	5	3.7	1.7
个人消费支出	-2.46	-2.26	-0.34	-1.12	1.41	0.69	1.33	1.54
商品	-1.86	-2.57	0.41	-0.32	1.62	0.42	1.29	0.79
耐用品	-0.95	-1.79	0.35	-0.21	1.35	-0.07	0.62	0.49
非耐用品	-0.91	-0.78	0.06	-0.11	0.27	0.49	0.67	0.31
服务	-0.59	0.3	-0.75	-0.79	-0.21	0.27	0.03	0.75
私人国内投资	-1.95	-6.32	-6.8	-2.3	1.22	2.7	3.04	2.88
固定投资	-1.83	-4.01	-5.71	-1.26	0.12	-0.12	0.39	2.06
非住宅	-1	-2.84	-4.49	-0.72	-0.13	-0.1	0.71	1.51
住宅	-0.84	-1.18	-1.22	-0.54	0.25	-0.02	-0.32	0.55
存货变化	-0.12	-2.31	-1.09	-1.03	1.1	2.83	2.64	0.82
净出口	-0.63	1.5	2.88	1.47	-1.37	1.9	-0.31	-3.50
出口	-0.66	-3.03	-3.61	-0.08	1.3	2.56	1.3	1.08
进口	0.03	4.53	6.48	1.55	-2.67	-0.66	-1.61	-4.58
政府消费和投资	1.04	0.31	-0.61	1.24	0.33	-0.28	-0.32	0.80
联邦政府	1	0.61	-0.4	1.11	0.45	0.01	0.15	0.72
州和地方政府	0.04	-0.3	-0.21	0.13	-0.12	-0.29	-0.48	0.08

注：按年率计算的季度数据，经过季节调整。

资料来源：美国经济分析局。

果然，到了2010年第一季度，美国的经济增长下降到3.7%。但是，这个数字①依然被美国总统奥巴马称之为美国经济复苏进程中一个重要的“里程碑”。究其原因，应该是这个季度的经济增长是在净出口和政府消费回到了常态的情况下，主要依靠个人消费对经济增长的贡献出现明显的回升，而且投资对经济增长的贡献也保持了持续的增长。因此，美国经济呈现自主增长的趋势开始明显。

① 在2010年4月底奥巴马做出上述评价的时候，美国商务部公布的2010年第一季度美国经济增长的初值仅为3.2%。

到了2010年第二季度，尽管美国经济增长速度进一步下降到1.7%,[①] 但是消费同比增长1.7%，环比增长2.2%，对经济增长的贡献比第一季度有一定增加，从1.33个百分点上升到1.54个百分点。而国内私人投资对经济增长的贡献则从3.04个百分点微降到2.88个百分点。只是由于国内需求的强劲复苏，造成了进口需求旺盛，同比增长17.4%，环比增长33.5%，结果对经济增长的贡献迅速下降到了负4.58个百分点的水平，而受到欧洲债务危机和美元实际有效汇率开始上升的影响，出口也出现了下降趋势，对经济增长的贡献从2010年第一季度1.3个百分点的水平下降到了1.08个百分点的水平。因此，净出口对经济增长的贡献从2010年第一季度负的0.31个百分点的水平大幅度下降到负的3.50个百分点的水平。尽管为了应对全球经济二次探底的风险，政府消费和投资环比增长从-1.6%上升到3.9%，对经济增长的贡献在2010年第二季度已经从负0.32个百分点的水平上升到正0.80个百分点的水平，但是由于净出口对经济增长的拖累太大，2010年第二季度美国的经济增长还是呈现进一步减缓的趋势。不过我们应该看到，这种减缓主要是由于在经济复苏的预期下，国内强劲需求造成进口急剧上升造成的，并不代表美国经济自身出现了明显的减速迹象。值得注意的是，2010年第二季度美国国内投资对经济增长的贡献尽管与前两个季度相比有所下降，但是支撑私人国内投资增长的主要因素已经发生了重大的变化。在2009年第四季度和2010年第一季度，美国私人国内投资的增长主要是靠存货增长实现的，而到了2010年第二季度，投资的增长已经在很大程度上成功转换到了固定投资，特别是非住宅类固定投资，主要是设备和软件的投资增长上。这种局面将为美国经济在此后一段时期内的增长奠定了一个比较坚实的基础。[②]

（二）历史数据的对比显示出此次危机的严重性

国际货币基金组织在其2010年4月发布的《世界经济展望》认为，世界经济的复苏虽然好于预期，但是依然需要政策刺激才可以得到维持。面临欧洲主权债务危机的冲击，国际货币基金组织到7月份发布的更新预测依然坚持了对世界

---

① 2010年7月公布的初值高达2.4%，但是在8月大幅度下调到1.6%，9月份又调整到1.7%。这主要是由于净出口的贡献被进一步调低，国内投资的贡献也有所下降。

② 2010年10月29日公布的美国GDP初值显示，尽管投资增长有所下降，但是受益于消费增长和进口下降，第三季度折合为年率的经济增长达到了2%。

经济复苏的判断，并且将美国在2010年的经济增长率从3.1%上调到3.3%。

美联储在2010年7月21日向国会提交的货币政策报告则认为，美国经济增长在2010年下半年和2011年将保持温和的势头。如果不出现进一步的外部冲击，美国经济的各项指标将从反弹高点逐渐向长期均衡水平收敛，即经济增长维持在2.5%~2.8%，失业率维持在5.0%~5.3%，通货膨胀维持在1.7%~2.0%的水平上。但是在对2010年美国经济增长的具体预测数值上，与4月份的货币政策报告预测的3.2%~3.7%相比，7月份的货币政策报告下调到3.0%~3.5%。在2010年8月，美联储宣布将重新启动在2010年3月底终止的，以购买机构住房抵押贷款支持债券和机构债为手段的数量扩张政策，对市场传达出其对未来美国经济增长的担心以及延缓退出经济刺激政策的态度。而到2010年9月，奥巴马政府又公布了一项总额为500亿美元、为期6年的基础设施升级计划以应对经济增长放缓的风险。2010年11月3日，美联储正式宣布启动第二轮数量宽松计划，在继续执行到期债券本金再投资政策的同时，计划在2011年第二季度以前收购总额达6000亿美元的较长期美国国债（longer-term Treasury Securities），同时维持0~0.25%的基准利率区间不变。

通过与美国最近40年来的5次经济周期的最低点前后5个季度经济增长的平均表现比较①（见图1~图4），我们可以发现，此次金融危机造成的衰退持续时间长，衰退幅度大。更重要的是，不仅国内个人消费和私人固定投资在危机期间的大幅度下降是造成衰退的主要原因，而且此后个人消费和私人固定投资的缓慢回升在很大程度上也是造成复苏乏力的主要原因。只是在复苏开始以后的第二个季度，存货增长才成为带动复苏的主要因素，而这却意味着此次复苏的脆弱性。

从上面对美国经济增长季度数据的分析中我们不难看出，尽管从2009年第一季度开始，美国经济已经开始走出低谷，而且从2009年第三季度开始，美国经济已经恢复了正增长，并且呈现由消费和投资增长带动的经济自主增长趋势，但是在支持经济复苏重要因素（消费和投资）的力度方面，依然低于过去40年间5次经济复苏时期的平均水平。在下面对美国商业银行贷款余额的分析中我们

---

① 我们没有对BEA数据中所有“二战”以来的8次经济周期进行分析，而是选择了最近40年来的5次经济周期数据和此次金融危机的情况进行比较，以防止由于经济结构出现较大变化而给分析结果带来偏差。这5次衰退是1968~1971年，1973~1976年，1979~1981年，1981~1983年以及1989~1992年。

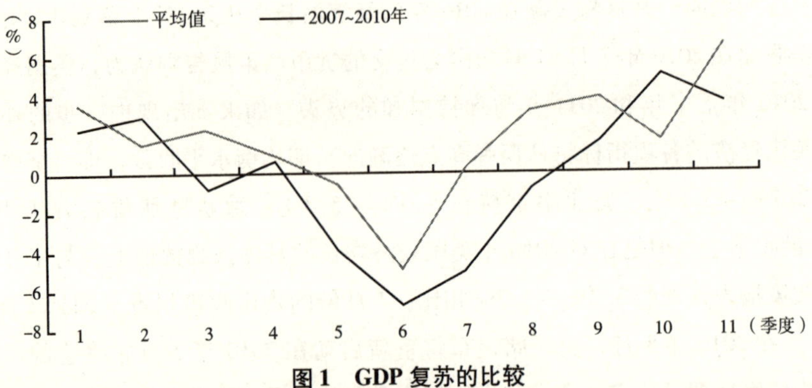

图 1 GDP 复苏的比较

资料来源：根据美国经济分析局数据计算。

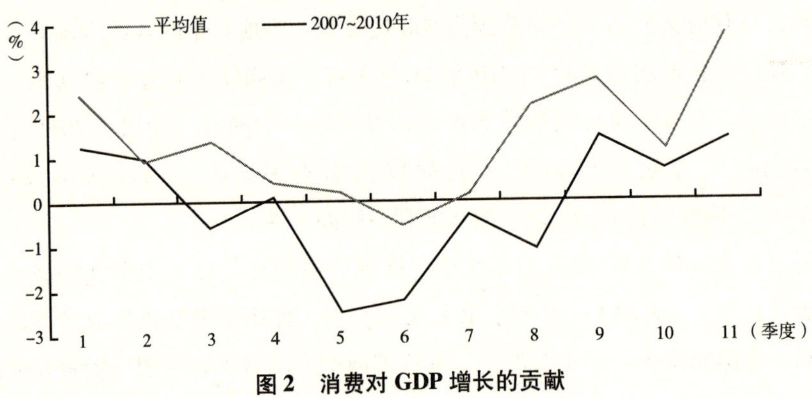

图 2 消费对 GDP 增长的贡献

资料来源：根据美国经济分析局数据计算。

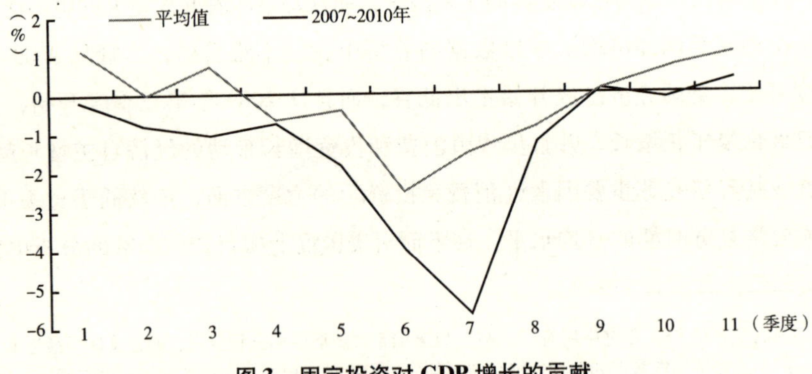

图 3 固定投资对 GDP 增长的贡献

资料来源：根据美国经济分析局数据计算。

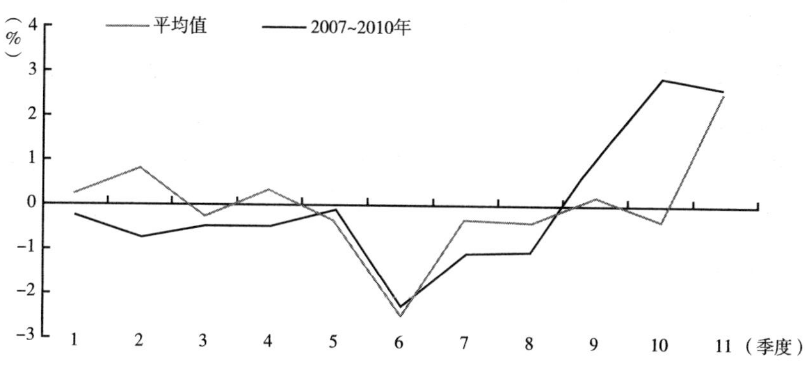

图 4　存货对 GDP 增长的贡献

资料来源：根据美国经济分析局数据计算。

还会看到，即使是这种力度较低的消费增长也是伴随商业银行消费贷款在 2010 年 3 月以后的大幅度反弹而出现的。所有这些都预示着此次复苏的长期性、缓慢性和脆弱性特点。

考虑到上述因素，同时在假设欧洲的主权债务危机得到有效控制，美国数量宽松政策执行顺利，且不出现新的不利冲击的情况下，结合下面我们对美国货币政策、财政政策、微观经济和国际收支状况的分析，我们大致认为在 2010 年下半年美国经济的增长将可能有所趋稳。从 2010 年前三个季度的同比经济增长数据看，分别为 2.4%、3% 和 3.1%，只要第四季度美国经济同比增长维持在 3% 左右，则 2010 年全年经济增长率就可以维持在 2.9% 上下。

二　宽松的货币政策对实体经济影响不大，通货膨胀压力明显

扩张性的货币政策无疑在危机骤然到来的时候起到了稳定金融市场，防止出现系统性风险的重要作用。但是，空前宽松的货币政策究竟对实体经济产生了怎样的影响？将会给危机后的经济形势带来什么样的隐忧？这些话题都会成为我们判断美国经济和政策未来走势的重要基础。

（一）货币政策主要解决了危机时期金融市场的流动性问题

从 2009 年底到 2010 年中美联储的资产负债表看，主要是通过增持美国国债

和联邦机构债的方式来增加资产，从而实现宽松的货币政策。

图5清楚地表明了危机带来的冲击和当前的局势。我们分别使用TED利差（3个月伦敦银行同业拆借市场利率与3个月美国国债收益率的差距）来显示商业银行的短期违约风险，使用Aaa利差和Baa利差（Aaa级公司债券收益率和Baa级公司债券收益率与30年期美国国债收益率的差距）来显示不同资信等级的公司长期违约风险。

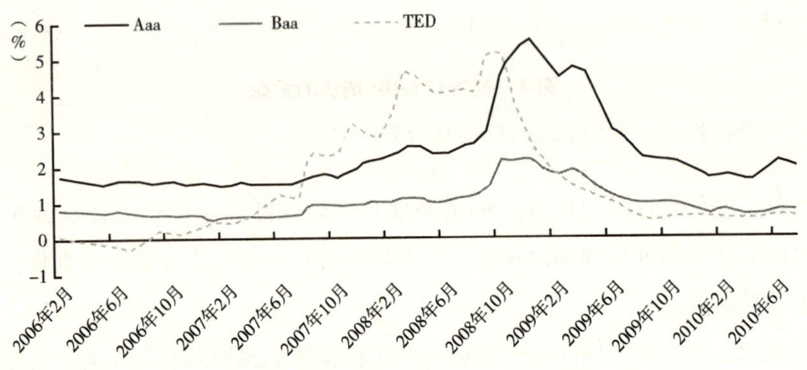

图5　银行和公司的违约风险

资料来源：根据CEIC和美联储数据计算。

就TED利差显示的商业银行短期违约风险来看，已经大体稳定在略高于2007年危机爆发以前的正常水平上。标准普尔的银行股指数结束了近两年的下滑走势，从2009年第二季度开始走稳。而就Aaa和Baa利差显示的公司长期违约风险来说，也已经得到了明显的缓解。当然，信用等级较低的Baa公司的违约风险要高于资信评级较高的Aaa公司的违约风险，而且前者在受到冲击时出现的波动也比较高。但是从2009年下半年的情况看，Aaa级公司的违约溢价与商业银行的违约溢价非常接近的情况也不是非常正常的。说明市场对美国商业银行违约风险的评估还没有完全回到危机前的水平。事实上，受到多德－弗兰克法案以及巴塞尔协议Ⅲ对银行业的不利影响，大型银行和银行持股公司的CDS利差在2010年第二季度已经重新出现了上升。

图6显示，从2008年9月开始，经过季节调整的美国基础货币的同比增长速度从危机前2%左右的水平在随后的一个季度内就迅速上升到50%左右的水平，并且在这个水平上一直稳定了一年左右。应该指出的是，一年以后基础货币

同比增长速度的下降并不意味着美国收紧了货币政策。同比增长速度的下降主要是受到翘尾因素的影响。事实上，在 2009 年秋季以后，美国基础货币总量在前期天量基础上依然维持着同比 10% 以上的扩张速度。然而，即使在强力货币政策的刺激下，M1 的同比增长速度也仅从 2% 上升到 10% 左右的水平，而 M2 的增长幅度更是有限，仅从 6% 上升到 8%。在 2009 年 9 月以后，基础货币的同比增长开始回落。此后不久，M1 和 M2 的同比增长幅度也随之下降。

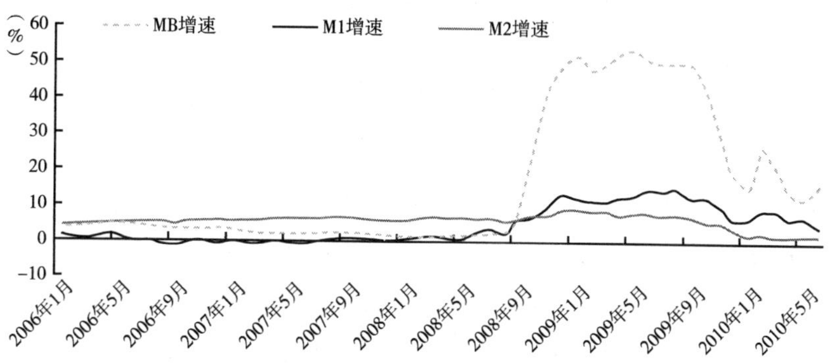

图 6　美国货币供给的同比增长

资料来源：根据美联储数据计算。

M1 和 M2 并没有随基础货币增长而出现同步增长的情况表明，在空前宽松的货币政策条件下释放出来的大量基础货币并没有进入实体经济部门而由此转化为 M1 和 M2。事实上，美联储增加的货币供给大多被金融机构所囤积，在其自身资产损失增加和资产质量下降的情况下用于补充自身的流动性不足，以维持金融体系的稳定和正常运转。这种情况在图 7 中得到印证。M1 的货币乘数从不到 2 的水平下降到 1 附近，而 M2 的货币乘数更是从 9 下降到 5。与此同时，商业银行在美联储的超额储备金则屡创新高。

（二）宽松的货币供给没有流入实体经济部门

从美国商业银行的资产负债表中我们也可以发现，从 2008 年 3 月开始，工商企业贷款余额同比增长速度就开始下降。图 8 显示，美国商业银行的工商企业贷款余额在 2008 年 9 月经过一个微不足道的反弹以后，随即进入了到一个速度不断加快的萎缩过程，直到 2010 年 3 月达到了 -24.7% 的低点，此后负增长才

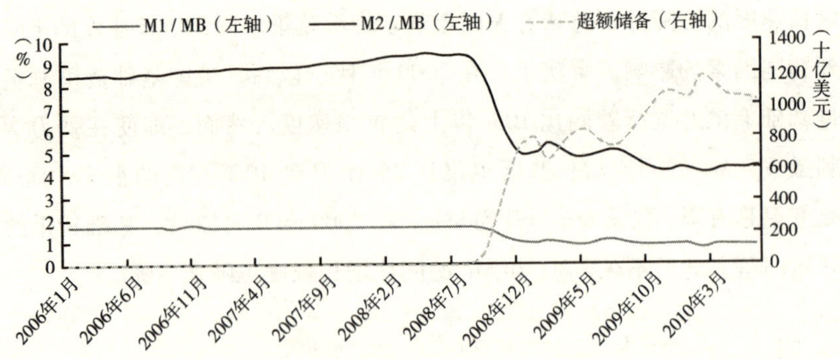

图7　美国货币乘数和超额储备

资料来源：根据美联储数据计算。

有所放缓，但是依然维持在 -20% 左右的水平。房地产贷款余额的走势也大体类似，在 2009 年 10 月进入负增长，直到 2010 年 6 月达到 -5% 以后，还丝毫看不到好转的迹象。与此同时，消费贷款余额同比增长的下降则稍有滞后，从 2009 年 3 月出现萎缩，到 2009 年 10 月开始进入负增长，但是在 2010 年 2 月达到 -8.4% 的低点以后出现了迅猛的反弹，并在 2010 年 4 月以后一直维持在 26% 以上的同比增长水平。

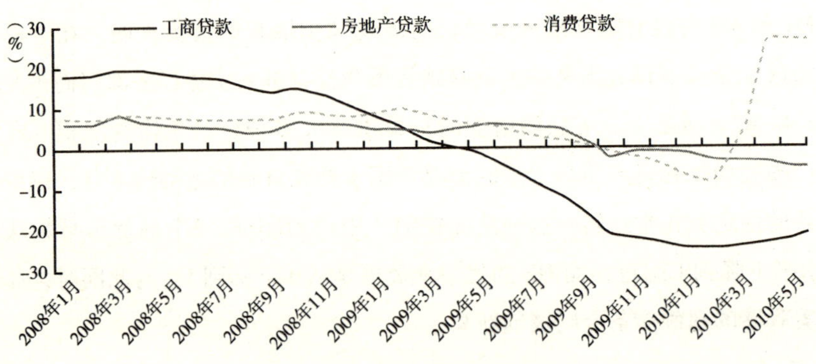

图8　美国商业银行的贷款增长

资料来源：根据美联储数据计算。

毫无疑问，银行贷款增长的变化可以最终反映经济刺激政策对实体经济的影响，更反映了银行和企业主对未来经济形势和市场状况的预期，可以作为预测未来经济增长的领先指标。从 2009 ~ 2010 年美国商业银行贷款余额的变化情况看，

经济刺激政策还没有对实体经济产生明显的正面影响，银行和企业主对未来的预期也还比较悲观，因此商业银行发放出去的工商企业贷款和房地产贷款依然在萎缩。而商业银行在美联储迅速上升的超额储备意味着美联储释放出来的大量流动性主要满足了金融机构对流动性的需求，扩张性货币政策的刺激作用并没有因此通过金融机构有效传导到实体经济中。这就是说，金融市场的稳定并没有带来实体经济的相应增长，商业银行系统并没有通过其信贷活动在宽松的货币政策环境下实现从基础货币到 M2 的扩张。正是由于货币乘数作用不明显，美联储才不得不试图通过数量宽松这种事倍功半的货币政策来刺激实体经济的增长。这也是美联储在 2010 年 3 月停止购买抵押贷款支持债券和机构债以后，面临不断放缓的经济复苏，又在 11 月正式宣布启用第二轮数量宽松政策的原因。

（三）通货膨胀压力还没有构成现实威胁

一方面是美国的货币供给大幅度上升，而另一方面却是实体经济部门的持续低迷。因此在严重经济衰退的压力减轻以后，会不会出现严重的通货膨胀就成了一种合理的担心，也成为评价经济刺激政策的一个关键因素。

如何判断美国未来的通货膨胀走势，首先是一个指标的选择问题，即究竟是普通的消费者价格指数（Headline CPI）还是核心消费者价格指数（Core CPI）更能反映美国国内宏观经济的实际运行状况。从普通消费者价格指数和核心消费者价格指数比较的历史数据中我们可以发现，在 20 世纪 90 年代以前，普通消费者价格指数与核心消费者价格指数的走势大体一致，显示出国际大宗商品价格（主要是石油和食品）对美国经济价格水平的传导还是非常迅速的。但是此后，两者的走势出现背离。输入型价格波动成为影响普通消费者价格指数的主要因素，而对扣除石油和食品价格波动的核心消费者价格指数影响越来越不显著。在这种情况下，相比普通消费者价格指数而言，核心消费者价格指数更能准确地反映美国国内自身宏观经济的运行状况。也就是说，由于输入型价格波动的影响，使用普通消费者价格指数会对美国国内宏观经济的实际形势产生误判。

图 9 显示，从 2008 年 11 月美国普通消费者价格指数出现大幅度下滑之后，到 2009 年 11 月又出现了明显的反弹，而在此时，核心消费者价格指数却一直保持着稳定的下降趋势。正是基于这种判断，美联储并没有特别担心低利率可能带

来的通货膨胀压力，甚至面对可能的增长放缓，敢于在 2010 年 11 月重新启动数量宽松的货币政策。

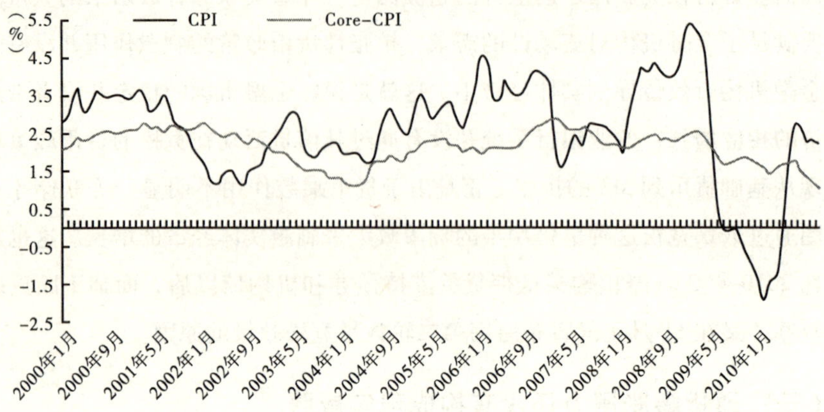

图 9　美国的 CPI 与核心 CPI

资料来源：EconStats 网站。

但是，从图 10 显示的历史数据中我们却可以发现，美国的产能利用率与核心消费者价格指数之间存在着一定的协动关系，但是产能利用率的变化一般会领先于核心消费者价格指数的变化。而从 2009 年 7 月开始，美国的产能利用率开始从低点出现缓慢回升，预示着未来美国通货膨胀压力可能也会逐渐到来。

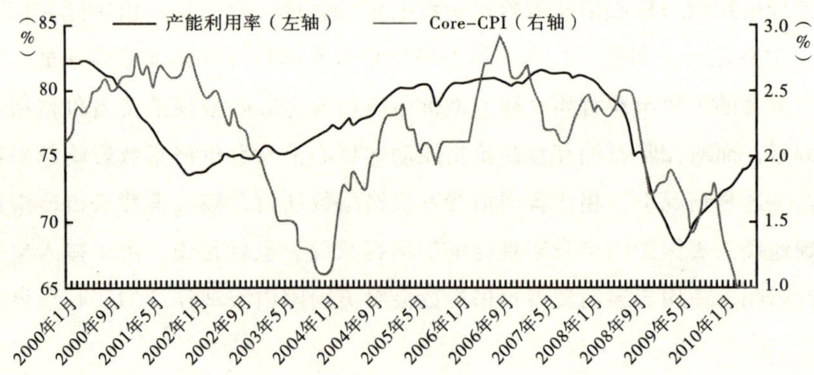

图 10　美国产能利用率和通货膨胀

资料来源：EconStats 网站和美联储。

不过，从目前的情况下，通货膨胀的压力在短期内还不会成为政策关注的重点。

三　财政赤字压力明显，主权债风险上升

美国次贷危机发生以来，美国政府各机构采取了一系列稳定金融市场和刺激经济增长的措施。例如美联储的短期标售工具（Term Auction Facility，TAF），定期证券借出工具（Term Securities Lending Facility，TSLF），定期资产支持证券贷款工具（Term Asset-Backed Securities Loan Facility，简称 TALF）；联邦存款保险公司的临时流动性担保计划（Temporary Liquidity Guarantee Program，TLGP），债务担保计划（debt guarantee program，DGP），交易账户担保计划（Transaction Account Guarantee，TAG），公私投资计划（Public-Private Investment Program，PPIP）；全美信贷协会的中央流动性工具（Central Liquidity Facility，CLF），住房所有者支付能力救助计划（Homeowners Affordability Relief Program，HARP），系统投资计划（System Investment Program，SIP）；等等。当然，最受人关注的还是财政部总额达 7000 亿美元的不良资产救助计划（Troubled Asset Relief Program，TRAP）。事实上，TRAP 计划是由一系列资产收购计划构成的，包括资产收购计划（Capital Purchase Program，CPP），AIG 投资（American International Group Investments），目标投资计划（Targeted Investment Program，TIP），资产担保计划（Asset Guarantee Program，AGP），汽车产业融资计划（Automotive Industry Financing Program，AIFP），住房支付更新计划（Home Affordable Modification Program，HAMP），消费者和商业借款提议（Consumer and Business Lending Initiative，CBLI），也包括前面提到的公私投资计划等。这些计划的具体实施方法包括直接贷款、结构贷款、担保、购买证券以及刺激性支出等。2010 年 9 月，面对美国经济增长放缓的风险不断上升，奥巴马政府又公布了一项总额为 500 亿美元，为期 6 年的基础设施升级计划，以便降低失业率。

毫无疑问，这一系列涉及领域广泛的政府刺激计划对于维持经济稳定起到了至关重要的作用，但是也给美国政府的财政平衡带来了很大压力。由于在经济衰退过程中财政税收不可避免地会出现下降，加之税收减免刺激政策的实施，使得自 2002 年赤字重现以来的美国财政更是雪上加霜。如果说在 2009 年为了抵抗衰

退而无法顾及财政状况，那么在 2010 年，随着欧洲主权债务危机不断深化的影响以及经济刺激政策实施而不断加剧的财政压力，市场对美国的全球主权债务等级恶化的担心也不断升温。

美国在 2009 财年政府财政赤字的猛增不仅反映在由于经济刺激计划而造成的财政支出增加上，同时也表现为同期财政收入的急剧减少。与 2008 财年美国 2.52 万亿美元的财政总收入相比，2009 财年的财政收入下降到了 2.10 万亿美元，而财政支出则从 2008 财年的 2.98 万亿美元上升到 2009 财年的 3.52 万亿美元。财政赤字也从 2008 财年的 4585.6 亿美元急剧上升，在 2009 财年达到了创纪录的 1.42 万亿美元。与此同时，年度财政赤字对年度 GDP 的比重也创下了“二战”以后的最高纪录，达到了 10.01% 的水平，远远超过了此前在 1983 财年里根执政期间达到的 5.88% 的战后纪录。

在 2009 财年美国的财政收入中，个人所得税收入从 2008 财年的 1.146 万亿美元下降到 9153.1 亿美元，公司所得税收入更从 2008 财年的 3043.5 亿美元急剧下降到 1382.2 亿美元。这两项美国最主要的财政收入总共下降了 3965 亿美元，占财政总收入下降总额的 94.6%。而在前述美国政府各部门诸多经济刺激计划下，2009 财年美国的财政支出大幅增加。其中，仅仅是用于收购金融系统中的商业和抵押贷款支出就从 2008 财年的 27.9 亿美元直线上升到 2915.4 亿美元，占 2009 财年财政支出增加总额的 54.5%。图 11 表现了从过去 30 年的历史数据看当前美国财政状况的严峻形势。

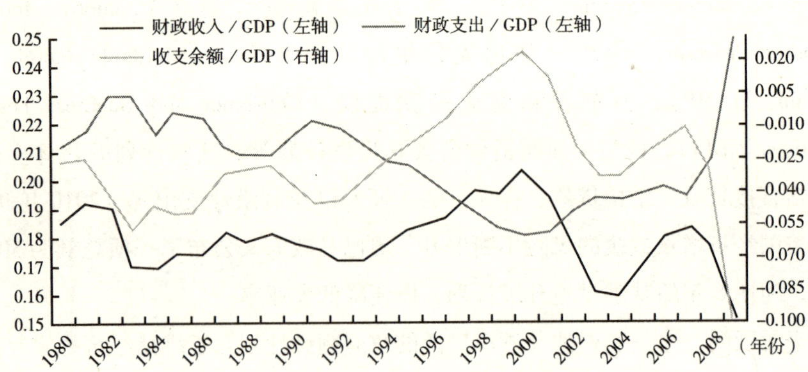

图 11　1980～2009 年美国的财政收支和余额

资料来源：美国国会预算管理办公室。

伴随着美国财政状况的急剧恶化，美国的联邦政府债务负担也从2008年秋开始迅速上升。到2010年6月1日，未清偿的美国国债总量突破了13万亿美元的大关。与此同时，国债对GDP的比例随之从2008年秋天的65%迅速上升到90%以上，达到了历史高点（见图12）。

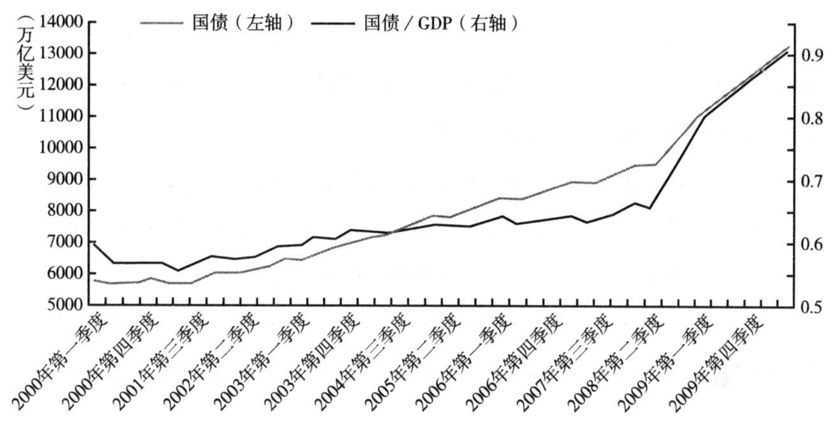

图12　美国的国债

资料来源：美国财政部。

然而，在当前国际美元本位的条件下，尽管美国国债的违约风险不断上升，但是美元国债作为全球金融资产避险手段的作用却得到了进一步的强化。美国的国债价格始终高企，国债收益率一直在低位徘徊。所以美国国债发行在2010年所面临的市场压力还不大，而且美国财政支出中的净利息支出从2008财年的2527.6亿美元下降到了2009财年的1869亿美元。

由于2009年下半年以来美国经济出现缓慢复苏，美国国会预算管理办公室预测2010财年的财政收入将从2009财年的2.10万亿美元缓慢上升到2.16万亿美元，但是2010财年的财政支出将从2009财年的3.52万亿美元上升到3.72万亿美元，远远大于财政收入的微弱增长。因此，在2010财年中，美国的财政赤字将进一步上升到1.56万亿美元，达到历史最高水平。此后，随着美国财政收入在2011财年和2012财年逐渐加速，分别达到2.57万亿美元和2.93万亿美元的水平，而财政支出在2011财年小幅上升到3.83万亿美元，在2012财年小幅下降到3.75万亿美元，所以财政赤字到2011财年仍将保持1.27万亿美元的水平，直到2012财年才可能会下降到8285亿美元。

不仅在未来几年随着美国经济的复苏，财政赤字可能下降外，而且从财政支出结构看，造成2010财年美国财政支出增长的主要原因将从2009年稳定金融市场和刺激经济增长转换为教育和清洁能源方面开支的增加。[①] 这种变化是2010年美国总统经济报告中的关注重点，对于维持美国经济在未来的增长无疑是有利的。因此，只要美国经济在最近几年内不出现大的动荡，只要外国资本的流入能保证近期美国国债的顺利发行，近期不发生大规模抛售美国国债的现象，美国财政赤字就可能得到缓解，财政状况逐渐稳定。

值得指出的是，对美国未来财政状况的上述分析的主要依据是美国国会预算管理办公室提供的预测数据，将来的实际执行情况很可能不那么乐观。事实上，美国未清偿国债总额对GDP的比例以及美国年度财政预算占GDP的比例都双双达到和平时期的历史高位本身，说明当前的财政形势已经非常严峻。在这种情况下，一旦出现新的冲击，出现主权债务危机的风险已经不容忽视了。

另外，尽管美国的医疗和社会保障开支在短期内还不会给美国的财政状况带来明显的压力，但是随着美国“二战”以后的婴儿潮逐渐进入70岁以上的高龄，因此医疗和社会保障开支带来的财政压力在10年后将逐渐显现。

四　经济复苏乏力，失业形势严峻

我们在前面已经指出，美国宽松的货币政策有效地稳定了金融市场，但是由于美联储投放的大量流动性主要被金融机构自身所吸收，因此，宽松的货币政策并没有使实体经济出现预期的快速复苏。尽管由于银行贷款依然在萎缩，银行的盈利能力还远没有恢复到危机前的水平，不过却先于实体经济半年出现了复苏。而且美国商业银行的盈利能力（权益收益率和资产收益率）早在2009年第一季度就呈现V形反转的走势（见图13）。

---

① 在2009财年，美国用在抵押信贷方面的财政支出从2008财年1700万美元猛增到997.6亿美元，而在2010财年，美国用在能源保护和高等教育方面的支出分别从2009财年的20.45亿美元和32.58亿美元上升到91.92亿美元和204.48亿美元。

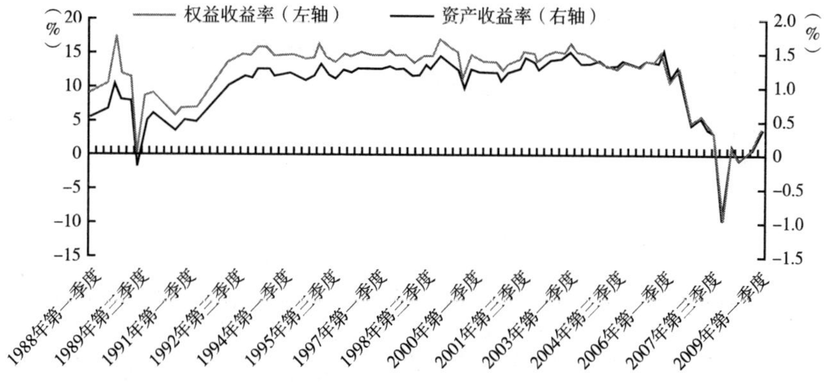

图 13　美国商业银行的盈利能力

资料来源：美联储货币政策报告，2010 年 7 月。

（一）居民消费和国内投资恢复缓慢

毫无疑问，美国实体经济的复苏首先取决于美国的国内消费和投资需求。

从消费需求来看，以现值计算的美国国内的私人消费总量从 2008 年第四季度下滑以后，在 2009 年第二季度开始出现了微弱上升，此后虽然增长逐渐加速，但是到 2010 年第二季度又出现了增长放缓的趋势。考虑到国内私人消费在美国 GDP 中所占比重大体稳定在 70% 左右，对同期美国经济增长具有举足轻重的影响，因此，尽管在 2009 年下半年以来美国国内居民消费总量的增长不是十分明显，但是对于支持经济复苏还是起到了举足轻重的作用。而且值得注意的是，由于受到经济危机的冲击，美国国内居民的消费行为出现了强制性的调整，居民债务总额不断下降，居民债务对 GDP 的比例也在不断下降（见图 14）。其中特别要指出的是，美国住宅抵押贷款违约率在 2010 年第二季度结束了 3 年来持续上升的走势，不论是优良贷款（prime），近优贷款（near prime），还是次级贷款（subprime），也不论是固定利率贷款还是可调利率贷款，违约率都首次出现下降。同时，居民储蓄率水平持续缓慢下滑的趋势也得到了一定程度的遏制，由此增加了美国国内消费需求支持未来实体经济增长的空间和潜力。

政府消费在此期间一致保持在略低于 3 万亿美元的水平上，在 GDP 中的占比和对经济增长的贡献出现了一定程度的波动。但是由于政府债务总额及其在

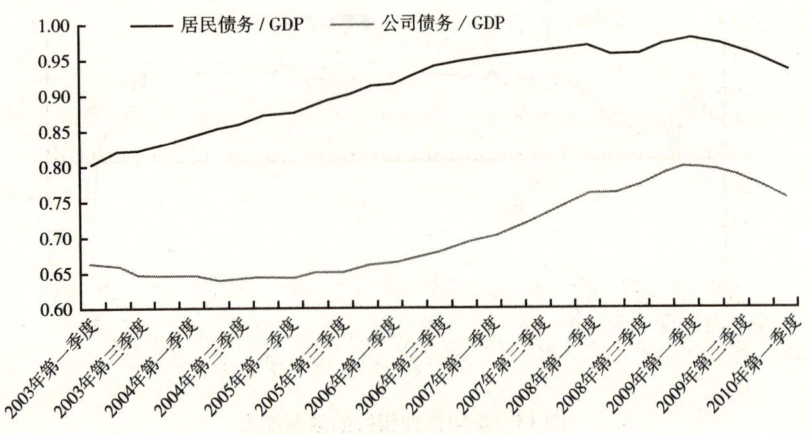

图 14　美国居民和公司债务

资料来源：美联储网站。

GDP 中所占比重不断上升，成为政府消费增长的主要制约，预计政府消费难以成为支撑未来美国经济增长的主要因素。

与国内消费需求相比，国内私人投资，特别是固定投资的变化对未来实体经济的增长具有更重要的意义。经过金融危机的冲击，美国国内私人固定投资从危机前大约 2 万亿美元的水平下降到危机后大约 1.7 万亿美元的水平，在 GDP 中的占比也从 15% 下降到 12%。当然，从固定投资的内部结构看，我们可以发现，金融危机发生以后，私人住宅开工数目明显下降，固定投资中住宅投资所占比重出现比较明显的下降，而设备和软件投资比重则有所上升。值得注意的，设备和软件投资比重的上升是在美国产能利用率依然在历史低位水平上徘徊的情况下出现的，显示出企业对未来经济复苏的乐观态度。另外，新开工的私人住房则在 2009 年下半年也出现了微弱的回升。

（二）制造业和批发业的复苏不充分

表 2 显示，从 2008 年第三季度美国经济形势出现明显恶化以来，美国制造业的销售额随即在 2008 年第四季度出现了明显的下滑，甚至出现了净亏损。在此后的两个季度中，销售额虽然继续下降，但是下滑势头得到了遏制。经过制造业企业的努力，在销售额下滑过程中，率先成功扭转了亏损。然而，从 2009 年第三季度开始，尽管制造业企业的销售额开始节节回升，但是利润的恢复却

变得相对缓慢，说明制造业公司的经营状况依然比较严峻。事实上，直到2010年第一季度，制造业部门的销售额比危机前的2008年第二季度还要低15%左右。

表2　美国制造业和批发业经过季节调整的销售

单位：亿美元，%

		2008Q2	2008Q3	2008Q4	2009Q1	2009Q2	2009Q3	2009Q4	2010Q1	2010Q2
制造业	销售	16938.6	16580.7	13944.5	12427.9	12349.2	12917.6	13482.6	14061.2	14830.6
	利润	1024.8	1185.1	-741.5	359.5	530.5	903.9	1032.8	1077.8	1204.2
耐用品	销售	7709.6	7457.3	6825.7	6088.8	5866.7	6057.3	6303.1	6578.2	6823.0
	利润	257.9	351.1	-621.3	-105.9	-22.5	283.4	346.7	414.6	589.2
非耐用品	销售	9228.9	9123.4	7118.8	6339.1	6482.5	6860.3	7179.5	7483.1	7557.6
	利润	766.9	833.9	-120.2	465.5	553.0	620.6	686.1	663.1	614.9
批发业	销售	11545.2	11370.6	9952.9	9146.3	9143.4	9400.2	9827.9	10243.0	10490.8
	存货/销售	1.14	1.20	1.34	1.40	1.33	1.25	1.19	1.15	1.14
耐用品	销售	5415.8	5280.6	4698.9	4209.0	4112.2	4289.8	4489.4	4626.6	4822.1
	存货/销售	1.52	1.60	1.79	1.89	1.82	1.67	1.56	1.51	1.48
非耐用品	销售	6129.4	6089.9	5253.9	4937.3	5031.2	5110.5	5338.6	5616.4	5668.8
	存货/销售	0.82	0.85	0.93	0.97	0.94	0.89	0.88	0.86	0.85

资料来源：美国人口调查局出版的 Second Quarter 2010 Data from the Quarterly Financial Report：U.S. Manufacturing, Mining and Wholesale Trade Corporation 以及 Quarterly Retail E-Commerce Sales, 2nd Quarter 2010。

从制造业中耐用品和非耐用品的具体情况看，我们可以发现制造业的复苏主要是由非耐用品部门带动的。非耐用品部门的销售额不仅在2009年第二季度就实现了环比增长，而且早在2009年第一季度就扭转了亏损，只有在2008年第四季度出现了唯一一个季度的亏损。相比耐用品制造部门，非耐用品部门在销售额略高的情况下，2008年第四季度的亏损额也远远小于耐用品的制造部门，只是在2010年第一季度利润出现了微弱的环比下滑。反观耐用品制造部门，亏损则一直延续了3个季度之久。从同比的情况看，整个制造业和耐用品制造部门都是从2010年第一季度才实现了比较明显的正增长的。相比之下，非耐用品制造部门则是提前1个季度实现了微弱的同比增长。制造业内部耐用品和非耐用品部门在复苏中如此明显的差异表现，特别是耐用品部门的缓慢复苏暗示着此次复苏的脆弱性。

批发业的复苏略晚于制造业的复苏，从 2009 年第三季度实现了环比增长。批发业销售额的下降从 2008 年第三季度开始，到了 2009 年第一季度存货对销售之比达到最高点后逐渐下降。到 2010 年第二季度，存货对销售之比基本恢复到了危机前的正常水平。但是直到 2010 年第二季度，批发业的销售额也没有恢复到 2008 年第二季度危机前的水平。

因此，我们可以看出实体经济活动不仅没有恢复到危机前的水平，而且我们预计，受危机后翘尾因素（carryover effect）的影响，不论是制造业还是批发业，也不论是销售额还是利润水平，2010 年第二季度以后的同比增长速度都可能出现再次下降。

（三）严峻的失业形势

从逻辑上看，实体经济的复苏最终将改善劳动力市场的状况，降低失业率。但是，从 2009 年第三季度美国经济进入正增长，金融体系得到稳定，实体经济也开始出现复苏以后，美国的失业率水平却一直维持在 9% 以上的高位。尽管此次危机中的最高失业水平还略低于 20 世纪 80 年代初期创下的失业率历史纪录，但是从 2009 年 5 月到 2010 年 10 月，美国未经季节调整的失业率水平维持在 9% 以上的高位已经持续了 18 个月之久。由于目前经济增长再次放缓，复苏乏力，截至 2010 年 10 月，美国的总就业人数并没有出现明显的上升，一直维持在 1.39 亿人左右。另外，从这次危机与美国最近 40 年来的 5 次经济危机中失业率的最高点与衰退的最低点的滞后季度数比较看，前 5 次平均滞后 3.8 个季度，而这次滞后 5 个季度。根据美国劳工部的统计数据，到 2010 年第一季度，准确地说到 2010 年 1 月才迟迟达到此次危机中的最高失业率水平。此次危机最高失业率到来得晚，最终回到正常的失业率水平的时间肯定也不会很快到来。因此，我们预计此次危机中失业率将接近 1982 年 3 月到 1983 年 9 月失业率维持在 9% 以上长达 20 个月的历史纪录，而那一次是因为美国经济在一年的间隔内连续出现了两次衰退！如果考虑到这一点，此次经济衰退中美国高失业的持续时间很可能已经超过了历史纪录。图 15 显示，此次危机在达到失业率最高点前后 5 个季度期间的失业率水平也将高于美国在最近 40 年来的 5 次经济危机中的平均失业率水平。

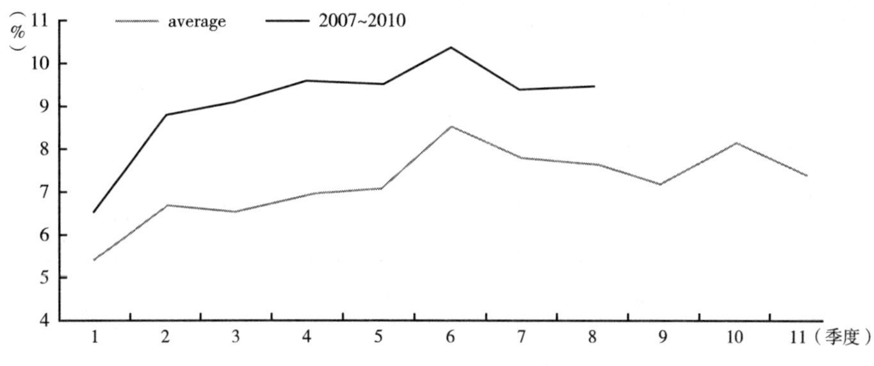

图 15　失业率比较

资料来源：根据 CEIC 数据库计算。

从失业的具体特点看，在此次经济危机中，建筑工人的失业率居各行业失业率之首，并在 2010 年 2 月达到了 27. 1% 的高点。另外，与过去 40 年间美国经济在 5 次衰退中的失业率表现相对比，我们发现只有这次衰退和 20 世纪 80 年代初的双底衰退呈现全职雇员失业率明显超过兼职雇员失业率的情况。而如果以全职雇员失业率达到顶点时的数据与同期兼职雇员失业率比较，80 年代初的双底衰退时的差距是 2. 4% ，这一次则高达 5% 。也就是说此次经济衰退主要是全职雇员失业，说明经济部门受到了重创，雇主对经济前景相当悲观，全职雇员被解雇的规模很大。因为按照以往的规律，在经济衰退期间，雇主为了避免熟练雇员的流失，也为了尽量减少失业赔偿，在解雇全职雇员方面一般比较慎重。伴随高失业率持续时间的延长，从 2009 年 8 月到 2010 年 8 月，美国全部失业者的平均失业时间也从 25. 1 周延长到 33. 1 周，其中全职雇员失业者的平均失业时间更从 26. 3 周延长到 35. 5 周。到 2010 年 10 月，尽管美国未经季节调整的失业率已经下降到 9% （经过季节调整的失业率水平依然高达 9. 6% ，还看不到好转的迹象），但是全部失业者和全职雇员失业者的平均失业时间进一步上升到 34. 9 周和 37. 1 周。从这个角度看，失业状况依然在恶化。

造成美国当前经济复苏而失业率下降缓慢的原因主要有两个，一个是每周工作时间在 2010 年比 2009 年上升了大约 0. 2 小时，另一个更重要的因素是劳动生产率的提高。2009 年美国单位产出的变化率大约为 5. 6% ，远远高于过去 4 年的年均水平，而且也超过了美国新经济时期的平均增长水平（见图 16）。

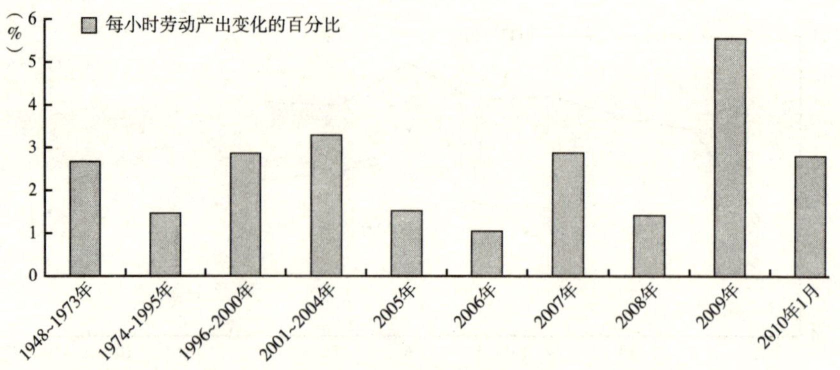

图 16 每小时劳动产出变化的百分比

资料来源：美联储货币政策报告。

五 贸易逆差和资本流入依旧

从1981年4月开始，美国就出现了持续不断的贸易逆差，而1992年第二季度开始，美国的经常项目就始终处于逆差状态，且逆差数额呈现不断上升的趋势。因此，对美国外部平衡的分析就不能局限于经常项目对经济增长的影响，资本项目收支也成为影响美国外部平衡和经济增长的重要因素。

（一）美国经济结构在危机以后还没有发生根本改变，贸易逆差仍将持续

从美国1990年1月到2010年6月246个月度贸易数据看，净出口全部为负，而同期美国经常项目差额的81个季度数据中，也只有在1991～1992年间出现过2个正值，其余全部为负。可见美国的经常项目和贸易项目逆差的问题由来已久，且积重难返。

图17显示了2000年以来美国经常项目中在货物、服务与收入项下的外汇流入和流出以及经常项目逆差季度数据的变动情况。① 我们可以看出，从2008年

① 按照美国经济分析局制定的美国国际收支平衡表，经常项目中除了货物（扣除军事货物）进出口、劳务进出口和收入（含直接投资、其他私人投资、政府收入以及海外工资）外，还包括经常转移（含政府赠与和侨汇等）。但是由于经常转移项目都是净值，无法分别计算流入和流出，因此我们这里显示的经常项目下货物、服务与收入项目下的外汇流入和流出与经常项目余额实际略有差异。

第三季度以来美国经常项目逆差的下降主要是由于美国经济与世界其他国家和地区经济形势的差异造成的。尽管这次金融危机的影响是全球性的，但是美国作为危机策源地，其经济增长受到的冲击显然要比世界其他国家和地区更加明显。因此，美国在货物、服务与收入项下外汇流出的下降幅度明显大于美国在货物、服务与收入项下外汇流入的下降幅度，其中最主要的因素就是美国货物进口的下降幅度大于美国货物出口下降幅度。结果造成了美国贸易逆差和经常项目逆差的明显下降。

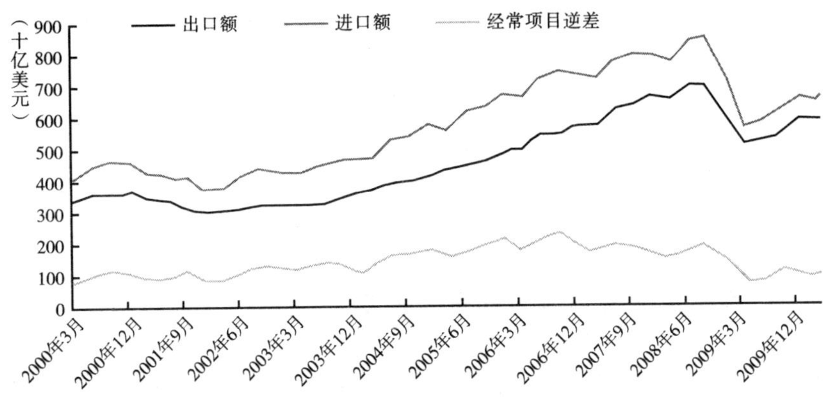

图 17　美国经常项目收支和余额

资料来源：美国经济分析局。

尽管在危机以后美国储蓄率有所上升，但是美国经济中依然存在的储蓄缺口决定了美国的贸易逆差不可能因此消失。所以，当美国经济开始显示出复苏的迹象以后，随着国内需求的恢复，进口随即以比出口回升更大的幅度上升，最终导致从 2009 年 11 月以来，美国的贸易逆差再次出现增加的趋势。预计在 2010 年全年，净出口依然会成为拖累美国经济增长的主要因素。

诚然，美国经济在新经济以后也出现了一定程度的转型，国际服务业顺差在逐渐上升，但是在美国的国际收支中，货物贸易额仍是服务贸易额的近 3 倍，而货物贸易逆差大约是服务贸易顺差的 4 倍以上，因此美国的现代服务贸易优势和服务贸易顺差的增长并没有对经常项目逆差产生决定性的影响，美国的贸易逆差和经常项目逆差依然呈现高度的相关性（见图 18）。这意味着即使美国现在就进行卓有成效的经济结构调整，发挥出服务贸易的优势，用服务贸易顺差来平衡货物贸易逆差，或者通过引导消费需求发挥新技术优势来直接扩大货物出口，显然也不是在一朝一夕就能完成的。

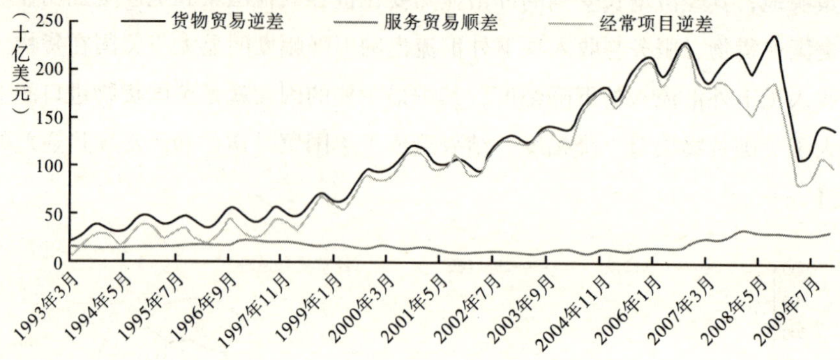

图 18　美国经常项目构成

资料来源：美国经济分析局。

（二）不稳定的资本流入和美元汇率

面对美国经常项目收支的持续逆差，资本项目的顺差对于维持国际收支平衡和美元汇率的稳定就变得非常重要。

从美国的资本项目顺差看，在 2008 年底以前，虽然也有所波动，但是大体保持在 1500 亿美元左右的水平上。在雷曼危机发生以后，美国的资本项目顺差急剧下降到零并维持在这个水平上。从 2009 年下半年又开始出现反弹。不过，在随后 2010 年初面临欧洲主权债务危机的冲击下，由于随着美国国债对 GDP 的比例不断上升，市场对美元贬值的担心不断强化，资本项目顺差又出现急剧下降，表现出不稳定的特征。

在流入美国的官方资本中，对美国国债和其他政府债券的投资在过去一直占主要比重。但是，从 2008 年底以来，外国官方对美国国债投资和其他政府债券投资就呈现急剧下降的趋势。而“两房”危机使得外国官方对美国其他政府债券的投资更呈现净流出的状态。此后美国对“两房”的救助使外国官方对美国其他债券投资出现了一定程度的反弹，但是一直没有从根本上改变净流出的状态。然而由于外国政府在美国的银行存款在 2009 年初一度回流，因此流入美国的官方资本在 2009 年上半年出现一定反弹。但是在 2010 年第一季度，由于外国政府对美国国债投资和在美国银行存款的减少，流入美国的官方资本又出现了下降趋势。

与此同时，流入美国的私人资本也呈现相当大的波动。由于官方投资相对民间投资数量相对较小，所以美国资本流入的变化主要取决于外国民间在美国投资的变化，并且从2009年下半年到2010年上半年经历了从下滑到上升的波动（见图19）。

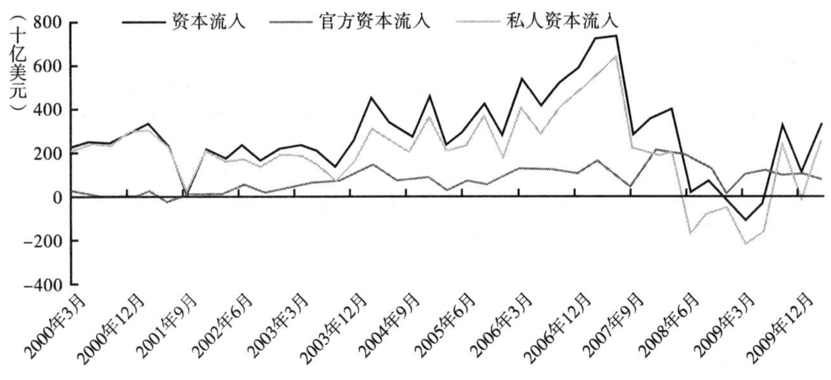

图19　美国的资本流入

资料来源：美国经济分析局。

在2008年秋天金融危机恶化以前，外国资本流入一直是决定美国资本项目顺差的主要因素。但是在金融危机恶化以后，随着美国国内去杠杆化的过程，美国的海外资本也出现回流，成为影响美国资本项目顺差的另一个不可忽视的因素。

美国私人资本的回流实际先于雷曼危机的冲击，早在2008年7月就已经开始。这其中又主要表现为海外直接投资、证券投资和银行存款的减少。民间公司从海外市场撤回投资补充美国国内运营流动性的特征比较明显。而随着美国政府救助措施的出台，到2009年初美国私人资本的回流就已经基本停止并重现流出状态。值得注意的是，在美国私人资本回流期间，在过去几十年中交易额一直不大的美国官方资本（主要是美国官方在海外的短期资产）突然出现了与美国私人资本的回流相反方向的变化，而且数量明显增加，在客观上降低了私人资本回流对美元升值带来的影响。而在2009年下半年美国私人资本恢复了净流出的状态以后，美国官方资本又呈现回流状态，且数量逐渐恢复正常。

就美国资本项目总体而言，净流入美国的官方资本和私人资本在2008年秋天前后走出了相反的走势。而从2009年下半年的走势看，净流出美国的私人资本大体维持了比较稳定的水平，而官方资本的净流入就成了主导美国资本项目顺差的主要因素（见图20）。

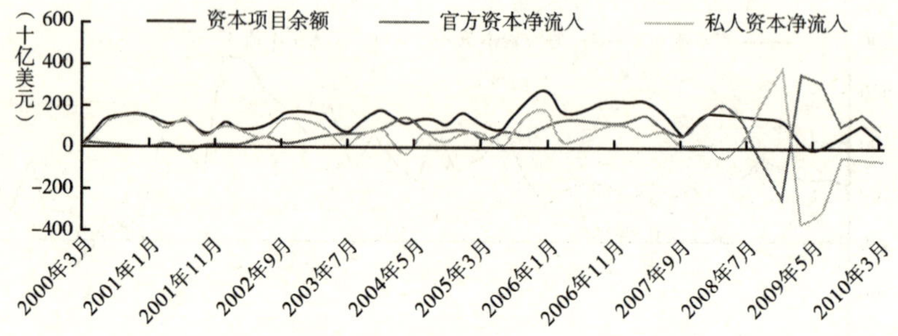

图20　美国的资本项目余额

资料来源：美国经济分析局。

应该指出的是，由于美国持续宽松的货币政策导致流动性过剩，而发达国家与新兴市场之间出现的复苏差距以及由此带来的宏观经济形势和政策差异，使得美元有可能成为一种新的套利货币，从美国流向新兴市场。其结果不仅会加剧美国资本项目的波动，也会减少美国资本项目的顺差。① 由于美国经常项目一直存在逆差，因此在资本流入出现不稳定，且呈现资本净流入逐渐走低的情况下，美元的贬值就难以避免了。

六　对美国经济增长的展望

美国经济在2009年第三季度摆脱了连续4个季度的负增长，并在第四季度创造了近10年来少有的增长纪录。虽然国内消费是在银行消费信贷大幅度增长

① 从长期来看，美元套利由于包括借入和偿还，流出和回流的双向交易，因此不会对长期资本项目差额和长期汇率水平产生明显影响而只会增加其短期波动性，但是在美元套利开始的初期将以净流出为主，因此还是会造成美国资本项目逆差下降和美元贬值的。

的支持下出现了复苏，但是设备和软件投资开始恢复，对经济增长起到了关键性的支撑作用，不过目前美国经济增长的趋势还有待观察。美联储扩张性货币政策的效果主要体现为金融市场的稳定，然而商业银行的工商信贷依然在下降，以制造业和批发业为代表的美国实体经济也还没有恢复到危机前的水平，失业率还维持在高位。核心通货膨胀率和产能利用率也显示美国宏观经济形势还不乐观。在资本项目顺差还不稳定的情况下，面临欧洲主权债务危机的冲击，创纪录的国债负担加剧了美国内外经济平衡的难度。

面对2009年第三季度到2010年第二季度美国经济不稳定的复苏局面，使得美联储最终出台了第二轮数量宽松政策。尽管第二轮数量宽松的额度基本符合市场预期，但其效果还是遭到了普遍的质疑。在参加投票的11名委员中就有一名委员因为认为数量宽松会加剧未来金融失衡的风险，提高长期通货膨胀预期而损害经济稳定而投了反对票。正是由于银行的惜贷和企业对未来的悲观预期，使得美联储给商业银行放松银根，甚至出现零利率以后并不能导致企业贷款的增长，传统货币政策传导机制失效，结果只能依靠通过直接购买债券的数量宽松方式直接向市场注入资金。而只要企业贷款和投资的热情不高，第二轮数量宽松政策也很难能够充分发挥出刺激经济活动的预期作用。面对发达国家和新兴市场复苏和宏观经济政策存在明显差异，美联储释放出来的大量流动性就很可能流入新兴市场，造成美元贬值和全球性通货膨胀的压力，加剧国际经济政策协调的困难。这样一个以邻为壑的政策，不仅引起不少国家的担心，而且，在美联储发布第二轮数量宽松政策方案前一天，美国哈佛大学经济学教授马丁·费尔德斯坦在英国《金融时报》也发表评论，认为在美国经济复苏前景不确定的时候，数量宽松并非解决之道，风险大于收益，可能导致资产泡沫，推高国际市场上大宗商品的价格水平，并破坏世界经济稳定。

当然，在短期内，数量宽松可以维持美国国债的价格，将基准利率水平保持在低位，造成美元贬值以刺激出口，从而继续为美国经济复苏提供一个有利的环境，同时还可以降低美国政府的国债负担。因此，我们认为，2010年下半年美国经济增长可能逐渐趋稳，第四季度的同比经济增长率可能维持在3%左右。这样，全年经济的增长预计就可以达到2.9%左右。如果不出现新的不稳定因素，2011年美国经济各项主要宏观经济指标将逐渐向长期均衡水平收敛，经济增长率预计将维持在2.5%左右。

参考文献

U. S. Census Bureau (2010), *Second Quarter 2010 Data from the Quarterly Financial Report: U. S. Manufacturing, Mining and Wholesale Trade Corporation*, June 21, 2010.

U. S. Census Bureau (2010), *Quarterly Retail E-Commerce Sales, 2nd Quarter 2010*, August 17, 2010.

Board of Governors of the Federal Reserve System (2010), *Monetary Policy Report to the Congress*, July 21, 2010.

International Monetary Fund (2010), *World Economic Outlook Update*, July 7, 2010.

Office of Management and Budget (2010), *Analytical Perspectives: Budget of the U. S. Government, Fiscal Year 2011*.

US Economy: The Unstable Growth

Sun Jie

Abstract: The U. S. economy expanded at a low pace and ended its four quarter-long recession in the third quarter of 2009. After rising at an annual rate of 5 percent, the third highest record in the past 10 years, in the last quarter of 2009, the real GDP growth was continuously slowed down in the first half of 2010 and presented an unstable recovery. Domestic private consumption and fixed investment played key roles in the growth. However, commercial and industry loans is still decreasing, real economic activity does not resume to the pre-crisis level. The high unemployment rate and the low level of core CPI index and capacity utilization indicate the fragility of the recovery. Furthermore, the record-high federal government debt will make it difficult to balance the internal and external economies. Our assessment is that the stimulus package will continue in the near future and the US economy will grow at 2. 9% in 2010, and will be around at 2. 5% in 2011, if no more shock present.

Key Words: Macro-Economic; Economic Growth; Monetary Policy; Finical Policy

Y.3

欧元区经济：复苏中蕴藏不确定性

东 艳*

摘 要：得益于全球经济回暖带来的外需增长，以及欧元区的宏观经济刺激政策，2010 年欧元区进入复苏阶段。受欧洲主权债务危机影响，2010 年下半年欧元区的经济增长速度将低于上半年。2011 年欧元区将继续保持复苏势头。但是，仍然有许多因素使欧元区的复苏进程蕴藏着不确定性。这些因素包括：欧洲主权债务危机扩散的风险依然存在；外需增长速度趋缓使欧元区出口带动复苏的作用下降；欧元区财政退出战略和财政紧缩政策将降低经济复苏的速度；欧元区高失业率对消费增长有抑制作用；欧元区内各成员国复苏进程的不平衡影响了欧元区整体经济复苏的稳定性。

关键词：欧元区 欧洲中央银行 经济前景

欧元区实际 GDP 环比增长率结束了 2008 年的下降态势，自 2009 年第三季度以来一直保持上升趋势。我们在上年度世界经济黄皮书的报告中认为：受益于快速的金融稳定措施、持续的货币扩张政策和各国的财政刺激方案，欧元区经济随着外部需求的逐渐回升将在 2010 年结束衰退。这一看法与欧元区的经济发展事实基本一致。2010 年，欧元区的经济刺激方案发挥了一定的作用，加上全球经济的整体回暖对欧元区出口的带动作用，欧元区经济进入复苏期。但欧洲主权债务危机的爆发、欧元区各国的财政退出政策等因素使欧元区经济的进一步复苏蕴藏着不确定性。欧洲中央银行预测 2010 年欧元区 GDP 增长率为 1.4% ~ 1.8%，2011 年为 0.5% ~2.3%。[①] 2011 年的预测数据跨度较大，可以看出，欧

---

* 东艳，经济学博士，中国社会科学院世界经济与政治研究所副研究员，主要研究领域为国际贸易。

① 如无特别说明，本文引用的数据均来自 ECB，Monthly Bulletin，September，2010。相关历史数据来自 ECB 以前月份的 Monthly Bulletin。

洲中央银行认为2011年欧元区经济复苏中的不确定性很大。在欧洲主权债务危机爆发后，国际货币基金组织调低了对欧元区经济增长率的预测，IMF预计2010年欧元区的GDP增长率为1.0%，2011年为1.3%。[①] 相对于欧洲中央银行，国际货币基金组织对欧元区经济复苏持更谨慎的态度。

以下分五个部分来讨论欧元区2010年度至2011年度的经济形势。第一部分为2009年第三季度到2010年第二季度欧元区的总体经济状况。这一部分讨论欧元区的GDP增长率、失业率、通货膨胀率等最主要的宏观经济指标的变化情况。第二部分讨论欧元区的货币与金融状况。第三部分主要讨论欧元汇率与欧元区的对外贸易和国际收支状况。第四部分讨论欧洲债务危机的演进、救助及欧元区的财政退出战略。第五部分是对欧元区经济前景的一个简要判断。

一　2009~2010年总体经济状况

从总体看，自2009年第三季度起，欧元区的经济就开始处于复苏状态，GDP增长率和通货膨胀率结束下降趋势。GDP稳步上升，通货膨胀率小幅上涨。欧元区2010年上半年的复苏较快，而后受欧洲主权债务危机影响，2010年下半年经济增长速度将有所下降。

欧元区的经济复苏主要源于以下几个因素的影响：第一是欧元区2009年下半年的加快存货循环政策；第二是受全球经济状况好转、外需增加的影响而出口增长，这是欧元区经济复苏的主要动力；第三是欧元区采用刺激经济的宏观经济政策（IMF，2010b）。

自2009年第三季度以来，欧元区实际GDP环比增长率结束了2008年的下降态势，一直保持上升趋势。2009年第三季度至2010年第一季度，平均实际GDP环比增长率为0.3%，而2010年第二季度，实际GDP环比增长率提高为1.0%。如果按年率计算，2010年第一季度GDP上升幅度为0.8%，2010年第二季度GDP上升幅度为1.9%（有关主要宏观经济的季度年率增长率均见表1）。这表明欧元区经济已经走出衰退，开始复苏。欧元区中的主要国家德国和法国的经济复苏较快，德国2010年第二季度平均实际GDP环比增长率为2.2%，法国为0.6%。

---

① 数据来自IMF, *World Economic Outlook*: *Update*, July 2010。

表1　欧元区主要宏观经济指标

单位：%

		2009年			2010年		
		第二季度	第三季度	第四季度	第一季度	第二季度	7月
GDP增长率		-4.9	-4.0	-2.0	0.8	1.9	
按支出	居民消费	-1.1	-1.2	-0.4	0.3	0.8	
	政府消费	2.6	2.6	1.7	1.2	1.1	
	固定资本形成	-12.2	-11.8	-9.3	-4.6	-1.0	
	出口	-16.8	-13.4	-4.7	5.9	12.0	
	进口	-14.6	-12.1	-6.5	5.0	12.8	
净出口/GDP		1.3	1.6	1.9	1.3	1.0	
物价	消费价格指数	0.2	-0.4	0.4	1.1	1.5	1.7
	工业生产价格指数	-5.8	-7.9	-4.6	-0.2	3.0	
失业率		9.3	9.7	9.8	9.9	10.0	10.0
M3增长率		3.6	1.8	-0.3	-0.1	0.2	0.2

注：净出口/GDP数据外，其他数据均为按年率的增长率。

资料来源：ECB，Monthly Bulletin，September 2010；ECB，*Statistics Pocket Book*，September 2009。

从支出构成上看，居民消费稳步增长。2010年第一季度居民消费比上一季度增加0.2%，第二季度比第一季度增加0.5%。从同比来看，2010年第一季度按年率计算的居民消费增长率为0.3%，第二季度为0.8%。与欧元区经济总体复苏的态势相比，居民消费的增长幅度较低，居民消费在欧元区GDP中约占57.7%的比例，居民消费的增长对欧元区经济增长有重要的作用。2010年第一季度，消费对GDP增长的贡献度为25%，第二季度的贡献度为21%。居民消费的变动也反映在消费者信心指数上。消费者信心指数从2009年第一季度达到最低点（-33）后逐渐回升，2009年第四季度，2010年第一、二季度，该指数均稳定在-17，2010年7月、8月该指数回升较快，分别为-14、-11。居民消费的增长受制于两方面的因素的影响：一是劳动力市场状况不佳，就业增长缓慢，通货膨胀的压力影响了居民可支配收入的增长，抑制了居民消费倾向；二是经济不确定性提高，居民住宅财产和金融资产价格下降、财富缩水，影响居民消费意愿。

欧元区政府消费呈增长态势。2010年第一季度，政府消费比上一季度增长0.2%，第二季度比上一季度增长0.5%。从同比来看，2010年第一季度政府消费按年率计算的增长率为 1.2%，第二季度的增长率则为 1.1%。政府消费在经济低迷时期对刺激经济发挥了重要的作用。考虑到财政稳定计划，预计 2010 年下半年，政府消费支出的增长率将有所下降。

欧元区固定资产投资下降的趋势减缓，2010 年第一季度相对于上一季度下降 0.4%，而 2010 年第二季度则结束了连续八个季度的下降趋势，由负转正，比上一季度增加了 1.8%。从同比来看，2010 年第一季度固定资产投资按年率计算的增长率为 -4.6%，第二季度的增长率则为 -1.0%。表明欧元区固定资产投资在 2010 年下半年将逐渐转向正增长阶段。存货投资的上升趋势明显，2010 年第一季度，存货投资对 GDP 的贡献率为 0.8 个百分点，2010 年第二季度为 0.2 个百分点。

2009 年第三季度以来，欧元区出口结束下降趋势，转向稳步增长，2009 年第三季度至 2010 年第一季度，出口环比平均增长率为 2.4%，而 2010 年第二季度出口环比增长率提高为 4.4%。如果按年率计算，2010 年第一季度欧元区出口上升幅度为 5.9%，2010 年第二季度出口上升幅度为 12.0%。这表明自 2010 年以来，欧元区出口呈现加速增长态势。2010 年第二季度，净出口对 GDP 的贡献率为 0.1 个百分点。随着全球经济的快速复苏，以及欧元贬值，欧元区出口将继续增加，净出口的增加对欧元区经济增长的贡献也将逐渐增强。

消费、投资和外需的变化均表明欧元区经济正在逐步回升。从增加值的角度看，欧元区各行业也出现了相同的迹象。

工业增加值从 2009 年第三季度起结束了下降趋势，2009 年第三季度环比增长率为 2.2%，2009 年第四季度为 0.6%，2010 年第一季度为 2.3%，2010 年第二季度为 1.9%。按年率计算的工业增加值增长率 2010 年第一季度为 3.9%，2010 年第二季度提高为 7.1%。建筑业增加值 2008 年出现环比负增长，且调整相对较慢。2009 年第二季度至 2010 年第一季度，平均增长率为 -1.5%，从 2010 年第二季度起出现环比正增长，增长率为 0.5%。由于欧元区一些国家房地产市场的调整，建筑业的复苏前景仍不明朗。制造业信心指数持续增加、制造业经理人采购指数上升显示了该行业的正增长趋势。建筑业信心指数和经理人采购指数表明该行业的增长仍比较缓慢。2009 年第四季度以来，工业产能利用率持续增加，2010 年第一季度为 73.9%，第二季度为 76.5%，2010 年 7 月增长为 77.4%。

占欧元区增加值 74.3% 的服务业在 2010 年显示出增长态势。其中，商品流通、维修、旅馆、餐馆、运输以及通信服务业的增加值 2010 年第一季度的环比

增长率为0.3%，在2010年第二季度则上升为0.9%，显示出快速增长的趋势；金融、房地产以及租赁等服务业增加值在2010年第一季度的环比增长率为0.2%，在2010年第二季度则上升为0.6%，也显示出快速增长的趋势；公共服务部门的增加值增长较为平稳，2010年第一季度的环比增长率为0.4%，在2010年第二季度为0.3%。服务业信心指数在2010年起由负转正，显示出稳步回升的态势。服务业对经济周期的敏感程度虽然小于制造业和建筑业，但欧元区的服务业也显示出回升趋势。

欧元区劳动力市场的复苏慢于整体经济的复苏。欧元区就业状况急速恶化的情况在2010年得以控制，但失业率仍处于较高水平。2009年第三季度，欧元区失业率为9.7%，2009年第四季度为9.8%，2010年第一季度为9.9%，2010年第二季度为10.0%，2010年3~7月，失业率已经连续5个月保持在10.0%的水平，达到了欧元区成立以来的最高失业率。2010年第二季度欧元区失业人数相对于上一季度增加15万人，总失业人口达1582.1万人。其中25岁及25岁以上的成年失业人口增加19.9万人；25岁以下的青年失业人口减少4.9万人。男性失业人口增加0.9万人，女性失业人口增加14.2万人。欧元区失业率的稳定是欧元区经济复苏的保证。

2010年欧元区的物价水平呈现小幅上涨趋势。消费价格指数从2008年第四季度开始下降，到2009年第三季度达到了最低点，之后保持上升，2010年第一季度消费价格指数增长率为1.1%，2010年第二季度为1.5%，2010年7月为1.7%。工业生产价格指数增长率在2009年第三季度达到了最低点，下降为-7.9%，之后下降幅度减缓，2010年第一季度，该指数增长率由负转正，为3.0%。欧洲中央银行将低于2%的物价上涨水平称为物价稳定，欧元区目前的通胀水平还在警戒线之内。预计2010年下半年，欧元区物价水平将基本保持稳定，不会有太大的通货膨胀压力。欧元区未来财政巩固计划涉及的税率提高等政策可能会引起物价水平的波动。预计欧洲中央银行将继续采用低利率政策，以刺激欧元区的经济发展。

二　货币与金融状况

欧元区货币供应量（M3）同比增长率自2008年第一季度开始下降以来，至

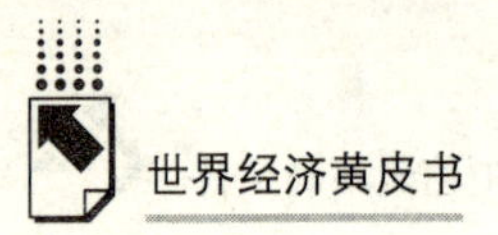

2009 年第四季度降至最低点，为 -0.3%，之后则比较平稳，保持较低水平，2010 年第一季度同比增长率为 -0.1%，第二季度为 0.2%。2010 年 4~6 月欧元区的货币供应量指数是 5.3%，而 5~7 月上升为 5.9%。以上数据反映出，欧元区的货币供应量正持续增长。为了应对欧洲主权债务危机，欧洲中央银行在货币市场和债券市场上进行了一些积极的公开市场操作，以提供流动性。

从 M3 各组成部分来看，M3 增长率的提高主要是由于短期存款（M3 - M1）和可交易工具（M2 - M1）的增长率提高引起的。从 2009 年第四季度起，短期存款和可交易工具的数额在增加，但截至 2010 年 7 月同比增长率仍为负值。而 M1（包括流通中货币和隔夜存款）的增长率与 M3 的变动趋势相反，M1 自 2008 年第四季度以来呈不断上升趋势，在 2009 年 11 月达到最高点 12.5%，之后转为下降，2010 年第一季度，M1 增长率为 10.8%，2010 年第二季度为 9.2%，2010 年 7 月为 8.1%，2010 年 8 月下降到 7.7%。

货币金融机构对私人部门的贷款增长较快，同比增长率 2010 年第一季度为 -0.4%，第二季度为 0.2%，2010 年 7 月为 0.9%。其中对居民的贷款较为稳定。对非金融企业的贷款从 2010 年初开始增加。

欧元区债券发行的增长率从 2009 年 10 月以来持续下降。2009 年欧元区债券发行增长率平均为 11.0%，而 2010 年 6 月则下降为 3.8%。其中，货币金融机构的债券发行额年增长率从 2009 年 3 月以来一直小幅下降，2010 年 5 月开始由正转为负，2010 年 5 月为 -0.1%，6 月为 -0.3%，2010 年 6 月其发行净额为 -294 亿欧元。其他金融机构的债券发行增长率降幅最为明显，从 2009 年的年平均增长率 28% 下降为 2010 年 6 月的 2.1%。其他金融机构与非金融机构的债券发行净额在 2010 年 6 月均为负值。中央政府的债券发行额增长率自 2009 年 11 月份以来持续小幅下降，而其他政府的债券发行额增长率则稳中有升，2010 年 6 月达到了年增长率 13.6%。

由于受全球经济形势，特别是受美国经济形势不确定性影响，欧洲债券市场的情绪紧张，对风险资产的投资下降。2010 年第三季度，AAA 级政府债券的投资显著下降。2010 年 5 月，欧洲金融稳定机制引发了人们对欧元区主权债务风险的关注。欧元区主权债券市场受希腊等面临财政风险国家的经济前景影响较大。

欧元区股票市场价格指数从 2009 年 3 月开始了新一轮的上涨，但是在近一

年来（2009 年 8 月至 2010 年 8 月），道琼斯 EURO STOXX 指数没有太大幅度的波动，一直在 250～270 点位之间徘徊。欧元区股市与全球股市走势基本相同，美国的标准普尔 500 指数近 3 个季度在 1100 点左右上下波动，2009 年第四季度为 1088.7 点，2010 第一季度为 1123.6 点，2010 年第二季度为 1134.6 点。日经指数也处于小幅震荡阶段。欧洲债务危机、美国及全球经济形势预期等增加了市场的不确定性，造成了频繁的短期小幅波动。

三　汇率、贸易与国际收支

自 2009 年第三季度欧元升值后，从 2010 年起，欧元又进入了下降通道。2010 年 8 月，欧元的名义有效汇率比 2009 年下降了 8.6%。在 2010 年前两个季度，欧元对美元有小幅贬值。2009 年 4 月，欧元对美元汇率为 1.4779 美元/欧元，2010 年第一季度为 1.3829 美元/欧元。2010 年第二季度为 1.2708 美元/欧元，2010 年 7 月和 8 月，欧元对美元的汇率略有回升，分别为 1.2770 美元/欧元，1.2894 美元/欧元。欧元对日元汇率自 2009 年 9 月以来一直呈贬值态势，在 2010 年 8 月份达到了年内最低点。欧元对瑞士法郎也呈现贬值。欧元贬值源于人们对欧元区财政和经济前景的疑虑，以及对未来全球经济复苏的信心不足。

出口是影响欧元区短期波动的重要因素之一。如表 2 所示，在 2008 年第四季度，欧元区出口与全球贸易同步进入下降通道。2009 年下半年以来，欧元区的对外贸易状况在全球经济复苏情景下明显好转，2010 年以来回升迅速。2010 年第一季度，欧元区出口总额同比增加了 14.06%，第 2 季度为 21.83%。其中，欧元区对中国的出口回升迅速，2010 年第一季度同比增加 44.16%，第二季度为 39.29%。对其他主要贸易伙伴的出口增加也较快，对美国出口 2010 年第一季度同比增加 3.54%，第二季度为 18.90%。对日本出口 2010 年第一季度同比增加 15.71%，第二季度为 22.54%。对亚洲其他国家出口 2010 年第一季度同比增加 19.49%，第二季度为 21.79%。德国是欧元区最主要的出口国，2009 年德国年出口总额为 8032 亿欧元，比 2008 年减少了 18.4%，而根据德国外贸协会预计，2010 年德国出口额将达到 9370 亿欧元，比 2009 年上升 16%，除外需增加外，欧元贬值也是促进德国出口快速增长的重要因素。

表2　欧元区对主要贸易伙伴的出口情况

单位：10亿欧元

	2008年				2009年				2010年	
	1季度	2季度	3季度	4季度	1季度	2季度	3季度	4季度	1季度	2季度
出口总额	394.7	395.5	398.6	365.8	310.8	309.7	319.1	330.3	354.5	377.3
对美国出口	48.4	46.5	46.3	43.5	39.6	38.1	36.3	38.1	41.0	45.3
对中国出口	16.7	16.8	16.0	15.7	15.4	16.8	17.3	18.6	22.2	23.4
对日本出口	8.5	8.4	8.3	8.1	7.0	7.1	7.2	7.4	8.1	8.7
对其他亚洲国家出口	53.2	52.1	52.4	50.8	43.1	45.9	46.4	49.1	51.5	55.9
对其他国家出口	127.5	130.2	135.6	126.0	102.4	100.4	105.0	108.9	118.2	124.2

资料来源：ECB，Monthly Bulletin，September 2010；ECB，*Statistics Pocket Book*，September 2009。

在2010年，欧元区由经济危机时的商品贸易逆差恢复到商品贸易顺差。2009年6月，欧元区的12个月累计商品贸易逆差曾达到96亿欧元。2010年6月，欧元区的12个月累计商品贸易顺差为460亿欧元，与2007年同期的505亿欧元基本持平。欧元区服务贸易仍保持顺差，但是其增长速度低于商品贸易。2010年6月，欧元区的12个月累计服务贸易顺差为355亿欧元，比2009年同期增加了23%，服务贸易在金融危机中受到的冲击小于商品贸易，预计未来服务贸易的扩张速度也小于商品贸易。

欧元区的经常项目仍保持逆差，但逆差减少的速度很快。2010年6月，欧元区的12个月累计经常项目逆差为466亿欧元，占欧元区GDP的0.5%。而2009年同期，欧元区的12个月累计经常项目逆差高达1226亿欧元，占欧元区GDP的1.3%。经常项目的好转源于商品贸易由逆差转为顺差、服务贸易顺差小幅度增加、收入和对外经常转移逆差小幅度下降。在2010年下半年，受全球经济复苏速度减缓以及欧元区各国经济刺激政策减少等因素的影响，欧元区以出口拉动复苏的作用将渐趋缓。

欧元是完全自由浮动货币，经常项目的逆差意味着资本与金融账户的顺差。从资本与金融账户来看，2010年欧元区通过直接投资净流出资金和通过组合投资净流入资金的基本格局没有变化。综合直接投资和组合投资，截至2010年6月，欧元区的12个月直接投资和组合投资的净流入资金为1737亿欧元，而2009年同期为2846亿欧元，下降明显。2010年6月，欧元区的12个月累计直接投资净流出资金为806亿欧元。这是在欧元区对外直接投资和外部经济体对欧元区的

直接投资同时减少的基础上实现的，其中欧元区对外直接投资的下降幅度相对更大。欧元区通过组合投资净流入的资金与上年同期相比有明显下降，2010 年 6 月，欧元区的 12 个月累计组合投资净流入资金为 2543 亿欧元，组合投资净流入的下降主要源于债务工具投资净流入的大幅度下降。

四　欧洲主权债务危机及财政退出战略

与其他地区相同，在金融危机时期，欧盟采取了大规模的经济刺激计划来应对经济衰退。2008 年 11 月 26 日，欧盟委员会公布了总额达 2000 亿欧元欧洲经济复苏计划（The European Economic Recovery Plan）。欧元区各国的扩张性财政政策包括增加政府投资、减税、对弱势群体进行补贴及对战略产业的资金投资，将扩张性的财政政策和结构调整政策结合。积极扩张的财政政策和超低利率的宽松货币政策成为欧洲各国应对经济危机的主要举措。欧盟的扩张性政策的效果良好，2009 年第三季度起，欧元区经济开始出现复苏迹象。

应对危机的宽松财政和货币政策使得刚刚露出复苏态势的全球经济面临着通胀的压力。从长期看，这些政策也是不可持续的，需要逐渐退出。2009 年 10 月，欧盟委员会提出财政退出政策的意见，认为经济已经出现了复苏的迹象，欧盟经济急剧下滑的势头已得到缓解，金融市场基本稳定，市场信心已经有所恢复，虽然经济复苏依然是不稳定的，政府的支持性财政计划还不到退出的时机，但需要做好退出的准备。欧委会认为退出政策应该是在《稳定和增长公约》框架下，通过成员国间的合作来完成。在退出时机看，最晚在 2011 年将开始实施财政巩固计划，考虑到不同国家的情况，一些国家应提前开始。

2009 年底，扩张性财政政策的赤字风险和债务风险在希腊等欧洲国家全面爆发。2009 年 11 月，希腊新政府上台后，宣布 2009 年希腊实际赤字率为 12.7%，而非此前公布的 6%，同时预计 2010 年的赤字率为 8.7%，债务率为 121%，远远超过了《稳定和增长公约》规定的赤字率不超过 3%，债务率不超过 60% 的界限，这引发了全球三大信用评级机构惠誉、标准普尔、穆迪同时下调了希腊主权债务的信用评级，投资者纷纷抛售希腊国债，希腊政府无法通过发新债的方式来偿还旧债，希腊债务危机爆发。随后一些有类似财政状况的欧洲国家，如西班牙、意大利、爱尔兰、葡萄牙等也开始陷入危机，直接影响了欧洲经济的复苏进程。

欧洲主权债务危机在某种程度上是全球金融危机的延续。希腊经济发展模式的缺陷和过度扩张性的财政政策，造成财政收支长期失衡，赤字风险和债务风险较高。在国际金融危机条件下，欧元区制度设计问题使希腊过于依赖财政政策，长期潜在的风险得以爆发。金融危机使欧元区制度设计问题得出凸显，欧元区由欧洲中央银行负责实行统一的货币政策，但没有统一的财政政策。在经济衰退时期，希腊等国对欧元区货币和汇率政策的影响力度较小，希腊的经济总量只占欧元区经济总量的2%左右，无法通过调整汇率来刺激出口，或者通过增加货币供给量来减少政府债务，因此在危机条件下，只能过度依赖扩张性财政政策来刺激经济复苏。而希腊在金融危机之前财政状况就不佳。从财政支出看，加入欧元区后，作为欧盟援助计划的受益国，希腊通过获取较低利率水平的廉价的贷款来拉动基础设施建设等投资。希腊政府的支出水平较高，过高的福利水平、人口老龄化给政府带来了巨大的负担。在财政收入方面，希腊的工业基础薄弱，核心竞争力逐渐削弱，旅游业、航运业等经济中的核心产业受经济周期的影响明显。导致希腊财政赤字不断扩大，政府债务规模较大。希腊在加入欧盟以前，就存在较高的债务负担。1999 年希腊的负债率为 94%，之后十年内，一直在 100% 左右波动。2008 年为 99.2%，2009 年快速升高为 115.1%。与欧元区其他国家相比，希腊的财政赤字在过去十年中一直处于较高水平。2003 年达到 7.3%，2008 年达到 7.7%，2009 年则高达 13.6%。

在救助方面，欧盟内部一度存在分歧。随着主权债券危机的深化，欧盟和 IMF 联合推出三年内 7500 亿欧元的援助计划。具体包括 4400 亿欧元的欧元区国家双边互助协议、600 亿欧元由欧盟委员会按照《里斯本条约》相关条款从金融市场上筹集的资金，以及由 IMF 提供的 2500 亿欧元的贷款承诺。同时，欧洲中央银行采取了购买欧元区债券的方式来避免国债价格下跌。欧洲央行通过在货币市场上向商业银行提供短期信贷等方式，向货币市场注入流动性。欧盟和 IMF 的援助计划防止了欧洲主权债券危机的恶化。

欧洲主权债务危机对欧元区经济发展明显影响。欧元区财政赤字与 GDP 之比快速增长，从赤字率看，欧元区在 2009 年第二季度开始突破 3% 的约束，

为4.3 %，2009 年第三季度为5.4%，第四季度为6.2%，2010 年第一季度则高达6.6%。欧元区政府债务与GDP之比也持续升高，2009 年第二季度为76.1 %，2009 年第三季度为77.9%，第四季度为78.7%，2010 年第一季度则高达80.5%。欧元区的财政状况亟须改善。2010 年7 月和8 月间，希腊10 年期政府债券的利率高达10.3%。反映出投资者对于其偿还债务能力的担忧加剧。

欧洲主权债务危机的爆发使各国政府在财政政策使用上面临权衡，一方面，各国政府希望通过扩张性财政政策来维持经济复苏；另一方面，过高的政府债务将增加信贷成本，损害投资与增长，引发债务危机。尽管欧元区经济复苏尚不平稳，退出战略的时机成熟与否尚不明朗，但扩张性财政政策和先前累积的财政恶化问题交织所引发的欧洲主权债务危机使未来欧元区财政的稳定性面临挑战，财政政策退出时期比先前的预计将提前。

除了面临财政危机的希腊、西班牙、葡萄牙等国加紧削减财政赤字外，法国、德国等也开始财政退出战略。2010 年6 月9 日，德国开始实施退出战略，计划至2014 年将削减800 亿欧元的财政支出。如果其他国家过晚取消经济扶持政策，可能会造成大规模财政赤字，从而使长期增长潜力受到损害。法国总理2010 年6 月12 日宣布，法国政府在未来3 年内将削减450 亿欧元（约合545 亿美元）的公共开支，以实现到2013 年将财政赤字占国内生产总值的比例控制在3%范围内，同时通过打击偷税漏税增加50 亿欧元的财税收入，并预期通过促进经济增长增加350 亿欧元财政收入，另外还决定暂停150 亿欧元的经济刺激措施。

欧元区的财政退出战略一方面可以巩固财政，防止可能的通货膨胀，另一方面，有可能影响整个欧元区的经济复苏。目前欧元区经济虽然在复苏，但整体上仍不稳定，特别是居民消费处于低迷时期。欧洲债务危机在一定程度上加速了财政政策的退出进程，预计整体退出将从2011 年开始启动。

五　经济增长前景

2010 年欧元区的经济指标显示，欧元区已经进入复苏阶段。受欧洲主权债务危机影响，欧元区2010 年下半年的经济增长速度将低于2010 年上半年。欧元区2011年将继续保持复苏势头，主要原因是：全球经济已经进入复苏阶段，美国、亚洲等其他地区的经济复苏将刺激欧元区的出口。2010年欧元区的外需和出口呈现较快的增长态势，欧元区已经由金融危机时的商品贸易逆差转为商品贸易顺差。欧元的贬值对欧元区出口有一定促进作用。消费者信心和企业信心稳步回升，存货投资上升明显。GDP自2009年第三季度以来，一直保持上升趋势。

欧元区在2008年受金融危机较深的影响后，在2009年又爆发了主权债务危机，这使欧元区经济复苏的不确定性高于全球其他地区。目前欧洲主权债务危机虽然逐步得到了控制，但欧元区的赤字风险和债务风险仍较高，欧洲主权债务危机扩散的风险依然存在。欧洲稳定计划（European Stabilization Mechanism）实施后，欧元区的财政状况将逐渐稳定，但欧元区的财政退出战略和财政紧缩政策将在一定程度上影响欧元区各国的国内需求，降低经济复苏的速度。此外，欧元区各国的经济发展和复苏进程不平衡，欧元区失业率仍处于较高水平，商品价格上涨、私人消费仍然低迷。总体来看，2011年欧元区经济将处于复苏进程中，但复苏中蕴藏着不确定性。

参考文献

ECB（2010a），Monthly Bulletin，September 2010.

ECB（2010b），*Statistics Pocket Book*，September 2010.

IMF（2010a），*World Economic Outlook Update：Restoring Confidence Without Harming Recovery*，July 2010.

IMF（2010b），*World Economic Outlook* ，April 2010.

何帆（2010）：《主权债务危机之后欧洲联合的前景》，工作论文，No. 2010W07，中国社会科学院世界经济与政治所国际金融研究中心，2010年7月13日。

余永定（2010a）：《欧洲主权债务危机和欧元的前景》，财经评论，No. 2010.054，中国社会科学院世界经济与政治所国际金融研究中心，2010年8月12日。

余永定（2010b）：《欧洲主权债务危机的启示及中国面临的挑战》，财经评论，No. 2010.045，中国社会科学院世界经济与政治所国际金融研究中心，2010年6月8日。

张明（2010）：《欧洲主权债务危机：演进、根源、前景与风险》，工作论文，No. 2010W12，中国社会科学院世界经济与政治所国际金融研究中心，2010年8月16日。

The Euro Area Economy: Recovery amid Uncertainty

Dong Yan

Abstract: The Euro area economy is in the process of recovery in 2010 due to global economic recovery and Euro Area's stimulus monetary and fiscal policy. The recovery of Euro area will continue in 2011. However, some factors will increase the uncertainty of the Euro area's recovery. The Europe debt crisis has not ended; the slowdown of the global demand will hamper the export; fiscal exit policy will reduce the growth rate; Unemployment rate is still high and private consumption may remain sluggish. The uneven recovery of the member countries will harm the stability of the Euro Area's economic recovery.

Key Words: Euro Area; European Central Bank; Economic Outlook

Y.4
日本经济：延续危机后的增长周期

李众敏*

摘 要： 2009~2010年，日本经济继续保持正增长，延续了危机后的增长周期。从国内消费者信心指数以及机械设备投资的情况来看，日本经济有可能继续保持正增长。但是受国内结构性失业、通货紧缩以及财政状况的影响，日本未来的经济增长将维持在较低的水平。我们估计，日本经济2011年可能出现1.5%以下的正增长。在2011年，日本需要注意旅游业的波动、全球性的财政紧缩等问题，并对“新增长战略”的政策目标进行调整。

关键词： 日本经济　缓慢增长　结构性失业

日本经济在2008年第二季度至2009年第一季度连续4个季度出现负增长，尤其是2009年第一季度增长率为-4.4%，创下历史新低。此后，日本经济逐步走出低谷，在2009年第二季度出现了2.3%的高增长。虽然环比经济增长速度后来又明显放缓，但在经历了2009年第三季度短暂的回调后，基本上维持住了正增长的态势。在2009年第四季度到2010年第二季度出现了连续3个季度的正增长。因此，总体上，日本经济已经走出了全球金融危机之后的低谷，维持内需稳定增长的基本因素（消费者信心）和外需都得到了较好的恢复，GDP出现了较为稳定的正增长，延续了危机后增长周期。尽管面临着中小企业不景气、财政状况堪忧、国内产业空洞化恶化等问题，但是由于国内消费者信心恢复、外需调整到位，日本经济总体上走出了不景气，迎来一个较为乐观的增长期。

* 李众敏，经济学博士，中国社会科学院世界经济与政治研究所副研究员，主要研究国际投资、日本经济等问题。

一　2010 年总体经济状况

在 2009 ~2010 年度的报告中，我们曾经估计日本 2010 年的经济增长率会高于 IMF 和日本经济研究中心的预测，应该在 1.5% ~2.0% 之间。从日本经济的运行来看，的确比 IMF 和日本经济研究中心预测得要好，而且更为乐观。日本 2010 年第一季度和第二季度的经济增长率分别达到了 5.0% 和 1.5%（年率）。根据 2010 年上半年的经济运行情况，日本经济研究中心也将 2010 年日本经济增长率预测从 1.4% 上调到了 2.1%。

此外，我们也提出在 2010 年日本经济的三大看点：民主党的经济政策、日本国内就业以及亚洲区域内竞争。首先，2010 年第一季度和第二季度，日本政府消费分别增长了 0.6% 和 0.3%。2010 年 9 月，日本政府再次出台经济刺激政策。其次，就业问题已经成为了日本政府面临的头号难题。最后，日本出于贸易利益单独干预日元汇率和中日之间在汇率问题上的纠纷，都表明亚洲国家之间的竞争加剧。

当然，在上一年的预测中，也存在一些不足的地方：一是对日本出口恢复估计不足。受 2008 年底至 2009 年初出口低谷翘尾因素的影响，2009 年下半年和 2010 年上半年，日本出口出现强劲恢复，这也是日本经济增长的主要动力。二是对国有固定资本形成估计过高。日本经济研究中心曾经预测 2010 年国有固定资本形成会出现负增长，我们认为这一估计过于悲观。从实际情况来看，日本经济研究中心的预测还是比较准确的。2008 ~2010 年日本 GDP 及各部分增长见表 1。

表 1　2008 ~2010 年日本 GDP 及各部分增长（环比，经季节调整）

单位：%

	2008 年				2009 年				2010 年	
	1 季	2 季	3 季	4 季	1 季	2 季	3 季	4 季	1 季	2 季
GNI 增长率	-0.4	-1.7	-1.4	-1.2	-3.3	2.3	-0.8	0.4	1.1	-0.5
GDP 增长率	0.2	-0.7	-1.2	-2.7	-4.4	2.3	-0.1	0.9	1.2	0.4
私人最终消费	0.5	-1.3	-0.1	-0.9	-1.4	1.3	0.6	0.7	0.5	0.0
政府最终消费	-0.3	-1.1	-0.2	1.1	0.6	0.2	0.1	0.7	0.6	0.3
固定资本形成										
私人住宅	3.4	-0.0	4.4	2.9	-7.2	-9.6	-7.2	-2.9	0.3	-1.3

续表 1

	2008年				2009年				2010年	
	1季	2季	3季	4季	1季	2季	3季	4季	1季	2季
机械设备投资	4.5	-1.9	-3.5	-6.7	-8.8	-5.2	-1.7	1.7	0.8	1.5
国有资本形成	-4.5	-4.9	0.5	0.1	3.5	8.6	-1.2	-1.3	-0.9	-2.7
出口	2.7	-0.9	-0.5	-14.2	-24.9	10.4	8.5	5.7	7.0	5.9
进口	1.1	-3.6	3.3	0.8	-17.6	-4.9	6.3	1.5	3.0	4.1

资料来源：日本内阁府经济社会综合研究所国民经济计算部，季度 GDP 速报（时间序列表）·2010 年（平成 22 年）4~6 月期，2010 年（平成 22 年）9 月。

2009 年下半年至 2010 年上半年，日本经济延续了 2009 年第二季度出现的经济复苏，开始以较为稳定的姿态步入缓慢增长的轨道。除了 2009 年第三季度之外，日本已经连续三个季度出现正的增长，特别是在 2010 年第一季度，经济增长率达到了 1.2%（见表 2）。

表 2　2009~2010 年 GDP 各构成部分对日本经济增长的贡献

单位：个，百分点

类　别	2009年				2010年	
	1季度	2季度	3季度	4季度	1季度	2季度
GDP 增长率	-4.4	2.3	-0.1	0.9	1.2	0.4
其中：私人最终消费	-0.8	0.8	0.4	0.4	0.3	0.0
政府最终消费	0.1	0.0	0.0	0.1	0.1	0.1
资本形成	-1.5	-0.7	-0.5	0.1	0.1	0.1
净出口	-0.8	2.1	0.2	0.6	0.6	0.3
其中：出口	-4.0	1.3	1.1	0.8	1.0	0.9
进口	3.2	0.8	-0.9	-0.2	-0.4	-0.5

资料来源：日本内阁府经济社会综合研究所国民经济计算部，季度 GDP 速报（时间序列表），2010 年（平成 22 年）4~6 月期，2010 年（平成 22 年）9 月。

回顾 2009 年下半年到 2010 年上半年日本经济总体情况，可以看出内需与外需同时恢复是导致日本经济增长较快的主要原因。具体而言，可以从私人消费、私人投资、外需和政府支出四个方面来加以概括。

1. 消费者信心恢复，私人消费回升

在 2009 年下半年到 2010 年上半年的经济增长中，私人消费的贡献是非常

大的。在2009年第三季度、第四季度和2010年第一季度，私人消费分别增长了0.6%、0.7%和0.5%，由于消费在日本GDP中所占的权重很大，私人消费的增长给日本GDP增长带来了较大的贡献，分别为0.4、0.4和0.3个百分点。

更为重要的是，日本私人消费的增长与日本消费者信心恢复是同步的。金融危机之后，日本消费者信心指数一路下滑，从2006年1月的49.5（见图1）一度下滑到了26.2的低点（2008年12月），2009年初以后，消费者信心显著恢复，到2010年8月份，已经恢复到了42.4的水平，相当于2007年10月危机爆发之前的水平。从这点来看，日本的私人消费增长是具有可持续基础的。

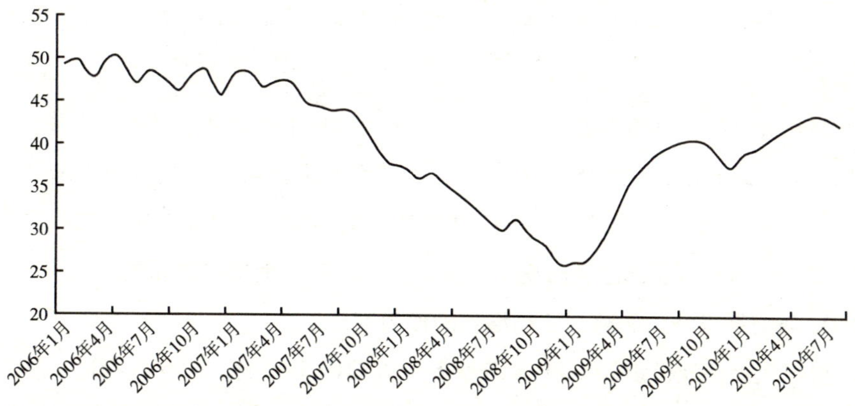

图1　2006～2010年日本消费者信心指数

资料来源：日本内阁府经济社会综合研究所景气统计部，消费动向调查（平成22年8月调查结果）。

2. 受需求带动，私人投资增长出现反转

除了私人消费之外，私人投资上的变化也是非常明显的。在私人投资中，最为重要的机械设备投资，在连续6个月出现较大幅度负增长之后，在2009年第四季度首次出现正增长，并连续维持了3个季度的正增长，在这3个季度中，机械设备投资的增长分别给日本GDP带来0.2、0.1和0.2个百分点的增长。

同样，私人投资（尤其是机械设备投资）的决策是基于企业对未来需求前

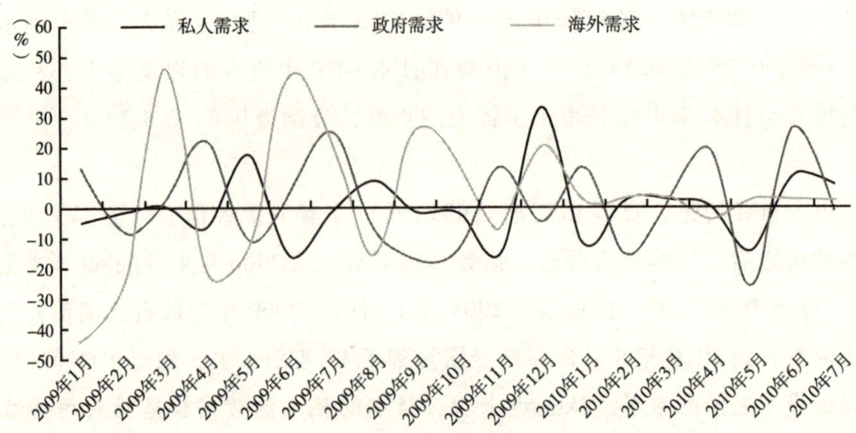

图2　2009～2010年日本新订单变化率

资料来源：日本内阁府经济社会综合研究所，机械订单统计调查报告（平成22年7月）。

景的判断进行的。具体来说，日本私人投资的增长主要是基于订单的恢复。从总体趋势上可以看出，日本的订单已经走出了大起大落阶段，开始稳步增长（见图2）。2010年6月和7月，日本订单总额分别同比增长9.2%和5.7%。其中，私人需求和海外需求都已经出现正增长。但是，政府消费的波动较大。

3. 政府需求结构调整，拉动增长的作用削弱

受财政赤字规模以及G20承诺等多个方面因素影响，日本政府进一步调整了自身的刺激政策。总体上，日本政府更多地通过消费而不是投资来刺激经济。在2009年第四季度和2010年第二季度之间，日本政府消费给每个季度的经济增长贡献0.1个百分点，但是，国有资本形成却一直是负增长，每个季度平均给GDP增长贡献-0.1个百分点，两者相抵，政府支出对GDP增长的贡献几乎为零。

当然，日本政府仍然没有放弃使用财政刺激政策，但是力度已经大不如从前。2010年9月，日本政府再度出台了规模为9150亿日元（109.2亿美元）的经济刺激政策，但是，由于规模非常小，只占日本经济的0.2%，小于以往的0.5%，因此，其对日本经济的拉动作用也是非常有限的。

4. 出口成功转型，有望再度成为“第一动力”

在2009年第二季度，由于在出口出现正增长（10.4%）的同时进口出现负

增长（-4.9%），当季，外需给日本GDP带来2.1个百分点的增长。此后，尽管出口与进口同时出现正增长，但总体上外需对日本GDP增长的贡献仍然为正。2009年第三、四季度和2010年第一、二季度，外需对日本GDP的贡献分别为0.2、0.6、0.6和0.3个百分点，大有成为“第一动力”之势。

日本外需恢复为“第一动力”的背后，是日本出口转型的成功。与外界和以往的看法不同，从数据来看，日本贸易转型并不只是加强了对亚洲周边国家的出口，而是加强了对整个新兴市场和一些不发达地区的出口，包括对非洲、俄罗斯、中东欧、中东和中南美洲的出口（见表3）。这一战略对2005~2007年的出口增长起到了巨大的作用。同时，在全球金融危机爆发的初期，对缓冲欧美出口市场下滑也起到了非常重要的作用。

表3 2002~2009年日本向各地区出口的变化率

单位：%

年份	世界	北美	大洋洲	非洲	西欧	亚洲	中东欧、俄罗斯	中东	中南美
2002	6.4	1.8	13.0	14.1	-1.9	13.7	22.7	11.5	-6.1
2003	4.7	-9.7	10.8	5.0	9.4	12.8	52.2	4.6	-5.2
2004	12.1	2.0	13.2	28.4	9.6	17.1	51.9	5.1	21.5
2005	7.3	8.4	6.9	9.2	-0.5	7.3	34.6	16.5	17.7
2006	14.6	14.7	5.1	21.6	13.4	12.5	45.0	22.5	28.8
2007	11.5	0.2	16.8	24.2	11.6	12.9	45.4	37.9	16.2
2008	-3.5	-15.5	4.5	1.7	-7.2	-1.1	22.7	14.0	2.8
2009	-33.1	-38.3	-35.9	-36.2	-38.2	-26.6	-69.1	-42.6	-27.4

资料来源：日本财务省，贸易统计。

但是，也要看到，日本新开拓的出口市场存在较大的不稳定性，这也是日本出口转型面临的新挑战。在2009年，日本在新开拓的市场上大幅下滑，下滑的幅度大于欧美市场。2009年，日本在较为疲软的美国和英国市场上出口分别下降了38.6%和35.4%，而在新开拓的俄罗斯、南非和阿拉伯市场上，则分别下降了82.1%、49.3%和46.1%（见图3）。因此，基于新开拓市场的表现，日本外需的长期和可持续增长肯定存在一定的问题。但是，从金融危机以后各经济体的表现来看，新兴经济体国家由于受危机影响较小，加上自身在资源等方面具有

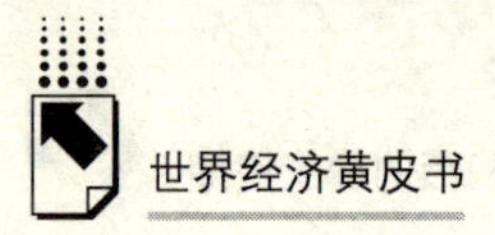

较明显的优势，因此，经济恢复得都比较好。也就是说，从2010年以来的趋势来看，日本的外需增长仍然是有保障的。

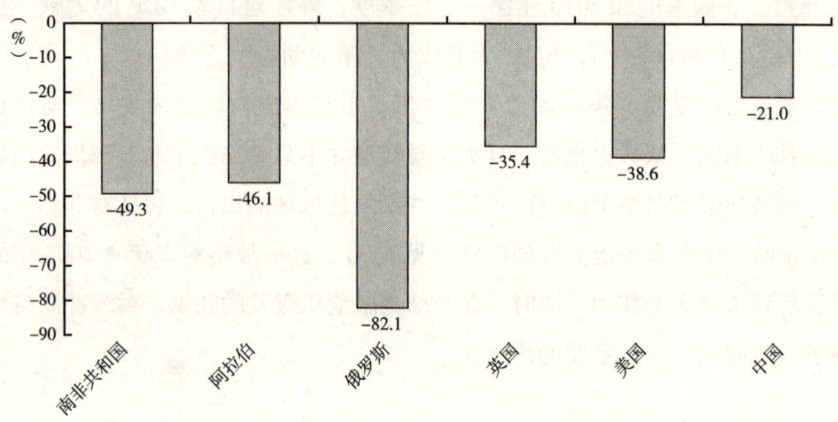

图3　2009年日本对主要出口国出口变化率

资料来源：日本财务省，贸易统计。

综合上述四个方面的情况，从消费、投资和外需上来看，日本经济出现了较为稳健并且可持续的恢复。而从政府拉动作用来看，日本政府对于经济增长的拉动作用正在不断削减。这是对日本总体经济状况的判断。下面，我们将就2010年中日本经济出现的几个比较突出的问题进行逐一的分析，包括通货紧缩、结构性失业、中小企业不景气、产业空洞化、财政改革等，并对日本政府提出的“新增长战略”进行评价。

二　再次陷入通货紧缩

2009年2月，日本的消费者价格指数再次出现同比负增长，此后一直到2010年6月，CPI一直是负增长，再次陷入通货紧缩。

考虑到国际石油与大宗商品的价格走势，日本的通货紧缩有可能将会持续很长的一段时间，原因在于：从石油价格与日本国内的CPI比较可以看出，两者在趋势上非常吻合，而且CPI对石油价格变化有一定的滞后性（见图4）。目前，日本的CPI虽然是负增长，但是通货紧缩的严重程度却在不断减小。然而，这只是2009年底、2010年初石油价格飞涨的一种反映。到2010

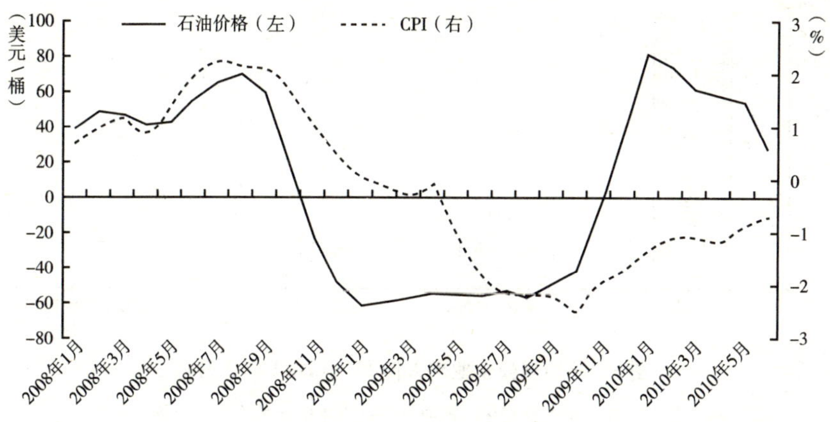

图4 石油价格与日本国内消费者价格指数变化率

资料来源：日本内阁府统计局。

年5～6月，石油价格的涨势显著回落，这尚没有在日本消费者价格指数上反映出来。

当然，另外一个影响日本国内CPI走势的因素是日本政府对日元汇率的干预。受日本政府的压力，日本银行已经表示要配合汇率干预。日本银行已经在2010年10月5日宣布将利率从0.1%降低到0～0.1%的水平，同时，配合以更为宽松的货币政策。与此同时，日本银行也承诺创建基金用以购买日本公债和其他资产，旨在压低长期市场利率。估计用于购买资产的资金规模可能在5万亿日元左右，并考虑在新的资金启动一年内，购买3.5万亿日元的长期日本公债和美国公债。

三 结构性失业问题更加严重

2008年以后，日本失业率一直上升。到2009年底，日本失业率已经从2007年底的3.7%上升到5.0%。2010年6月，就业形势进一步恶化，失业率从5.0%上升到5.3%。

在以前的报告中，我们曾经分析过日本就业状况的结构性特点，也就是说，年轻人更容易失业。以前的分析是从供给的层面分析的，在本报告中，我们将从

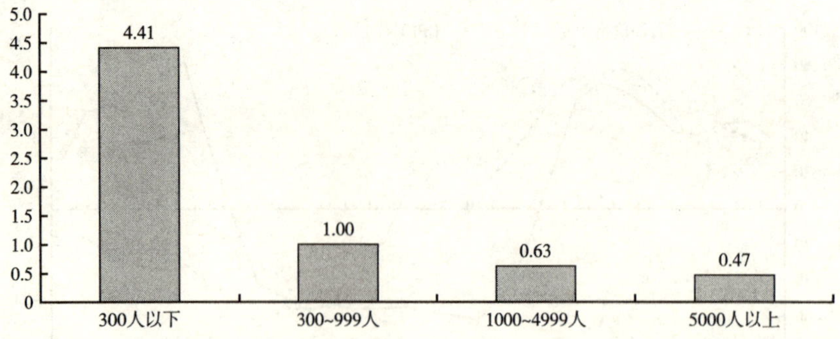

图5　不同规模企业求人倍率*（2011年3月）

*“求人倍率”是一个综合指标，是通过调查当年毕业的大学生、研究生的就业意向，以及企业的雇佣意向来计算的，它取决于多个方面的因素。求人倍率 = 当年应职人数／当年企业招人意愿数。

资料来源：リクルートワークス研究所「第27回ワークス大卒求人倍率調査（2011年卒）」，2010年4月21日。

需求（企业）的角度来分析。从不同规模企业的劳动力供求状况来看，日本的劳动力供给过剩主要出现在300人以下的中小企业中，而在300人以上的企业中，不存在劳动力供大于求的问题，反而是供不应求。根据“求人倍率”这一指标，日本雇佣规模在300人以下的企业求人倍率为4.41（见图5），也就是说，平均每个工作岗位有4.41个竞争者。而雇佣规模在300～999人的企业，劳动力供求大致平均，求人倍率为1.00。相反，在1000人以上的企业，劳动力总体上处于供不应求的状况。雇佣规模为1000～4999人和5000人以上的企业，求人倍率分别为0.63和0.47。

四　中小企业景气状况堪忧

根据日本《中小企业基本法》（1963年出台，2009年7月15日最后修订），对不同行业“中小企业”的定义有所不同，在制造业、建筑业和交通运输业，是指资本金在3亿日元以下、常年（持续3年）雇佣人员在300人以下的企业，批发行业则分别是1亿日元和100人以下，服务行业是5000万日元和100人以下，而零售行业则是5000万日元和50人以下。

最近几年来，中小企业就业人数占日本总就业人数的比例一直保持在60%

以上。根据日本总务省的统计，光是雇佣规模在100人以下的企业就业人数就占到总数的50%左右。由于总务省统计的标准与《中小企业基本法》不一致，我们无法得知具体的中小企业就业人数比例。但是可以看出，在500人以上的企业就业的人数只占到总就业人数的25%左右（见表4）。

表4　2003～2009年日本不同规模企业就业人数

单位：万人

年份	1～29人	30～99人	100～499人	500人以上	就业总数
2003	1716	862	925	1204	5296
2004	1679	861	944	1233	5319
2005	1656	866	971	1271	5356
2006	1685	890	985	1289	5430
2007	1672	887	1004	1336	5478
2008	1644	869	1009	1417	5478
2009	1615	849	992	1418	5410

资料来源：日本总务省，劳动力调查。

无论是对日本的就业还是经济增长，中小企业的景气状况都是非常重要的。在全球金融危机之后，中小企业（尤其是注册资本在1000万日元以下的）本来就不景气的状况进一步恶化，在金融危机中破产的企业中，99%都是中小企业，尤其是2008年下半年，中小企业破产数量大幅度上升。2009年下半年，受经济形势反转的影响，中小企业破产数量不断下降，尽管如此，注册资本在1000万日元以下的中小企业状况仍然没有改观。当注册资本在1000万～3亿日元的企业破产数量出现大幅度减少时，注册资本在1000万日元以下的中小企业破产数量几乎没有什么变化。因此，总体上看，日本中小企业的状况仍然非常值得关注。

从利润情况来看，在2001～2009年间的大部分年份里，中小企业都以低利润或亏损经营，尤其是注册资本在1000万日元以下的企业。在此期间，注册资本在1000万日元以下的中小企业，最高的年份利润率只有0.7%（2004年）。受金融危机影响，这部分中小企业在2008年和2009年连续亏损两年，利润率分别为－0.4%和－1.2%（见表5）。

表5　2001～2009年不同资本金规模企业利润率

单位：%

年　份	2001	2002	2003	2004	2005	2006	2007	2008	2009
10亿日元以上	3.3	4.0	4.4	4.8	4.9	5.0	4.8	2.7	2.9
1亿～10亿日元	2.1	2.4	2.7	2.9	2.9	3.0	3.0	2.3	2.5
1000万～1亿日元	1.6	1.5	1.6	2.0	2.1	1.9	2.0	1.5	1.6
1000万日元以下	0.1	-0.8	0.4	0.7	0.3	0.2	0.6	-0.4	-1.2

资料来源：财务省，法人企业统计调查结果（平成17年、21年）。

五　产业空洞化问题进一步恶化

日本产业空洞化问题由来已久，在日本房地产泡沫破灭以后，日本的产业空洞化问题就开始出现了。目前，这已经成为困扰日本经济增长的主要问题之一。在2002～2009年的大部分年份里，日本对外投资都以两位数的速度正增长（见表6），相反，日本国内固定资产形成却在大部分时间为负增长，最高的增长速度也没有超过3.5%。

表6　2002～2009年日本对外直接投资与国内固定资产形成变化率

单位：%

年　份	2002	2003	2004	2005	2006	2007	2008	2009
对外直接投资	10.6	18.5	3.0	-1.2	17.5	27.9	22.2	-25.0
国内固定资产形成	-6.9	-2.2	1.2	3.3	1.4	-0.2	-0.4	-16.9

资料来源：财务省，国际收支统计；日本内务省统计局数据。

从日本国内投资与境外投资的利润率来看，日本产业空洞化的问题可能会进一步加剧。从2001年以来，日本境外直接投资的回报率一直高于国内投资（见图6），但是，金融危机前后，两者的差距显然加大了。在2008年，日本境外直接投资的回报率为8.8%，而同期，日本国内投资的回报率只有1.9%，前者是后者的4.6倍。2009年的情况有所好转，但是国内外投资的利润率差距依然十分明显。

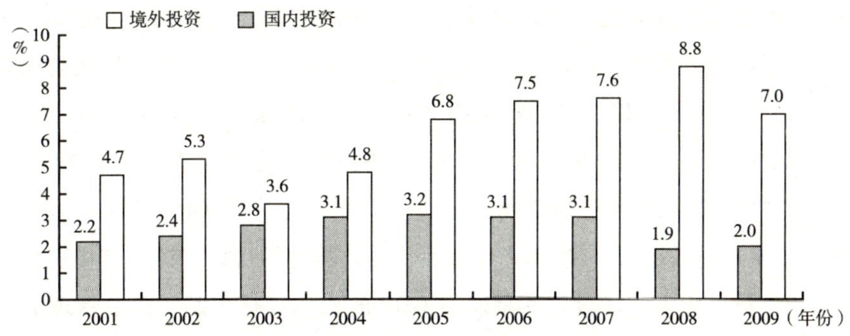

图 6　日本企业国内投资和境外投资利润率

说明：由于缺乏适当的数据，这里计算的“境外投资利润率”实为日本境外直接投资净额的回报率。

资料来源：根据财务省，法人企业统计调查结果（平成 17 年、21 年）；国际收支状况；本国对外资产负债头寸等数据计算。

六　“进”“退”两难的财政改革

2009 年和 2010 年，日本政府为了应对全球金融危机而不断出台经济刺激方案，导致日本国债占 GDP 的比例再度上升，从 2008 年的 110.5% 分别上升到 124.8% 和 134.0%。① 日本政府预计，到 2011 年 3 月，日本政府债务占 GDP 比例将会上升到 171%。到 2010 年，日本国债费已经占到日本一般会计财政支出的 22.4%，其中利息支出占到一般会计财政支出的 10.6%。所幸的是，尽管日本国债规模不断上升，但是国债费（包括国债利息）支出却上升缓慢，主要是因为日本国债利率不断下降，到 2009 年，日本国债利率只有 1.4%。需要说明的是，这并不是受全球金融危机影响，因为日本国债利率下降在 1999 年就开始了。在 1999 年，日本国债利率为 3.1%，此后国债利率一路下降，在 2005 年下降到 1.4% 之后，就一直维持在 1.4% 的水平上。

很多年以来，财政问题都是一个日本国内不愿意碰的问题。但是，受 G20 承诺以及菅直人首相的财政背景影响，日本政府决定进行财政改革。考虑到经济

① 根据 IMF 以及日本国内研究机构的统计，日本国家债务占 GDP 的比为 200% 左右，并在进一步上升。这里的计算只包括日本国债，不包括其他形式的债务。

增长、财政强化和社会安全体系建设是必须应对的挑战，日本政府在 2010 年 6 月建立了财政管理战略，以追求“强经济”、“强公共财政”和“强社会保障体系”。财政改革的流量目标是对每年财政赤字占 GDP 的比重进行控制。2010 财年，中央财政赤字占 GDP 的比为 -6.8%，中央和地方财政赤字占 GDP 的比为 -6.4%。日本政府预计到 2015 年，至少要将财政赤字占 GDP 的比例减半，并在 2020 年实现财政盈余。到 2021 年以后，财政强化的目标将针对存量进行。财政改革的存量目标主要针对国债余额占 GDP 的比例进行控制，存量管理的目标是从 2021 财年开始，公共债务占 GDP 的比例将以稳健的方式逐步降低。

除此之外，日本政府还确立了财政管理的五大原则：一是收支匹配。当出台任何减少收入或增加支出的政策时，必须配套减少支出或者增加收入的措施。二是持续努力。为了实现流量管理目标，必须通过每一年不断努力来实现。三是进行结构性支出扩张。确保有可靠的收入增加来保障一些结构性支出扩张。比如社保支出、医疗保险等。四是通过不断的评估来消除或减少一些不必要的支出。五是财政管理要在中央和地方政府同时进行，中央政府不能将负担转移到地方政府。

可以说，日本政府决心进行财政改革有非常积极的一面，但是财政改革要真正推行却不是一件容易的事情。首先，日本的经济增长虽然有所回升，但是失业和中小企业的状况仍然非常严峻，经济刺激必不可少。在这种情况下，压缩财政支出显然是非常困难的。其次，日本的财政改革寄希望于通过税制改革来增加财政收入。但是，从消费税改革的情况来看，困难是非常大的。最后，在菅直人上台以后，虽然不断推进财政体制改革，但是从“新增长战略”以及 2010 年 9 月初出台的经济刺激方案来看，菅直人执行的财政政策仍然具有典型的扩张性。因此，日本政府所推行的财政改革可以说是“进”“退”两难。

七　菅直人首相的“新增长战略”

菅直人首相上台以后，最为引人注目的经济政策就是“新增长战略”。这一战略在 2009 年下半年开始讨论，到 2010 年 6 月 18 日由内阁会议决定通过，其主要目的是使日本经济从 20 世纪 90 年代泡沫破灭后的不景气中走出来。

“新增长战略”认为，日本政府要走“第三条道路”来刺激经济增长。第一

条道路是通过发行国债筹集资金，然后将其用于公共事业，来保障就业和增加消费，主要是通过刺激需求实现经济增长。第二条道路则是通过放松管制和结构改革，再提高企业经营的效率，从而实现经济的健康发展（增长），主要是通过供给刺激来实现经济增长。而第三条道路则是通过增税，将税金集中使用于医疗、社会保障、环境保护等领域，从而保障就业和收入增长，最终实现经济增长。

在内容上，"新增长战略"主要包括两个方面：一是提高税率（主要是消费税）。对于提高消费税的比例有两个版本，菅直人的智囊小野善康认为应该从5%提高到10%，而IMF则认为应当从5%提高到15%。二是在社会保障等公共事业领域扩大支出。后者主要包括以下几个方面：（1）在全球2020年温室气体减排25%的压力下，运输部门、原子能等各个领域都面临着较大的机遇，存在巨大的需求。（2）将日本建设为"健康大国"。日本由于生产率下降和老龄化等问题，国民对医院、护理等各个产业的发展信心不足，因此，日本政府要着力于应对生产率下降和老龄化问题，从养老金、医疗、护理等各个方面出发，加大政府的投入。（3）亚洲战略。亚洲经济在高速增长的过程中，面临着许多问题，这些问题包括城市化、环境污染等，那些快速增长的地区尤为如此。日本在铁路、公路、电力、水等各个领域都有较大的优势，可以满足这些地区的需求。（4）观光立国。（5）科技、信息通信立国战略。（6）就业与人才。（7）金融战略。在以上七个领域，日本内阁府都设立了2020年要实现的目标。

可以说，菅直人政府把上述七个领域作为日本经济发展的重点，并不是"新增长战略"提出时才有的事情，像观光立国战略，早在2006～2007年时就已经确定了。而金融战略、亚洲战略、减排战略也都是近几年一直在执行的战略。这七个领域包括了日本近年来不断尝试的方方面面，也没有多少新东西。因此，可以说，日本的新成长战略是新瓶装旧酒，外加大杂烩，少有新意。对于这一点，日本选民显然并不买账，7月的选举结果已经充分证明了这一点，根据2010年7月12日公布的日本参议院中期选举结果，民主党在参议院的121个席位中仅仅获得44个席位。与民主党联合执政的国民新党则一个席位也没有拿到（之前国民新党有3个席位）。

但是，"新增长战略"仍然有其积极的一面。日本经济长期乏力的主要原因是受财力所限，日本政府很难对新兴产业、快速增长的产业加大投入，或者进行引导。像高精机械、航空、核电、新能源等，日本在这些产业上的发展空间非常大，也有较好的产业基础，但是，日本政府根本无力去引导、促进这些产业的发展。缺乏产业成长的经济是不可能出现期望中的景气的。因此，通过增税，让财政政策发挥结构调节功能，这是帮助日本经济走出长期不景气的“正解”。“新增长战略”把消费作为重点，显然是下错了药。相反，日本政府应当把增税所得用到削减赤字和产业发展上，选择2~3个产业作为重要领域，加大支持力度，以求获得全球竞争优势。

当然，“新增长战略”面临的最大挑战，是菅直人的首相职位能否保持长久。菅直人在9月14日的民主党党首选举中以6票的优势击败了小泽一郎，获得连任。但这只是暂时保住了首相一职，从长期看，菅直人政府的预算案以及其他政策能否得到参众两院的支持，是决定菅直人是否长期留任的关键。因为民主党当前的执政联盟已经不占有多数席位，如果反对党趋于强硬，菅直人除了解散众议院、重新举行大选外，似乎没有更好的选择。

八　2011年经济形势展望

根据对2009年下半年到2010年上半年日本经济形势的分析，我们认为日本国内需求的上升是有消费者信心恢复支撑的，同时，由于国内需求的上升，也引发了国内投资（尤其是机械设备投资）的上升。加上日本出口转型成功，开拓了新的出口市场，也使得日本的外需有所恢复。因此，从国内消费、投资和外需三个方面来看，日本的经济恢复是具有较为稳健的基础的，日本经济将延续危机后的增长周期。当然，也要看到，由于全球经济增长尚未得到根本改善，以及国内的就业、中小企业不景气等一系列问题，日本复苏以后的经济增长率不会太高。

根据日本经济研究中心（下称JCER）的预测，日本在2011年将获得1.5%的经济增长率（见表7）。我们总体上较为赞同其总体判断。但是，我们认为，日本的经济增长率可能达不到1.5%，在1.5%以下的可能性很大。对于JCER的估计，我们认为对私人住宅的增长估计过高。JCER认为2011年日本的私人住宅投资增长率为5.5%。我们认为，受日本结构性就业问题的影响，日本的住宅需求和投资增长率会非常低，甚至出现负增长。

表 7　日本经济研究中心关于日本经济的预测结果（环比）

单位：%，个百分点

	2010 年		2011 年				全年预测	
	3 季	4 季	1 季	2 季	3 季	4 季	2010	2011
GDP 增长率	0.4	0.1	0.2	0.3	0.5	0.6	2.1	1.5
其中：私人消费	0.6	0.1	0.2	-0.0	0.1	0.2	1.5	0.6
私人住宅	0.7	1.5	2.6	0.5	0.8	1.7	-2.6	5.5
机械设备	1.5	1.0	0.6	0.6	0.7	1.1	4.4	3.5
国有固定资本形成	-7.3	-5.4	-3.2	0.9	1.1	1.3	-12.6	-4.6
内需对 GDP 的贡献	0.4	0.2	0.3	0.1	0.4	0.4	0.8	1.1
外需对 GDP 的贡献	0.0	-0.1	-0.0	0.2	0.2	0.2	1.4	0.4

资料来源：日本经济研究中心，第 143 回短期经济预测（修订），(2010 年 3 季～2012 年 1 季)。

总体上，日本经济将在 2011 年继续危机后的增长周期。

此外，日本经济还需要注意以下几个问题。

1. 旅游业的不稳定性

在日本的“新增长战略”中，日本明确提出“观光立国”。日本政府早在 2006～2007 年就已经开始规划这一战略。尤其是金融危机以后，日本国内也出台了一系列的政策，同时加大了在海外的宣传力度。

受日本政策引导以及全球经济复苏的影响，日本旅游业显然得到了恢复，在 2009 年 11 月开始，访日游客出现正增长，到 2010 年 1～5 月，增长速度明显加快。其中，尤其是来自亚洲、南美的游客迅速增长（见表 8）。以中国为例，2010 年 6 月和 7 月，来自中国的访日游客分别增长了 184.2% 和 143.0%。

表 8　2010 年 1～5 月访日游客变化率

单位：%

	2010 年 1 月	2010 年 2 月	2010 年 3 月	2010 年 4 月	2010 年 5 月
亚　洲	13.8	81.7	31.6	35.9	64.5
欧　洲	0.2	14.1	10.9	-4.2	12.4
非　洲	-0.2	35.2	8.8	-8.9	17.9
北　美	-0.9	15.8	9.8	6.9	14.4
南　美	24.8	15.8	21.7	21.0	16.9
大洋洲	-0.7	19.8	10.2	12.8	20.7
总　数	10.3	62.7	24.8	25.8	48.5

资料来源：日本政府观光局，访日外国游客统计。

但需要注意的是，旅游业是高度波动性行业，很容易受经济、政治形势等因素的影响，因此，旅游业在带动日本经济的同时，也有可能加剧日本经济的波动。

2. 财政紧缩给经济增长带来压力

尽管日本政府再度出台了经济刺激方案，但是，根据日本政府对 G20 的承诺，日本要在 2015 年实现财政赤字减半的目标。因此，在 2011 ~ 2015 年间日本财政总体上仍然是紧缩的，这可能会给日本的经济增长带来压力。

3. 经济发展政策的目标要调整

菅直人政府的“新增长战略”的重心是通过建立社会安全网络促进国内消费，这一政策目标可能需要调整。因为日本国内的消费率已经很高，要想通过消费拉动国内经济增长将会是事倍功半。相反，日本的经济发展政策要以产业政策为主，将通过财政管理体制改革获得的多余财力用于促进产业发展，提高产业竞争力上。

4. 日本政府的汇率干预可否持续

为阻止日元进一步升值，日本政府 2010 年 9 月 15 日在东京外汇市场通过抛售日元买进美元直接干预日元汇率。这是日本政府自 2004 年 3 月以来首次直接干预外汇市场。日本政府干预汇率的主要原因，是担心日元不断升值对出口造成影响，从而加剧已经日益严重的失业、紧缩等问题。同时，日本银行为了配合汇率干预，也进行了降息。问题在于，日本政府的措施未必就可以阻止日元升值的势头，日本政府在 2010 年 10 月新公布的经济报告中，下调了对经济增长的预测，主要的原因就是因为汇率升值趋势给出口带来了负面冲击。由此也可以看出，日本政府对于汇率干预的前景也是非常担心的。如果汇率干预不能持续，日元升值的趋势继续维持，那么对 2011 ~ 2012 年日本的出口和经济增长都将会带来负面的影响。

Japanese Economy: The Weak Growth Continues

Li Zhongmin

Abstract: During 2009 - 2010, the Japanese Economy had a positive but weak

growth, continuing its growth cycle after the global financial crisis. According to the domestic consumers' confidence and machinery investment, Japan will possibly keep a positive growth rate. However, due to the structural unemployment, deflation and poor fiscal position, the growth rate in 2011 is estimated to remain at a low level, of less than 1.5 percent. In 2011, more attention should be paid to the fluctuation of tourist industry and the effect of global fiscal tightening the redirection of the New Growth Strategy should also be put on the policy agenda.

Key Words: Japanese Economy; Weak Growth; Structural Unemployment

Y.5
俄罗斯经济：复苏道路仍不平坦

刘秀莲*

摘　要：2009年是俄罗斯经济近几年来最艰难的一年，全年经济萎缩7.9%。但是，进入2009年第四季度以来，在政府反危机措施的支持下，俄罗斯经济成功地摆脱了衰退，逐步走上复苏道路。2010年俄政府仍将继续采取反危机措施，并且强调反危机措施必须与经济现代化和机构改革紧密结合起来。鉴于经济形势的好转，俄罗斯政府将2010年GDP增长目标定在4.0%，2011年将达到4.2%，①世界银行驻莫斯科代表处2010年和2011年的预测数字分别是4.5%和4.8%。②预计，俄罗斯经济将呈缓慢复苏态势，近期内将经济增长率恢复到2008年以前6%~7%的水平仍有一定难度。

关键词：俄罗斯　经济复苏　反危机

一　2009年经济发展简要回顾

受2008年全球金融危机和世界经济持续放缓的影响，国际能源原材料价格下降明显，使经济和外贸严重依赖能源出口的俄罗斯受到沉重打击，2009年俄罗斯经济大幅下跌，全年国内生产总值（GDP）为390161亿卢布（1美元约合30.4卢布），比2008年下降7.9%。其中，加工业、建筑业和酒店餐饮业下降

* 刘秀莲，中国社会科学院世界经济与政治研究所副研究员，主要研究领域为产业发展研究、东亚地区经济合作和金砖四国经济比较。

① МИНИСТЕРСТВО ЭКОНОМИЧЕСКОГО РАЗВИТИЯ РОССИЙСКОЙ ФЕДЕРАЦИИ；（Минэкономразвития России），23 Сентябрь，2010。

② Россия неравномерный характер восстановления. Всемирный Банк Выпустил 22й отчет об экономике России Йюня 2010.

最为明显，降幅分别为13.9%、16.4%和15.4%。农业和采掘业受冲击较小，同比分别下降1.7%和1.9%。[①] 进入2009年第四季度以后，工业生产下降幅度明显收窄，扣除季节性因素。2009年第四季度GDP增长1.9%，经济开始企稳。

2009年，俄罗斯货币信贷政策经历了由紧到松的过程。从总体上看，在政府反危机措施的作用下，俄罗斯银行出现了一些积极的变化，如资本充足率提高，基本克服了流动性不足的问题；银行存款尤其是居民存款稳步增长，对实体经济的贷款逐步恢复。通货膨胀率降低，全年通货膨胀率为8.8%，低于2008年的13.3%，[②] 这是自苏联解体以来，年通胀率最低的一年。

受金融危机的影响，2009年国内投资出现严重萎缩，1～10月份，固定资产投资同比下降18.8%。其中，大型企业固定资产投资下降13.3%，小企业固定资产投资下降超30%。但是，能源、成品油生产和金融领域的投资继续增加，2009年前三季度，能源领域的投资增加5.1%，成品油生产领域的投资增加53.9%。金融领域的投资增长10.8%。[③]

政府实施的反危机政策与措施，使俄罗斯经济较为平稳地度过了经济危机最危险的阶段。例如，2009年，俄罗斯农业企业获得了7769亿卢布贷款，其中5430亿卢布是国家补贴的低息贷款。由于这一政策，2009年俄罗斯农业生产不仅没有下降，反而增加了1.2%。2009年军工产品产量增长了13%。[④] 2009年俄罗斯石油产量同比增长1.25%，达4.94228亿吨，平均日产量为992.5万桶，超过沙特阿拉伯800万桶的日产量，居世界第一。石油出口达2373.62万吨，增长4.67%。

按照国际收支平衡法计算，2009年俄进出口总额为5230亿美元，同比下降35%左右。其中出口额为3033亿美元，下降35.6%，进口1927亿美元，下降34%。外贸顺差1106亿美元，下降38.5%。[⑤]

---

① 俄罗斯国家联邦统计局，2010年2月1日。

② “ОСНОВНЫЕ НАПРАВЛЕНИЯ АНТИКРИЗИСНЫХ ДЕЙСТВИЙ ПРАВИТЕЛЬСТВА РОССИЙСКОЙ ФЕДЕРАЦИИ НА 2010 ГОД”, На Заседании Правительства Российской Федерации (Протокол От 30 Декабря 2009 Г. № 42)

③ 参见2010年7月29日《中国经济导报》。

④ 俄罗斯新闻网，2010年4月21日。

⑤ 俄罗斯国家联邦统计局，2010年2月1日。

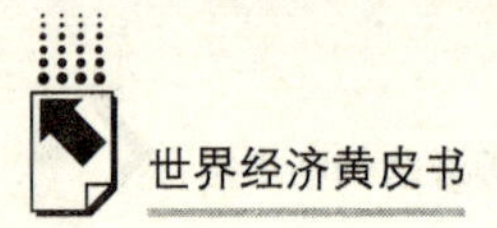

2009 年1～9月，俄罗斯共吸引外资547 亿美元，同比下降27.8%。直接投资占国民生产总值中的比例仅有3.6%，外资进入俄经济的总额降低了17%。在世界投资市场上，俄罗斯所占比例下降了41%。外资投资的主要领域是加工工业、批发零售贸易、汽车修理及家用电器维修、交通和通信、房地产、矿产资源开发。①

对2009年俄罗斯经济形势的回顾与梳理表明，我们在《2010 年世界经济形势分析与预测》中对俄罗斯2009 年 GDP 增长率的预测是 -8% ～ -8.5%，而实际上为-7.9%。虽然预测数字有些出入，但是对俄罗斯经济发展的总体走势把握的还是比较准确的。问题是对2009 年俄罗斯反危机措施实施能力的分析估计有些不足。虽然，俄罗斯2009 年反危机措施出台较晚，并且一些措施也不一定能够解决俄罗斯经济深层次的问题，但是，这些措施帮助俄罗斯经济抵御了危机的冲击，保证了俄罗斯社会经济的稳定。

二 2010 年上半年经济走势

（一）主要经济指标向好，经济复苏态势明显

俄罗斯经济从2009 年第三季度企稳回升，2010 年上半年经济复苏态势明显。见表1。

GDP 增幅明显。2010 年上半年的经济发展态势表明，俄罗斯经济正在复苏。2010 年1～7 月 GDP 同比增长3.8%。其中，第一季度 GDP 同比仅增长2.9%，第二季度 GDP 增幅明显上升，同比增长5.4%，而2009 年第一季度和第二季度 GDP 分别下滑9.4%和10.8%。② 2010 年上半年 GDP 同比增长4.2%，2009 年上半年同比下降10.1%。③ 经济部预计下半年 GDP 仍将保持稳步增长势头。

① 参见2010 年7 月29 日《中国经济导报》。

② Основные макроэкономические тенденции; Министерство экономического раэвития российской федерации; Йюль 2010.

③ Основные макроэкономические тенденции; Министерство экономического раэвития российской федерации; Йюль 2010.

表1　2009～2010年主要宏观经济指标增长速度比较

（与往年相比，扣除季节性因素）

单位：%

	2009年				2010年				
	1季度	2季度	3季度	4季度	1季度	4月	5月	6月	2季度
GDP增长率	-6.3	-0.7	2.0	1.7	-0.2	0.7	0.4	0.3	0.6
工业生产	-4.8	0.8	2.7	3.4	2.1	1.4	1.1	-0.4	2.2
固定资本投资	-15.6	-3.3	0.4	9.6	-2.2	0.9	1.0	-0.3	2.5
建筑业	-10.5	-3.0	-2.6	3.3	-6.0	3.4	-0.5	1.6	3.5
实际工资	-2.0	-1.5	0.5	2.8	1.2	0.2	0.3	0.3	0.8
商品零售贸易额	-5.1	-1.6	0.4	0.8	1.4	0.4	0.6	1.3	1.2

注：资料来源于原文，但有些资料公布的时间不一样，以及有些数字扣除了季节性因素，有些没有扣除，因此表中数据与文章中的数字会有些差距，但不影响对总趋势的判断。

资料来源："Основные макроэкономические тенденции"；Министерство экономического раэвития российской федерации；Йюль 2010。

入夏后的大面积旱灾及森林大火相对拖累了经济的发展，摧毁了高达30%的谷物，预计已造成经济损失达150亿美元，将影响2010年国民生产总值（GDP）下降超过1个百分点。[①] 对此，俄政府采取紧急措施，暂停了粮食出口，以保证国内供应稳定。据俄农业部最新评估，2010年俄粮食产量可能为6000万～6500万吨，加上2009年结转的粮食储备2600万吨，足够保障2010年7700吨的粮食需求。但是，上半年农业生产同比仍增长了2.9%。

外贸进出口好转。俄经济发展部发布2010年7月份公布的数字显示，上半年出口额1882亿美元，进口额1042亿美元，贸易顺差为840亿美元，同比增长1.5倍。[②] 其中，俄罗斯联邦国家统计局公布的数据显示，上半年俄罗斯石油出口收入比2009年同期增长59.6%，达到650亿美元。[③]

俄出口商品仍以能源类产品为主，在对远邻国家的出口商品结构中占比为71.5%，进口则以机械设备为主，在自远邻国家的进口商品结构中占比为44.2%。1～7月，俄主要贸易伙伴排名为：荷兰328亿美元、中国306亿美元、

① 俄罗斯联邦统计局，2010年8月16日。

② Основные макроэкономические тенденции；Министерство экономического раэвития российской федерации；Йюль 2010.

③ 俄国际文传电讯社，2010年9月8日。

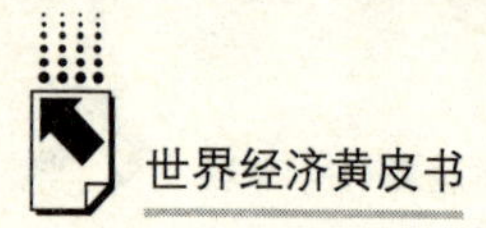

德国272亿美元、意大利205亿美元、土耳其138亿美元、美国118亿美元、法国116亿美元、波兰116亿美元、日本114亿美元。①

通货膨胀率走低。2010年4月，通货膨胀率仅为6.0%，5月更是降为5.7%，1~8月平均为5.4%，② 延续了2009年2月以来的下降趋势。由于夏季干旱和火灾影响农业收入，导致粮食和部分食品价格上涨，预计2010年全年俄罗斯通货膨胀水平有可能温和上涨，将在7%左右。但是，俄罗斯中央银行认为，未来数月内通货膨胀率不断上升的可能性不大，仍将保持在相对较低水平。

外汇储备增长，汇率基本稳定。俄罗斯中央银行2010年8月6日公布的数据显示，截止到8月1日，俄国际储备为4753.07亿美元，比7月份增长3.1%。2010年1月至7月，俄国际储备累计增长358.57亿美元，增幅为8.2%。1~6月卢布兑美元汇率为31∶1。俄政府副总理、财政部长库德林9月8日在政府预算规划委员会会议后对外表示，2011~2013年俄卢布对美元汇率将逐步走低，2011年为30.5卢布/美元、2012年为30.7卢布/美元、2013年为31卢布/美元。③ 库德林称，汇率的调整将提高收入预期。

财政收支状况改善。在国际石油价格回升以及政府削减财政赤字政策的作用下，目前俄罗斯政府财政收支为向好态势。2010年上半年，俄预算赤字为4399亿卢布（约142.5亿美元），同前5个月的4913亿卢布赤字相比有所减少。上半年预算赤字占国内生产总值（GDP）的2.3%。如果这种形势能够得到维持，有望实现全年赤字占GDP的比例不高于5.4%的目标。④

工资收入稳步提高，就业形势仍不乐观。据俄联邦统计局公布数据，1~7月俄居民实际可支配收入同比增长5.1%，7月当月同比增长5.2%，环比下降0.5%。上半年俄罗斯人均月工资同比增长11.2%，6月份的人均工资为2.1597万卢布（1美元约等于31卢布）。7月份居民名义收入平均18924卢布（按当前汇率约合630美元），同比增长10.2%。职工名义工资全俄平均21360卢布（约合712美元），同比增长12.6%。从上半年的情况看，失业率呈缓慢下降趋势，

---

① 俄国际文传电讯社，2010年9月10日。

② 俄罗斯2010年9月24日《独立报》。

③ 俄罗斯塔斯社，2010年9月9日。

④ 俄罗斯财政部2010年7月份数据。

2010 年第二季度失业率比 2009 年第三季度的数字下降了 0.9 个百分点，[①] 根据俄罗斯联邦统计局 8 月 19 日的数据显示，7 月份失业率再度反弹，从 6 月份的 6.8% 上升到 7 月份的 7%，这是 2010 年以来失业率首次增长。因此，俄罗斯的就业形势仍不乐观。见图 1。[②]

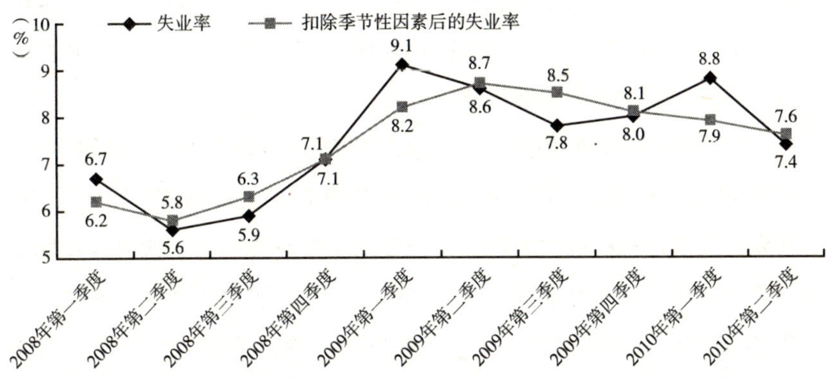

图 1　2008～2010 年俄罗斯失业率情况

（二）影响经济复苏的主要因素

总的来讲，俄罗斯经济走出危机开始复苏仍离不开世界经济逐步回暖、国际石油价格回升、外部需求增加等因素。

一方面，国际能源市场行情的改善和俄罗斯产乌拉尔牌石油价格提高（2010 年 1～6 月均价为每桶 75.9 美元，2009 年全年每桶为 61 美元），使得 2010 年上半年财政预算收入增加。世界银行 2010 年 1 月 20 发布的报告预测，在石油价格保持在每桶 76 美元的情况下，2010 年俄国内生产总值将增长 3.2%。同时，俄罗斯各石油公司专家均认为，2010～2011 年的石油平均价格将处于每桶 75 美元左右，俄罗斯财政部的预测也接近这一数字，预计油价将从 2011 年的 75 美元上涨到 2013 年的 79 美元，[③] 这是保证俄罗斯经济稳步增长的主要基石。

---

① 俄罗斯经济发展部部长纳比乌琳娜 2010 年 7 月 19 日在俄政府主席团会议上的讲话。

② ОБ ИТОГАХ СОЦИАЛЬНО－ЭКОНОМИЧЕСКОГО РАЗВИТИЯ РОССИЙСКОЙ ФЕДЕРАЦИИ В ПЕРВОМ ПОЛУГОДИИ 2010 ГОДА，Москва Июль，2010 г.

③ 俄新网 RUSNEWS. CN，莫斯科 2010 年 9 月 9 日电。

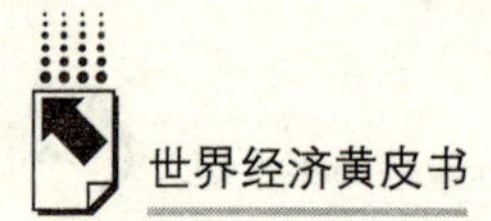

另一方面，受国际经济形势总体向好的影响，国际能源市场中需求量开始回升，能源价格稳定在相对高位等因素共同促使俄罗斯上半年出口大增50.1%。上半年俄罗斯石油出口收入比2009年同期增长59.6%，达到650亿美元。[①] 近些年来，石油出口收入占俄罗斯出口总收入的60%左右。

上述因素是引领俄罗斯经济回升的重要支撑。但是，我们也不能忽视俄罗斯政府所采取的一系列经济刺激计划发挥的作用。其中，国内消费需求和投资性需求增长也是经济恢复增长的重要因素。

首先，从2009年第四季度以来，国内消费需求呈稳步上升趋势，2010年1~6月，零售贸易额同比增长3.4%，而2009年同期为负增长-2.5%；2010年6月份为5.8%，2009年6月份仅为-5.8%。主要是食品类、饮料以及烟草类需求较旺。此外，居民用于生活服务类的支出（包括文化、体育、旅游等消费）也比2009年有不同幅度的增长。上半年俄罗斯人均月工资同比增长11.2%，人均月工资增长幅度不仅超过通货膨胀率增长幅度（通货膨胀率在9%），而且超过GDP增长幅度（GDP增长率在4%~7%）。世界银行曾经在其报告中称：俄罗斯经济增长是符合穷人利益增长的。因为，俄罗斯从1999年到2006年，GDP年均增长6%，而居民工资和收入却增长了50%。即使是处于经济危机的2008年和2009年，扣除物价因素人均平均工资仍分别增长12.6%、8.5%。[②]

其次，2010年上半年固定资本投资比2009年同期增长1.3%，为3174.3亿卢布。1~5月，企业利润达到2403.2亿卢布，比2009年同期增长86.5%。[③] 为了改善投资环境，政府非常重视外资投入，梅德韦杰夫总统曾多次对国内投资环境提出批评，政府也制定了相应措施加以改善，如在自由外汇机制、资本流动限制、商业经营许可制度、个体经济检查制度等方面做了改善，减少了投资过程中的行政障碍，并明确国家的重点引资项目，以便吸引本国和外国投资者。

---

① 俄罗斯国际文传电讯，2010年9月8日。

② Сценарные условия функционирования экономики россиской федерации, основные параметры прогноза социально - экономического развития россиской федерации на 2011 год и плановы период 2012 и 2013 годов。Москва Июнь 2010.

③ Основные макроэкономические тенденции; Министерство экономического раэвития российской федерации; Йюль 2010.

（三）2010 年经济政策要点

2010 年，俄罗斯政府仍继续实施一系列反危机措施。反危机政策的重点包括：努力维护社会稳定，充分确保兑现对民众社会保障方面的承诺；采取措施进一步活跃经济，将支持重点转向实体经济，以及确保已出现的良好趋势继续得到稳定等，为此，俄政府计划拨款 1950 亿卢布用于反危机措施，并承诺在 2012 年前将通胀率从预测的 7% 降低到 5% 。

根据计划，俄罗斯政府全年将为解决劳动力市场的紧张状况拨款 363 亿卢布。政府将继续落实 2009 年已开始实施的一揽子反危机措施，拟投入 2330 亿卢布落实重要经济领域来支持实体经济发展的反危机措施。政府还将保留支持地方的信贷政策和向大型企业提供担保的政策，继续推动重要经济领域骨干大型企业的债务重组。重点支持汽车业和建筑业的发展。

在经济结构改革方面，俄政府将采取措施努力解决依靠“单一企业城镇”发展问题，[①] 将以补贴和对地方贷款的形式，分别拨款各 100 亿卢布。

俄政府还将制定政策，挖掘和利用退休金体系和保险体系的潜力来活跃投资市场。此外，俄政府还将吸引外资组成合资基金，参与对农业实施现代化改造，对医药行业以及住宅和基础设施建设的投资。

2010 年反危机计划的特点如下。

1. 带有经济发展长期规划的性质

如强调完善市场机制、鼓励企业创新、增强市场竞争力等。普京强调，在努力摆脱经济危机的过程中，政府应当更加关注那些具有战略意义的长期计划，这些计划包括继续实施积极的社会发展政策。普京称，当务之急是致力于长期发展战略目标，发展新的工业潜力和创新经济领域。尤其重要的是支持内需，主要是汽车行业和建筑行业的内需。其中，政策实施的重点领域是：保障关键性大型企业的稳步发展；通过刺激汽车工业和住房市场扩大内需；发展中小企业；等等。2010 年将修订国家扶持小企业计划，扶持重心转向生产领域和创新

① “单一企业城镇”指一些单纯依靠某一企业发展起来的中小城市。目前，俄罗斯共有 300 多个此类城市。它们在金融危机爆发后在财政、就业和社会保障等方面遇到严重问题。见李建民《俄罗斯 2010 年反危机计划评析》，《俄罗斯中亚东欧市场》2010 年第 6 期。

型公司。中小企业数目目前占国民经济结构的比例为20%，这一比例将会扩大到40%。[①]

2. 强调必须将反危机措施与经济现代化结合起来

俄罗斯反危机措施的特点在于重视改善经济结构，转变发展模式，加快创新步伐，使整个工业摆脱过度依靠出口，转向国内市场。2010～2011年是打基础阶段，从2012年起全面转向新的现代化建设阶段，大体用7～8年时间，到2020年实现创新型国家的目标。为此，俄罗斯成立了现代化与技术发展委员会，要在能源、核技术、宇航、医疗、信息产业五大领域实现重点突破。由梅德韦杰夫总统亲自挂帅。

综上所述，俄罗斯政府认为，2012年以后，其经济增长的质量和实现长期经济发展目标的前景都将取决于最近两年的政策。因此，2010年必须保证大幅度调整现代化日程，政府当前的工作，预算和货币信贷政策都将重新以形成新的经济结构为导向。因此，要为使经济体制从反危机状态转向解决现代化任务创造必要条件。这些条件包括：保证宏观经济稳定，完善经济制度，保证扩大经营积极性。政府将实施旨在加快经济现代化进程的措施，刺激创新和投资积极性，发展基础设施（交通、能源和电信），进一步刺激对国产商品的内部需求，改善萧条地区形势，创建新的地区增长点。

三　2010年下半年至2011年经济走势预测

2009年下半年石油价格高于预期，相对良好的外部环境和政府有效实施反危机计划，为巩固俄经济中出现的积极趋势和多数宏观经济指标的良好运行创造了前提。预计2010年重要的宏观经济指标都将恢复增长，GDP增长4.0%，固定资本投资增长2.5%，工业生产增长7.6%，其中加工业增幅可达到3.5%。全年通货膨胀率将下降至7%～8%，职工实际工资将增长4.9%，失业人数将控制在630万人，相当于经济自立人口的8.6%，国内消费需求增长6.8%，2010年国内需求的增长将为推动经济增长的主要因素。[②] 预计，俄罗斯经济将呈缓慢复

① 俄罗斯经济部部长纳比乌琳娜2010年9月17日在参加索契“国际投资论坛”学术会上的讲话。

② МИНИСТЕРСТВО ЭКОНОМИЧЕСКОГО РАЗВИТИЯ РОССИЙСКОЙ ФЕДЕРАЦИИ; (Минэкономразвития России), 23 Сентябрь, 2010.

苏态势，2011 年 GDP 增长率将从 2010 年的 4.0% 小幅增长到 4.2%。预计，要在近两年内恢复到危机前的 6% ~7% 的增长水平有一定难度。见表 2。

表 2　2009 ~ 2013 年主要经济增长指标预测（与往年相比）

单位：%

	2009 年	2010 年（估计数）	2011 年（预测数）2b	2012 年（预测数）2b	2013 年（预测数）2b
石油平均价格;乌拉尔牌(美元/桶)	61.1	75	75	78	79
消费价格指数,12 月对 12 月	8.8	7 ~ 8	6 ~ 7	5 ~ 6	4.5 ~ 5.5
GDP 增长率	-7.9	4.0	4.2	3.9	4.5
工业生产	-9.3	7.6	3.9	3.8	4.9
农业生产	1.2	-9.9	8.5	3.8	3.9
固定资本投资	-16.2	2.5	10.0	3.5	7.4
居民实际可支配货币收入	2.3	4.4	3.6	3.6	4.2
实际工资	-3.5	4.9	3.5	4.0	4.7
零售贸易额	-4.9	5.2	5.0	5.6	6.0
出口额(十亿美元)	303.4	378	389	412	432
进口额(十亿美元)	191.8	241	277	303	334

注：2b 为乐观估计。

资料来源：МИНИСТЕРСТВО ЭКОНОМИЧЕСКОГО РАЗВИТИЯ РОССИЙСКОЙ ФЕДЕРАЦИИ;（Минэкономразвития России），23 Сентябрь，2010。

根据俄罗斯财政部的数据显示，2010 年上半年联邦预算收入为 3.995 万亿卢布，占计划收入的 57.5%，预算开支为 4.435 万亿卢布，占计划开支的 44.8%。因此，2010 年上半年俄罗斯预算赤字继续减少，预算赤字占国内生产总值的比例为 2.3%，2010 年全年赤字不应超过国内生产总值的 5.4%。赤字减少是石油天然气收入提高和未使用的预算资金增加造成的，税收的增加也有助于赤字的减少。根据俄罗斯联邦税务局公布的初步统计数据显示，2010 年 1 ~ 6 月，不包括社会税在内的税收收入为 1.557 万亿卢布，比上年同期增长了 30%。增收的主要原因是自然资源开采税收入增加至 6650 亿卢布（占预算税收收入的 43%），是上年同期的 1.7 倍。①

对于俄罗斯经济而言，石油价格可谓是“牵一发而动全身”、“一荣俱荣、

① 俄罗斯新闻网，2010 年 7 月 12 日。

一损俱损”。俄罗斯目前预算状况对石油价格的依赖程度仍然很高。俄罗斯财政部长阿列克谢·库德林2010年9月21日在国家杜马全体会议上称，在石油价格为每桶70美元的情况下，俄罗斯预算应该能在2015年前持平。[①] 国际市场石油需求与价格走势对俄罗斯经济的影响见表3。

表3　国际市场石油、天然气需求对俄罗斯社会经济发展影响预测

	方案选择	2008年	2009年	2010年	2011年	2012年	2013年
世界石油价格；乌拉尔牌，美元/桶	2C	94.4	61.1	79	81	85	90
	1b,2b			75	75	78	79
	1a			75	75	68	62
石油出口（百万吨）	2C	243.1	247.6	250.5	248	248	248
	1b,2b					247	247
	1a					245	242
天然气出口（十亿立方米）	2C	195.4	168.7	205.7	207.9	211.1	211.6
	1b,2b				205.9	205.5	205.3
	1a				205.9	195.2	184.7
液化石油气出口（百万吨）		0.0006	3.8	8.1	9.3	9.7	9.9
世界经济增长率（%）	2C	3.1	-0.6	4.4	4.3	4.6	4.6
	1b,2b			4.0	3.9	4.0	3.7
	1a			4.0	3.6	3.3	2.7

注1：带有横线的是价格。

注2：2C表示假设世界经济走出危机所选择的方案；1b表示保守方案；2b表示乐观方案；1a表示石油价格下跌情况下的方案选择。据俄罗斯财政部统计，1～8月俄乌拉尔牌石油均价为75.67美元/桶，同比增长36.88%。

2011～2013年为预测数。

资料来源：“Сценарные условия функционирования экономики россиской федерации, основные параметры прогноза социально－экономического развития россиской федерации на 2011 год и плановы период 2012 и 2013 годов”。Москва Июнь 2010。

由于俄罗斯经济对国际市场行情依赖性大，发达国家市场环境能否恢复，对俄罗斯经济持续稳定发展具有重要作用。从对国际因素的预测看，俄罗斯经济全面复苏将呈缓慢趋势。俄罗斯领导人对目前国家经济复苏走势有比较清醒的认识，普京强调，未来两年俄政府仍面临复杂艰巨的任务，复苏道路仍不平坦。

① 俄新网RUSNEWS. CN，莫斯科2010年9月21日电。

1. 目前俄罗斯经济的主要任务是继续降低通货膨胀

2009 年俄罗斯将通货膨胀控制在了 8.8% 的水平上。目前需要将其降低到 5% 至 6%。俄罗斯政府对 2010 年通货膨胀的官方预测是 6.5% 至 7.5%。为此，俄政府将进一步推动经济复苏，继续扶持重点行业，着力解决失业问题。

2. 改革预算政策，提高预算执行效率

政府认为，俄罗斯经济摆脱危机在很大程度上得益于合理的财政预算政策。2008～2009 年，联邦预算从国家基金资金使用中获利大约 4000 亿卢布，而向商业银行发放预算闲置资金获得了 192 亿卢布收入。在此基础上，普京要求在最短期限内通过促进金融市场发展的法律，并强调应该在最终走出危机之后重新积累储备，增加国家福利基金和储备基金。

3. 加快转变经济增长方式

总理普京 2010 年 5 月 14 日在俄经济发展部和财政部联席会议上说，在后危机时代，俄罗斯应形成现代化、有竞争力的国民经济发展模式，这一模式将建立在知识、创新和高科技的基础上。总统梅德韦杰夫指出了明确的方向，即实现俄罗斯国家“现代化”，通过创新型经济摆脱经济危机。为实现这一目标，普京认为应从以下几方面着手，即严格遵循国家援助只应用于有实际意义的发展规划的原则；鼓励创新；鼓励大量新公司进入市场，对包括俄罗斯金融市场在内的全球金融市场的运作原则做出重大调整；协调俄罗斯、哈萨克斯坦和白俄罗斯三国关税同盟；切实完善关税行政管理和出口管理体制；规范国家参股公司和国有公司的秩序。

实际上，在 2006 年和 2007 年的国情咨文中就已经明确提出改变经济发展模式的任务。《2020 年发展战略》还特别强调，从资源型经济转向创新型经济是俄罗斯经济发展模式转换的战略方针。应该说俄罗斯领导人对这个问题是有认识的，只是前些年由于能源资源出口产品旺盛，带动了经济的快速发展、财政收入的大幅增加以及社会福利的普遍提高，所以调整经济结构和转变发展模式的任务没有得到落实。对俄罗斯政府来说，这是一个急需转变政府工作方式的最重要课题。

4. 提高投资效率，改善投资环境

俄罗斯政府经济与金融局局长安德烈·别洛乌索夫认为，国家应该在制订实际投资计划、明确投资回报和人事责任的情况下才进行投资。在未来三年将减少政府预算开支背景下，这尤为重要，不仅是提高国家投资额，也包括改变其投资方式和提高投资效率。首先要在减少政府开支的同时提高财政预算效率，改革预算开支结构，将财政开支集中用于社会开支和经济发展，提高社会援助效率，建立电子政府等。其次是技术现代化和创新。①

此外，外资投入环境需要大幅改善，梅德韦杰夫总统强调，投资创建完善的投资条件是需要彻底解决的重要任务。同时，创造好的投资环境是实现国家现代化的重要前提。

参考文献

“Сценарные условия функционирования экономики россиской федерации，основные параметры прогноза социально-экономического развития россиской федерации на 2011 год и плановы период 2012 и 2013 годов”. Москва Июнь 2010. Министерство экономического раэвития российской федерации

“ОСНОВНЫЕ НАПРАВЛЕНИЯ АНТИКРИЗИСНЫХ ДЕЙСТВИЙ ПРАВИТЕЛЬСТВА РОССИЙСКОЙ ФЕДЕРАЦИИ НА 2010 ГОД”，на заседании Правительства；Российской Федерации；（протокол от 30 декабря 2009 г. № 42）.

“Россия неравномерный характер восстановления ”，Всемирный Банк Выпустил 22й отчет об экономике России Йюня 2010 .

“Основные макроэкономические тенденции ”；Министерство экономического раэвития российской федерации；Йюль 2010.

Руслан Гринберг：“ Глобальный экономический кризис и Россия：общее и особенное”，доклад，2009.

Валерий Цветков：“ Причины，развитие и ситуация экономичекого кризиса в России”，доклад，2009.

“Russian Economic Reports”，from the Moscow office of the World Bank. March 24，2010.

Russian Economy：Slow Recovery

Liu Xiulian

Abstract：Russian economy experienced the most difficult period in 2009 and

① 俄新网 RUSNEWS. CN，莫斯科 2010 年 2 月 24 日电。

began to recover in the fourth quarter thanks to the government's anti-crisis measures. In 2010, the government will continue to carry out the stimulus policy, together with the economic modernization and institutional reform. Given the improved economic situation, the Russian government set the growth targets of 2010 and 2011 to be 4. 0 and 4. 4 percent, respectively. According to the World Bank, the estimated growth rates for the two years are 4. 5 and 4. 8 percent, respectively. Therefore, it is expected that the Russian economy will witness a slow recovery, unable to return to the high growth rate period of 6 to7 percent before 2008.

Key Words: Russia; Economic Recovery; Anti-Crisis

Y.6
拉美经济：快速复苏

江时学*

摘　要： 国际金融危机爆发后，拉美国家实施了多种多样的反危机措施。一方面，这些措施有效地刺激了国内需求，弥补了对外部门的损失；另一方面，自2009年以来美国经济的复苏改善了拉美国家面临的外部环境。因此，自2009年第三季度起，拉美经济开始走出危机的阴影。但是，由于2009年上半年的衰退较为严重，因此整个2009年拉美经济仍然是负增长（-1.9%），人均GDP的增长率为-2.9%。2010年，拉美经济复苏的步伐开始加快，预计全年的GDP增长率将达到5.2%。这使得拉美和东亚成为国际金融危机后世界上最有活力的两个地区。由于世界经济形势的发展前景尚有不少不确定性，2011年拉美国家的GDP增长率将低于2010年，约为3.8%。

关键词： 拉美经济形势　复苏　前景预测

自2009年第三季度起，拉美经济开始走出危机的阴影。2010年，拉美经济复苏的步伐开始加快，预计全年的GDP增长率将达到5.2%。这使得拉美和东亚成为国际金融危机后世界上最有活力的两个地区。在拉美经济体中，巴西的复苏尤为引人注目。拉美经济快速复苏的原因是多方面的，既有外部因素，也有内部因素。但是，由于世界经济形势的发展前景尚有不少不确定性，2011年拉美国家的GDP增长率可能会低于2010年。

一　2009年拉美经济形势的回顾

国际金融危机爆发后，拉美国家实施了多种多样的反危机措施。一方面，这

* 江时学，中国社会科学院研究员、中国拉美学会副会长，研究领域为拉美问题。

些措施有效地刺激了国内需求，弥补了对外部门的损失；另一方面，自2009年以来美国经济的复苏改善了拉美国家面临的外部环境。因此，自2009年第三季度开始，拉美经济开始走出危机的阴影。

但是，由于2009年上半年的衰退较为严重，所以整个2009年拉美经济仍然是负增长（-1.9%），人均GDP也是负增长（-2.9%）。[①] 圣基茨和尼维斯、安提瓜和巴布达、格林纳达的GDP分别下降了11.1%、10.9%和8.3%；而多米尼加、玻利维亚、圭亚那则分别增长了3.5%、3.4%和3.3%。

在2009年，拉美国家的进出口贸易均有不同程度的下降，其中，加勒比海国家的下降幅度最大，高达43.6%（见表1）。但与2008年相比，2009年拉美国家的经常项目逆差有所减少（从359亿美元减少到182亿美元）。这在一定程度上是因为许多拉美国家采取了扩大出口和压缩进口的措施。[②] 资本项目顺差也从2008年的714亿美元减少到2009年的638亿美元。由于经常项目逆差大幅度减少，因此2009年国际收支顺差（457亿美元）比2008年的顺差（355亿美元）高出102亿美元。

表1　2008~2010年拉美的进出口贸易增长率

单位：%

	出口贸易			进口贸易		
	2008年	2009年	2010年	2008年	2009年	2010年
拉美	15.8	-22.6	21.4	21.7	-24.9	17.1
南方共同市场	24.4	-21.9	23.4	40.3	-27.4	29.6
安第斯国家	30.0	-27.8	29.5	21.9	-20.8	5.8
中美洲共同市场	8.3	-0.3	10.8	14.5	-22.8	14.6
加勒比共同体	31.1	-43.6	23.7	20.1	-25.6	9.8

注：2010年为预计数。

资料来源：United Nations Economic Commission for Latin America and the Caribbean, *Latin America and the Caribbean in the World Economy 2009-2010*, Briefing paper, September 2010, p.7。

① 除注明外，本文所有数据均引自联合国拉美和加勒比经济委员会（United Nations Economic Commission for Latin America and the Caribbean, ECLAC）的出版物：*Economic Survey of Latin America and the Caribbean 2009-2010*, Briefing paper, July 2010; *Latin America and the Caribbean in the World Economy 2009-2010*, Briefing paper, September 2010。

② 2009年，大部分拉美国家减少了资本货的进口。与2008年相比，墨西哥减少了54.9%、阿根廷减少了29.9%、秘鲁减少了25.9%、巴西减少了17.4%。

2009年，拉美国家在国际市场上发行了620亿美元的债券，大大高于2008年的185亿美元。但是，2009年进入拉美的外国直接投资净额为646亿美元，比2008年减少了301亿美元。墨西哥下降幅度更大，2008年为220亿美元，而2009年仅为38亿美元。巴西则从2008年246亿美元上升到2009年360亿美元。由于一些反危机措施所需的资金依赖外债，因此2009年拉美的外债总额超过了8000亿美元。无怪乎一些经济学家担心拉美会陷入又一次债务危机。令人欣慰的是，拉美的国际储备从2008年的5122亿美元增加到2009年的5670亿美元。

经济衰退加大了劳动力市场的压力。失业率从2008年的7.3%提高到2009年的8.2%，多个国家超过了10%。通货膨胀率则从同期的8.2%下降到4.6%。

二 2010年拉美经济形势

就GDP的季度增长率而言，2008年第四季度和2009年第一季度是国际金融危机对拉美经济影响最大的两个季度。自2009年第三季度开始，拉美经济出现了复苏的迹象。2010年，复苏的步伐开始加快，预计全年的GDP增长率将达到5.2%。这使得拉美和东亚成为国际金融危机后世界上最有活力的两个地区。国际货币经济组织总裁施特劳斯·卡恩在2010年5月25~28日访问拉美时说："拉美已从国际经济危机中很好地脱身，并将成为重建世界经济的一个角色。"① 2010年6月30日《纽约时报》的文章认为，在美国和欧洲为巨额赤字和乏力的复苏所苦恼时，拉美的经济增长却是很值得其羡慕的。而在过去，拉美经常无法偿还外债，不得不对货币进行贬值，甚至还需要富国为其救市。②

国际金融危机对拉美经济的创伤不亚于过去拉美经济曾遇到过的多次危机，但这一次拉美国家仅用两个季度的时间就基本上度过了危机。这主要是因为：（1）拉美国家迅速地实施了有效的反危机措施。（2）经过20世纪90年代的改革，拉美抵御外部冲击的能力得到了增强。（3）拉美经济在2003~2008年期间取得的较高的增长率，扩大了财政政策和货币政策的回旋余地，使政府能实施有

① http：//www.imf.org/external/pubs/ft/survey/so/2010/new052410a.htm.

② http：//www.nytimes.com/2010/07/01/world/americas/01peru.html.

效的反周期政策。(4) 国际金融危机对拉美国家的国际融资能力影响不大。

拉美经济的快速复苏也得益于一些外部因素。例如，中国受国际金融危机的影响较小，因而对拉美初级产品的需求并没有出现大幅度的下降。这为拉美国家扩大出口创造了条件。又如，拉美与美国的经济关系非常密切，因此，美国经济的复苏也有助于拉美摆脱国际金融危机的阴影。诚然，美国经济的复苏并非强劲有力，但这一复苏使墨西哥、中美洲国家和加勒比海国家受益匪浅，因为这些国家的旅游业和出口贸易严重依赖美国。此外，美国经济的复苏还使拉美国家获得了更多的侨汇收入。①

但是，拉美国家的复苏力度不尽相同。相对而言，出口贸易以初级产品为主的南美洲国家的复苏优于其他国家（见表2），因为国际市场上初级产品价格在经过较短时间的疲软后很快就回升。

欧洲经济形势对拉美的影响极为有限。这主要是因为：(1) 除希腊以外，其他几个“有问题”的国家（如西班牙、葡萄牙、意大利和爱尔兰）实际上并没有爆发债务危机。因此，欧洲的经济形势并非如最初预料的那样严重。(2) 拉美国家与上述欧洲国家的贸易不大，只有极少数几种拉美出口产品受到影响。(3) 西班牙在拉美有许多投资，但西班牙的国内经济问题并没有影响其在拉美的投资。

表2　2010年拉美国家GDP增长率

单位：%

巴西	乌拉圭	巴拉圭	阿根廷	秘鲁	多米尼加	巴拿马	玻利维亚
7.6	7.0	7.0	6.8	6.7	6.0	5.0	4.5
智利	墨西哥	哥斯达黎加	哥伦比亚	洪都拉斯	厄瓜多尔	尼加拉瓜	危地马拉
4.3	4.1	4.0	3.7	2.5	2.5	2.0	2.0
古巴	萨尔瓦多	委内瑞拉	海地	加勒比海国家	中美洲国家	南美洲国家	拉美
1.9	1.5	-3.0	-8.5	0.9	3.1	5.8	5.2

资料来源：United Nations Economic Commission for Latin America and the Caribbean, *Economic Survey of Latin America and the Caribbean 2009 - 2010*, Briefing paper, July 2010, p.7。

① 美国有大量合法和非法的拉美移民。这些人在美国从事多种多样的工作。他们汇回拉美的美元是许多拉美国家的重要的外汇收入来源。

随着经济的复苏，通货膨胀压力开始在一些国家显现。消费品价格指数将从2009年的4.6%上升到2010年的5.9%。

三　2010年主要拉美国家的经济形势

国际金融危机爆发后，巴西实施了有力的财政刺激计划。巴西财政部长吉多·曼特加认为，在应对危机的过程中，巴西的国有银行功不可没。它们降低了利率，为企业提供了大量信贷，使政府成功地实施了一系列反危机措施，[①] 并且成效显著。统计数字表明，巴西经济在2009年下半年开始复苏。因此，2009年全年的GDP增长率仅下降了0.2%。[②]

2010年第一季度，巴西经济增长率高达9%。这是自1995年以来增长率最高的一个季度。为预防经济过热，巴西央行将基准利率从历史最低水平的8.75%上调至9.5%。这是国际金融危机后巴西的首次加息。6月，巴西央行又将基准利率提高至10.25%。由于第二季度没有出现经济过热的现象，7月的提息幅度较为有限，基准利率仅上调50点，至10.75%。9月1日，银行宣布维持现行的10.75%的基准利率不变。这一决定实际上中止了2010年巴西央行连续三次上调基准利率的步伐。

虽然2010年第三季度经济的增速可能会有所放缓，但2010年全年的GDP增长率仍然会高达7.6%，在拉美的主要国家中雄踞首位。一些国际媒体认为，巴西的复苏再一次证明，新兴市场国家在"后危机"时代的世界经济舞台上将发挥更加重要的作用。

不过，有力的复苏也使巴西的通货膨胀压力日益凸显。据估计，2010年的通货膨胀率会超出银行确定的目标（4.5%～5%）。[③]

地缘经济因素使墨西哥与美国保持着非常密切的经济关系。墨西哥经济对美国的依赖主要体现在以下几个方面：首先，美国是墨西哥最大的出口市场，也是

---

① "Public Banks Accountable for Brazil's Recovery: Minister"（http://business.globaltimes.cn/world/2009-08/457893.html）.

② 2007年和2008年巴西的GDP增长率分别为6.1%和5.1%。因此，与这两年相比，国际金融危机对巴西的影响是较大的。

③ Economist Intelligence Unit, *Country Report*: *Brazil*, September 2010, p. 8.

最大的外资来源地。[1] 其次，在墨西哥获得的大量侨汇收入中，97%来自美国。最后，墨西哥吸引的外国游客也主要来自美国。

因此，次贷危机后美国经济的衰退使墨西哥受害匪浅。例如，墨西哥对美国的出口从2008年的2159亿美元下降到2009年的1767亿美元。[2] 2008年和2009年，墨西哥获得的侨汇收入分别下降了3.6%和15.6%。赴墨西哥旅游的美国游客也大为减少。这一切不利因素使2008年墨西哥的GDP增长率仅为1.5%（大大低于拉美的4.2%），2009年甚至变为负增长（-6.5%）。

2008~2009年，墨西哥实施了一系列反危机措施，并于2009年4月向国际货币经济组织提出并获得了“灵活信贷安排”（Flexible Credit Line）。[3] 这些措施有效地刺激了国内需求。与此同时，美国经济走出危机这一非常有利的外部因素也在一定程度上带动了墨西哥的制造业和出口。2009年1~5月，墨西哥对美国的月出口额在1200亿美元至1300亿美元之间，而在2010年仅3月份一个月就已高达2000亿美元。[4] 2010年第一季度，墨西哥的GDP增长了4.3%。[5] 预计全年的增长率为4.1%。

应该指出的是，影响墨西哥经济复苏的不利因素之一是其严重的社会治安问题。旅游业是墨西哥外汇收入的主要来源之一。但是，由于2006年卡尔德隆总统上台开展了打击毒品走私和毒品生产的“扫毒战争”，毒品卡塔尔与政府军和警察之间的对峙使墨西哥的社会治安每况愈下。[6] 因此，虽然美国经济在复苏，但墨西哥接待的外国游客却减少了3.2%。

为了将反危机措施对宏观经济的影响减少到最低限度，阿根廷政府采取了限

① 美国占墨西哥出口贸易的80%。

② Trade in Goods（Imports, Exports and Trade Balance）with Mexico（http://www.census.gov/foreign-trade/balance/c2010.htmlJHJ2008）.

③ 墨西哥希望获得的“灵活信贷安排”数额相当于墨西哥在IMF中的配额（315亿特别提款权，或466亿美元）的1000%。这一数额在国际货币基金组织的历史上是前所未有的（“IMF Aid Boosts Mexico's Credibility”，http://www.forbes.com/2009/04/02/mexico-imf-credit-business-oxford.html）。

④ “客户工业”是墨西哥对美国出口的主体。因此，美国经济出现复苏的迹象后，首先受益的是这一来料加工业。

⑤ “Mexico's economic recovery: a one-two punch”, *Economist*, March 27, 2010.

⑥ 迄今为止，已有2.3万人（其中绝大多数是无辜的平民）在“扫毒战争”中死于非命。“Drug Violence Derails Mexico's Economic Recovery”（http://www.globalenvision.org/2010/06/24/drug-violence-derails-mexicos-economic-recovery）。

制进口、控制价格和管制外汇等非常规手段。加之阿根廷的债务负担较重，因此国际投资者不仅对阿根廷的政策环境不满，而且还对它能否避免“倒账”产生了忧虑。

进入2010年后，阿根廷经济复苏开始提速。如在3月，折合为年率的GDP同比增长率高达8.1%。① 2010年全年的GDP增长率将高达6.8%。

农产品在阿根廷出口贸易中占有重要地位。国际金融危机爆发后，国际市场上农产品价格一度呈疲软的态势，但此后不久就出现了回升。阿根廷一个智库的研究报告认为，中国和巴西经济的强劲增长加快了阿根廷经济的复苏步伐。中国是阿根廷农产品最大的出口市场，因此中国对农产品的巨大需求有利于阿根廷通过扩大出口来维持经济的快速增长。巴西经济的复苏使其扩大了对阿根廷工业产品（尤其是汽车和汽车零部件）的需求。②

阿根廷将在2011年10月举行大选。因此克里斯蒂娜·基什内尔政府力图通过实施有力的反危机措施来早日实现经济复苏。但在阿根廷，党派之争较为激烈，因此经济政策政治化的现象较为突出。国际金融危机爆发后，虽然各党派均表示要团结一致，共同努力，支持政府实施反危机措施，但在一些具体的政策工具运用上，有时难免要受到政治分歧的影响。正如英国经济学家情报社指出的那样，“货币政策的政治化将使政府为遏制通货膨胀和维系比索汇率的努力变得捉摸不定”③。

2010年1~6月，阿根廷的进口增长了43%，而出口由于许多国家都搞贸易保护主义，所以仅增长了18%。这使得贸易顺差减少到75亿美元。此外，2010年1~6月，由于国内外投资者对阿根廷的投资环境不满，资本外流较为严重。

石油工业是委内瑞拉的经济支柱。因此，石油价格的起伏会对委内瑞拉经济产生重大影响。国际金融危机爆发后，国际市场上石油价格一度大幅度下跌，导致委内瑞拉的石油出口收入从2008年第三季度的300亿美元快速下降到

① Argentina's economic recovery strengthens in March（http：//www.reuters.com/article/idUSN2127134820100521）.

② 《中巴经济增长推动阿根廷经济复苏》（http：//www.cqcb.com/cbnews/instant/2010-09-08/273140.html）.

③ Economist Intelligence Unit，*Country Report*：*Argentina*，September 2010，p. 3.

2008 年第四季度的 98 亿美元，到 2009 年第一季度仅为 92 亿美元。这使得查韦斯总统既不能很好地实施大规模的社会发展计划，也无法履行其承诺的所有援外项目。

2009 年下半年石油价格的上升扩大了委内瑞拉的出口收入（见图 1），使经常项目能保持顺差。但由于国内外投资者不满委内瑞拉的投资环境和发展前景，因此资本外流现象极为严重，加剧了投资不足的不良后果。此外，基础设施的不足也制约了国民经济的复苏。例如，由于干旱导致水电供给不足，政府要求削减用电量 20%。这使得许多地方实行用电配给制，工厂无法正常开工。因此，虽然国际市场上石油价格在回升，但国民经济仍然难以彻底摆脱衰退。2010 年第一季度和第二季度，GDP 均为负增长（分别为 -5.2% 和 -1.9%）。① 据估计，2010 年委内瑞拉 GDP 增长率将是 -3.0%，在拉美地区仅高于蒙受大地震灾害的海地。而在 2010 年，整个拉美地区只有委内瑞拉和海地的经济是负增长。

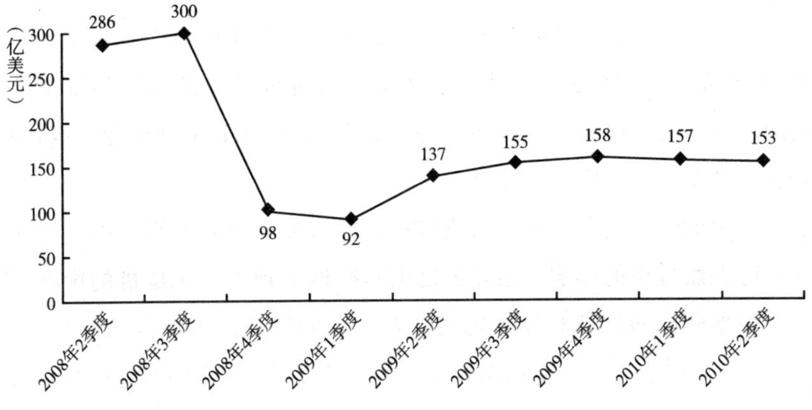

图 1　国际金融危机对委内瑞拉石油出口收入的影响

资料来源：Economist Intelligence Unit, *Country Report*: *Venezuela*, September 2010, p. 16。

2010 年 1 月 8 日，查韦斯总统宣布，自 1 月 11 日起，委内瑞拉货币玻利瓦尔对美元汇率将从 1 美元兑换 2.15 玻利瓦尔贬为 1 美元兑换 2.6 玻利瓦尔。此

---

① Economist Intelligence Unit, *Country Report*: *Argentina*, September 2010, p. 16.

外，在进口中，汇率制度由原来的单轨制变为双轨制。即经济发展和人民生活急需的商品（如食品、药品、机械设备和科技产品）以及公共部门的全部进口商品适用此汇率。汽车、电信产品、化工产品、冶金产品、塑料、轮胎、电器、纺织品、建筑材料、电子、印刷、烟草和饮料等商品和服务的进口则采用“石油美元”汇率，即1美元兑换4.3玻利瓦尔。① 由于担心货币贬值导致进口商品物价上涨，许多消费者争先恐后地来到家用电器商店抢购商品。

查韦斯总统表示，玻利瓦尔贬值的目的是推动经济发展，发展出口贸易，减少对石油出口的依赖。但一些国际分析人士认为，贬值的目的是刺激非石油出口贸易，并增加以玻利瓦尔计算的石油出口收入。

委内瑞拉经济面临的另一个问题是国民经济过度依赖石油出口。在20世纪90年代末，委内瑞拉的非石油出口收入约占出口收入总额的30%左右，但目前已下降到5%左右。如在2010年1～6月，石油出口收入为310亿美元，而非石油出口收入仅为16亿美元。②

委内瑞拉的通货膨胀率始终居高不下。2008年第三季度为33.6%，2009年虽有下降，但在第四季度仍然高达26%，2010年第二季度再次高达31%，居拉美之首。③ 事实上，在拉美国家中，近年来只有委内瑞拉的通货膨胀率是两位数。英国经济学家情报社认为，如果查韦斯政府在2011年对其货币进行贬值，通货膨胀率可能会进一步上升到43.9%。

面对美国的经济封锁，古巴只能与其他国家发展经贸关系。由于其他国家受到了国际金融危机的影响，因此古巴也间接地受到了这一危机的影响，但影响不大。根据联合国拉美和加勒比经济委员会的统计，2009年古巴的GDP增长率为1.4%，低于此前几年的增长率（见图2）。2010年的增长率有望回升到1.9%。

古巴领导人认为，市场经济是资本主义社会特有的，因为古巴是社会主义国家，因此不会奉行市场经济模式。菲德尔·卡斯特罗说：“有人想，市场应该解决一切问题，但市场是一只发了疯的、野蛮的畜生，谁也控制不了它。人不能让

① 为遏制资本外逃，委内瑞拉自2003年起实行外汇管制制度。2005年将官方汇率调整为1美元兑换2.15玻利瓦尔。

② Economist Intelligence Unit, *Country Report*: *Venezuela*, September 2010, p. 16.

③ Economist Intelligence Unit, *Country Report*: *Venezuela*, September 2010, p. 16.

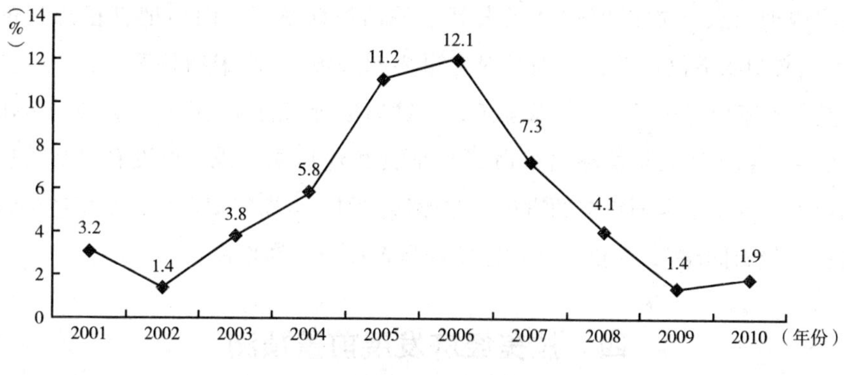

图 2　2001～2010 年古巴经济增长率

资料来源：United Nations Economic Commission for Latin America and the Caribbean, *Economic Survey of Latin America and the Caribbean 2009－2010*, Briefing paper, July 2010, p. 7, p. 55。

非理性支配，也不能让盲目的规律支配。"① "我们不能将我们经济和社会的发展寄托在市场盲目的规律上。"②

但自 20 世纪 90 年代以来，古巴一直在改革的道路上稳步前进。改革的主要内容是吸引外资，在强调公有制的前提下适当放松对私人经济的限制。

2010 年"五一"国际劳动节前夕，古巴领导人表示，国有经济部门和政府管理部门存在严重的人浮于事现象，全国政府冗员达百万。政府将采取稳妥措施，对政府冗员重新安置，将他们充实到最需要劳动力的农业和建筑业部门。9 月 13 日，古巴工人中央工会发表声明，称古巴大规模的裁员从即日开始，最终被裁员人数可能超过 100 万。至 2011 年 3 月底，预计全国将裁减 50 万人。古巴全国国有经济部门和政府管理部门中的就业人数约 510 万。因此，古巴政府的这一政策意味着将有 1/10 的职工受到影响。

2010 年 9 月初，美国《大西洋月刊》记者杰弗里·戈德堡前往哈瓦那对卡斯特罗进行采访。采访结束后，戈德堡在其个人博客上写道，古巴革命领导人菲德尔·卡斯特罗在接受其采访时说，古巴的计划经济模式已经失灵。数日后，卡

① 1998 年 4 月 28 日卡斯特罗在机场为加拿大总理送行后同媒体的谈话。转引自徐世澄《卡斯特罗评传》，人民出版社，2008，第 350 页。

② 1997 年 10 月 8 日卡斯特罗在古共"五大"所作的中心报告。转引自徐世澄《卡斯特罗评传》，人民出版社，2008，第 350 页。

斯特罗说他有关“古巴模式已经失灵”的话被误解了，因为他真正想说的是“资本主义制度不仅对美国，而且对全世界都失灵了”。卡斯特罗说：“我的回答，其实本意恰好相反，因为我知道，戈德伯格所问的古巴模式是否值得输出是指古巴是否认为还要继续输出革命。”① 而戈德堡后来又说，他没有误解古巴革命领导人菲德尔·卡斯特罗的言论。戈德堡推测，卡斯特罗在采访时所说的言论可能在“投石问路”，测试一下古巴民众是否接受“转换模式”的理念。

四 拉美经济发展前景预测

根据联合国拉美和加勒比经济委员会的预测，2011 年，由于世界经济形势的发展前景尚有不少不确定性，因此拉美国家的 GDP 增长率将下跌到 3.8%，只有海地、智利和巴拿马的增长率在 5% 以上（见表 3）。②

表 3 2011 年拉美国家 GDP 增长率预测

单位：%

海地	智利	巴拿马	秘鲁	巴西	阿根廷	乌拉圭	玻利维亚
7.0	6.0	5.0	4.5	4.5	4.5	4.3	4.0
多米尼加	巴拉圭	墨西哥	危地马拉	古巴	哥斯达黎加	哥伦比亚	委内瑞拉
3.2	3.0	3.0	3.0	3.0	3.0	3.0	2.5
尼加拉瓜	洪都拉斯	厄瓜多尔	萨尔瓦多	南美洲国家	中美洲国家	加勒比海国家	拉美
2.0	2.0	2.0	1.5	4.3	3.2	1.5	3.8

资料来源：United Nations Economic Commission for Latin America and the Caribbean, *Economic Survey of Latin America and the Caribbean 2009 - 2010*, Briefing paper, July 2010, p. 49。

与联合国拉美和加勒比经济委员会类似，英国经济学家情报社对 2011 年拉美经济的增长率的预测为 3.7%，同样低于 2010 年。该机构认为，只有极少数国家的经济形势可能会好于 2010 年。例如，智利经济将得益于地震灾后的重建，委内瑞拉如能解决电力供应问题，经济衰退的势头将有所减缓。该机构还认为，

① 《美国记者称未误读卡斯特罗“古巴模式失灵”论意在投石问路》（http：//www.chinadaily.com.cn/hqgj/2010 - 09/14/content_ 11299948.htm）。

② Economist Intelligence Unit, “EIU Global Forecasting Service: Latin America's recovery proves stronger than expected”, September 15, 2010.

2011 年，美国政府实施经济刺激计划的动力将减弱，而这对墨西哥、美洲国家和加勒比海国家是非常不利的。此外，如果中国的需求减弱导致国际市场上初级产品价格下跌，那么南美洲国家将受到很大的不良影响。

就长期趋势而言，拉美经济的发展前景取决于其能否提高国际竞争力，在发挥比较优势的同时调整产业结构，改善基础设施，扩大投资，加快农业发展以及维系宏观经济形势的稳定，同时也取决于拉美国家难以左右的世界经济走向。

拉美国家应对国际金融危机的表现及其取得的业绩可说明以下几点：（1）外部因素仍然对拉美经济产生不容忽视的影响，但是，通过实施各种各样的反危机措施，拉美国家能将外部冲击的不良影响减少到最大限度。（2）拉美国家在 20 世纪 90 年代实施的改革以及 2003 ~2008 年期间取得的较高的增长率，扩大了财政政策和货币政策的回旋余地，使其能实施有效的反周期政策。[①]（3）除美国以外，中国对拉美经济走势的影响力在不断增加。

参考文献

United Nations Economic Commission for Latin America and the Caribbean, *Economic Survey of Latin America and the Caribbean 2009 – 2010*, Briefing paper, July 2010.

United Nations Economic Commission for Latin America and the Caribbean, *Latin America and the Caribbean in the World Economy 2009 – 2010* , Briefing paper, September 2010.

Economist Intelligence Unit, *Country Report*（有关国家）。

Latin American Economies: Robust Recovery

Jiang Shixue

Abstract: Since the international financial crisis broke out, the Latin American

---

① 例如，智利利用 2007 年成立的经济与社会稳定基金，在国际金融危机爆发后实施了一系列旨在刺激经济和加快社会发展的措施。这一基金的资金来自铜出口收入。根据 2006 年颁布的《财政责任法》，在铜价高升时，一部分出口将被转入该基金（http://www.swfinstitute.org/fund/chile.php）。

countries have adopted various anti-crisis measures. Due to the effectiveness of these measures as well as to the recovery of the U. S. economy, a necessary and favorable external condition for Latin America, the region started to emerge with a better shape. However, because the first half of 2009 witnessed severe downturn, Latin America's GDP growth rate for the whole year of 2009 was still negative. In 2010 Latin American economy seems to surge much more briskly than expected. According to the United Nations Economic Commission for Latin America and the Caribbean, GDP would grow at 5. 2% . Along with Asia, Latin America has been considered as an envy of the developed countries in the post-crisis era. Give the fact that the future of the world economy is uncertain, 2011 will be a year of lower GDP growth rate for Latin America.

Key Words: Economic Situation of Latin America; Recovery; Future Forecast

Y.7

非洲经济：回升向好

姚桂梅*

摘　要： 受金融危机影响，2009 年非洲经济增长下降温和，成为世界经济实现正增长的第三大贡献方。2010 年非洲经济表现出良好的弹性，通货膨胀、贸易条件和经常项目等宏观经济指标向好，南非、尼日利亚、肯尼亚、阿尔及利亚等多数国家经济增长呈现乐观态势，预计全非 GDP 增长 4.8%。2010 年非洲国家的宏观经济政策没有重大变化，各国重点投资基础设施和农业，致力非洲一体化和加强南南合作，发展成为主旋律。展望 2011 年，非洲经济有望回升到危机爆发前的水平，多数国际机构预测增长率将高于2010 年，预计增长5.5%。增加就业、实现经济多样化将成为未来几年非洲国家最重要的任务。

关键词： 非洲经济回升　致力发展　增加就业

非洲经济在 2009 年的增长率为 2.5%，与 2008 年 5.6% 的成绩相比出现了大幅下降。随着全球经济日渐回暖，非洲经济明显出现反弹的态势，2010 年的增长率预计达到 4.8%。2011 年将继续改善。

一　2009 年非洲经济形势回顾

受国际金融危机影响，2009 年非洲经济增长明显下滑，但依然维持了 2.5% 的增长速度（见表 1），仅次于中国和印度，是世界经济实现正增长的第三大贡献方。

---

* 姚桂梅，经济学学士，中国社会科学院西亚非洲研究所研究员，主要研究非洲宏观经济、中非经贸合作等问题。

表 1　2000～2009 年非洲宏观经济指标统计

	2000 年	2005 年	2008 年	2009 年
按现价计算的 GDP(亿美元)	5855	9812	15536	14446
按 2000 年价格计算的 GDP(亿美元)	5885	7471	8827	9027
实际 GDP 增长率(%)	4.4	5.9	5.6	2.5
实际人均 GDP 增长率(%)	2.1	3.6	3.3	0.2
通货膨胀率(%)	9.1	7.2	10.6	9.9
财政余额/GDP(%)	0.2	2.6	2.2	-4.4
贸易条件变化	11.2	14.6	11.4	-14.7
经常账户余额(亿美元)	147	371	583	-416
外汇储备(进口支付能力/月)	4.4	5.7	6.1	7.1
外债/GDP(%)	54.5	33.2	21.3	23.4
净官方发展援助(亿美元)	151	338	404	—
外国直接投资流入量(亿美元)	97	382	722	587

资料来源：AfDB，Statistics *Pocketbook 2010*，Volume XII page1 -2；UNCTAD，*World Investment Report 2010*，July 2010，page167。

在此次金融危机中，非洲地区所受的影响明显小于其他地区，也明显弱于历次外部冲击。主要原因是许多非洲国家进入危机时已然具备了良好的宏观经济基本面。面对困境，大部分非洲国家政府及时采取了积极的反周期的财政和货币政策，政府公共支出不降反升，投资的拉动有效减弱了危机对国民经济的破坏力。此外，非洲贸易向新兴经济国家转向，实行审慎的经济改革和债务减免，也为渡过难关创造了更好的条件。

（一）非洲宏观经济表现

1. 通货膨胀下降、货币政策扩张、财政差额扩大

由于世界粮食和能源价格回落、一些国家农业收成良好、需求压力降低，加之政府对基本食品补贴延长等诸多因素的作用，大多数非洲国家的通货膨胀率和利率水平继续回落。来自非洲开发银行的统计数据显示，2009 年非洲大陆整体通胀率降到 9.9%。尽管由于过去实行谨慎的财政政策使许多非洲国家有较大的空间在危机期间实行扩张性财政政策，但是不少非洲国家的财政在 2009 财政年度出现赤字。实际汇率走势也出现分化，有些国家像非洲法郎区这些实行固定汇

率的国家货币有所升值，而其他国家货币贬值。

2. 对外贸易下降，经常项目恶化

2009 年金融危机背景下，全球特别是发达国家对非洲产品需求下降，且除原油外的大多数商品价格大幅下降，严重影响非洲进出口贸易。2009 年，非洲商品出口量、进口量均下降 5.6%，出口额为 3790 亿美元，下降 32%；进口额为 4000 亿美元，下降 16%。同年，非洲服务贸易进出口额均下降 11%，实际出口额为 780 亿美元、进口额为 1170 亿美元。[①] 由于非洲商品出口收入下降速度快于进口，导致全非经常账户余额占 GDP 的比重从 2008 年的 3.8% 逆转为 2009 年的 -2.9%。[②]

3. 储蓄率下降、投资率微升

非洲人均 GDP 增长率从 2008 年的 3.3% 下降到 2009 年的 0.2%，导致非洲大陆的储蓄率从 2008 年的 29.8% 降至 22.9%。值得注意的是，由于非洲政府加大了投资的力度，非洲国家的投资率从 25.1% 增至 25.7%。

4. 外国直接投资降幅温和

2009 年非洲地区吸收外国直接投资较 2008 年的峰值 720 亿美元下降了 19%，仅为 590 亿美元。截至 2009 年底，非洲吸引的外国直接投资存量达到 5748 亿美元。由于非洲吸引了较多来自发展中经济体的直接投资，因而与发达国家和部分发展中地区相比，非洲的降幅仍然较为温和，在全球范围内，仅次于东南亚地区的 17%。另外，非洲吸引 FDI 在全球中的比重也从 2008 年的 4.1% 提升到 5.3%；在发展中地区的比重从 11.4% 提升到 12.3%。

5. 侨汇减少、外债负担加重

国际金融危机导致发达国家失业人口增加，使得非洲海外劳动力的侨汇收入从 2008 年的 408 亿美元降到 2009 年的 381 亿美元。其中，撒哈拉以南非洲国家的侨汇从 2008 年的 211 亿美元减少到 2009 年的 205 亿美元；北部非洲国家的侨汇从 197 亿美元减少到 176 亿美元。[③] 在 2009 年，虽然一些非洲国家继续受益于国际货币基金组织和世界银行的重债穷国计划，然而，金融危机还是加剧了非洲

① WTO, *World Trade Report 2010*, pp. 24 -29.

② AFDB, *African Statistical Yearbook 2010*, page. 63.

③ http://stats.oecd.org/Index.aspx? DataSetCode = AEO_ OVERVIEWTAB1.

国家的债务负担，平均负债率由2008年22.4%上升到2009年的25.4%；同期，偿债率也从15.9%提高到16.2%。① 如果负债率继续上升，那么非洲有可能重回之前不可持续的债务水平的风险。

（二）地区和国别经济增长普遍放慢，不平衡发展特征明显

与2008年相比，2009年金融危机蔓延下的非洲地区和国别经济更加凸显不平衡发展的特征。从非洲的5个地区来看，除南部非洲呈现负1.1%的增长外，其他4个地区经济虽然减速，但都实现了正增长。不过经济增长的幅度依然差距明显。其中，西部非洲增长速度最快为5.5%，接下来依次是东部非洲4.3%、北部非洲3.6%、中部非洲1.8%。从53个国家来看，经济增长率超过5%的国家只有11个（埃塞俄比亚8.5%、马拉维7.5%、刚果7.4%、尼日利亚6.7%、乌干达6.4%、赞比亚6.2%、莫桑比克5.8%、吉布提5.5%、卢旺达5.3%、坦桑尼亚5.2%、摩洛哥5.2%），不足3%的国家有25个。这与2008年有25个国家超过5%和16个国家增长低于3%形成鲜明对比。不平衡的增长还体现在非洲的石油出口国和石油进口国的增长上。石油出口国3.8%的经济增长明显快于石油进口国0.9%的经济增长。② 这主要是因为石油出口国在油价高涨时期实行审慎的宏观经济政策，积累了大量的外汇储备和储蓄，外债水平也比较低，为日后实行宽松的财政和货币政策奠定了物质基础。

2009年在国际金融危机和世界经济衰退的双重影响下，南非经济陷入了17年来的首次衰退。国内私人需求的减少、国外对南非出口需求的降低、制造业的衰退导致2009年GDP增长率为-1.8%。通胀率从2008年的11.3%下降到7.1%。受国际经济形势影响，南非矿业、制造业、服务业等领域失业人数增加，2009年失业率高达24%。2009年下半年尼日尔河三角洲地区安全形势的改善以及石油产量的大幅增加和非石油经济的良好发展支撑尼日利亚经济实现了6.7%的快速增长。同样，在博茨瓦纳，2009年第二、三季度经济活动的增加使得博茨瓦纳经济表现好于预期，最后实际增长为负的6%而非负的10.3%；在赤道几内亚，受益于资本支出的增长和石油产量，经济并未陷入衰退而是缓慢增长了3%。

---

① UNECA, *Economic Report on Africa 2010*, *Addendum*, Addis Ababa, Ethiopia, May 2010, page 11.

② UNECA, *Economic Report on Africa 2010*, *Addendum*, Addis Ababa, Ethiopia, May 2010, page 1.

二 2010年非洲经济明显回升

国际金融机构普遍预测，2010年非洲经济形势将好于2009年。联合国非经委在《2010年非洲经济报告》中预测，2010年非洲经济增长4.8%。经济增长缓慢、失业率居高不下、贫困增加是非洲国家应该着手解决的三个主要问题。OECD在发表的《非洲经济展望》中预计2010年非洲经济增长4.5%，所有的地区都将实现较快增长。其中，受危机影响最小的西非地区恢复势头强劲，为6.4%，东非地区经济为5.4%，北部非洲为4.8%，中部非洲为4.6%，受经济危机打击最严重的南部非洲恢复速度仍将落后于其他地区，增长3.8%。[①] 非洲国家也将2010年称为“经济复苏年”，对未来充满信心和期待。

（一）宏观经济指标指向乐观

1. 通货膨胀率继续缓和

国际货币基金组织预测，2010年由于食品和燃料价格继续回落，预计全非通货膨胀率将微降到9%，撒哈拉以南非洲通货膨胀率为7.9%。事实上，来自非洲多个国家的数据也支撑这个观点。在尼日利亚，6月份的通货膨胀率降至10.3%，这是自2008年6月尼通货膨胀率上升到两位数以后的最低点。在肯尼亚，通货膨胀率也由2月的5.2%降至3月的3.9%；在加纳，7月份通货膨胀率下降到9.46%，比6月下降0.06个百分点，保持了连续第13个月下降的趋势，预计年底下降到7%；在埃塞俄比亚，7月通货膨胀率仅为5.7%，而全年的目标则为7%。但是，在另外一些非洲国家，仍面临巨大的通胀压力。苏丹统计局数据显示，2010年上半年，苏丹CPI连续上涨，并再创历史新高。6月份居民消费价格指数较5月份环比上涨5.8%，较2009年同期上涨15.6%。[②]

2. 贸易条件改善、经常项目逆差缩小

世界贸易在经历了70年未遇的骤降之后，2010年将出现反弹。世界贸易组织预测，2010年全球贸易将出现10%增长。其中，发达国家的出口预计增

---

① UNECA, *Economic Report on Africa 2010*, *Addendum*, Addis Ababa, Ethiopia, May 2010, page 1.

② 苏丹统计局数据。

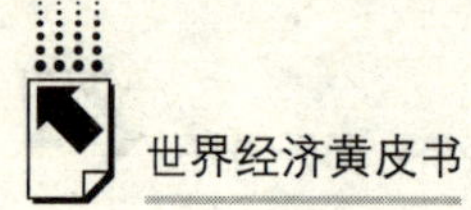

长7.5%，包括非洲在内的世界其余国家的出口预计增长约11%。世界经济的复苏推动非洲的石油和矿产品出口价格回升，非洲贸易指数将改善10%。贸易条件的改善将推动撒哈拉以南非洲地区经常账户赤字对GDP的占比缩小，预计为1.7%。其中，石油出口国经常账户盈余对GDP的占比将提升至7.7%。①

3. 失业率居高不下，就业形势依然严峻

失业率居高不下一直是困扰非洲社会经济发展的难题，全球经济危机更进一步抬升了非洲的失业率。据联合国非洲经济委员会（简称“联合国非经委”）预测，2009年撒哈拉以南非洲地区失业率为8.2%，北部非洲更高一些，失业率达到了10.5%。在其他一些非洲国家失业率更是高得惊人，安哥拉为26.8%、南非为24%、尼日利亚为19.7%。值得指出的是，由于非洲人口仍在以2.3%的速度增长，使得非洲青年面临着日益严重的就业压力。国际劳工组织《2010年世界青年就业趋势》报告显示，北非马格里布国家年轻男子的就业比例仅为1/3，而撒哈拉以南非洲国家的情况要好于北非国家，其青少年男子就业比例为1/2。为控制并降低失业率，一些非洲国家采取了一些政策。例如，刚果（金）宣布，从6月起，政府将采取发布劳动力市场情况年报，实施劳动力招收与辞退申报制度以及工厂、机构开设和倒闭的申报等措施。

（二）多数非洲国家经济增长态势明显向好

联合国非经委预测，2010年大多数非洲国家的经济增长率在3%～7%之间，明显好于2009年。南非是非洲大陆经济巨人，2009年经济衰退呈现负增长。但在2010年的前几个月，南非经济各项指标均出现回升，表明南非经济处在积极恢复中。2009年南非经常账户赤字占GDP的比重下降了7%，随着贸易赤字的好转和世界杯的举办，2010年经常账户赤字将仅占GDP的6.5%，兰特兑美元的汇率也将回到1:9的阶段。英国《经济学家》预测2010年南非经济增长为2.8%。在安哥拉，随着石油产量的提高，经济增长将恢复到7.2%。经济多年衰退的津巴布韦经济也在相当薄弱的基础上出现复苏迹象，预计增长2.52%。

---

① IMF, *World Economic Outlook*, April 2010, page 67.

肯尼亚是东非地区大国，在全球经济复苏、政府加大财政投入、东非共同市场即将正式启动等利好因素推动下，2010 年上半年肯尼亚主要经济发展指标均呈增长态势。根据肯尼亚国家统计局数据，2010 年第一季度，肯尼亚先令对美元贬值，通货膨胀率也由 2 月的 5.2% 降至 3 月的 3.9%；第一季度接收外国游客较上年同期增长 18.9%，已经恢复到危机前水平；1～4 月，肯尼亚侨汇增长明显，总额达到 5260 万美元；内罗毕证券交易所指数已由 2009 年 2 月的 2500 点升至 2010 年 5 月的 4300 点。6 月，肯尼亚政府公布 2010/2011 财年的财政预算，预算总额近 125 亿美元，创肯尼亚财政预算新高，其中发展费用支出占总财政支出的 1/3。重发展是新预算的主题，降低商业成本、刺激生产、扩大国内市场是新财年预算的主要亮点，预算规模的扩大、发展支出力度的提升必将在下半年继续推动经济增长。英国经济学家情报部（EIU）预计 2010 年肯尼亚经济增长 4%。[①] 近年来埃塞俄比亚经济增长率较高，2009 年曾拔得非洲经济增长的头筹。据 EIU 估计，埃塞俄比亚政府为抑制通货膨胀采取了一系列严格的预算措施和货币政策，致使国内需求有所下降，可能导致 2010 年经济增长速度略微下降，预计为 9.7%。

尼日利亚是非洲第一人口大国，西非地区强国。2010 年第一季度经济增长率达到 7.23%，第二季度经济增长高达 7.68%。石油产区安全形势的好转，原油产量的大幅度提高，成为尼日利亚经济增长的主要引擎；农业、零售业、服务业和建筑业的良好表现也成为经济增长的主要动力，预计尼日利亚全年增长6.9%。[②] 2010 年科特迪瓦经济有望达到 4.2%，加纳经济将提升至 6.4%。

在中部非洲，2009 年刚果的经济增长速度位居第一。这主要得益于出口和投资的拉动，以及石油产量的大幅提升。2010 年刚果的经济增长有望达到 12% 以上。在刚果（金），随着世界经济的复苏、矿产品价格的逐步回升，以及该国大规模基础设施建设的开展，使得 2010 年经济增长率预期为 3%。

在北部非洲，阿尔及利亚是第一经济大国。上半年石油价格上升、石油收入稳定使得阿尔及利亚石油税收增到 205 亿美元，同比增长 21%，大力支持了

---

① EIU, *Country Forecast Kenya*, August 2010.

② EIU, *Country Forecast Kenya*, August 2010.

“公共投资项目”（PIP）的落实，阿尔及利亚经济预期增长3.9%。埃及经济也将从2009财年的5.2%增长到5.5%。

三　发展成为非洲国家的主旋律

近年来，非洲国家十分注重致力发展、摆脱贫困的政策目标。第一，改善民生和加强基础设施建设。政府投资一直是推动非洲经济增长的主要动力。例如，南非为备战世界杯，已投入27.4亿美元用于基础设施建设。尼日利亚政府2009年宣布的一批基础设施项目也在2010年陆续开工，而且尼日利亚政府在2010年财政预算中拟拨款近60亿美元用于基础设施建设；未来四年尼日利亚还将筹资2133亿美元，用于基础设施建设、创造就业岗位和扶持农业发展等关键领域。阿尔及利亚将在未来几年投资1.485亿美元扩建奥兰港口的货柜码头；埃塞俄比亚政府计划未来5年投入87亿美元用于公路建设。3月，非洲开发银行批准了2010～2014年农业战略规划，项目总额达53.3亿美元，重点是建设农业基础设施和加强可循环自然资源管理。规划的主要目的是通过提升农业生产效率，增强非洲食品安全、降低贫穷水平和促进自然资源的保护。第二，农业发展受到普遍重视，非洲国家努力打造平衡世界粮食市场的“缓冲器”。为促进农业发展，非洲国家通过非洲联盟和非洲发展新伙伴关系计划启动了非洲农业综合发展计划（CAADP）。该计划从全非的角度出发制订国家和区域计划，包括4个主题“支柱”：土地和水资源管理、基础设施和市场、粮食安全和营养以及农业科研和创新。非洲农业综合发展计划在国家和区域层面将采取专门的“圆桌会议”流程，由此产生国家和区域层面的“非洲农业综合发展计划契约”，包括政策改革并指导公共和私人部门的投资。2010年6月7日刚果（金）开启非洲农业综合发展战略。此前，已有卢旺达、布隆迪、埃塞俄比亚、斯威士兰、乌干达、马拉维6国签署了该计划，其中有些国家还设计了本国的农业投资和粮食安全计划，使得农业在经济增长和减贫中发挥了引领作用。第十五届非洲联盟首脑会议决定将2010年10月30日定为非洲首个粮食与营养安全日，提醒非洲国家重视粮食安全问题，争取尽快成为世界的“面包篮子”。塞内加尔宣布将在全国范围内，设立30个农业增长极，引导数千年轻人投身现代农业。第三，非洲国家联合自强意识增强，纷纷提出本区域和跨国建设项目规划，大力推动一体化已成为非洲经济增长的内生动力。以东非共同体为例，7月1日，拥有1.3亿人口的东非共同体正式启动，从此5个成员国之间的商品、服务、资本和人员将实现自由流动。资本的自由流动可以增强东非地区的投资潜力，也预示着越来越多的跨境投资项目成为可能。目前，东非共同体与南部非洲发展共同体、东南非共同市场联手启动了几个大型的交通走廊项目，包括达累斯萨拉姆港到南非德班港的南北走廊（从达累斯萨拉姆到坎帕拉一直通到卢旺达和布隆迪的东西走廊），以及从肯尼亚拉穆港经埃塞俄比亚的斯亚贝巴到南苏丹首府朱巴的交通走廊。东南非地区基础设施的改善将释放区域经贸的潜力，提升非洲整体实力。第四，金融危机冲击下，非洲多数国家意识到应采取全新的发展战略和开放的态度，放眼全球寻求新合作伙伴，南南合作成为非洲经济增长的助推器。7月14~15日，非洲—新加坡商业论坛在新加坡举行，与会的非洲国家领导人和新加坡政府在论坛上宣布了进一步加强非—新商业纽带的新举措。8月中旬，加蓬与印度和新加坡签署了总额45亿美元的投资协议，主要内容包括修建1000公里道路、木材加工、棕榈树种植和建造5000套低造价住房等，预计将创造约5万个就业机会。① 8月18日，“非洲—越南企业合作论坛”在越南首都河内举行，来自越南和10多个非洲国家的政府和企业200多人出席。值得注意的是，南非亦成为“向东看”的拥戴者。南非财长在6月的20国集团首脑会议上指出，“为适应后危机时代全球经济发展新变化，南非将积极寻求劳动密集型的经济发展模式，并寻求欧洲以外需求旺盛的贸易伙伴，生产他们需要的产品。过去，南非传统的经贸政策无法带动经济增长和为本国人民创造足够的就业岗位，新的增长模式应以创造就业和消除贫困为中心，南非必须重新定位，开发更多的市场以增加自身竞争力”②。南非总统祖马自2009年5月执政以来，先后访问巴西、印度、俄罗斯，于8月24~26日对中国进行了金砖四国（BRIC）之旅的最后一站访问，南中双方在新能源、电力、保险、金融、交通、通信等多个领域签署了16项经济合作协议，这必将密切中南两国的经贸联系，以此带动南非经济发展。

---

① http：//www.africanews.com/site/list_ message/29826？data%5Bsource%5D = rss，2010年8月16日。

② *South Africa must reposition for growth*, BuaNews South Africa, 24 June 2001.

四　2010 年非洲国家经济政策的变化及评价

1999 年以来，在非洲大陆有 34 个穷国正在执行国际金融机构倡导的各种版本的《减贫战略文件》；另外 10 多个相对富裕的国家也在进行经济改革。尽管非洲各国在经济发展战略与发展政策上有所侧重，各种特点，但可以说实行企业私有化，发展私营经济，注重利用外国直接投资成为众多非洲国家经济政策的共同取向。2008 年爆发全球金融危机以后，一些非洲国家反思了危机的根源，他们认为全球金融危机是发达国家政府放松管制和市场原教旨主义造成的，因此，非洲国家重新强化政府在经济发展中的作用，特别应保护公有制和国有企业。在外经政策方面，一些非洲国家也加入了贸易保护主义行列，通过税收优惠、出口补贴等方式对本土产业给予特殊支持，对外企附加了一些限制条件。在尼日利亚，根据《尼日利亚本地化法》，尼联邦政府计划从石油天然气领域的合同中收取 1% 的费用，用于建设“尼日利亚本地化发展基金”（NCDF），该基金将由“尼日利亚本地化监管委员会”（NCMB）负责管理和实施，将为尼日利亚油气领域服务的本地经营者提供金融支持。在阿尔及利亚，2009 年 7 月公布的财政法补充法案中规定“外商直接投资和合作投资的项目必须在项目整个运营阶段有助于阿尔及利亚的外汇盈余”，2010 年 9 月 6 日阿尔及利亚政府宣布对新的承包商施加新的限制措施，要求任何竞标 2010 ~ 2014 年国家投资规划（2860 亿美元）基础设施项目的外国公司，必须以与阿尔及利亚公司合资的形式来获取国家合同。综上，非洲国家采取的具有经济民族主义色彩的政策措施必将产生双重影响。外资法规和条例的收缩趋紧，不仅增加外商投资成本，而且也对外国公司投资竞标带来一定的麻烦。

五　非洲经济发展前景展望

近年来，非洲经济在抗击国际金融危机中表现出来的韧性和抵抗力开始赢得国际社会的高度认同，对非洲经济增长持乐观态度。OECD 在《非洲经济展望》中预计 2011 年非洲经济增长 5.2%；国际货币基金在 10 月份发表的《世界经济展望》报告中预测，2011 年撒哈拉以南非洲地区经济增长将达到 5.5%；非洲开发银行预测，2011 年的非洲经济将增长 7%。尽管这些机构的预测数据不一，但均得出 2011 年的增长速度快于 2010 年的结论。福布斯、麦肯锡等知名机构也纷纷发表报告，看好非洲经济可持续发展的潜力，认为如果非洲近期的趋势能保持下去，非洲将在全球经济中扮演更加重要的角色。HIS 全球透视（Global Insight）用世界经济（SOWE）模型国家的预测显示，如果目前非洲的政策得以延续，那么非洲经济在 2010 ~2018 年的增长率将保持在 5% 左右。

尽管国际社会对非洲的中长期前景看好，但鉴于非洲经济的走势与国际经济环境密切相关，因而来自国际层面的风险必须给予高度重视。2010 年 9 月 9 日，OECD 公布的中期评估报告中指出，全球经济复苏放缓比预期严重。这可能导致对非洲产品需求的下降和初级产品流通受阻。与此同时，来自非洲国内层面的风险如大选导致的政治不稳定性、金融体制的恶化等因素同样不可小视。加之非洲自身经济基础比较薄弱、结构性问题突出，因此非洲经济增长前景依然可能存在变数。

鉴于非洲人口持续增加，而持续十多年的经济增长并没有带动非洲就业的增长，因此，增加就业、消除贫困上升为非洲各国面临的紧迫任务。为增加就业，非洲国家将致力于改造单一经济结构，实现多样化发展，重点鼓励投资从资本密集型的采掘业，转向劳动密集型的制造业、农产品加工和服务业。与此同时，外国投资将非洲经济发展视为一条充满活力的出路，重点关注消费品和消费者服务、自然资源、农业和基础设施等充满活力与商机的行业。

African Economy：Growth on the Rebound

Yao Guimei

Abstract：Despite the global financial crisis, Africa's GDP still achieved a moderate growth of 2.5 percent in 2009, becoming the third largest force to drive the global economy to achieve positive growth. In the year of 2010, Africa's economy rebound quickly and the macroeconomic indicators such as inflation rate and term of trade are improved. The economies in most countries, including in South Africa, Nigeria, Kenya and Algeria, show a good growth momentum of 4.8 percent in 2010. There are no major changes in macroeconomic policies in African countries in this year. Most African countries focus on investment in infrastructure and agriculture and make effort to strengthen South-South cooperation and African integration. Development becomes the main theme in the continent. In 2011, the African economy is expected to rebound to pre-crisis level. According to most international agencies, the Africa's GDP growth will be around 5.5 percent, higher than the forecast for 2010. To increase job and to diversify economic activities will be the most important tasks for all African countries in the coming years.

Key Words: African Economic Recovery; Development; Employment Generation

Y.8
中东经济：步入复苏阶段

刘 明*

摘　要：2010 年中东经济开始复苏：中东国家经常项目盈余和出口收入增加，通货膨胀率下降至可控范围内，对外融投资状况明显好转。但仍存在着世界经济不稳定和国际金融动荡等制约因素。为保持逐渐恢复的经济形势，中东各国继续实行经济刺激和调整巩固政策。2011 年的中东经济仍旧依赖于全球经济复苏的景况，如不出现突发事件，整体形势将呈现平稳增长。

关键词：中东经济　经济多元化　石油

一　2009 年中东经济好于预期①

2008 年国际金融危机和随后的世界经济衰退对中东地区各国的影响虽然程度不同，但最初的预测都认为，2009 年中东经济将会出现明显的下降，经济和金融脆弱性在增加。事实上，海湾地区的一些石油生产国如阿联酋、科威特也的确出现了历史罕见的负增长。为应对这一来自外部的冲击和影响，中东各国，无论是石油生产和出口国，还是"出口收入来源多元化"国家②，都采取了积极的

* 刘明，中国社会科学院世界经济与政治研究所副研究员，主要研究国际石油经济、中东经济等问题。

① 请参阅国际货币基金组织 2009 年和 2010 年发布的《世界经济展望》、《中亚和中东地区经济展望》以及其后的展望预测更新。

② 主要指位于北非和西亚的非石油出口国，因其主要经济收入来源于非石油初级产品贸易、工人汇款、国外投资或基金贷款、官方融资、赠款等，国际货币基金组织、世界银行和联合国西亚经社理事会将这类国家归为"出口收入来源多元化"国家（Diversified Source of Export Earnings），同时，也被划入"净债务国"（Net debtor）细类，如埃及、摩洛哥、突尼斯、黎巴嫩、叙利亚、也门等。可参见国际货币基金组织《世界经济展望》Statistical Appendix。

经济刺激措施，并根据各国可能受到金融危机影响的范围和程度，进行了一系列经济和金融调整与改革。中东产油国实行欧佩克稳定国际市场油价的承诺削减原油产量，并为支持非石油经济，持续扩大财政支出；同时，产油国扩大了的财政支出也通过增加地区内投资和区域经贸合作协议强有力地支持了中东地区的非石油生产国经济。而且从2009年下半年起，全球经济开始趋稳，国际油价出现反弹。因此，2009年中东国家的实际GDP增长率要比预测的略有增高，为2.4%，其中有的国家如伊朗、沙特阿拉伯和叙利亚的经济增长速度都快于预期。当然也有少部分国家的经济状况更恶化，如阿联酋。

由于经济减速，中东国家整体通货膨胀率从2008年的15.0%下降至6.6%。其中一些国家，如黎巴嫩、摩洛哥、约旦，则得益于进口的食品和石油价格下降，其消费物价指数从两位数急剧降至一位数，甚至出现通货紧缩。

缘于科威特、卡塔尔和沙特阿拉伯等主要产油国的石油出口减少，2009年中东国家的经常项目收入只有348亿美元顺差，是2008年的1/10。① 经常项目盈余占GDP的比率降到1.8%，大大低于上年的15.5%的水平。中东国家外汇储备总量亦从2008年的10016亿美元减少到9986亿美元。

鉴于世界经济逐渐回暖的形势异常脆弱，中东国家仍旧实施支持国内需求的公共服务政策，各国央行审慎的货币政策则基于平衡满足需求和避免通胀压力，而有限地降低利率。

二 进一步推进改革和应对危机的2010年

2010年中东经济形势出现转机，开始步入复苏。明显的标志是实际经济增长率预计将提高到4.5%（见表1）。中东各国经济复苏的程度不同，经济增长率水平有差异，增长最快的是卡塔尔（18.5%），最慢的是阿联酋（1.3%），其他国家介于3%～8%之间不等，即使是政局依旧动荡的伊拉克其经济也显现出较强的复苏（7.3%）。

① 国际货币基金组织2010年4月发布的《世界经济展望》数据显示，2008年中东国家经常项目收入是3478亿美元。

表 1　2009～2011 年中东地区[1] 整体及主要中东国家基本经济状况比较

单位：%

	实际 GDP			消费物价指数[2]			经常项目占 GDP 比率		
年　份	2009	2010*	2011**	2009	2010*	2011**	2009	2010*	2011**
中东地区	2.4	4.5	4.8	6.6	6.5	6.4	1.8	5.2	7.0
阿尔及利亚	2.0	4.6	4.1	5.7	5.5	5.2	0.3	2.5	3.4
埃及	4.7	5.0	5.5	16.2	12.0	9.5	-2.4	-4.4	-4.1
伊朗	1.8	3.0	3.2	10.3	8.5	10.0	2.4	2.3	1.7
伊拉克	4.2	7.3	7.9	-2.8	5.1	5.0	-19.4	-21.0	-5.5
约旦	2.8	4.1	4.5	-0.7	5.3	4.6	-5.6	-8.9	-9.7
科威特	-2.7	3.1	4.8	4.7	4.5	4.0	25.8	31.6	32.6
卡塔尔	9.0	18.5	14.3	-4.9	1.0	3.0	16.4	25.1	39.4
沙特阿拉伯	0.1	3.7	4.0	5.1	5.2	5.0	5.5	9.1	10.8
叙利亚	4.0	5.0	5.5	2.5	5.5	5.5	-4.5	-4.0	-3.5
阿联酋	-0.7	1.3	3.1	1.0	2.2	3.0	-3.1	7.8	7.7

注 1：包括该区的阿拉伯联盟成员国和伊朗共 20 个国家，见 IMF，*World Economic Outlook* 统计附录的国家分类，有时按地区细分类为“中东和北非”国家类，即 MXNA。

注 2：年平均值。

* 为估计数据。** 为预测数据。

资料来源：IMF，*World Economic Outlook*，April 2010，table2.7 Selected Middle Eastern Economies：Real GDP Consumer Prices And Current Account Balance，第 65 页。

国际油价回升至 70～85 美元，是推动中东产油国经济复苏的有利因素。基于油价上涨和石油出口增加，仅 2010 年上半年，欧佩克的几个海湾成员国的石油收入已达 1860 亿美元，比上年同期增加了 680 亿美元，增幅 57.6%。

另外一个促成经济复苏的重要因素是各国政府实施的经济刺激计划。政府庞大的财政开支主要用于经济领域各种基础设施建设和公共服务项目建立及改善等中长期发展目标。但是在短期内，该项计划被各国政府视为扭转经济现况的重要手段。①

2010 年中东国家通货膨胀率维持在可控范围内，为继续扩大投资、刺激经济发展，以及推动政府财政、货币、金融改革，留下了足够的空间。

① 如沙特阿拉伯政府将其经济刺激计划列入“五年发展计划”，详见下文。

中东各国鼓励私营资产和中小企业在本国经济部门、内外贸易产业、公共服务行业，甚至金融领域发挥作用，协助创造更多的就业岗位，并加强政府在各个经济部门领域的监督管理，促进对外经贸迅速恢复金融危机前的活力。2010 年中东国家经常项目收入预计将增加至 1191 亿美元，大大超过上年的 348 亿美元，占 GDP 比率将达 5.2%。

随着经济逐步复苏，中东地区对外融投资状况明显好转。2010 年中东国家外部资金流入[①]和国际收支增加。与此同时，中东地区特别是海湾国家对亚洲的投资，在经历了 2009 年因国际金融危机而严重下滑之后，又开始重新活跃。到 2010 年 7 月来自该地区国家的民间跨境投资规模已达 43 亿美元，显示了中东经济的活力。[②] 中东资金在亚洲地区的投资目标是金融业、运输业和建筑业。

2010 年中东国家外汇储备增多，预计可达 10536 亿美元，比上年增长了 600 亿美元。

但是，仍然比较脆弱的金融部门和尚未恢复的房地产业使一些与世界金融业联系较紧密的国家经济复苏过程中存在较大的下行风险。特别是 2009 年底出现的迪拜世界债务危机，其后果不但拖滞阿联酋的经济增长步伐，且极有可能逐渐影响该地区的财政金融体系。

另外，2010 年世界经济虽然在缓慢恢复，但欧元区经济的不稳定，乃至国际金融和世界经济潜在的危机回潮，仍将影响中东多数国家的出口收入、旅游收入、侨汇收入[③]等的稳定增加，外国直接投资的流入亦将受到抑制。

因此，在走出经济衰退阴影的 2010 年，中东国家继续实行上一年的经济刺激和调整巩固政策，以保护其相对脆弱的经济免受世界经济再度波动和潜在危机风险的侵袭和损害。主要的刺激和应对政策措施有以下几个方面。

（1）加大对能源产业投资，包括对增加石油、天然气传统能源投资，提高

---

① 据国际货币基金组织估计，2010 年中东国家的私人投资净流入量为 717 亿美元，比上年增加了 17 亿美元。参见国际货币基金组织 *World Economic Outlook*，April 2010，Table A13。

② 2008 年金融危机前中东地区对亚洲的投资额为 102.5 亿美元。

③ 指海外劳务人员汇回国内的以美元为主的外汇收入，亦被称为“工人汇款”（worker remittances）。

产能和对可再生能源的投资，开发创建新的能源资源。科威特在2010~2011财年计划投资经济领域172亿美元，其中75.7亿美元用于投资石油产业。阿尔及利亚计划在能源领域投资650亿美元，其中包括对石油、天然气以及核能、风能等可再生能源的投资。

（2）增加财政预算，刺激国内需求增长。利比亚的2010年预算较上年增加32%，达到580亿第纳尔（466亿美元），同时还制定了将在未来三年斥资820亿第纳尔（658.6亿美元）的支出计划，用于市政发展和基础设施建设项目。阿尔及利亚为促进投资、鼓励农业发展，于2010年8月通过了“2010年财政补充法案”，追加了其行政预算和投资发展预算；另外，还大幅度增加了2010~2014年五年发展的投资，将原定的1500亿美元投资增加到2800亿美元。科威特2010年1月通过了1300亿美元的五年发展计划。

（3）改革税收体制，促进国内外投资。突尼斯取消或减半征收企业雇主税，并通过税收优惠等措施（包括纯收入纳税额减少，关税减免，产品附加值税暂免，员工收入税基降低等），鼓励和吸引农渔业投资。利比亚颁布新税法并简化税收程序，引进激励机制，鼓励投资和生产，实现税收税率的合理化和可操作性。新税法包括降低个人所得税和统一国内公司、外国公司所得税，并设立其他重要税收免除。

（4）扶持和鼓励金融产业健康发展。伊朗设立私人银行为石油产业的项目提供融资，鼓励私营部门在石油产业尤其是下游产业发挥作用。同时，为了引进外资，伊朗批准了外商投资伊朗证券市场的新规则。沙特阿拉伯将建立金融危机预警机制，即利用相关经济指标监控其经济的金融安全及国家相关金融机构的运营情况。科威特银行业提出了五年规划项目融资保障措施，即通过低利率、低收益存款或不可撤销的项目合同保障等形式，为参与五年发展规划项目的公司提供充裕资金。该项举措得到政府的支持。

（5）改善投资环境，吸引国内外资金。突尼斯进一步改善投资环境，包括提供高素质人力资源和现代化物流设施，完善基础设施和大型成套设备供应，来吸引外国直接投资。①

---

① 突尼斯政府加大投资并鼓励私人企业参与建设配套的基础设施，良好的投资环境使突尼斯在2010年1~4月吸引外国直接投资5.7亿第纳尔，预计2010年将吸引外资达24亿第纳尔。

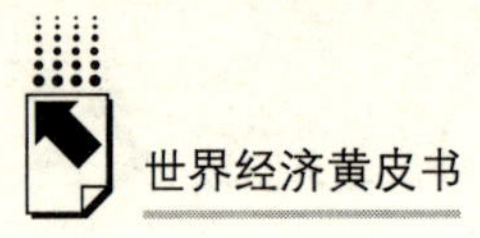

三 主要国家经济形势

（一）埃及：坚持金融改革、勤练内功，以奠定坚实的经济实力

埃及经济已基本摆脱国际金融危机的影响。埃及 2009/2010 财年（2009 年 7 月 1 日至 2010 年 6 月 30 日）整体经济运行良好，经济增长率达到 5.3%，超过政府初期计划。据政府预计，2010/2011 财年经济增长率将进一步提高到 6%。

2009/2010 财年埃及的税收收入达到 153.3 亿埃镑，是政府财政计划目标的 106%。

根据埃及中央银行公布的 2009/2010 财年埃及国际收支报告，国际收支盈利 33.6 亿美元。其中，经常项目逆差 43 亿美元，资本和金融项目顺差 83 亿美元。①

2009/2010 财年埃对外贸易额 729 亿美元，贸易逆差为 251 亿美元。其中，出口额和进口额分别是 239 亿美元和 490 亿美元，同比分别下降了 5.1% 和 2.7%。但是，2010 年上半年埃及非石油产品出口 134 亿美元，比上年同期增长 22%，表明埃及出口业已基本从世界经济危机中恢复。

2009/2010 财年埃及的侨汇收入 98 亿美元，同比增长 25.6%，有效减缓了金融危机带来的外资撤出影响，对稳定埃及的外汇储备起到了积极作用。

此外，该财年苏伊士运河通行费收入 45 亿美元，同比下降 4.3%；旅游收入 116 亿美元，同比增长 10.5%。②

埃及外汇储备在 2008/2009 财年连续 8 个月减少之后，于 2009/2010 财年出现转机，开始小幅度增长。在 2009 年 8 月底，埃及的外汇储备为 329.1 亿美元，比上月增加 12.7 亿美元，但同比仍降低了 5.2%。进入 2010 年外汇储备持续增加，2010 年 3 月底达到 345 亿美元，比上一财年同期增长 10.2%，4 月底外汇储备达到 347 亿美元，可满足 8 ~ 9 个月的货物进口需求，7 月底，进一步增加到 353 亿美元。

---

① 埃及 2010 年 9 月 7 日《金字塔报》（阿文）。

② 2010 年到埃及的游客大增，据埃及旅游部部长的预测，该年的旅游收入可达 130 亿美元。

2010 年第一季度埃及建筑业增长 14.7%，大大高于 5.1% 的国民经济增速，已成为埃及经济发展的重要支柱产业。

政府在 2010/2011 财年将继续加强财政政策措施以保证经济稳定和促进经济增长。财政部致力于减少 2010/2011 财年财政赤字，目标是低于上年 8.4% 的赤字水平。采取的可行措施包括减少各种补贴，其中调整了丁烷的消费补贴使之更合理。此外，尽管连续两年来实行了反周期财政措施，但在全球金融危机冲击下，其对外债务占 GDP 的百分比仍保持在可接受的合理比率。

受金融和经济危机的影响，2009/2010 财年埃及吸引的外国直接投资（FDI）为 68 亿美元，比上财年减少了 13 亿美元，降幅达 16.7%；其中石油领域吸引外资额由上一财年的 54 亿美元减少到 36 亿美元，这是埃及吸引外资减少的主要原因。但是，埃及通过改革投资机制和创造便利的引资程序，凭借良好的投资环境，仍具有吸引更多外资的机会，[①] 甚至可以动员更多的国内资金。

面对国际金融危机影响，埃及经济具有较强的应对和恢复能力。

为进一步削弱全球金融和经济危机对埃及经济的影响和破坏，埃及政府继续推进国内经济调整、增强经济竞争实力、提高社会发展水平、削减贫困和失业。2010 年埃及开始实施一系列发展战略，促进国内经济整体的发展。

（1）埃及制定并将实施内贸发展规划和战略。计划在未来 3 年时间内投资 350 亿埃镑（约合 64 亿美元）用于内贸基础建设。同时实行内贸管理改革，简化内贸从业的审批和登记程序，强化市场监督。该项战略的实施将保证 3 年后内贸增长率达到 12%，并创造更多的就业机会。

（2）埃及贸工部制定了 2010～2014 年出口发展战略规划。根据该战略规划，埃及的非石油出口总额将从 2010 年预计的 920 亿埃镑（约合 167 亿美元）提高至 2000 亿埃镑（约合 364 亿美元）。为实现战略规划目标，政府将在法律建设、吸引外资、鼓励出口、加大对本地化程度较高产业的扶持力度、每年为 250 个中小企业主进行培训、改善外贸发展内部环境，以及成立物流服务委员会等各个方面采取一系列政策措施，支持出口企业提高竞争能力。

（3）埃及开始实施一项开发利用管理水资源的长期发展战略（该战略实施

① 2010 年 9 月 12 日埃及投资部部长宣布，其吸引的外部资金包括外国资金和地区内阿拉伯国家资金。

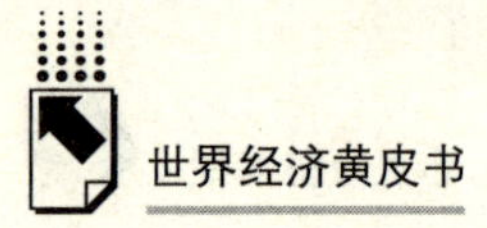

持续到2050年)，以解决埃及水资源严重短缺问题，防止对经济发展形成阻力。[①] 庞大的水资源发展战略通过地方分权、参与方共同分享、广泛动员私营企业参加合理化管理水资源使用等，来最大限度地实现经济和社会的资源优化。

(4) 为鼓励国内工业发展，埃及产业发展总局宣布在全国8个新兴工业开发城出售770块地皮（总面积达640万平方米)，用于开发工业投资项目。该项举措可吸引投资96亿埃镑（约17.6亿美元)，创造6.4万个就业机会。投资于工程、食品、化工和冶金的项目将获得优先权。

同时，政府强调对国有土地的管理要透明化、便利化，责成国有土地的主管部门提高该部门的行政能力，并要求政府有关部门在全国各省建立工业和农业示范区，以提高居民尤其是农民的收入。

(5) 加快国际经贸合作，推动国内相关产业和经济部门的发展。2010年6月1日开始正式实行“埃及—欧盟农产品贸易协议”。该项协议的谈判历经3年，将为埃及农产品、渔产品等免税和无配额进入欧盟市场提供便利，并使埃及的相关产品出口大大增加，预计可达到20亿美元以上（按当前汇率计约合15.31亿欧元。据埃及中央统计局公布的资料显示，2008年埃及对欧盟出口80亿欧元，其中农产品仅5.54亿欧元)。

(6) 埃及自2004年以来进行的持续而广泛的金融改革，使其在应对危机时具有实施相应的宏观政策的一定余地，并增强了埃及在财政、金融以及对外经济等领域抵御外部经济冲击的能力。

埃及政府在成功地进行了第一阶段金融改革的基础上，2010年将继续进行第二阶段改革，强调银行系统的稳定作用至关重要，通过银行融资促进经济增长。政府明确了全面的实施“新巴塞尔协议标准”（Basel Ⅱ standards)[②]，及其他降低风险和增强支柱能力的谨慎措施。

政府坚持在金融危机后实施更加灵活的汇率安排，强化更加适合的汇率监察管理，同时，强调保护埃及经济、防止过度的金融变动（如受热钱流入的影响造成的金融泡沫)。政府认为，采取的临时性应对措施进行强制性干预政策是必要的。

---

① 埃及中央统计局研究报告指出，至2017年，埃及的水缺口将达到148亿立方米，水资源短缺将严重阻挠埃及的经济社会发展。

② 埃及第二阶段金融改革是2009～2011年，需全面实施 Basel Ⅱ standards。

（二）沙特阿拉伯：在经济复苏的推动下，继续实行“多元化经济”发展战略

沙特阿拉伯经济2010年将出现较明显的复苏。据国际货币基金组织的评估，尽管沙特阿拉伯比中东大多数国家受到国际金融危机的影响更大，但是，鉴于政府尽快实施了各项应对危机的紧急措施，2009年实际GDP增长率下降的幅度有所减小，从预计的负增长0.9%转变为正增长0.1%，而2010年将进一步提高到3.7%。①

2010年国际油价基本保持在每桶70~85美元的价格区间，高于2009年61美元/桶的平均价，对沙特经济恢复起到重要的支撑作用。2010年上半年沙特石油收入达到1000亿美元，比2009年同期610亿美元增加64%。预计这将使沙特迅速扭转2009年出现的历史上唯一的一次财政赤字，实现106亿美元财政盈余。同时，其外汇储备达到4450亿美元。

另据沙特阿拉伯国民商业银行预测，2010年沙特非石油经济增长率为4%，带动沙特经济整体增长率可达3.5%。其间，沙特银行贷款将增加8%。这是由于各银行在政府持续的经济刺激措施和经济迅速恢复的影响下，一改曾经持有的“惜贷”态度，能够提供足够的信贷支持。

2010年沙特阿拉伯政府仍继续实行经济刺激计划和增强本国竞争实力的各项举措，实施多元经济发展规划。

（1）继续实行宽松的财政政策。2009年12月沙特财政部公布了2010年度总额为5400亿里亚尔（约合1440美元）的财政预算。预算包含了许多新的计划和项目以及此前已确认项目的新增内容。计划总支出超过2600亿里亚尔，比2009年2250亿里亚尔增长16%。除了预算中的投资计划外，国家专项发展基金和政府发展银行将继续为工农业发展提供融资，这些融资将会提供更多就业机会，推动经济的发展。此外，沙特政府已将上述计划列入自2010年开始的第九个五年发展计划之中。②

---

① 参见IMF*World Economic Outlook* October 2009和April 2010。

② 信息来源：中国驻沙特阿拉伯使馆经济商务参赞处2010年度调研报告《沙特2009年预算执行情况和2010年预算概要》，http://sa.mofcom.gov.cn/index.shtml。

（2）2010年4月5日沙特内阁批准了第九个五年发展计划。该五年发展计划的重点放在五大方面：一是提高人民生活水平并改善生活质量；二是健全劳动力市场，开发本国人力资源，创造越来越多的就业机会；三是实现国内各个地区间经济和社会的平衡发展，向不同地区提供所需的基础设施和公共服务项目；四是继续进行并深化经济结构调整，提高非石油经济在GDP和对外经济中的比例，实现经济多元化发展目标；五是提高本国产品的国际竞争力，是沙特经济融入全球经济和全球化趋势下最为重要的事情。这需要沙特提高吸收国内外投资的能力，提高沙特产品在国内外市场竞争能力。[①]

（3）推动“多元化”经济目标的实现。沙特石油生产在保证世界市场供需平衡和稳定国际油价方面具有举足轻重的作用，曾经作为“机动石油生产国”，影响着市场石油供应。世界金融危机和经济衰退导致国际石油需求锐减，油价下跌，包括沙特阿拉伯在内的中东产油国石油产业遭受打击，石油产量和出口均下降。但从本国石油产业长期发展和实现世界石油市场稳定的角度考虑，沙特政府在近两年里并没有盲目停止石油基础设施建设的步伐，而是有针对性地调整其能源发展战略和石油生产及石油经济政策。沙特政府致力于实现经济“多元化”和能源发展“多元化”战略目标。具体措施包括以下三个方面：①为进一步增强石油产业实力，保证并提高其原油剩余产能，[②] 为应对世界石油需求长期增长趋势，沙特将在未来五年投资1700亿美元用以发展能源以及石油炼化项目。②为保护自然资源，提高石油在国家经济发展中的“附加价值”。2010年7月沙特国王阿卜杜拉发布指令，将停止在沙特境内进行新的原油勘探，旨在为后代保留原油资源和发展新型多元化经济。沙特不再仅仅将原油视为单纯的能源资源，而是作为石油化工业和新兴工业的重要原材料，提高石油资源的附加价值，优化石油资源使用效益。[③] 这种新的石油利用理念将使沙特的石油资源使用达200年。③随着国内能源消费需求逐年增加以及经济结构和产业结构调整，沙特正在

---

① 参见沙特阿拉伯经济计划部公布的第九个五年计划报告简介，Brief Report on the Ninth Development Plan（2010－2014）。

② 沙特阿拉伯的原油生产能力达到1200万桶/日，当前的剩余产能将近400万桶/日。

③ 沙特政府近年通过自有资金和吸引国际大型石油企业合资，扩建和新建了许多石油炼化厂。如与法国道达尔公司在朱拜勒合伙融资兴建的石油炼化厂将于2013年投产，日处理原油40万桶，年产对二甲苯70万吨，纯苯14万吨以及聚丙烯20万吨。

实施多元化能源发展战略。沙特政府依靠本国资金和技术力量以及联合国外合作伙伴，开发非石油天然气资源。2010 年 4 月 17 日，沙特阿拉伯发布国王令，宣布成立阿卜杜拉国王核能和可再生能源城，研究并利用相关领域的技术，满足沙特国内日益增长的电力和淡化水需要，减少国家对碳氢能源的依赖，为国家工业、农业、医疗卫生事业发展作出贡献。8 月，沙特与国际公司合作在麦加省兴建一家集发展、生产、经营太阳能发电的专业公司，建立了沙特的太阳能基地。①

（4）提高投资环境竞争力。充足的能源和自然资源、充裕的资金保证、健全的金融体系等使沙特阿拉伯具有优良的投资环境。② 为保持这种竞争优势，特别是抵御金融危机的冲击，还需进一步优化投资环境。刚刚进入 2010 年，沙特政府就采取了改善投资环境的新举措，立即成立了一个由利雅得市长牵头的专门执行委员会，负责协调各个政府部门间关系，建立“投资促进中心”并监督该中心的运营，旨在吸引更多境内外投资，为更多的私营企业参与大项目投资提供便利，以加强首都竞争力，把利雅得打造成为世界投资的热点地区。

（三）伊朗：强化能源改革、扩大对外经贸联系，应对制裁

伊朗在 2010 年的经济形势是一种谨慎的乐观状况。

国际金融和经济危机对伊朗的经济影响有限。随着世界石油需求的逐步增加，国际油价上扬，以及伊朗石油产量扩大、出口增加，2010 年伊朗经济增长率将超过 2009 年可能达到 3%。③

---

① 由于光照丰富，沙特具有发展太阳能的巨大潜力，而且沙特有足够的资金开展太阳能项目，有可能从太阳能方面获得比石油更多的收入。

② 2010 年 9 月世行发布的《全球营商环境报告》将沙特评为 183 个国家中投资环境最具竞争力的第 13 位，比 2009 年的报告排名又提升了 2 位。早在 2004 年沙特投资总局就提出了“10 × 10”发展战略，通过改善投资环境，而努力使沙特在 2010 年进入世界上投资环境最具竞争力的前 10 位国家排名（该排名是包括 10 个有关商业环境课题的平均综合得分。沙特政府将这一战略目标称为“the 10x10 mission”）。该战略实施的效绩如何有待客观事实做出验证。但政府确定的战略目标，不仅是要合理利用国内资金以及吸引外资，其最终目的是提高私营企业对国内生产力的贡献，提供更多的就业机会，全面提升服务品质（包括教育、医疗、培训、通信、保险等）。

③ 据国际货币基金组织 2010 年 4 月公布的《世界经济展望》预测。另外，《经济学家》2010 年 6 月份出版的一份报告也作出相近的预测，但 8 月份又进行了调整，预测增长率大幅下降。

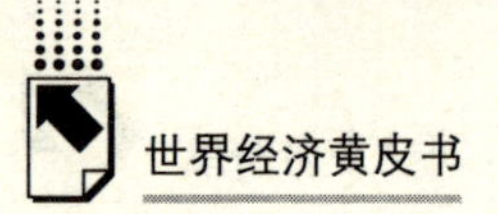

预计政府财政赤字占 GDP 的比例将从 2009 年的 2.7% 下降到 1.4%。[①] 但是，实施税收改革使伊朗税收增加。2010/2011 财年前 4 个月（2010 年 3 月 22 日至 7 月 22 日）伊朗税收收入同比增长 34%。其中，6 月份税收收入同比增长了 32%。

据伊朗官方公布数据，2010 年 1～8 月，石油出口收入达到了 690 亿美元，比上年增长了一倍多。同期伊朗出口各类石化产品 47 亿美元，同比增加 30%。伊朗石化产品销售的重点主要是亚洲市场，约占该类产品出口的 65%。但为了保障国内需求，伊朗已经停止出口 PVC、聚苯乙烯和氢氧化钠 3 种石化原料。

为继续推动农业发展，政府在新财年预算中，增加了对农业部门投资。农产品出口也有大幅增长，自 2009 年 9 月至 2010 年 7 月，农产品出口增长了 40%，达 27.2 亿美元。

伊朗的货币政策目标是降低通货膨胀率到一位数，同时，确保充足的流动性增长以支持经济恢复。这一货币政策使 2010 年的通货膨胀率有了进一步下降，从上年的 10.3% 降至 8.5%。

近年来伊朗经济形势发展的确受到国际社会对其进行制裁的影响（制裁涵盖能源、贸易、运输、银行、保险等多个领域）[②]：因制裁导致伊朗工厂需进口的原材料采购困难，工厂普遍存在原料不足，伊朗工厂开工率不到 40%。如，由于市场棉花短缺，伊朗部分大型纺织企业的库存棉花仅能维持 1 周的生产所需，致使大部分中小型纺织厂停产。

同样由于受制裁影响，因担心受制裁措施的波及，部分外国企业纷纷停止同伊朗在能源领域的各类合作，2010 年伊朗外资流入明显下降，预计从 2009 年的 30.2 亿美元，陡降至 16.9 亿美元，并且这种趋势将延续到年底。据伊朗国家石化公司报告，伊朗新建石油提炼厂投资缺少资金，虽已自筹资金 22 亿美元用于扩建石油提炼厂，但预计仍需筹集外资 60 亿～70 亿美元。为此，公司正积极地同一些外国投资公司洽谈投资建设新的石油提炼项目。

---

① 数据来源：IMF，*Country Report*，No. 10/74，March 2010，Table 1. Islamic Republic of Iran：Selected Macroeconomic Indicators，2006/07 - 2014/15。

② 2010 年 6 月 9 日，联合国安理会就伊朗核问题通过第 1929 号决议，决定对伊朗实行自 2006 年以来的第四轮制裁。7 月 26 日欧盟通过了主要针对伊朗能源领域的单方面制裁，以敦促伊朗就其核计划重启谈判。

2010年，为巩固已取得的经济成绩，解决目前存在的经济问题，消除国际金融危机造成的负面影响，以及应对国际上的经济制裁，伊朗政府确定了中期宏观经济目标，主要任务是支持非石油部门的增长，进一步降低通货膨胀率，并减少财政对石油的依赖。作为伊朗改革行动的一部分，伊朗议会通过了2010/2011财政预算，进行能源机构改革和强化银行系统，旨在改变扭曲的经济状况，确保银行系统继续对经济增长的支持，提高经济效率和改进中期财政形势。为此，伊朗政府采取了一系列相关的政策和措施。

1. 财政、货币政策的调整

伊朗政府进一步实行宽松的财政政策，扩大实施增值税和其他税收政策，改革和完善执行税收管理措施，特别是进行财政改革，减少并逐步取消燃料和非燃料补贴。

货币政策实施的主要目标是将通货膨胀率降低到一位数，同时，确保充足的流动性增长以支持经济恢复，限制商业银行从央行获得的贷款额度，改革银行体系监管和监管机制。

此外，伊朗政府将放松外资管制，争取获得更多的外国投资。

2. 能源结构改革

伊朗国内汽油需求持续增长，2009年实施的汽油价格调整并未有效降低国内汽油需求。目前伊朗正在加大炼油能力，需要约460亿美元的投资才能进行优化改造和更新，使目前的汽油日产量在4500万公升的基础上再增加2500万公升。据报道，伊朗计划另外投资63亿美元，改造现有的炼油厂。按照目前的发展速度，伊朗有望于2015年成为汽油出口国。

伊朗传统的经济政策建立在以获取大量低油价能源支持国家经济的发展理念和模式基础上。国内低油价导致能源使用过度和浪费，同时，低廉的能源价格造成工业的能源依赖增加和能源使用低效率。因此，伊朗政府认为，必须进行一系列的财政改革和政策调整，才能从根本上解决这一经济痼疾。

财政改革的项目之一就是削减和逐步取消各类基本生活用商品及服务的补贴①，亦即实行提价。政府将在5年内完成对食品和能源的补贴削减计划。在开

① 将减少和逐步取消补贴的商品和服务包括汽油、柴油、天然气、液化天然气、压缩天然气、电、水、小麦、面粉、大米、奶、糖、食用油，以及航空、铁路和邮政等公共服务项目。

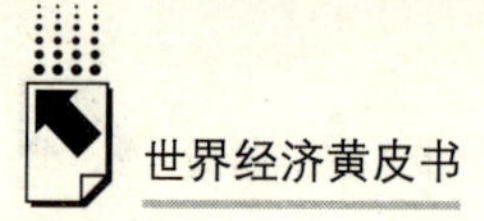

始实施削减补贴计划的前2个月将现金直接打入应享受补贴的个人账户里，以补偿他们因削减补贴而造成的困难。从2010年4月5日起，德黑兰的公共交通费（包括出租车、公交车及客运小巴）分别提价10%至15%。随后，其他的商品和服务价格改革也相继启动。

从2010/2011财年开始实行能源价格改革。预计前三年的改革非常重要。根据事先设定的步骤，由于国内能源价格上涨，消费价格将迅速上涨。但是随着政府采取适当的财政、货币和汇率政策，通货膨胀率则将逐步下降。国内能源价格调整到与国际接轨的水平，将改变伊朗经济中的价格扭曲状况，进而提高能效和改进资源配置。改革将改善财政形势，增加政府和国内能源生产者销售国内燃料产品收入，并将增加能源部门投资，提高生产能力。改革的结果是使非石油部门未来的中期经济增长率每年达到6.5%~7.5%的水平。

3. 加强对外经济合作

为了抵制西方国家的经济制裁，2010年伊朗加大了对外经济合作的力度，特别是与中东国家和其他转轨国家、新兴发展中国家在各领域的合作。这些合作包括：（1）为促进与巴林合作和提高贸易量，两国设立了技术委员会，强调加强两国油气部门技术合作重要性，计划推动贸易额增至每年50亿美元。（2）持续和广泛地加强与波斯湾阿拉伯国家能源领域合作。伊朗国家天然气公司同阿联酋、科威特、阿曼商谈向上述国家出口天然气事宜。（3）在2009年伊朗与波兰双边贸易额5100万美元基础上，波兰将加强与伊朗在高科技工业和技术及工程服务领域的合作关系，扩大包括水泥、桥梁、公路和电站建设及农业领域的合作。（4）伊朗和巴西将拓展双方在工业、能源、农业、住宅和技术领域的外贸合作，并设立联委会，进一步加强两国经贸关系。（5）伊朗愿意为津巴布韦的产品在出口到中亚和阿拉伯地区时提供储存和转运服务，愿加强与津巴布韦的贸易合作。（6）2010/2011财年前4个月伊朗与欧盟的进出口贸易额达73亿欧元，同比增长42%。（7）伊朗和俄罗斯签署长期能源合作协议，未来30年内，两国将加强运输、天然气销售和串换、石油和石化产品销售等合作。并将设立联合银行为伊朗的有关项目提供融资。

四 2011年中东经济继续向好

2011年的中东经济仍旧依赖于全球经济复苏。预计中东整体经济增长率将

达4.8%，基本上与2010年增速相同。可以说是中东国家继续保持其经济社会稳定发展的又一年。中东各国因经济结构差异以及经济、金融的对外开放度不同，2011年经济恢复和经济增长的速度有差距。实行本国经济调整改革的措施各有侧重。

由于2011年全球经济恢复的景况不如人们期望的明朗，造成世界石油需求增长缓慢。根据国际能源机构9月份发布的《石油市场报告》（*Oil Market Report*）预测，世界经济恢复缓慢、经合组织国家维持高水平石油库存①，2011年世界石油需求8789万桶/日，年增长率为1.5%②，因此，这些因素对国际油价继续上涨构成压力。同时，2011年世界石油需求有限增加的趋势，将会对欧佩克中东成员国的石油产量和出口有所抑制，但不会对中东产油国经济增长和出口收入构成严重威胁。

国际油价在2010年出现了较为平稳的上涨态势。欧佩克平均油价为75美元左右，这是中东产油国能够接受的价格水平。如若按照目前的市场供需变化趋势，2011年的国际油价仍可以保持现行的波动态势。这将保障中东国家国际收支、经常项目收入、外汇储备持续增加。③ 对中东国家来说，这就是一个继续恢复经济增长和实现稳步发展的有利外部条件。

同时，中东国家将利用和争取更多的时间和机会，制订并推动实施其未来经济发展战略规划，进行经济结构性调整，减缓和消除国际金融危机和经济衰退造成的创伤，建立良好的投资环境，强化地区内、外部的经贸和金融合作。

参考文献

国际货币基金组织，*World Economic Outlook*（*WEO*），April 2010。

---

① 国际能源机构的数据显示，主要经合组织国家的石油库存已经连续几个月保持在接近1998年8月以来的最高水平，工业库存和国家掌控的库存总量在43亿桶左右，可满足90多天的需求。

② 2010年世界石油需求增长率是2.2%。

③ 预计2011年，中东经常项目收入盈余1740亿美元，同比增长46.1%；经常项目占GDP比率为7.0%，比2010年提高了1.8个百分点；外汇储备11246亿美元，同比增长6.7%。数据来源于国际货币基金组织《世界经济展望》，2010年4月。

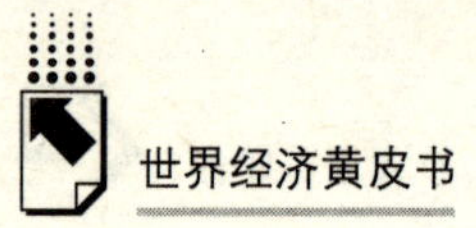

欧佩克：*Monthly Oil Market Report*，2010 年，第 1 ~ 9 期。

国际能源机构：*Oil Market Report*，2010 年，第 1 ~ 9 期。

国际货币基金组织：*Arab Republic of Egypt*：*2010 Article IV Consultation*，April 2010。

国际货币基金组织：*Islamic Republic of Iran*：*2009 Article IV Consultation*，March 2010。

沙特阿拉伯经济计划部：*Brief Report on the Ninth Development Plan*（*2010 - 2014*）。

Middle East Economy: Step to Recovery

Liu Ming

Abstract: Supported by current account surplus, the Middle East economy started to recover in 2010. Inflation was reduced to single digit levels and external finance was improved. However, the possible turbulence in the world economy still exists. Many countries in the region continue their stimulus policies. In 2011, Middle East economy will achieve a smooth growth if the recovery of the global economy can sustain and no more external shocks occur.

Key Words: Middle East Economy; Eiversified Economy; Petroleum

Y.9

亚太经济：复苏态势巩固

徐奇渊*

摘　要： 在全球性金融危机爆发后的一年多时间里，亚太各经济体逐渐走出了衰退的阴影，出口呈现强劲反弹，经济增长迅速转暖，该区域经济也暂时显示出了与欧美经济脱钩的迹象。但与此同时，个别经济体出现了过热苗头，通胀率高企；在吸引国外直接投资方面各经济也表现各异。区内经济在稳步复苏的同时，出现了局部分化的现象。本文对2011年亚太地区各经济体的表现预评估如下：中国、印度、新加坡、越南、澳大利亚将有望延续强势增长；日本、韩国、新西兰、马来西亚、菲律宾复苏势头较为乏力；泰国、印尼、老挝、缅甸、柬埔寨等经济体则存在较大的不确定性。

关键词： 亚太　复苏　脱钩　分化

一直以来，亚太各国经济严重依赖于出口和外国直接投资。在短期中，这种经济结构在外部冲击面前将表现出显著的脆弱性；不过在外部冲击和内部政策调整的共同作用之下，这种经济结构在近两年已经向着脱钩的方向发生了改变。在2008年秋，美国的次贷危机演变为全球性的金融危机，亚太各国的出口需求受到重创，外国直接投资也大幅下降，该地区的经济增长一度遭受了严峻挑战。从2009年下半年开始，随着各国刺激政策逐渐奏效，以及国际经济、金融形势的渐趋好转，亚太经济呈现显著回稳的态势。及至2010年，这种复苏态势得到了进一步地确立，亚太经济甚至还与低落的欧美经济呈现一定程度的脱钩迹象。

在2011年，尽管日本经济维持疲弱态势的可能性较大，但亚太经济仍将不乏亮点：除了中国和印度两块“金砖”将延续光彩之外，新加坡和越南等经济

---

* 徐奇渊，中国社会科学院世界经济与政治研究所助理研究员，研究领域为国际金融。

体的增长也将保持强势。在这些增长亮点的带动下，2011 年的亚太经济将进一步恢复活力；但由于外需因素难以在中短期内有根本性的好转，因此亚太地区的经济增速也难以恢复到危机前的水平。从中长期来看，亚太经济的风险因素存在于以下几个方面：新西兰、印度、印度尼西亚等国将面临日益严重的债务问题；韩国和马来西亚对外资的吸引力逐步下滑；印支半岛国家存在不同程度的社会不稳定因素；亚太地区的经济还普遍面临收入分配恶化、人口老龄化日益严重等长期社会问题。

一 2009 年至 2010 年上半年基本情况

在经历了全球金融危机的冲击之后，亚太地区经济的主题是复苏和结构调整。在应对危机的初期，由于对外部需求过快下滑产生的担忧，区内各经济体均在财政、货币方面采用了宽松政策取向。在危机过后的一年多时间里，各经济体逐渐走出了衰退的阴影，出口出现了强劲反弹，经济增长迅速转暖，该区域经济也暂时显示出了与欧美经济脱钩的迹象。但与此同时，个别经济体出现了过热苗头，通胀率高企；而在吸引国外直接投资方面各经济也表现各异。区内经济在稳步复苏的同时，出现了局部分化的现象。

（一）经济增长复苏态势确立

复苏态势基本确立。从图 1 中可以看到，亚太经济在危机之前维持了多年高速稳定增长。国际金融危机的冲击，通过外需下降、外国直接投资减少两个渠道直接对亚太地区的实体经济产生了影响。结果导致了该地区从 2008 年下半年到 2009 年初出现了经济增长的失速。与此同时，各国纷纷出台经济刺激政策，伴随着国际经济形势的好转以及国内刺激政策的滞后效果，亚太地区经济从 2009 年下半年开始出现复苏，并且这种复苏态势一直维持到了现在。

以印度为代表的南亚地区表现出较强的稳定性。在这场外部冲击的危机当中，以印度为代表的南亚地区得益于较低的外贸依存度，因此在亚太地区表现出最强的稳定性。如图 1 所示，在 2007 年南亚地区和东亚地区的年度经济增长率非常接近，都在 8.5% 上下；但此后的两年中，东亚地区的经济增长率出现了大

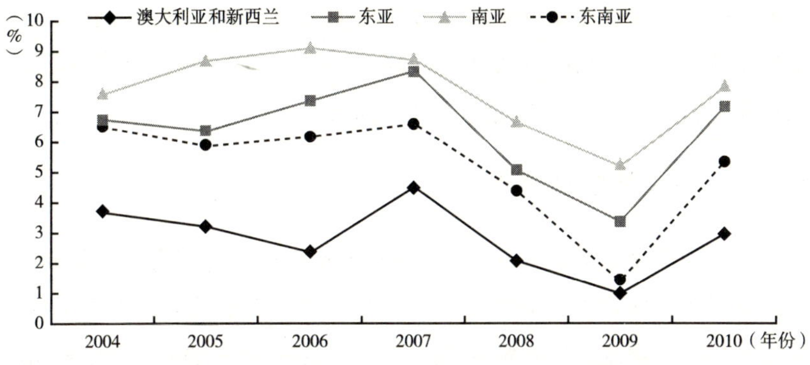

图1　亚太地区的整体经济复苏态势基本确立

资料来源：IMF，IFS online 2010。其中，2010 年为预测值，其他年份为真实值。

幅下滑，一度降至2009 年的3.4%，东南亚则出现了更大的经济波动，而与此同时，南亚地区仍然保持了5.2%的年增长率。

中国、印度经济的强势对亚太经济企稳起到了重要作用。2008 年底以来，中国的4 万亿财政刺激计划以及9.5 万亿巨额信贷的投放，带来了经济的强劲反弹，以及进口的迅速上升。中国对亚太地区有巨大的进口需求，因此在区内贸易主要表现为逆差。在2009 年，中国对韩国、日本、泰国、马来西亚、菲律宾这五个国家的贸易逆差合计达1092 亿美元。其中，韩国有20%以上的出口面向中国，中国同时也是日本的第一大贸易伙伴，东盟、澳大利亚也均以中国为重要的出口市场。另一方面，印度实施了减税、补贴等措施，并且开始大力投入基础设施建设，2009 年印度对基础设施的贷款已经是2000 年的13.5 倍，基础设施占银行工业贷款的比重也从1/8 上升到了1/3 强。这在推动该国经济增长的同时，大大拉动了进口需求。根据IMF 的预测，印度在2010 年的进口增速将达到20%，其贸易赤字将创1200 亿美元的新高。

新加坡是意外的亮点。新加坡在2010 年第二季度录得了18.8%的经济增长率，上半年增长率高达18.1%，成为全球经济增长最快的经济体。这一增长速度，远远超过了IMF 和ADB 此前的预测数据。新加坡经济的意外强势增长，主要是由于：其一，2010 年中国—东盟自由贸易区正式启动，新加坡对中国的双边贸易大幅上升34.7%。新加坡对外出口主要以制造业为主，在2010 年第二季度的增长当中，制造业对经济增长的贡献高达56%。其二，新加坡政府放松了几十年来的赌博禁令，并在2010年初引入了两家集旅馆、购物、餐饮、博彩为一体的娱乐场，半年不到的时间已经吸引了300万人次游客。有市场分析认为，新加坡博彩业将在2012年超过赌城拉斯维加斯。

（二）通货膨胀出现分化

当前亚太地区通货膨胀压力主要出现在南亚地区以及东南亚的部分经济体。其中，印度经济在强劲内需的推动下，2010年通胀率已经突破了两位数；现在印度居民人均收入增速已居亚洲地区首位，因此这种通胀趋势将在中短期内得以维持。更重要的是，印度央行目前虽然采取了多次加息的政策来控制物价水平，但其政策的首要出发点仍是保证经济增长，政策在物价稳定和经济增长的偏好方面仍然倾向于后者，因此其对通胀预期的真正抑制效果将相对有限。在越南，外部需求冲击除了导致总需求下降外，还加重了国际收支失衡。为此，越南采取了货币数量扩张和低利率政策来刺激内需，并试图压低名义汇率水平来改善国际收支状况。由于实际汇率是无法控制的，结果导致目前越南国内物价水平的快速上升趋势。目前，越南政府正尝试对货币政策进行紧缩，以及直接对物价水平进行干预。但2010年通胀率超过8%已经基本没有悬念，甚至逼近10%也存在可能。此外，其他经济体的通胀率基本在可控的范围内；而日本的物价水平则和经济增长水平一样仍处于低迷状态之中。

（三）出口复苏并且有脱钩迹象

为了描述亚太地区的出口反弹，图2给出了三个典型经济体的出口同比增速数据。从图2中可见，在2009年初，日本出口一度出现了同比40%的大幅下降，泰国和澳大利亚的出口状况也有不同程度的恶化。自2009年第四季度开始，出口形势有明显的好转。但这种好转不排除是一种短期现象，因为本轮出口反弹在统计口径上与翘尾因素有关；其次，在危机之后由于消费需求不振，国外厂商纷纷做去库存化的选择，本轮出口势头回暖有可能只是国外厂商的再库存化。总之，出口复苏是否具有长期性，仍然有待观察。

不过在近几年，尤其是2008年以来，外部需求对亚太经济体的推动作用已经出现了明显的下降。从单个国家来看，以中国为例的图3显示：2006年以来，出口在中国GDP中的比重，已经由36.4%下降到了24.4%；尤其是2008~2009

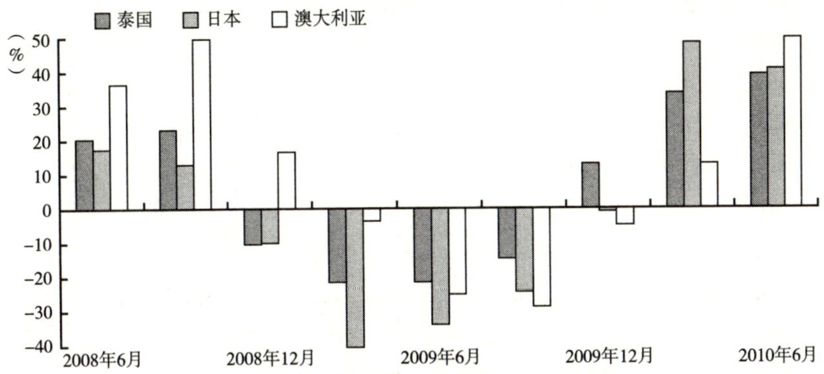

图2　亚太地区典型经济体的出口复苏

资料来源：IMF，BOP online 2010。图中的出口增速为同比口径。

年，这个比例已经由33%降至24.4%。而中国对美国、欧元区的出口在总出口中的比重，在近几年均出现了下降趋势。这种情况在亚太地区的经济体当中具有一定的代表性。进一步从整个亚太区域的范围进行分析，图4显示，亚太地区的出口贸易更多地依赖于地区内贸易，而对区外贸易的依赖程度有明显下降。这意味着，中国、印度经济的强劲增长，对亚太区域的出口复苏起到了重要的作用。

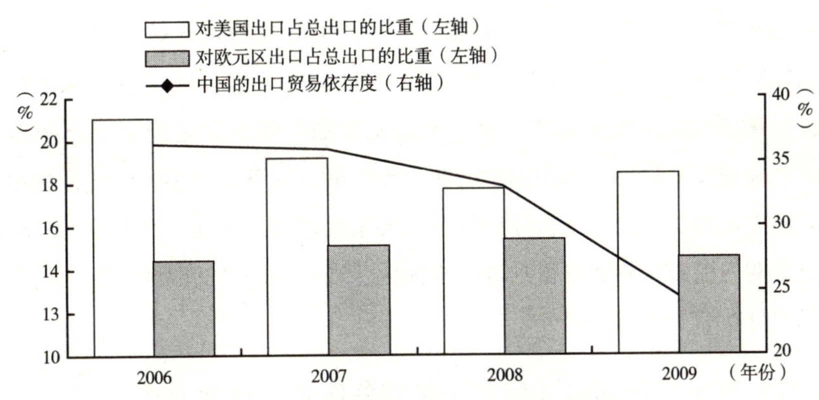

图3　近几年中国出口贸易的变化趋势

资料来源：根据IMF，IFS，DOT 2010计算得到。

2008年，亚太“10+3+3”经济体对自身的出口比重已经比2000年提高了近4个百分点而在2009年这个比重再次提高了2个百分点。从整个亚太地区范

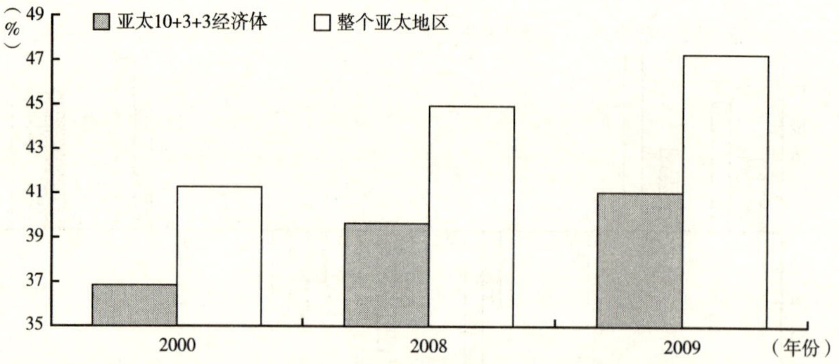

图4　亚太经济体出口市场的区内比重

资料来源：IMF，DOT online 2010。其中，亚太“10 +3 +3”包括：东盟10国，中国、日本、韩国，以及印度、澳大利亚、新西兰这16个经济体。整个亚太地区则包括中亚地区（阿富汗，阿塞拜疆等），南亚地区（不丹、孟加拉、印度等），东南亚地区10国，太平洋诸岛国，中国内地、日本、韩国，以及中国香港、中国台湾、中国澳门等经济体。

围来看，出口对区外的依赖程度也有逐渐下降。根据IMF国际金融统计数据（IFS）进行计算，亚太“10 + 3 + 3”经济体对出口贸易依存度在2008年为28.3%，2009年这一比重已经降至22.5%。可见，亚太经济不但对外部需求的依赖程度有明显下降，而且外部需求当中的地区内需求也更为重要了。

中国和印度经济将会发生持续性的改变：中国经济正在进行严厉的结构调整；而印度也在2007年初到2012年初的“十一五计划”中，安排了5140亿美元来进行基础设施建设，在之后的“十二五计划”中，更是设定了万亿美元投向基础设施建设的目标。在两国财政能力允许的条件下，中国和印度将在相当长一段时间内成为本地区甚至世界经济增长的重要动力。因此，亚太地区的出口复苏以及中期内的脱钩趋势将得到进一步强化。当然，印度的财政风险已经多有提及，我们将在后文进行专门分析。

（四）亚太经济体对外国直接投资的吸引力出现分化

如图5所示，以中国、越南、马来西亚为代表的亚太经济体，对外国直接投资的吸引力在发生着悄然的改变。从图5中可以看到，中国吸引外国直接投资的绝对数量，在次贷危机的冲击下仍然保持在稳定水平，并于2010年初开始呈现强劲反弹。印度的情况与中国相似，不过波动略大于中国。越南吸引的外资，由于在2008年自身经济发生问题以及次贷危机的冲击，出现了大起大落，之后又表现为稳中有升。

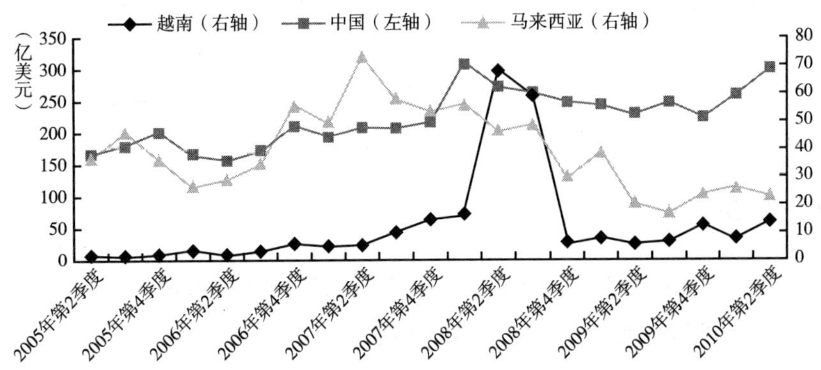

图5　亚太经济体对外国直接投资的吸引力出现分化

资料来源：IMF，BOP online 2010，以及各国官方统计机构。对原始序列进行X-11季节调整后，得到上述结果。

而马来西亚吸引外资的数量，自2007年以来，几乎表现为单调下降的趋势。这是由于一直以来马来西亚对国外投资者有诸多限制，例如“照顾原住民利益”的原则规定：马来人必须掌握全部工商企业30%的股份，外资不能拥有100%的股权。近年来，这方面的政策虽然有所放宽，但仍然对金融、基础电信、直销业、法律服务等行业保留了限制。更重要的是，由于国内政治不稳，外资方面的政策规定是否具有持久、稳定的效力也受到质疑，因此外国投资者难以放心进入。近年来，韩国对外资的吸引力也有所减弱。一方面，由于中国、东盟等国家拥有更为低成本的生产环境，因此更受到外资的青睐；另一方面，由于朝核问题、天安舰事件等的影响，使欧美投资者对投资韩国更趋谨慎。

二　主要国家和地区的经济走势

一直以来，亚太经济体的特点是高度依赖于外部需求和外国直接投资。在短期当中，这种经济结构在外部冲击面前将表现出显著的脆弱性；不过在外部冲击和内部政策调整的共同作用之下，这种经济结构在近两年已经向着脱钩的方向发生了改变。但是，这种脱钩是否成为一种趋势，还取决于亚太经济体，尤其是中国、印度等国经济结构调整政策的长期有效性。例如，一次性的政府采购或者对消费者的补贴，虽然能够在短期内扩大内需，并使经济显示出与欧美经济脱钩的迹象；但这至多是为经济结构调整赢得了时间，而其本身并不能成为一种长期发展趋势。因此，从目前的情况来看，亚太经济能否平稳发展，其短期风险将主要来自外围国际经济形势的不确定性和地区内部经济结构矛盾是否激化。此外，亚太经济的平衡发展还将有赖于中长期的结构调整措施。

（一）印度

金融危机之前，印度从 2005 年开始连续三年的经济增速保持在 9% 以上；之后在金融危机的重创下，2008 年印度经济增长率一度跌至 6% 以下。通过印度政府财政刺激方案的努力，印度经济在 2009 年实现了 7.6% 的增速；而且，在 2010 年前两个季度，印度经济分别实现了 8.6% 和 8.8% 的高速增长。在刺激政策的作用下，印度经济虽然实现了强劲复苏，但同时也直接面临两个方面的挑战：通货膨胀问题和日益严重的公共债务。

印度在 2010 年上半年的通胀率超过 13%，而这方面的压力自 7 月份以来虽然有所缓和，但通胀率仍然维持在两位数状态。如前文所述，印度央行的货币政策偏好经济增长的程度更甚于抑制通胀，因此这方面的压力虽然由于季节性因素出现了缓和，但在中短期仍然是一个需要密切关注的问题。此外，印度还面临着日益严重的债务问题。首先，印度中央政府的债务余额已经占到 GDP 的 60% 左右，加上地方政府的债务则高达 80%，每年仅存量债务的利息支付就占到了政府收入的 27%。而且，目前印度政府为了实现基础设施建设的目标而进行更大的融资，包括发行更多的国债以及吸引更多的外资。印度的债务负担是否可持续，关系到印度经济中期发展的可持续性。不过，由于以下三方面的原因，印度财政状况仍然是比较安全的：第一，一国债务余额并不是最严重的问题，例如日本的公共债务超过 GDP 200%，但其财政状况仍然是可持续的。可见，债务中的内债外债、长期短期等结构因素才是更加需要关注的。反观印度，根据世界银行的数据，目前其外债占国民收入的比重约为 17% 左右，其中短期外债占总外债的不到 10%，同时仅占外汇储备的 7% 左右。可见，印度仍存在较大对外偿付能力。第二，目前印度正在经历着两位数的通货膨胀，而且这种局面还将在中期得以维持。通货膨胀带来的将是政府对内债务的贬值，政府将获得可观的通货膨胀

税；而且，未来的经济增长将有效地降低债务/GDP 比例，从而增强政府的偿还能力。第三，印度政府正在考虑大规模出售国有资产来为基础设施建设融资。仅在 2011 财年就将通过该渠道融资 86 亿美元。显然，这也将有利于避免财政赤字的过快增加。可见，考虑到印度经济的增长潜力，以及政府对基础设施投资的边际收益，印度的财政状况是相对比较安全的。

（二）韩国

2004～2007 年，韩国经济增速维持在 3.9%～5.2% 的区间，2008 年下半年的金融危机使得韩国经济增速下降到 2.4%，并在 2009 年几乎陷入零增长。接下来，从 2009 年第三季度到 2010 年第二季度，韩国经济实现了连续四个季度的正增长，并且在 2010 年前两个季度分别实现了 8.1% 和 7.1% 的高速增长。与此同时，除了个别商品价格大幅波动之外，韩国的通胀率一直维持在 3% 以下。这种强势复苏的势头位居 OECD 成员国榜首。从经济增速的贡献因素来看，韩国的出口和内需（尤其是投资）全面好转。进一步从出口方向来看，作为韩国最大的贸易伙伴，中国的进口需求就占到了韩国总出口的 1/4 以上；因此，如本文第一部分所分析，韩国经济的复苏在很大程度上得益于中国等经济体对区内经济的稳定作用。

由于基期效应的作用，韩国在 2010 年下半年的经济增速会出现一定程度的回落，但仍将保持相当稳健的增长。不过关于韩国经济的并不只有好消息，近年来韩国对外资的吸引力已经有所减弱。这归因于两个方面：其一是由于中国、东盟等国家拥有更为低成本的生产环境，因此更受到外资青睐并对韩国产生了挤出效应；另一方面，由于一直以来的朝核问题，以及 2010 年天安舰事件等的影响，使欧美投资者对韩投资更为谨慎。朝鲜半岛的政局变数仍将是韩国经济面临最大的不确定因素。

（三）东盟

在金融危机的冲击下，东盟经济出现了分化；而后在复苏进程中又恢复了步调的一致。2009 年东盟总体经济增速为 1.5%，其中：老挝、越南、缅甸、印尼的经济增速均接近、甚至超过 5% 的水平；与此同时，泰国、柬埔寨、马来西亚、新加坡、文莱等经济体陷入负增长；其他经济体的增长状况则介于两者之间。根据IMF的《世界经济展望》（WEO，2010），2010年东盟总体经济增长速度将有望达到7.3%，其中，除了文莱之外，其他所有国家的经济增速都将接近或超过5%，而新加坡的经济则将出现两位数的强劲增长。东盟经济在金融危机后的强劲复苏，也同本地区的经济密切相联。自2010年1月1日中国—东盟自由贸易区正式启动以来，中国已经成为东盟最大的贸易伙伴。仅2010年前三季度，中国与东盟进出口总值已经达到2113.1亿美元，比上年同期增长43.7%。尤其是在中国扩大内需、产业结构升级政策的推动下，东盟经济将获得更多的增长机遇。

从短期来看，东盟经济的主要风险在于局部经济体的债务问题日益严重和某些经济体在政治稳定和社会安全方面仍存不确定性。其中，印度尼西亚面临的债务问题是比较严重的。印尼的短期外债占到外汇储备的80%左右，而且短期外债占到全部外债的1/4左右。在2009年，印尼的贸易顺差为352亿美元，但是同年经常项目顺差仅为106亿美元，其差额主要是用于支付经常项目下的收益项（incomes）了。目前印尼的对外债务结构和短期债务结构，虽然好于1997年东南亚金融危机时期的表现，但也具有潜在的恶化风险。一旦出口需求下滑，或者国际资本抽逃，抑或国内政局不稳，都会使印尼的债务结构出现进一步的恶化。尽管新西兰的公共债务状况基本处于安全状态，但是由于居民储蓄水平偏低，家庭债务偏高，相当于家庭收入的155%。这个比例甚至远远高于美国家庭的负债比率；而且严重依赖外债，对外负债占GDP比例高达90%。此外，在政治局势和社会安全方面，菲律宾、印度尼西亚，以及印支半岛的泰国、老挝、缅甸、柬埔寨等经济体在社会、政治方面存在不稳定因素。例如泰国仅在2008年一年当中就四次更换总理，而2010年初的政治动荡影响面则更是波及了泰国的旅游和投资。菲律宾的反政府武装，以及不时发生的治安混乱事件，例如2010年香港游客被绑架事件，也都影响到了旅游业以及当地经济的增长。老挝、缅甸、柬埔寨等国的经济政策，则缺乏统一性和连续性，在很大程度上影响了外国投资者的热情。这些都对当地经济的长期发展构成了负面影响，并且在矛盾激化的情况下还有可能使经济面临停滞。

（四）澳大利亚

澳大利亚的对外经济有两个特点，其一，出口方向主要集中在亚太地区，其

中向日本、韩国、中国内地和台湾地区的出口占到总体70%的以上；其二，从出口商品类别来看，主要为国际大宗商品，其中出口煤、铁矿石等各类矿产品占到一半以上，而农产品则占到二成，二者相加同样超过70%。铁矿石是澳大利亚最具代表性的出口产品，根据澳大利亚统计局的数据，在2009年，铁矿石出口达343亿澳元，占其总出口的1/3强；其中，出口到日本、韩国、中国内地以及台湾地区的铁矿石数量占到了90%以上，而出口到中国的份额占到70%以上。因此，澳大利亚的外部需求变动，与亚太地区主要经济体的走势密切相关，同时与国际大宗商品的价格走势密切相关。2007年国际大宗商品价格高企，澳大利亚的经济增速达4.7%，大大超过平均3%左右的年增长率。受金融危机的冲击，澳大利亚经济在2008年下滑至2.4%，并在2009年达到1.3%的谷底。不过，澳大利亚的情况仍然好于陷入困境的欧美经济。由于宽松财政、货币政策的刺激，以及中国等亚太经济体强劲进口需求的支撑，澳大利亚经济率先于其他发达国家出现强劲反弹。这使得澳央行有条件在2009年9月首先表态加息。在2010年，澳经济依然表现出稳健的增长态势。澳官方和IMF均对2010年经济增长率做出了3%或以上水平的预估。在干预、刺激经济的过程中，澳大利亚也出现了日益增长的财政赤字。但是，根据澳大利亚财政部的预测，由于长期以来财政状况良好，澳公共债务占GDP比例低于6%，大大低于欧美90%的平均水平。因此，澳大利亚在公共债务方面没有实质性的压力，尚有较大的政策回旋余地。

从中长期来看，亚太地区的经济还普遍面临人口老龄化日益严重的社会问题。日本、韩国、澳大利亚、中国等经济体的人口老龄化问题都已经或即将成为一个问题。不过，澳大利亚已经通过移民来对人口结构的失调进行补充；韩国也可能通过提高妇女的劳动参与率来对人口老龄化压力进行缓冲；而日本的老龄化问题则是一个长期以来历任政府都难以解决的棘手问题。中国所面临的未富先老问题也将越来越成为一个现实考验。另一方面，印度和越南则在人口结构上具有一定的优势。越南人口中，有近50%的人口年龄在30岁以下；而印度的人口年龄结构则更为年轻。

三　2011年经济形势展望

2011年，在欧美经济缓慢复苏情况下，亚太经济将进一步巩固已有的复苏态势。在中国、印度两个“金砖”的闪耀之下，新加坡和越南等经济体也将继续给市场带来惊喜。澳大利亚、老挝、印尼等依赖于资源输出的国家，将与地区内的其他经济体一起分享经济成长；日本、韩国、东盟国家也都将受益于中国、印度经济增长带来的区内出口需求稳步上升；印度的债务问题在中短期内仍然是安全的，印尼、新西兰的债务问题则仍然有待观察。在2011年，经济结构调整仍然是亚太各经济体的主要任务；而区内各经济体整体健康状况良好的财政体系，将为区内的经济结构调整赢得宝贵的时间。

基于前述分析，我们对区内各经济体在2011年的表现做如下评估：中国、印度、新加坡、越南、澳大利亚将有望延续强势增长；日本、韩国、新西兰、马来西亚、菲律宾复苏势头较为乏力；而泰国、印尼、老挝、缅甸、柬埔寨等经济体则存在较大的不确定性。

参考文献

IMF, IFS online, 2010.

IMF, BOP online, 2010.

IMF, DOT online, 2010.

World Bank, WDI online, 2010.

ADB, Asian Development Outlook 2010: Macroeconomic Management Beyond the Crisis, http://www.adb.org/documents/books/ado/2010/default.asp, Publication Date: April 2010.

Asia and Pacific Area: A Stable Recovery in 2011

Xu Qiyuan

Abstract: The economy of Asia and Pacific Area has gone out of the shadow of recession only one year after the breakout of global financial crisis. The export demand has rebounded strongly, and the economy has quickly warmed up. It seems the economy of Asia and Pacific Area has decoupled from the United States and Europe.

However, some economies in this area turn out to be overheated with high inflation. They also vary in their performance of attracting FDI. As a result, the whole area has achieved overall smooth recovery at different growth rates. In this report, we make the following estimation for each economy in this area in 2011: China, India, Singapore, Vietnam and Australia will keep their strong growth momentum; Japan, South Korea, New Zealand, Malaysia and the Philippines will grow in a weak way; We are expected to see many uncertainties in the growth of Thailand, Indonesia, Laos, Myanmar and Cambodia.

Key Words: Asia and Pacific Area; Recovery; Decoupling; Differentiation

专 题 篇

Special Reports

Y.10

国际贸易形势回顾与展望

倪月菊*

摘　要： 由于发达国家和发展中国家经济全面复苏，2010 年世界商品贸易出现恢复性增长，且增长迅速。预计 2010 年国际贸易实际增长率有望达到 13.5%，为 1950 年以来的最高增速。当然，这种快速增长与 2009 年国际贸易骤降 12.2% 密切相关。在 2010 年高增长的基础上，预计 2011 年的贸易增速会有所回落。

关键词： 国际贸易　自由贸易协定　环境产品贸易　自然资源贸易

在全球经济复苏、国际市场需求增长、大宗商品价格企稳等利好的带动下，2010 年上半年世界各主要贸易体的外贸均呈现快速复苏态势，特别是金砖四国

---

* 倪月菊，博士，中国社会科学院世界经济与政治研究所副研究员，主要研究国际贸易发展趋势、国际贸易政策和服务贸易。

的贸易增速均超过 30%。预计 2010 年全年国际贸易的实际增长率有望达到 13.5%，名义增长率超过 20%。

一 2009 年国际贸易形势回顾[①]

受全球金融危机的影响，2009 年世界经济出现了“二战”后首次负增长，世界贸易也呈现 70 年来最大跌幅。据 WTO 统计，2009 年全球实际贸易增长率由 2008 年的 2.1% 大幅下滑至 2009 年的 -12.2%。自 1965 年以来世界贸易曾出现三次负增长（2001 年 -0.2%、1982 年 -2.0% 和 1975 年 -7%），但均未超过此次跌幅。

2009 年以美元计价的商品贸易额减少至 12.15 万亿美元，名义增长率较上年下降 23%（参见表 1）。原油和初级产品价格的大幅度下跌是导致 2009 年的世界商品贸易额大幅减少的重要因素。

表 1 2005~2009 年世界贸易增长状况

单位：万亿美元，%

	贸易额	年增长率				
	2009 年		2005~2009 年	2007 年	2008 年	2009 年
商品贸易	12.15	名义增长率	4	16	15	-23
		实际增长率	2	6.4	2.1	-12.2
		价格增长率	3.5	8.4	10.7	-10.6
服务贸易	3.31	名义增长率	7	20	12	-13

资料来源：世界贸易组织《2010 年世界贸易报告》，2010 年 7 月 23 日。
日本贸易振兴会《2010 年版 JETRO 贸易投资白皮书》，2010 年 8 月 24 日。

无论从名义还是实际增长看，2009 年的贸易下跌幅度均高于笔者上年对国际贸易增长的预测（名义 18%；实际 -10%），说明金融危机对世界贸易的打击程度比我们预想的还要深。

归纳起来，2009 年的国际贸易有以下一些特点。

① 本部分资料主要来源于 2010 年 7 月 23 日 WTO 公布的《2010 年世界贸易报告》，2010 年 8 月 24 日日本贸易振兴会出版的《2010 年版 JETRO 贸易投资白皮书》。

第一，国际贸易额连续12个月同比大幅下滑，发展中国家跌幅尤甚。从月度贸易额上看，2009年连续12个月较上年同比呈大幅下滑态势。国际市场需求低迷导致世界各国对进口需求减少；2008年高企的商品价格急速回落是导致贸易额持续下跌的重要因素。从表1可以看出，2008年商品价格上涨了10.7%，2009年却下跌了10.6%。

作为世界贸易增长主力军的发展中国家，由于受到发达国家进口需求减少以及商品价格下跌的影响，贸易下跌幅度高于发达国家。据统计，2009年发达国家的出口额较上年下降21.6%，而发展中国家的出口额下降25.2%。

第二，汽车、办公及电子设备、工业机械以及钢铁等的出口跌幅显著。次贷危机使人们手中的财富大幅缩水，因而减少了对汽车等耐用品的消费，2009年全球汽车贸易下跌了32%（见表2）。

表2　2008Q1～2009Q4世界主要商品的贸易增长状况

单位：%

	2008Q1	2008Q2	2008Q3	2008Q4	2009Q1	2009Q2	2009Q3	2009Q4	2009
制成品	16	18	13	-11	-28	-30	-22	0	-21
钢铁	15	27	43	4	-39	-56	-55	-31	-47
化学制品	19	24	20	-7	-24	-25	-17	8	-15
办公和电子设备	10	13	7	-14	-29	-22	-15	8	-15
机动车	15	16	3	-26	-47	-46	-29	6	-32
工业机械	21	22	15	-8	-29	-36	-32	-15	-29
纺织品	11	9	3	-13	-27	-27	-17	0	-19

资料来源：世界贸易组织《2010年世界贸易报告》，2010年7月23日。

在经济增长不确定性增大之际，企业往往会推迟对办公用品、电子设备以及工业机械等方面的投入。因此，2009年工业机械贸易下滑了29%，办公及电子设备下跌15%。上述产品需求的下跌，导致对钢铁产品需求的下降，致使2009年钢铁制品贸易下跌幅度高达47%。当然，对钢铁需求的下降与房地产泡沫破裂有很大关系。房地产泡沫破裂、财富缩水导致房地产建设骤减，对钢铁的需求自然会大幅度减少。

尽管2009年几乎全部产品的出口呈负增长状态，但多数产品的出口在11月出现复苏迹象，特别是机器机械和化学品恢复速度较快。化学品中的医药品出口在2009年8月就开始转入正增长。

第三，中国成为世界第一大商品出口国。尽管2009年中国的出口额也下跌了15.9%，但是2009年中国的商品出口额（1.2万亿美元）超过德国（1.12万亿美元），成为世界最大的出口国。目前，中国贸易占世界贸易的比重已由1999年的3.5%提高到2009年的9.8%，10年间占比扩大了近3倍。

二 2010年国际贸易走势分析

（一）2010年上半年国际贸易的基本状况

如上所述，自2009年11月起，主要贸易品的出口贸易额与上年同月相比均出现不同程度的复苏迹象，主要贸易国的外贸也几乎都在12月转入正增长状态。此后，国际贸易进入稳步增长期。从2010年上半年的情况判断，世界贸易已经走出2009年负增长的阴影，进入快速复苏轨道。

根据世界贸易组织（WTO）2010年9月1日发布的全球商品贸易最新统计数据，在2010年上半年，世界商品贸易额持续增长，同比增幅达25%，其中第二季度全球出口贸易与进口贸易单项净增率环比分别达到7%和6%。

WTO的贸易报告对世界各大贸易区域以及占全球贸易总额90%的70个主要经济体的具体进出口贸易情况作了比较，并发现以下特点。

一是2010年上半年全球商品贸易按月份统计显示，绝大多数贸易体4月份和5月份的进出口贸易额环比均趋于下滑，但是从6月份整体情况看，绝大多数贸易体先后出现止跌回升的发展趋势（见图1）。这一走势正好与全球各主要经济体随着经济逐步复苏而出现的民众消费热情增长的趋势相吻合。

二是从区域贸易数据看，亚洲仍然是贸易增长最快的地区之一。2010年上半年亚洲国家的商品进出口贸易额与上年同期相比分别增长38%和37%，其中第二季度的进出口同比增长均超过35%。与上年同期相比，2010年第二季度日本进出口分别增长35%和41%，印度进出口分别增长33%和32%。

三是从国别数据看，“金砖四国”依然是世界贸易增长的主力军。2010年上半年巴西、俄罗斯、中国和印度的出口同比分别增长29%、43%、41%和32%；进口同比分别增长56%、33%、44%和33%。其中，俄罗斯的出口增速和巴西

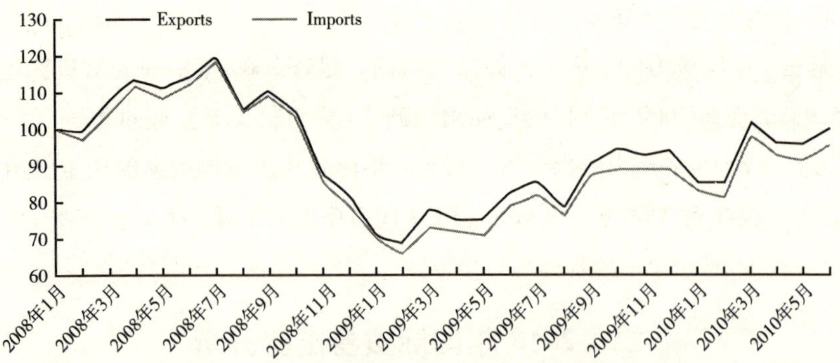

图1　70 个主要经济体的月度商品贸易指数
（2008 年 1 月至 2010 年 6 月），2008 年 1 月 =100

的进口增速为 70 个经济体增长之最。

四是 2010 年第二季度，欧盟进出口同比增长率分别为 14% 和 13%，且欧盟与世界其他国家及地区之间的贸易比欧盟内部贸易更为活跃。仅在第二季度，欧盟内部贸易额就比第一季度下降了 2%，而同比增速仅为 11%，明显低于欧盟对外进出口贸易额分别为 21% 和 17% 的增长率。也就是说，从整体情况看，欧盟国家对外贸易额及其同比增长率均已超过欧盟内部国家间传统的相互贸易额，这一新趋势也成为 2010 年上半年世界贸易的新特点之一。

五是非洲和中东地区的进出口贸易额与上年同比分别实现了 10% 和 35% 的快速增长。上述国家和地区实现如此快速增长的根本原因是亚洲和美国需求增加，原料价格上涨。

WTO 曾于 2010 年 3 月预测，2010 年全球商品贸易额与上年同期相比可实现 9.5% 的增长。鉴于 2010 年上半年世界商品贸易额的快速反弹及全球主要经济体逐渐复苏，2010 年全球整体贸易增长状况将会比半年前的预测更为乐观。

促使 2010 年国际贸易快速增长的因素主要有以下两个。

第一，全球经济进入复苏阶段。从各国公布的经济数据来看，大部分国家经济开始企稳回升。美国经济在 2009 年深度衰退后呈现复苏态势，第一季度经济增长 3.7%；日本第一季度 GDP 折合年率增长 5%；德国第一季度经济较上年同期增长 1.6%；新兴市场经济也呈现出较强劲的回升态势。在这种背景下，大部分国际机构普遍提高了对未来全球经济增长的预期。其中，IMF 7 月发布的最新展望报告，将 2010 年世界经济增长从 4.2% 上调为 4.6%；同时预计美国增长

3.3%，欧元区增长1.0%，日本增长2.4%；新兴经济体中，印度增长9.4%，俄罗斯增长4.3%，巴西增长7.1%。全球经济整体向好为世界贸易快速增长提供了良好的环境。

第二，国际消费市场复苏、消费者信心指数提高。世界范围内，在融资条件改善、投资等因素刺激下，国际市场需求日益增大，发达国家消费市场正在逐步复苏。美国上半年零售销售比上年同期增长6.5%，日本零售销售总额连续5个月攀升，1~5月同比增长分别为2.3%、4.2%、4.7%、4.9%和2.8%。

消费者信心指数主要是反映消费者对经济增长的信心强弱程度及购买意向。从美国经济咨商局发布的美国1~6月的消费者信心指数看，上半年该指数达到54.7%，5月更是高达62.7%。日本的消费者对经济复苏的信心平稳且趋好。1~5月日本家庭消费者信心指数呈温和上涨态势，从1月的39.0%升至5月的42.8%。5月份的家庭消费者信心指数是2007年10月以来的最高值。

2010年全球贸易总量将快速增长的其他依据是，尽管美国经济增长可能放缓但一直维持着正增长、欧洲国家财政状况改善、企业跨国兼并增加以及大中型设备项目投资增多等。全球商品贸易额也将迅速增长。

（二）对2010年下半年贸易形势的基本估计

全球经济的全面复苏、消费者信心的恢复以及市场需求的增加，是带动国际贸易快速增长的主要利好因素。但是，仍然有一些不确定因素可能影响2010年国际贸易全年的走势。

一是国际大宗商品价格先扬后抑，震荡不稳。2010年初，受世界经济复苏、实体经济需求回升等因素影响，国际市场价格持续上涨，成为国际贸易额大幅提高的引擎。但随着欧洲主权债务危机加剧、投资者信心不稳，国际市场大宗商品价格再度下跌。根据国际货币基金组织（IMF）公布的数据显示，2010年上半年全球初级产品价格经历了先扬后抑的过程。4月价格指数上涨至高点后出现回落，4月初级产品价格指数比1月价格上涨10.5个百分点，而到6月却变成了下跌3.3个百分点。食品价格先涨后跌。与1月相比，4月国际市场食品价格指数上涨2.2个百分点，6月价格指数下跌6.9个百分点。不仅下跌速度快，而且下跌幅度比较大。石油价格波动幅度大。第一季度石油平均价格为77.1美元/桶，第二季度上升至78.2美元/桶。第二季度国际石油平均价格较上个季度虽略有上涨，但实际价格波动较大。原油价格最高时突破每桶 86 美元，最低时跌破 70 美元。金属价格前高后低。国际货币基金组织（IMF）公布的数据显示，上半年金属价格指数在 4 月出现最高值，比 1 月高出 21.6 个百分点，后两个月出现下跌，到 6 月指数跌至 151.3%，比 1 月减少 3.5 个百分点。

二是欧洲主权债务危机影响外溢，使国际贸易下行风险增大。事实上，财政赤字和公共债务严重超标并非南欧三国所独有，欧洲许多国家存在同样问题。美国的国债余额也突破 13 万亿美元，相当于 GDP 的 90%。地方政府爆发债务危机的风险也明显上升。日本的公共债务率历来是发达国家中最高的，随着 2009 年以来一系列财政刺激政策的推出，已经超过 200% 的高值。因此，主权债务危机存在向欧洲其他国家以及美国、日本等发达经济体蔓延，并导致国际金融危机再度重演的可能性。

亚洲国家是带动国际贸易增长的重要力量。虽然亚洲国家与欧元区最脆弱经济体的直接金融联系非常少，但欧洲债务危机、经济复苏迟滞的影响将外溢至全球增长，并通过贸易和金融渠道作用于亚洲。很多亚洲经济体（尤其是新兴工业化亚洲经济体和东盟经济体）对外部需求有很深的依赖。

三是世界主要经济体还面临着其他一些风险和经济下行压力。从美国来看，就业改善滞后于经济复苏进程对消费增长不利，房贷问题和通货紧缩压力仍然难以消除等，以上问题都有可能制约美国经济复苏进程。从欧洲来看，流动性紧缩、巨额不良资产和高失业率是主权债务危机之外的主要风险因素。日本面临的主要风险来自通货紧缩压力和海外需求增长的不确定性。新兴市场国家则将面临通货膨胀、资产价格泡沫化、汇率波动和国际市场需求收缩的多重压力。

四是各方在纠正双重失衡方面的进展缓慢，其结果就是经济复苏既不强劲也不平衡，这不仅不利于目前增长滞后的发达经济体，也有悖于 G20 领导人确立的全球经济增长框架目标。即使是对于迄今仍保持复苏活力的新兴经济体来说，没有发达经济体的同步发展，其现有增长也将难以持续。在这种情况下，纠正双重失衡应是带领全球经济重回健康轨道的最迫切任务。因此，解决双失衡问题的进展状况，将直接影响全球经济复苏的步伐。

总体来看，2010 年下半年全球经济增长存在很大的不确定性，可能使国际贸易增速较上半年放缓。另外前面也提到，2009 年下半年起部分产品的贸易已经开

始复苏，这也将导致下半年贸易额的同比增长幅度缩小。预计 2010 年世界贸易量（实际）增长不低于 13.5%，贸易额（名义）增长 20% 左右。

三 国际贸易的热点问题

（一）向无税化方向迈进的亚太地区 FTA

2001 年启动的多哈回合谈判历时 9 年仍陷于僵局，此前设定的多个谈判期限均已错过，这也让人们对多哈谈判能否修成正果产生了怀疑。鉴于多哈回合尚难取得突破，双边以及多国间的 FTA 愈发受宠。美国总统奥巴马 2010 年 9 月 16 日在白宫举行的出口振兴委员会会议上表示：希望美国同世界更多经济体签署自贸协定，并通过自贸协定提高企业和劳动者的利益，进而提升美国自身的价值。

据 WTO 统计，截至 2010 年 6 月，世界上已经签署的自由贸易协定（FTA）有 187 个（包含关税同盟）。其中 2000 年以后签署的有 121 个，占全部 FTA 的 64.7%。从地区上看，亚太地区是 FTA 最为活跃的地区。从表 3 中可以看出，很多亚太国家的 FTA 覆盖率都在 50% 以上，特别是拉美一些国家的 FTA 覆盖率更高。

表 3 主要国家/地区的 FTA 覆盖率（2009 年）

单位：%

		FTA 覆盖率*			贸易额排名前位的国家/地区(进出口)	
		进出口	出口	进口	第 1 位	第 2 位
日本		16.5	16.3	16.6	ASEAN(14.0)	瑞士(1.1)
美国		34.4	40.1	30.5	NAFTA(28.1)	新加坡(1.5)
加拿大		68.4	77.7	59.2	NAFTA(66.4)	EFTA(1.4)
墨西哥		81.5	93.0	70.2	NAFTA(67.6)	EU(8.4)
智利		90.0	88.6	91.9	中国(18.8)	EU(17.8)
秘鲁		57.6	51.8	64.6	美国(18.3)	中国(15.1)
欧盟	贸易总额	73.8	75.6	72.0	EU(65.1)	EFTA(4.1)
	区外贸易	25.0	27.3	22.9	EFTA(11.9)	土耳其(3.5)
韩国		14.4	14.6	14.2	ASEAN(10.9)	印度(1.8)
中国		11.2	10.1	12.6	ASEAN(9.6)	智利(0.8)
新加坡		65.9	66.3	65.4	ASEAN(27.3)	中国(10.1)

续表 3

	FTA 覆盖率*			贸易额排名前位的国家/地区（进出口）	
	进出口	出口	进口	第 1 位	第 2 位
泰国	55.8	52.2	59.8	ASEAN(20.7)	日本(14.3)
印度尼西亚	63.9	63.4	64.6	ASEAN(24.5)	日本(13.3)
马来西亚	60.2	59.5	61.1	ASEAN(25.6)	中国(18.8)
菲律宾	51.5	45.2	57.2	ASEAN(20.6)	日本(14.2)
澳大利亚	28.0	20.1	35.7	ASEAN(14.9)	日本(8.0)
新西兰	45.0	43.2	46.8	澳大利亚(20.9)	中国(18.8)

* FTA 覆盖率是指本国与缔约国/地区间贸易占本国贸易总额的比。

资料来源：根据各国贸易统计数据制成。

日中韩三国是 FTA 覆盖率较低的国家。但近些年，三个国家均加快了 FTA 谈判的步伐。截至 2010 年 7 月，日本已经与 10 个国家（新加坡、马来西亚、泰国、印度尼西亚、菲律宾、越南、印度、墨西哥、智利、瑞士）和一个地区（东盟）签署并实施了 11 个自由贸易协定，其中与越南和瑞士的自由贸易协定是 2009 年开始实施的。到目前为止，日本的 FTA 覆盖率达到 16.5%。

目前韩国的 FTA 覆盖率为 14.4%，略低于日本。但韩国加紧了 FTA 谈判的步伐，2007 年与美国签署了韩美自由贸易协定（由于美国国会内部有争议一直未能实施，但最近奥巴马表示要敦促国会尽快批准并实施）。2010 年 9 月 16 日，与欧盟的自由贸易协定已获欧盟 27 国的一致同意，该协定将于 10 月 6 日在布鲁塞尔举行的欧盟—韩国峰会上签订，并于 2011 年 7 月 1 日起生效。如果加上这两个协定的话，韩国的 FTA 覆盖率将上升至 35.6%。

亚太地区的 FTA 正逐步向无税化迈进。自 2010 年 1 月起 ASEAN +1 的 FTA（ASEAN 和日本、韩国、澳大利亚、新西兰、印度间 FTA）均已进入实施阶段。其中，ASEAN 原加盟国（泰国、马来西亚、印度尼西亚、菲律宾、新加坡和文莱）自 2010 年 1 月起，几乎全部品目（品目总数的 99%）实现了无税化，ASEAN 和中国的 FTA 也于 2010 年 1 月起对大半品目开始实行无税化。ASEAN 与澳大利亚和新西兰的 FTA 以及 ASEAN 与印度的 FTA 也于 2010 年 1 月起生效。

通过 FTA 的实施，亚太地区的关税不断得到削减，域内贸易的比重也不断上升。2009 年 ASEAN +6 的域内贸易比率达到 43.8%，比 2008 年提高了 0.7 个百分点。与2000年（41.9%）比上升了1.9个百分点。随着域内贸易比率的不断提高，亚太地区的区域经济一体化得到了进一步发展。

（二）环境产品贸易自由化与环境产品贸易

1. 环境产品概念的界定

由于对环境产品进行界定存在很多困难，多哈谈判已进行了近九年，各成员对环境产品的概念仍没有达成统一的认识。目前WTO的成员国大多采用的是OECD和APEC的环境产品清单方法，包含了HS 6位码中的153个产品，也有成员国采用世界银行报告中提出的43个品目。

2. 环境产品贸易自由化成为WTO的争论焦点

近年来，环境问题在全球不断升温。在贸易领域，WTO多哈回合谈判框架下也包含了环境议题。《多哈宣言》第31（iii）段规定要削减或酌情取消环境产品和服务的关税和非关税壁垒。但是，在下调环境产品关税，使环境贸易逐步自由化方面，发达国家和发展中国家的意见很难统一。理论上，环境产品的贸易自由化应该有利于帮助发展中国家建设环境上更加可持续的经济。但实际上，环境产品并没有流向最需要之处。例如，非洲的环境问题已十分突出，但非洲国家进口的环境产品却数量很少。原因是其国内市场缺乏活力，技术援助的针对性不足。另外，关税虽然是一个影响环境产品贸易的因素，但降低关税并不必然导致发展中国家进口环境产品的大量增加。相对而言，环境产品贸易自由化更加合理的依据是发展中国家的环境改善系数与一些环境产品的贸易量之间存在很强的关联性。这意味着这些产品的贸易量增加可以提高发展中国家的环保水平。

在贸易方面，能够改善总体出口竞争力的支持政策一般也能扩大环境产品贸易。因此，发展中国家认为环境产品贸易的过快自由化未必可以使发展中国家在贸易甚至环境方面获益。他们认为环境产品与技术援助项目之间的关系是最直接、最重要和最成正比的。这表明，技术援助在全面合理地解释环境产品贸易的问题上具有至关重要的作用。非洲国家的环境技术援助项目稀少恰恰解释了低收入的非洲国家环境产品贸易量小的现象。因此，要增加对非洲的环境产品贸易，就必须大力开发对非洲的环境技术援助项目。

3. 世界环境产品贸易5年倍增

尽管WTO在探讨环境产品贸易自由化问题上未取得实质性进展，但随着人们对环境问题的重视，环境产品贸易取得了突飞猛进的发展。2009年的世界环境产品出口额（以世界银行报告中的43个品目为对象）达到1825亿美元，占世界商品贸易总额的1.5%。如果以HS 6位码中的153个品目为对象的话，出口额为6857亿美元，占世界贸易总额的5.6%，比2004年增加了一倍。其中，可再生能源产品的关联制品（发电机、太阳能发电装置等）占7成。

从表4中可以看出，发展中国家的环境产品贸易增长较快，2007年和2008年的增长率分别达到37.6%和28.9%。受金融危机影响，2009年的环境产品贸易虽然下跌了，但下跌的幅度低于世界平均水平。发展中国家环境贸易的快速发展，使其占世界环境产品贸易总额的比重快速上升，由2006年的占比23.7%快速升至2009年的30%。相信随着人们对低碳、环保认识的不断加深，世界环境产品贸易将取得更快速的发展，同时，也将促进世界环境产品贸易自由化的进展。

表4 世界主要国家和地区环境产品出口额（2006~2009年）

单位：百万美元，%

	2006年			2007年			2008年			2009年		
	金额	增长率	占比	金额	增长率	占比	金额	增长率	占比	金额	增长率	占比
美国	14818	13.7	10.7	17119	15.5	9.9	18630	8.8	8.5	17645	-5.3	9.7
德国	22279	22.8	16.1	28796	29.2	16.6	36792	27.8	16.8	26885	-26.9	14.7
法国	6401	11.9	4.6	8008	25.1	4.6	9284	15.9	4.2	7211	-22.3	4.0
意大利	8445	21.0	6.1	10497	24.3	6.0	12456	18.7	5.7	9970	-20.0	5.5
英国	4257	0.1	3.1	5017	17.9	2.9	55833	1.63	2.7	4783	-18.0	2.6
日本	16675	3.4	12.0	17440	4.6	10.0	19750	13.2	9.0	15854	-19.7	8.7
中国内地	10070	49.4	7.3	16174	60.6	9.3	27371	69.2	12.5	24397	-10.9	13.4
韩国	3121	27.3	2.3	4389	40.6	2.5	5744	30.9	2.6	6738	17.3	3.7
中国台湾	2988	9.6	2.2	4141	38.6	2.4	5820	40.5	2.7	5145	-11.6	2.8
世界	138430	17.5	100.0	173780	25.5	100.0	218530	25.8	100.0	182513	-16.5	100.0
发达国家	105657	14.9	76.3	128691	21.8	74.1	155345	20.7	71.1	127682	-17.8	70.0
发展中国家	32772	26.6	23.7	45089	37.6	25.9	63185	40.1	28.9	54831	-13.2	30.0

资料来源：根据各国贸易统计数据制成。

（三）自然资源贸易备受关注

联合国环境规划署对自然资源的定义为：在一定的时间和技术条件下，能够产生经济价值、提高人类当前和未来福利的自然环境因素的总称。通常包括矿物资源、土地资源、水资源、气候资源与生物资源等。自然资源有五大鲜明特性：一是地理分布上的不均衡性，二是可耗竭性，三是市场漠视资源开发经济后果的普遍性，四是一些经济体对自然资源的高度依赖性，五是市场价格的高度波动性。这些特性既影响自然资源贸易的模式，又影响自然资源国际贸易对福利的作用。

正是由于自然资源的上述特征，使国际自然资源贸易成为世界经济相互依赖关系中的重要组成部分。在现代经济技术环境下，任何一个国家都不可能拥有自身经济发展所必需的全部资源，因而在其经济发展过程中都必须加入国际资源关联与贸易的网络之中。世界资源贸易一旦出现阻滞，就会引起世界经济秩序的混乱，给相关国家经济发展带来沉重的打击。

由于有限的自然资源在经济中具有如此重要的地位，自然资源贸易越来越受到关注。2010 年 7 月 23 日 WTO 发布的《2010 年世界贸易报告》以资源贸易为主题，报告了全球自然资源贸易的发展状况，表明自然资源贸易的重要性与日俱增。

据 WTO 统计，2008 年全球自然资源贸易总额达 3.7 万亿美元，占世界货物贸易总额的近 24%。与 1998 相比，自然资源贸易额增长了六倍多，其中，燃料占据的份额从 1998 年的 57% 增长至 2008 年的 77%。增长主要是石油价格上涨引起的，显示出以石油为代表的能源产品在当今世界贸易中扮演的角色日益重要。与之相比，2008 年，渔产品和林产品占全球自然资源贸易总额的 3%，十年间变动不大；矿产品占全球自然资源贸易总额的比例则提升至 18%。

2008 年，自然资源的 15 大出口国占世界自然资源出口的 52%，15 大进口国占世界自然资源进口的 71%。2008 年，非洲、中东和独联体自然资源出口占出口总值的份额均超过了七成，而北美、欧洲和亚洲都没有超过二成，南美洲和中美洲处于前两者之间，比例为 47%。表明自然资源的集中度较高。在工业化程度较低的地区，区域内自然资源贸易额很小，而工业化程度较高地区往往在区域内部进行相关贸易。

随着经济的进一步发展，世界各国特别是发展中国家对世界市场资源和资源性产品的依赖会进一步增大。世界资源贸易的基本格局及其对未来国际贸易的影响仍然是今后需要我们加以关注的重要问题。

四　2011 年国际贸易形势预测

根据国际货币基金组织（IMF）7 月 12 日公布的《2010 世界经济展望》的更新版本所提供的预测数据，2011 年全球经济预计增长 4.3%，低于 2010 年 4.6% 的预计增长率，各主要经济体在 2011 年都将面临经济复苏较之 2010 年减速的情况。如果未来一年世界经济能如预计的那样实现 4% 以上的增长，并且石油和汇率的价格保持基本稳定的话，那么世界贸易就能保持增长势头，但增速会较 2010 年放缓，预计 2011 年国际贸易实际增长率在 8% 左右。

当然，2011 年的世界经济增长仍然存在一些不确定因素。新兴市场国家和亚洲国家及地区经济虽然能保持快速增长，但存在短期外国资本的冲击以及经济过热风险。短期外国资本流入容易使这些国家已经形成的资产市场价格泡沫更加严重。欧元区主权债务危机引发国际金融市场动荡，发达国家财政赤字与债务比例成为未来经济复苏中最大的风险和不确定因素。这些风险和不确定因素可能对国际贸易增长产生一定的负面影响。

International Trade: Developments and Prospects

Ni Yueju

Abstract: Driven by the recovery in both developed and developing economies, world merchandise trade would rise sharply to 13.5 percent in 2010. This would be the fastest year-on-year expansion of trade ever recorded in a data series going back to 1950. Such a large growth rate should be understood in the context of a severely depressed level of trade in 2009, when world exports plunged by −12.2 percent. It's expected that world merchandise trade will rise more slowly in 2011 than in 2010.

Key Words: International Trade; TA Trade in Environmental Goods; Trade in Natural Resources

Y.11

国际金融市场回顾与展望

高海红　黄 薇*

摘　要：在过去的一年中，国际金融稳定性得到了一定改善。但是，金融市场走势对各国不确定的经济复苏、不同步的退出政策，以及欧洲债务危机爆发十分敏感。国际金融形势主要表现为如下几个方面：应对危机的刺激性财政政策和宽松的货币政策促成全球流动性过剩；国际资本流动更倾向于在增长差异、利息差异和汇率差异中获利；新兴市场经济深受发达国家刺激政策外溢性影响，同时成为国际资本的重要接受者，这将促进新兴市场面临国内资产泡沫形成的风险；外汇、股票市场因经济复苏前景不确定和发达国家公共债务恶化而持续动荡；全球负债证券融资规模有所收缩。由于存在一系列的不确定性，包括主要国家复苏可持续性、货币政策和财政政策的取向、全球失衡调整，以及中长期国际金融体系的重建等，国际金融市场在未来的一年中将持续动荡。

关键词：国际金融市场　全球流动性　国债市场　外汇市场

2009～2010年，国际金融市场基本走出危机，总体趋向稳定。但是由于一系列不确定因素，比如各国经济复苏出现非同步性，主要发达国家退出政策延迟，全球利率走势分化，特别是欧洲债务危机爆发，使得国际金融稳定持续性恢复不断受阻。具体表现是，应对危机的刺激性财政政策和宽松的货币政策促成全球过剩流动性悄然形成，资本流动更倾向于在增长差异、利息差异和汇率差异之间获利，外汇、股票市场因经济复苏前景不确定和发达国家公共债务恶化而持续

---

* 高海红，研究员，世界经济与政治研究所，主要研究领域：国际金融；黄薇，助理研究员，世界经济与政治研究所，主要研究领域：国际金融。

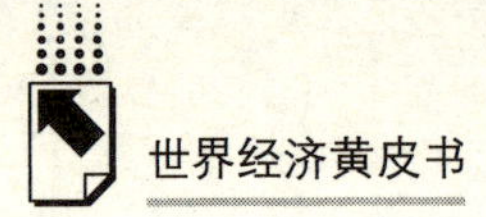

动荡，全球融资规模有所收缩。国际金融市场未来的走向，将取决于主要国家复苏可持续性、货币财政政策取向、全球失衡调整，以及中长期全球金融体系的重建等因素。

一 后危机全球流动性形成和走向

为了应对危机，美国于2007年9月率先放松其货币政策。随后，英国、欧元区等发达经济体纷纷跟进，出台了一系列危机救助政策。发展中国家也从2008年后期开始放松货币和财政政策。从2009年春季开始，在财政刺激和放松货币政策的作用下，面对各国经济的渐次复苏，市场参加者对金融系统动荡的担忧开始减轻，国际金融市场趋于稳定。

（一）抵抗危机政策的负面结果

然而，一系列应对危机的扩张政策所带来的负面作用也开始显现。其一，主要发达经济体财政收支急剧恶化、公共债务快速积累；其二，全球系统风险状况因主权债务问题而恶化，特别是在2009年底爆发的欧洲主权债务危机，引发投资者避险情绪的再度升温，一些国家国债发行的压力加大未来清偿风险，推高未来收益率，同时，由于信心极度脆弱，造成短期市场剧烈波动；其三，大规模的财政刺激计划，普遍的数量宽松货币政策和低利环境，一方面在短期内缓解了危机时期流动性的收缩，另一方面带来新流动性形成。如图1所示，这种流动性表现为广义货币供应量，即M2的增加。① 国际短期利率水平，作为流动性形成的结果，在2007年8月达到4.33%峰值，从同年9月开始下降，经历了2008年中期暂短回升，从2008年10月开始急剧下降，直到2009年中后期稳定在0.24%左右的水平上。②

---

① 流动性的测量使用货币总额指标。货币总额指广义货币和储备货币。后者扣除了货币乘数的影响。同一时期储备货币的变动也一度呈现比广义货币更快的上升趋势。

② M2是美国、欧元区、英国和日本的GDP加权总和，季度数据；短期利率是欧元、英镑、美元、瑞士法郎和日元隔夜同业拆借利率根据2005年GDP和购买力平价换算的加权平均值，月度数据。

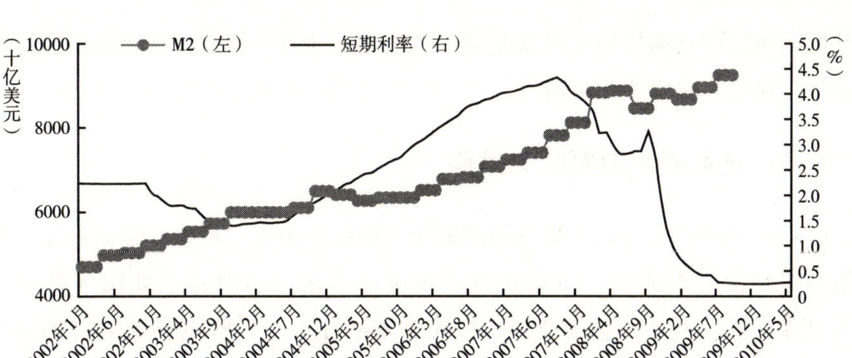

图 1　国际流动性的形成

资料来源：IMF（2010b），BIS（2010b）。

（二）流动性走向

世界各国经济复苏程度的差异影响着全球流动性的流向。新兴市场国家较早步入复苏轨道，特别是亚洲新兴经济体率先恢复增长，其中大部分经济体在维持经常项目顺差的同时，其货币持续面临升值的压力。与此同时，新兴经济体的短期利率普遍高于发达市场的短期利率，所形成的利差对短期流动性走向有很强的驱动作用。如图 2 所示，包括拉美、亚洲和东欧国家在内的一些主要新兴市场经历了 2007 年后半期至 2008 年证券资本和银行资本净流出之后，从 2009 年中后

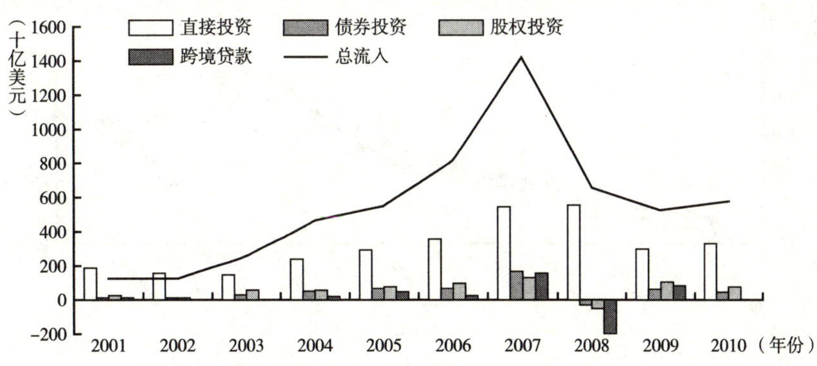

图 2　新兴市场的私人资本流入*

*这里的新兴市场包括阿根廷、巴西、保加利亚、智利、中国、哥伦比亚、克罗地亚、捷克、立陶宛、中国香港、匈牙利和印度尼西亚。

资料来源：BIS（2010b）。

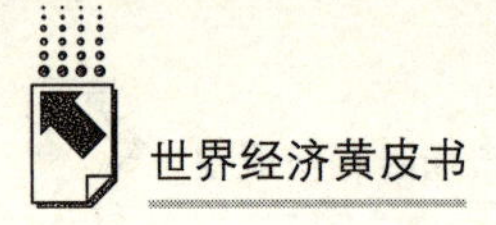

期开始成为国际流动性的主要接受者。其表现是债券、股权投资和跨境银行贷款由危机时期的净流出变为净流入。

（三）资本流入国面临的风险

国际资本的流入给处于复苏初期的新兴经济体带来一定的风险。首先，本币升值预期刺激资本流入，而资本流入带来本币进一步升值。如图 3 所示，从 2009 年第二季度开始，包括亚洲、拉美和东欧在内的一些主要新兴市场经历了名义有效汇率的普遍升值。而在那些以维持汇率稳定为目标的经济体中，在本币升值压力加大的情况下货币当局不得不干预外汇市场，以缓解升值压力，结果是造成了外汇储备的增加。如图 3 所示，新兴经济体的外汇储备从 2009 中期开始再度激增。外汇储备激增的主要成本是资本损失的风险。对于外汇储备持有国来说，在国际储备货币币值不稳，尤其是伴随美元储备货币地位的动摇和美国公共债务急剧增加的情况下，美元资产损失的可能性不断增加，而其他非美元储备货币，如欧元或日元等，也因经济复苏不稳和公共债务货币化的风险而使其投资价值下降。这给外汇储备持有国在储备管理方面带来巨大挑战。而外汇储备的增加，在持有美元资产比重也同时增加的情况下，美元继续贬值只能进一步加大持有美元资产的资本损失。其次，短期资本流入推高国内资产价格，累积资产泡沫，增加通货膨胀和经济过热的风险。最后，在全球经济复苏充满不确定的情况

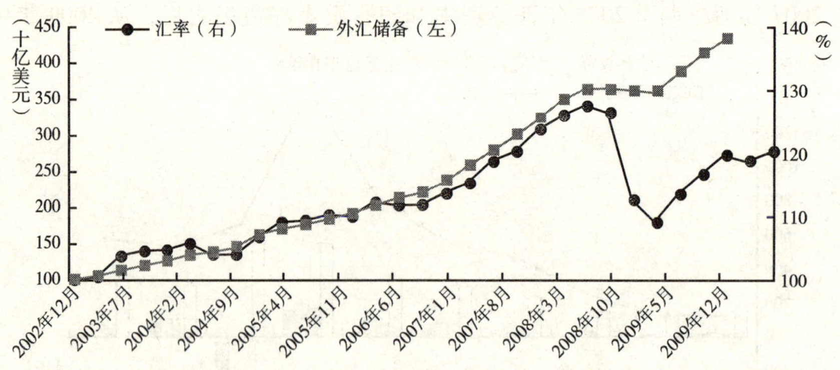

图 3　新兴市场外汇储备变动额和名义有效汇率变动率[*]

*名义有效汇率上升为升值。新兴市场包括阿根廷、巴西、中国、匈牙利、印度尼西亚、印度、韩国、墨西哥、马来西亚、菲律宾、波兰、俄罗斯、新加坡、泰国和土耳其。

资料来源：BIS（2010b）。

下，短期资本流动具有很强的易变性，资本流动的突然逆转带来金融市场剧烈动荡和货币危机的可能性非常之大。事实上，2010 年 5 月，受欧元区债务危机的影响，全球投资者的风险偏好有所收紧，证券资本向新兴市场的流动出现终止的迹象。除了亚洲经济体之外，其他新兴经济体在国际市场上通过债券和股权发行筹措资金普遍受阻（IMF 2010a）。为应对这一风险，多数新兴经济体可能延迟资本开放，或采取更为谨慎的资本管理措施。①

（四）未来的可能走向

未来国际资本流向仍将受各国经济复苏速度、退出政策，以及作为政策风标的利差变动的影响。在全球经济复苏不稳的情况下，主要发达经济体将延迟政策退出，基准利率仍继续维持在较低水平上。比如，美国联邦基金利率仍维持在 0 ~0. 25% 区间，欧洲央行再融资利率依然保持 2009 年 5 月以来 1% 的水平上，日本央行无担保隔夜拆借利率维持在 0 ~0. 1% 区间（见图 4）。然而，由于部分新兴市场经济体已经逐步实施退出策略，如巴西从 2010 年 4 月开始加息（三次调息后达到 10. 75%，扣除通胀后的实际利率为 5. 6%）；印度于 2010 年 2 月开始逐步退出，目前回购利率已经上调为 6%，并有可能在 2010 年底前再次加息；马来西亚、越南、韩国、印尼和泰国等也都实行或即将实行利率退出政策。利差

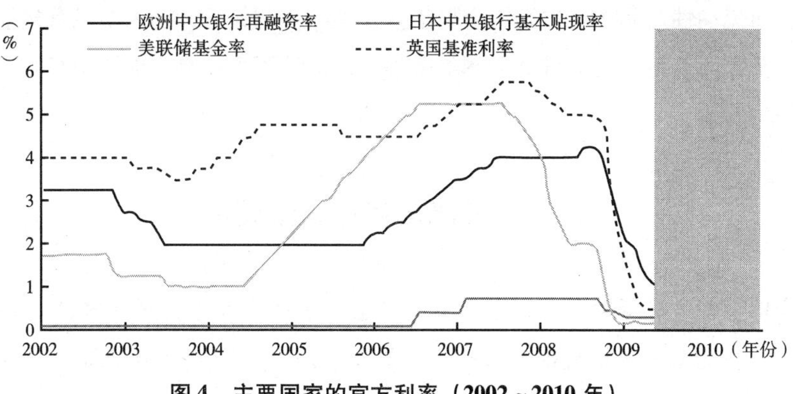

图 4　主要国家的官方利率（2002 ~2010 年）

资料来源：CEIC。

① 国际货币基金组织的《金融稳定报告》2010 年 4 月对危机后全球流动性形成、风险和对策研究进行详细的分析。

的存在将诱使国际流动性趋向新兴市场，进一步推高新兴市场的国内资产价格，这可能会造成发达市场低通胀与新兴市场高通胀并存的局面，并对新兴市场的宏观经济政策调整带来挑战。

从2010年6月开始，全球金融市场环境已经悄然开始发生变化。这种变化反映出投资者关注焦点已逐步从对欧洲主权债的担忧，转移至对全球经济增长态势分化的预期。目前，主要经济体流动性依然偏紧，欧洲尤其突出，存在大量即将需要展期的公共债务。部分新兴经济体则存在着流动性过剩的担忧，资本市场价格已经出现高涨的迹象。由于对国内经济增长的信心尚未完全恢复，发达经济体采取的扩张性货币政策对于增强国内流动性的作用仍十分有限，但其外溢效应对于新兴经济体则效果明显。

由于各国在危机后经济恢复的程度和速度并不一致，现在各国不得不面对各自不同的问题。政策协调难度大大提高，各国（尤其是发达经济体和新兴市场经济体之间）共患难的政治成本远远低于共复苏。然而，经济政策，尤其是货币政策的不协调①，已经成为各国金融市场发生转变的潜在推动力。经济状况和货币政策的差异带来了汇率与基本利率的差异，在金融全球化条件下，由于逐利性的趋势，资金永远会流向收益更高的地方，而金融全球化则显著降低了资金运作的成本。随着货币政策不协调程度逐步加深，可能出现流动性偏紧的区域继续偏紧，而流动性过剩的地方则资金聚集，在国际协调失败，国内金融管理能力不足，以及国际金融势力的推波助澜等条件下，这种不平衡有可能在中长期导致两败俱伤的结果。

二　国债市场近喜远忧

全球金融危机爆发以来，金融稳定性遭受了严重冲击，金融资产价格波动性增大。作为主要的传统保值资产，主要发达国家的国债受到追捧，这些国家的长期国债收益率均出现不同程度的下降。在2008年底，由于市场恐慌情绪蔓延，长期国债作为避风港的作用凸显，美国10年期国债收益率降至历史低

① 发达经济体实行低利率和数量宽松的货币政策，而新兴市场经济体则开始逐步将货币政策调整至常态。

点，仅为2.42%。之后，随着恐慌情绪的逐步释放，投资者风险容忍边际进一步上升。

（一）国债作为近期避风港

2010年以来美国10年期长期国债收益率再次呈现单边下跌，从1月份的3.73%一路下降至8月份的2.7%。英国、日本与欧元区也有类似的变动趋势。例如，英国10年期国债收益率从年初的4.03%下降为6月份的3.57%。而日本的10年期国债收益率则从1.315%跌至7月份的1.065%。欧元区10年期债券收益率从2010年初的4.0971%下降为7月份的3.6179%（见图5）。随着欧洲金融稳定机制和欧洲央行的证券购买计划的实施，在短期内缓解了主权债危机之后欧元区债券市场的压力。然而，随着时间的推移，部分作用力正在逐渐消失。希腊、葡萄牙和爱尔兰债务与德国主权债之间利差继续扩大，同时德国与比利时、奥地利和法国之间主权债券也出现了一定的利差。

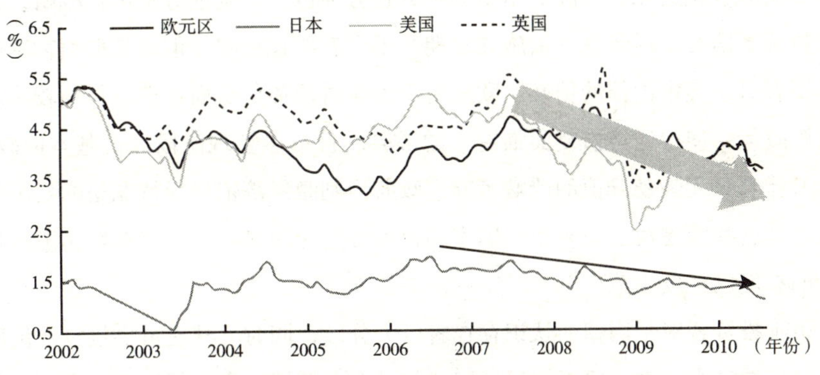

图5　美国、欧元区、日本和英国10年期国债收益率
（2002年1月~2010年8月）

资料来源：CEIC。

2010年上半年国债价格上涨主要受两方面因素的重叠影响：一是各国有明确强化金融监管力度的倾向，这使得金融机构再度面临去杠杆化过程。二是目前主要经济体的经济增长状况并不乐观，投资者风险偏好明显下降，作为传统的保守投资品国债成为一个相对安全的选择。投资者资产配置的改变中，增加了对低风险低收益的保守型投资，降低了高杠杆高风险的激进型投资，长期国债再次成为避风港。此外，债券市场上的观望态度，也促使国债价格上涨：由于主要经济体国内经济仍不景气，通货膨胀威胁相对较低，包括美国、欧元区和日本在内的部分国家存在买入国债的动机。对国债需求的增加推高了国债短期价格，从而进一步导致国债收益率持续走低。①

（二）未来发达国家公共债务之忧

事实上，市场上对于发达国家债务结构和负债状况依然存在着较高的顾虑。就中短期而言，这种顾虑来自于公共债务市场上巨大的展期需求。除了与德国国债之间利差显著扩大的欧元区国家需要对近期到期约3000亿欧元债务再融资外，美国、英国、日本和欧元区其他国家在2010年下半年到期债务总额约为4万亿美元。

就中长期而言，美国经济数据反映不佳，如房地产市场面临继续下滑的可能，就业状况长期没有得到改善，消费不振等，使得投资者对美国经济信心下降。而美国依赖美元在国际货币市场中的强势地位，延续债务货币化战略，也将伤害投资者信心。尽管这一措施在短期并不会有明显反映，但就长期而言则会恶化投资者对于美国国债的信心。欧洲由于为应付债务危机而不得不行使较为严肃的财政政策，使得经济恢复面临更大的考验。日本尽管现阶段经济基本面较好，但也遭受着日元强劲升值的严峻考验，政府为刺激经济依然保持宽松的货币与财政政策。这些顾虑对于新兴市场国家的投资者尤为明显，对于持有发达国家长期国债的态度已经发生改变。

由于投资者对于国债的认识存在着巨大分歧，同时又缺乏可供投资的优质资产，这将导致在未来一段时间里，国债收益率在短期内仍有可能继续维持低位震荡的格局。

从中长期看，主要发达经济体集体面临着类似的政府债务困境。图6比较主要发达国家的公共债务比重与国际头寸。处于阴影区域的国家面临着高

① 2009年3月至9月，美联储购入总额为3000亿美元的美国国债，到期日为2014～2016年。至2010年7月，欧洲央行已从二级市场上购买了净额约590亿欧元的政府债务（IMF，2010b）。由于日元持续走强，可能将致使出口受阻，进口成本下降，消费物价加速下行。要求日本央行买入长期债券应对通缩和经济放缓的呼声越来越高。

的负债率和较高的负净国际投资头寸，同时这些国家还存在持续的财政赤字问题。① 除了欧猪五国（葡萄牙、意大利、爱尔兰、希腊和西班牙）以外，英国和法国等国均盘踞在这一危险区域。除了个别国家，大部分发达经济体已经沦为净债务国。全球经济危机进一步恶化了这些国家的财政状况，政府需要宽松的财政政策刺激经济，而同时经济不景气却导致财政收入减少。图 6 中的 29 个国家中，只有挪威（资源型国家）是唯一的财政收支盈余国家。受困于长期财政赤字与债务积累，这些国家无法维持扩张性财政政策，财政刺激政策实施空间也极为有限，为了缓解财政危机，必须辅之以结构性的强制改革。

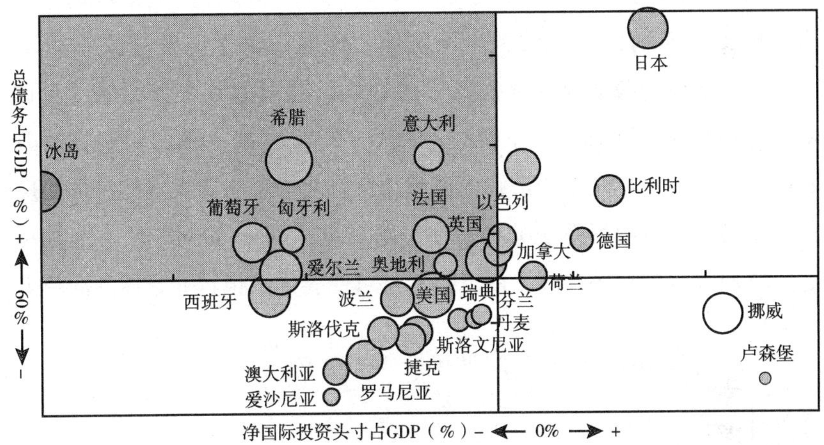

图 6　2009 年发达经济体面临的财政与外债分布*

* 直径大小反映各国财政赤字或盈余占 GDP 的百分比水平；分界线：纵轴总债务（Gross Debt）占 GDP 百分比，以马斯特里赫特条约规定 60% 为分界线；横轴净国际投资头寸占 GDP 百分比，以 0 作为分界线。

资料来源：IFS，eurostats. com，usgovernmentspending. com，CIA fact book。

三　全球融资规模和结构变化

从 2009 年至 2010 年上半年，全球主要融资规模因结构差异而出现分歧：跨

① 详细分析参见黄薇（2010）。

境银行贷款有所回升；负债证券融资大幅度下降；风险偏好上升刺激衍生品交易，利差交易带动与利率相关的衍生工具交易。

（一）跨境银行贷款回稳

2010 年初，银行资产账面值减记估计数字已从 2009 年 10 月的 2.8 万亿美元降至 2.3 万亿美元，大多数银行的资金状况已经有所改善（IMF，2010b）。根据国际清算银行的统计，2010 年第一季度，国际银行债权上升了 7000 亿美元，致使国际债权总存量至 33.4 万亿美元，这是 2008 年第三季度以来国际银行贷款的首次增加（BIS，2010a）。① 从部门结构看，贷款增加主要来自银行间业务和对非银行债权（见图 7）。从区域结构看，2010 年第一季度，跨境银行贷款开始流向亚太、拉美和加勒比地区的新兴经济体，比前三个季度的贷款总和还高出 40%。这些地区成为跨境银行贷款流动在后危机时期的首个目的地（见图 8）。未来的国际银行业仍面临着如下挑战：2010～2011 年间大量的短期贷款需要再融资；部分损失尚未体现在资产账面值减记统计之中；主要发达经济体的房地产市场依然下行，导致银行系统的损失在不断加重；Basel Ⅲ 对于资本充足率、杠杆率、资本质量等的要求提高。以上挑战都可能会导致银行业整体利润率下行。

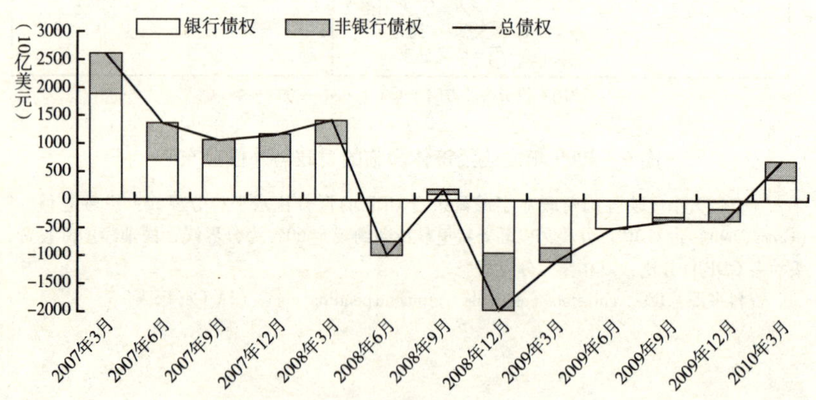

图 7　国际债权变动额部门结构

资料来源：BIS，统计数据库。

① 国际债权包括跨境债权和以外币计价的境内债权。

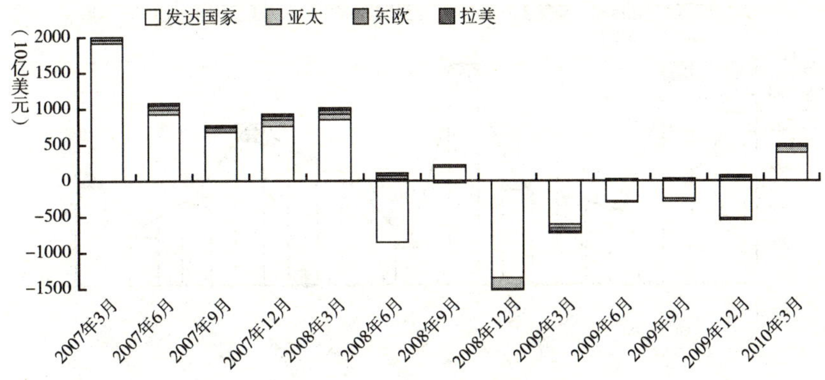

图 8　国际债权变动额地域结构

资料来源：BIS，统计数据库。

（二）国际负债证券融资萎缩

全球危机发生后国际负债证券融资体现出较大起伏。国际负债融资在 2008 年第二季度达到峰值后，于 2009 年第三季度跌至低位，随后再度经历了反弹和下探。受欧元区债务危机影响，国际负债证券净发行额在 2010 年上半年大幅度下降（见图 9）。发达国家净发行在 2010 年第二季度减少了 510 亿美元，比上季度减少 95%。发展中国家净发行略有增加，国际组织发行略高于几年来的季度平均水平（BIS，2010a）。2010 年 3 月，国际负债融资未清偿存量略低于 2008 年底的水平。从部门结构看，国际银行持有的非银行部门的证券债权约为银行部门证券债权的 1.75 倍。因此负债证券未清偿额的变动主要来自于对非银行部门证券的持有变动情况（见图 10）。从币种结构看，在国际负债证券发行中，欧元发行一直以来居于首位。但是，受欧元区主权债危机的影响，进入 2010 年，包括商业票据和债券在内的欧元发行未清偿额连续两个季度减少，而美元发行稳中有升。到 2010 年中，欧元发行未清偿额达到 10.2 万亿美元，美元发行未清偿额为 11.1 万亿美元，两者数额相当接近。

（三）衍生品市场活跃

全球衍生品市场从 2008 年底开始出现较大幅度的回调。2008 年 2 月的 OTC（场外交易）金融衍生品合同仅为 5280 万亿美元，较之半年前减少了约 20% 的

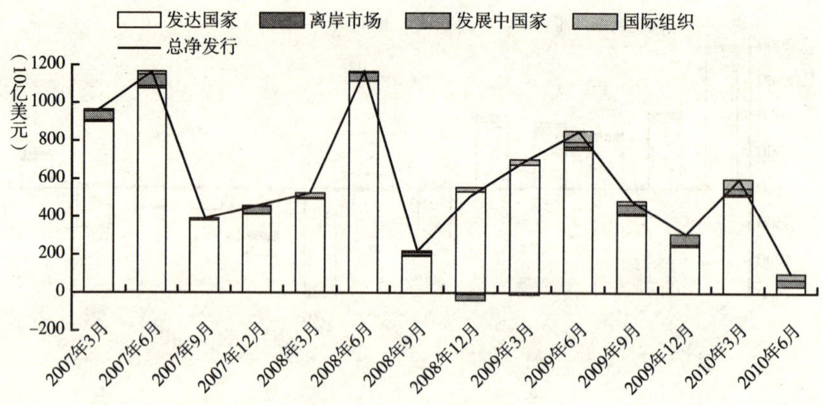

图9 负债证券净发行额地域结构

资料来源：BIS，统计数据库。

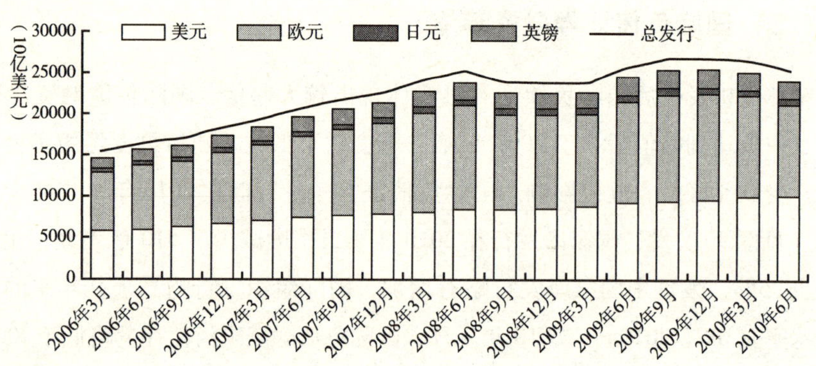

图10 负债证券发行未清偿额货币结构

资料来源：BIS，统计数据库。

交易量。但进入2009年，OTC衍生品交易逐步回暖。截至2009年底，包括外汇市场、货币市场以及商品市场的现货、期权、期货交易恢复至6147万亿美元的规模（见图11）。从品种结构看，2009年底，利率交易占到总交易额的73.2%，成为场外交易衍生品中交易量最大的品种。利率交易中利率互换交易为主要交易品种，占到OTC交易总额的56.8%。利差交易（carry trade）带动利率品种的交易。在场外交易中，远期利率协议交易量出现了飞速的扩张。在其他衍生品交易大幅减少的情况下，2009年12月份远期利率协议的交易量相比2007年底增长了94.6%，货币掉期交易位列第二，增长了15.1%。

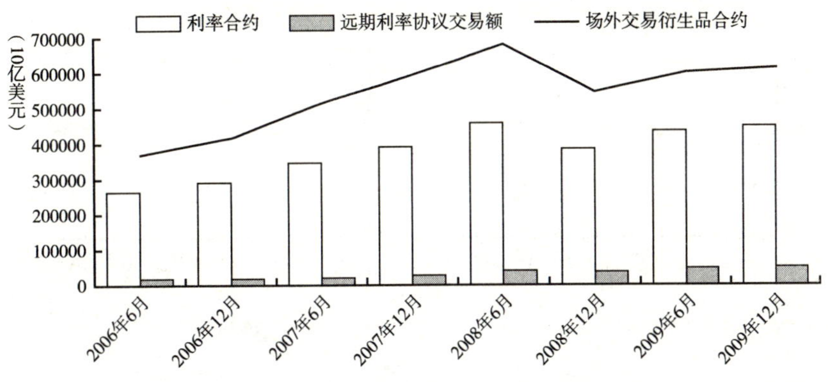

图 11　全球场外交易金融衍生品：合约总额、利率合约、远期利率合约

资料来源：BIS，统计数据库。

（四）全球股票市场回升乏力

受全球金融危机影响，所有证券市场几乎同时在 2009 年 2 月经历了一次探底，并在以后数月内保持着恢复性上升态势。2009 年 2 月至 2010 年 3 月，新兴市场 MSCI 指数翻了一番有余，美国标普 500 指数、欧元区道琼斯指数、英国金融时报 100 指数以及日本日经 225 指数分别增长了 59.1%、50.3%、48.3% 和 46.5%（见图 12）。然而，由于 2010 年春季欧洲主权债务危机引发了新一轮的信心危机，国际金融市场再现波澜。由于债务影响程度以及地区分布的差异，全球主要证券市场的发展开始呈现分化。2010 年 3 月份欧元区道琼斯指数、英国金融时报 100 指数以及日本日经 225 指数均出现再次掉头向下的迹象，4 月份美国标普 500 和新兴市场 MSCI 指数也开始跟随这一趋势。目前主要发达经济体证券市场股指水平基本仍在危机前的一半附近徘徊。

由于欧美经济发展前景不明朗，墨西哥湾原油泄露所带来的长期影响，以及对欧洲银行业的担忧，使得市场仍存在较多的悲观情绪。在经济增长存在巨大不确定性的情况下，预计市场上浓厚的观望情绪仍将会在未来一年内持续，股市将呈现震荡形态。

（五）未来影响因素：巴塞尔协议Ⅲ

国际金融市场环境改变的一个主要方面将来自“巴塞尔协议Ⅲ”，监管规则

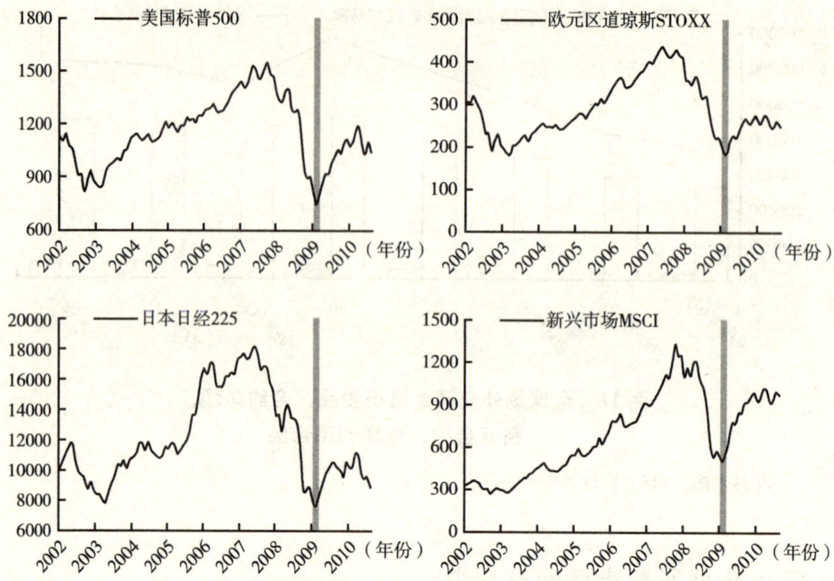

图 12　美国、欧洲、日本和新兴市场证券市场综合指数（2002 年 1 月至 2010 年 8 月）

资料来源：美、欧、日指数来自 CEIC，新兴市场指数来自 mscibarra。

的变动将对未来国际银行业以及金融机构产生深远的影响。2010 年 9 月 12 日，全球监管机构就“巴塞尔协议Ⅲ”达成共识，规定截至 2015 年 1 月，全球各商业银行的一级资本充足率下限将从现在的 4% 上调至 6%，普通股比例由目前的 2% 提高到 4.5%，同时新增商业银行需持有 2.5% 的超额资本留存作为应对将来可能出现困难的缓冲。对金融体系有重要影响的大银行，即资产规模在 5000 亿美元以上的银行，监管层最新规定拟将普通股比例、一级资本充足率和资本充足率分别提高到 6%、8% 和 10%。同时，还提出了 3% 的最低杠杆率等多项要求。根据新规定，银行需要在 2015 年前，即 5 年内达到最低资本比率要求；而对缓冲资本的落实则更为宽松一些，银行可以在 2016 年 1 月至 2019 年 1 月期间分阶段落实。这一改革法案不仅要求银行拥有更多的资本金，而且对核心一级资本给出了更为严格的定义。

新的国际监管协议出台对于国际银行业的影响体现在以下几方面：第一，资本金要求提高，使得商业银行（尤其是部分欧洲银行）需要从市场上筹措资金以达到新标准。尽管监管当局给予了过渡时间，但增资行动会使得国际金融市场流动性状况发生改变，并影响到近期相关金融市场的表现；第二，资本金、杠杆率等一系列新标准的制定，使得金融部门的商业模式和业务模式将会有所改变，资本结构也会发生变化。这种改变对于国际金融市场的影响将长期而深远；第三，巴塞尔Ⅲ给予了调整需要的时间，然而由于各国国情以及银行存在差异，实施新标准的时间如果不同步，会引发对国际监管套利①行为。

四　主要货币汇率走势分化

在过去的一年中，全球外汇市场呈现这样三个特征：美元从作为避险港的升值过程重归贬值通道；欧元巨幅震荡；日元大幅度升值引发日本中央银行七年来首度干预汇市。

（一）美元终结短期避险港带来的升值效应重归贬值通道

在市场存在高度不确定性和动荡时期，投资者风险偏好普遍降低，具有低风险、高度流动性的资产变得很有吸引力。美元资产通常成为这样的避险港。投资者通常预期在危机时期，这样的货币资产具有升值潜力。2008 年下半年，市场呈现浓厚的恐慌情绪，美元受到追捧，呈现升值趋势。随着市场避险情绪逐步减弱，在美国大幅度的财政刺激政策以及美联储异常宽松的货币政策影响下，从 2009 年春季开始，美元重新回到贬值通道。然而，美元贬值历程因欧洲主权债务危机的爆发而中断。2009 年底，由于欧洲主权债的担忧渐长，作为主要的替代选择，美元需求重新提振。随后，2010 年 6 月美联储在经济褐皮书中指出美国经济出现减速迹象，美元又应声而跌（见图 13）。

① 目前全球金融市场相对统一，但金融体系的管理却存在国别差异。所谓“国际监管套利”指大型金融机构利用不同国家监管机构制定的监管规则之间的差异，选择金融监管相对宽松的市场展开经营活动，以降低监管成本、规避管制和获取超额收益。例如，在 2004 ~ 2006 年新旧巴塞尔协议监管转换期间，各银行都希望在不完善的旧协议下通过监管套利获得更多的风险溢价，导致在这三年中风险因素急剧增加。美国银行业的表内抵押贷款数量占 GDP 的比重从 2004 年初的 20% 上升为 2008 年初的 26%。RMBS（Residential Mortgage Backed Securities，住宅房贷担保证券）和 HEL（Home Equity Loans，家庭房产贷款）占 GDP 的比重从 2004 年初的 7% 上升为 2007 年中的 18%，并在当年底滑落至 16%。

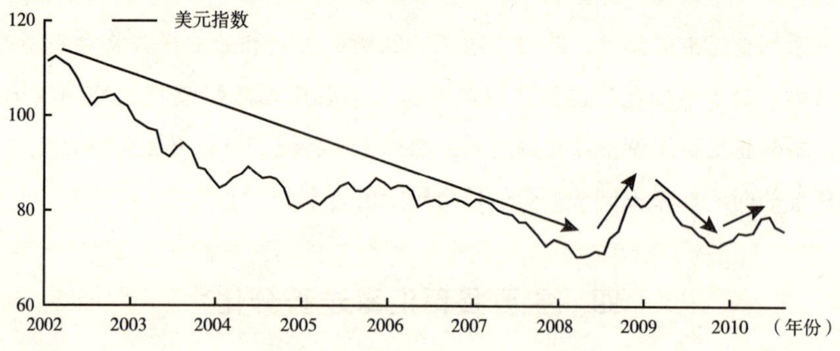

图 13 美元主要货币指数*（2002 年 1 月至 2010 年 8 月）

*美元指数上升意味美元升值，反之亦然。
资料来源：美联储数据库。

（二）欧元、英镑大幅度波动

欧元从 2009 年底以来对美元持续贬值。到 2010 年 6 月，欧元对美元贬值了 22%。欧元贬值在一定程度上消化了市场对主权债务和银行风险对欧元区经济负面影响的预期。之后，随着美国经济负面消息传出，进入到 2010 年 7 月，欧元相对美元转而升值（见图 14）。英国与欧洲国家一样也存在较为严重的财政问题，其汇率表现也基本与欧元同步。

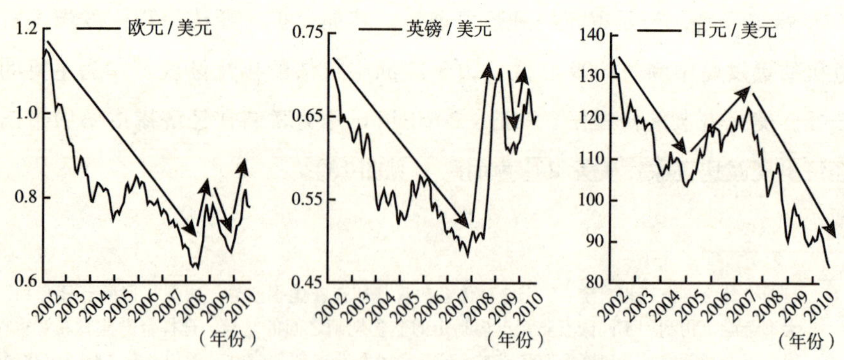

图 14 欧元、英镑、日元对美元名义汇率*
（2002 年 1 月至 2010 年 8 月）

*此处采用间接计价法，名义汇率上升意味该货币贬值，反之亦然。
资料来源：IMF，IFS 数据库。

（三）日元升值

2007年爆发金融危机以来，日元呈现显著而持续的升值趋势（见图14）。日元升值的原因主要包括：其一，日本经常项目一直处于顺差状态；其二，由于日元利率水平长期以来为零或接近于零，日本一直是全球套利交易资金的主要输出地。在危机爆发后各国纷纷降低利率，利差交易规模明显缩小，投资者更愿意回到更为熟悉的本国市场，日元的卖单也随着急剧减少；其三，日本政府规定，从2010年8月开始，金融衍生品高杠杆率不得超过50倍，2011年8月降至25倍，日本金融市场的去杠杆化也导致日元呈现上升态势。

（四）主要货币汇率未来走势

如图15所示，21世纪以来美元实际有效汇率大致经历了三个阶段：2002年之前的上升期，2002～2007年下降期，以及危机爆发后2008年至今的剧烈波动平台期。如果将时间轴拉长，美元现阶段的波动将被平复。如果美国及全球出现经济好转，国际投资者风险偏好会明显回升，过去“持币过冬”的策略将随之改变，美元将丧失“避险天堂”带来的美元升值效应。反之，若美国经济一蹶不振，美国可能进一步放松货币供应。① 从债务角度而言，美国拥有居统治地位的国际货币，财政融资能力强，无需像欧洲那样由于评级所累而不得不实行紧缩的财政政策。因此美国对于债务的处理方法是通过宽松财政来刺激经济，提升GDP来改善债务占比，同时利用美元贬值产生的估值效应来使其债务货币化。总之，近期内美联储不会改变宽松的货币政策，美国公共债务还将不断累积，美国经常项目逆差在短期难以逆转。所以不论美国经济向好还是恶化，美元贬值进程都将继续。

日元实际有效汇率比美元提早一年，于2001年即步入贬值通道。其历史低位出现在2007年7月，之后持续上升，到2010年7月日元实际有效汇率累计升值29.3%。目前日元的实际有效汇率刚刚回到2005年的价值水平。由于日元持

① 美联储主席伯南克近日的讲话（2010年8月27日）表示，“如果美国经济前景明显恶化，美联储准备好透过非传统措施提供进一步宽松的货币政策”。纽约大学Stern商学院的Nouriel Roubini博士称美联储开始执行一项政策，将直接货币化大约一半的财政赤字。

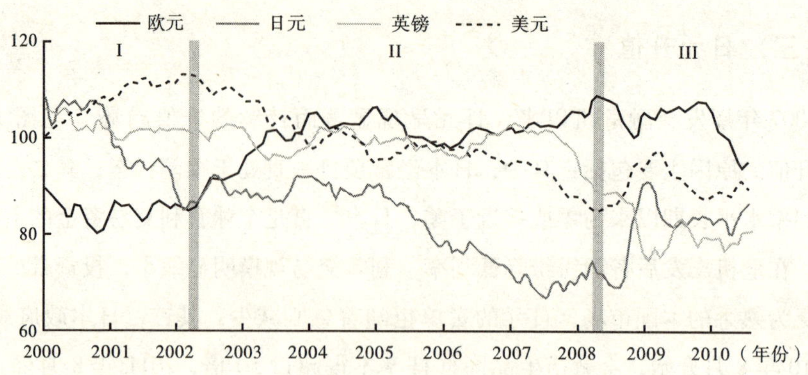

图15 主要货币基于CPI的实际有效汇率

资料来源：BIS，统计数据库。

续升值，为了改善日元持续升值造成的对本国经济的不利局面，日本政府已经从之前的口头暗示上升到了实质性举措。2010年9月15日，日本财务省在东京外汇市场上实施了干预，当日外汇市场日元全面回落。就短期而言，对汇市的干预是有效的，而且现在金融市场上存在的日元超买能量需要得以释放。但是，事实上日本政府对于日元的控制力量仍相当有限。由于外汇市场交易量巨大，政府干预存在一定风险，一旦干预将严重考验政府的决心和信心，能否扭转趋势成为政府干涉成本能否顺利收回的关键。目前的国际游资规模和速度远远超过20年前的水平，在各国政府、国际游资以及财政考验等重重压力下，日元是否能真正从上升趋势上得以改善，还有待观察。

欧元与日元的实际有效汇率运动方式截然相反。2001～2007年是欧元实际升值阶段，随后则开始出现两波下行趋势。欧洲目前面临主权债务危机的重重压力，为应对危机，欧盟区国家普遍采取紧缩财政政策，然而在控制公共债务水平"去福利化"的同时，将会拖累消费和需求，对经济复苏带来负面影响。经济增长乏力导致的GDP滑落，则极有可能会进一步推高公共债务的GDP占比，使得欧洲国家陷入恶性循环之中。欧洲国家采取的宽松货币政策也不利于欧洲货币重返强势。对于欧元区而言，由于货币政策与财政政策分属欧洲中央银行和主权国，在目标设置和动作协调上存在一定阻力，造成政策成本上升、灵活性下降。由于欧元区内部经济恢复速度存在差异，使得适应本国要求的财政政策与统一的货币政策安排之间往往存在冲突。而且，尽管处于统一管理下，货币政策的设定依然存在犹疑，例如在欧债危机中政策响应速度延迟非常明显。这种犹疑增强了投资者的不安，弱化了市场信心。这种影响在经济收缩期尤为明显，进一步弱化了欧元表现。

五 小结

危机期间出现的严重避险情绪已经逐步释放，尽管对风险依然敏感，但投资者已经开始寻觅新的获利方式。国际金融监管规则的修订，虽然从长期来看将稳定市场交易活动、降低市场风险，然而就短期而言，为尽量回避即将提高的监管成本，监管套利活动将使全球金融市场面临更大的不安定因素。

总体而言，危机后全球经济发展开始呈现分化态势，新兴市场经济体的经济恢复速度明显快于发达经济体。发达经济体继续竞相采用宽松的货币政策刺激经济，而新兴市场经济体则受国内价格高涨的影响不得不执行退出性的货币政策。使得这种经济恢复上的分化，具体体现在政策利率、资金流向、资本市场状况以及汇率等重要金融指标的变动上。国际金融市场在未来一年可能出现南北冷热不均的状况，而这种不均衡的发展将会加剧未来全球经济治理成本。一方面新兴市场经济体不得不继续面对发达经济体宽松货币政策的外溢效应，另一方面新兴经济体已然执行的退出政策也对发达经济体存在外溢作用，使其发现宽松货币政策实际对本国经济刺激作用有限。总之，经济恢复的差异将导致金融市场运作方向的变化，而国家间不同政策的外溢作用将带来宏观经济政策调整上的巨大挑战。

参考文献

BIS（2010a），Quarterly Review：International Banking and Financial Market Development，March 2010.

BIS（2010b），80th Annual Report，June 2010.

IMF（2010a），Global Financial Stability Report-Meeting New Challenges to Stability and Building a Safer System，April 2010.

IMF（2010b），Global Financial Stability Report-GFSR Market Update，July 2010.

黄薇（2010）：《拿什么来拯救走在钢丝绳上的国家们》，《中国经济》2010 年第 6 期，第 106 ~ 110 页。

International Financial Market: Retrospectives and Prospects

Gao Haihong, Huang Wei

Abstract: International financial stability has been improved over the past year. However, the markets are sensitive to the factors such as uncertain global economic recovery, different pace of each country's exit policies, and the possible outbreak of European sovereign debt crisis. International financial markets have been featured by the following aspects: excess global liquidity has been formed due to anti-crisis measures of fiscal stimulus and easy monetary policy; capital flows have chased the differentials in growth rates, interest rates and exchange rates; affected by externality of developed countries' stimulus policies, emerging markets have become the principle recipients of international capital and have to face challenges of potential domestic assets bubble; foreign exchange markets and equity markets have been continuously turbulent due to gloomy prospect of economic recovery and deterioration of public debts in the developed economies; the scale of international debt securities have shrunk again. International financial markets will continue to be volatile because of a bunch of uncertainty on the sustainability of economic recovery in the developed economies: the choices of fiscal and monetary policies, the global rebalancing, and the reconstruction of international financial system in the medium and long term.

Key Words: International Financial Market; Global Liquidity; Government Debt Market; Foreign Exchange Market

Y.12

国际直接投资形势回顾与展望

张金杰*

摘　要：受金融危机和世界经济衰退的影响，2009年的全球外国直接投资（FDI）流入规模显著减少。但在2010年，伴随着跨国公司投资信心的逐步恢复，全球外国直接投资流入规模开始回升，预计将超过2009年并达到1.2万亿美元左右的水平。尽管依然有一些国家出台了新的限制外国投资的政策，但更多的国家还是更加趋向于对外国投资实施进一步自由化和便利化的鼓励政策。

关键词：外国直接投资　并购　跨国公司

一　全球外国直接投资概况

1. 全球FDI流入规模开始回升

受金融危机和世界经济衰退的影响，全球外国直接投资（FDI）流入规模在2009年降到了1.2万亿美元以下，并在2009年第一季度跌至谷底。如果以2005年外国直接投资的季度平均值为100的话，从2009年第二季度至2010年第一季度期间，全球外国直接投资的季度指数便出现了缓慢回升的趋势（见图1）。然而，根据联合国贸易与发展会议（UNCTAD）的最新统计，到2010年第二季度这一指数则又呈现环比下降。

在图1中反映了自2000年第一季度以来OECD外国直接投资流入状况。2010年第一季度，22个OECD成员国的外国直接投资流入总额为上年同期的一倍以上。①

---

* 张金杰，中国社会科学院世界经济与政治研究所副研究员，主要研究国际直接投资、企业并购等问题。

① "Investment News"（OECD），June 2010，Issue 13.

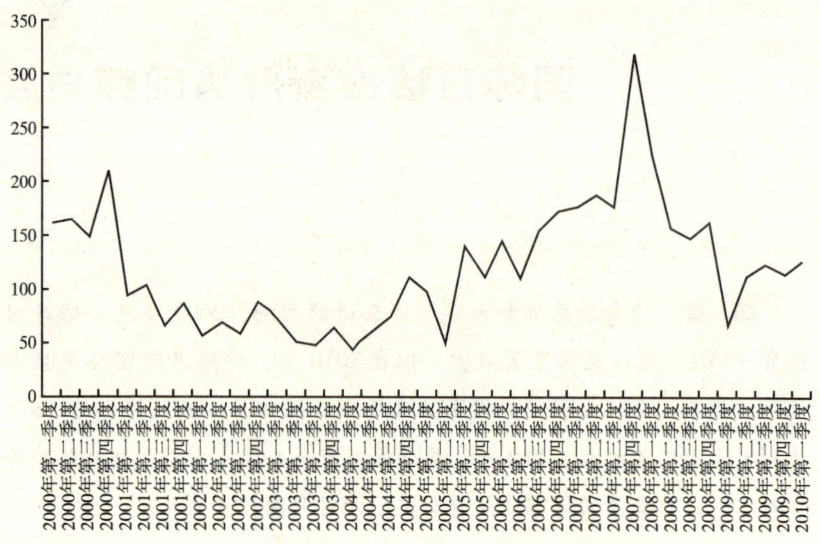

图 1　2000～2010 年全球外国直接投资季度指数
（2005 年季度平均值 =100）

资料来源：UNCTAD，*World Investment Report 2010*。

在世界经济实现复苏且越来越多跨国公司对投资前景不断看好的背景下，我们有理由认为，2010 年全球的外国直接投资流量可能将实现小幅的低速增长，并重新上升到 1.2 万亿美元左右的水平（见图 2）。

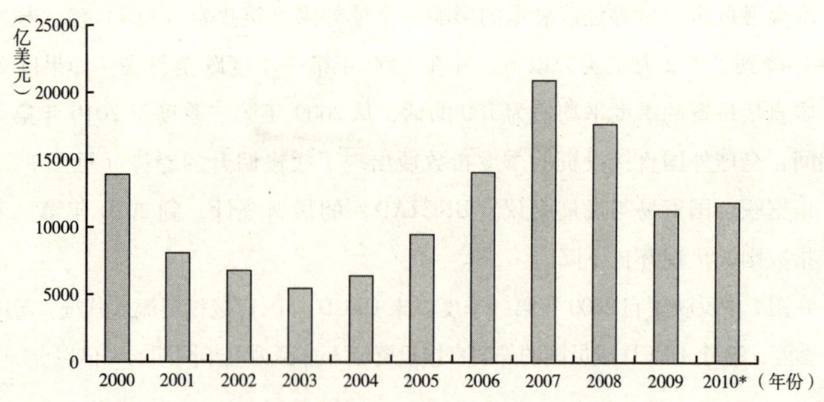

图 2　1998～2009 年全球 FDI 流入规模

＊预计值。

资料来源：根据 UNCTAD 历年 *World Investment Report* 制作。

2. 发达国家外国直接投资流量下降趋势有所逆转

近年来的一些地区外国直接投资流入或流出规模的减少，主要体现于发达国家。从表1中可以看到，在2008～2009年间，OECD无论是外国直接投资流入规模还是流出规模都下降了40%以上。其中，除了荷兰等极少数国家外，大多数OECD成员国的外国直接投资流出入状况都呈现出增长，尤其是美国、英国这些在国际直接投资格局中占有突出地位的国家，负增长更加严重。

表1　2008～2009年OECD主要成员国FDI流动状况

单位：10亿美元，%

	流入			流出		
	2008年	2009年	变动	2008年	2009年	变动
澳大利亚	47	23	-51	33	18	-44
加拿大	55	19	-66	81	39	-52
法国	62	60	-4	161	147	-8
德国	24	36	46	134	63	-53
意大利	17	29	71	44	44	0
日本	24	12	-51	128	75	-42
荷兰	3	42	1247	31	35	13
西班牙	73	15	-79	75	16	-78
英国	91	46	-50	160	18	-88
美国	328	135	-59	351	269	-23
OECD总计	994	600	-40	1563	883	-44

资料来源：OECD。

从统计数据分析，发达国家的对外投资与吸引外资都是在2008年底到2009年初这一段时间内陷入最低谷的，但从2009年中期开始便逐步趋于稳定，继而有所增加。进入2010年后，伴随着世界经济逐步走出衰退的阴影，一些发达国家的外国直接投资流入呈现一定的增长。从表2中可以看到，在2009年达到最低点后，除了英国外，美国、德国、法国、日本几个西方主要国家的外国直接投资流入状况都呈现明显的稳定增长态势，并至少在2010年第一季度都远大于上年同时期的水平。根据联合国贸发会议的统计，到了2010年第二季度，上述一些国家的外国直接投资流入则又出现了同比下降的状况。

表2　2009～2010年间各季度主要发达国家FDI流入状况

单位：百万美元

	2009年				2010年
	第一季度	第二季度	第三季度	第四季度	第一季度
美　国	5866	31524	55803	41514	47289
英　国	19542	25384	27140	22696	11106
德　国	-9813	6068	10629	21601	18994
法　国	-3862	71	18034	-2783	17188
日　本	5935	3127	3594	22710	21456

资料来源：JETRO（2010），*White Paper on International Trade and Investment*。

3. 发展中国家吸引外国直接投资的努力取得成效

发展中国家以及转型经济国家占外国直接投资流入量的一半，它们日益成为跨国公司重视的投资目的地。同时，这些国家对外投资占到全球外国直接投资流出量的1/4。可以说，发展中国家以及经济转轨国家对于全球国际直接外资的回升，正在产生出越来越大的影响力。

作为最大的发展中国家，中国2009年外商直接投资流入量仅次于美国，世界排名第二，达到约950亿美元。进入2010年后，作为跨国公司最理想的投资目的地之一，流入中国的外商直接投资依然保持一定的增长速度。2010年1～8月份，中国吸收外商直接投资为659.56亿美元，同比增长18.06%；外商投资新设立企业16721家，同比增长18.33%。

同时，从产业流向上看，服务业吸收外资情况继续保持了大幅增长，显示出中国目前利用外资结构正在日趋优化。按照商务部的统计数据，2010年1～8月份，全国服务业实际使用外资同比增长36.8%，占同期全国总量的45%。

除了中国以外，其他广大的发展中国家也在努力引进外国直接投资，并取得了一定的成效。在拉美，按照巴西中央银行的预计，2010年巴西吸引的外国直接投资可能将达到380亿美元。尽管由于欧洲债务危机的影响使得比原先预计的450亿美元要少，但巴西吸收的外国直接投资规模占全球外国直接投资流入总规模中的比重从2009年的2.5%上升到3%以上。[①] 在亚洲的一些新兴经济国家和

① "Brazil Central Bank Cuts 2010 FDI Forecast by 16%", *Businessweek*, June 22, 2010.

地区，由于有中国、印度等大国经济的带动，加之受到经济危机的负面影响相对要小，从而更加容易引起跨国公司的格外关注与青睐。例如，在泰国，2010年1~4月，官方共收到了245个海外直接投资项目申请，与2009年同期的186个项目相比，提高了31.7%，其投资总值达533亿泰铢（1美元约合32泰铢）。而这一指标与2009年同期的216.7亿泰铢相比上涨了146%。①

值得关注的是，尽管很多发展中国家各自吸引的外国直接投资规模可能并不很多，但近年来这种不断增长的趋势反映出国际直接投资格局可能正在发生某种变化。这种变化表现为当发展中国家迫切希望借助外资进行产业升级的时候，注定会涌现出越来越多的新的投资机会，而这些机会无疑会对跨国公司产生巨大的吸引力。

4. 金砖四国的对外直接投资规模激增

近年来国际直接投资市场最引人关注的一大新特点是以中国为代表的金砖四国（巴西、俄罗斯、印度和中国）企业十分活跃的跨国投资活动。由于跨国并购交易数量的增加，金砖四国流向发达国家的外国直接投资激增。2000~2009年，印度企业的国外并购案达到812起，中国450起，巴西190起，俄罗斯436起。金砖四国的投资具有一些共性，如已经具备了多种所有权优势；试图建立由当地资产组成的资产组合以提升国际竞争力；投资主要在各自所在领域进行；对外投资更多处于战略考量而非仅注重于短期盈利。

对于中国企业而言，在引进外商投资方面保持平稳增长的同时，对外投资规模也继续平稳发展。2010年1月至7月，中国境内投资者共对全球113个国家和地区的2034家境外企业实施了直接投资，累计实现非金融类对外直接投资267.5亿美元。受到全球关注的是中国企业正在迅速地壮大。尽管能建立国际品牌的公司还不多，但已经有越来越多的中国公司正在一些商品市场上（比如电力设备、机床、机车等）走出了一条不断宽广的国际化道路。

5. 包括跨国并购在内的全球企业并购呈现逐渐活跃态势

作为外国直接投资最重要的组成部分，全球跨国并购在2007年达到历史最大规模后便呈现急剧下降的趋势，并在2009年初陷入低谷后逐步有所反弹。在2010年中，伴随着美国并购市场的形势稳定，新兴市场的并购增幅又抵消了欧

---

① 泰国2010年6月1日《世界日报》。

洲市场所出现的降幅，全球跨国并购活动呈现日趋活跃的态势。按照OECD的统计，在2010年1~6月间，全球跨国并购达到了6000亿美元左右（见图3）。在2010年全年有望比上年增长20%，这是2008年金融危机以来跨国并购第一次实现了增长。①

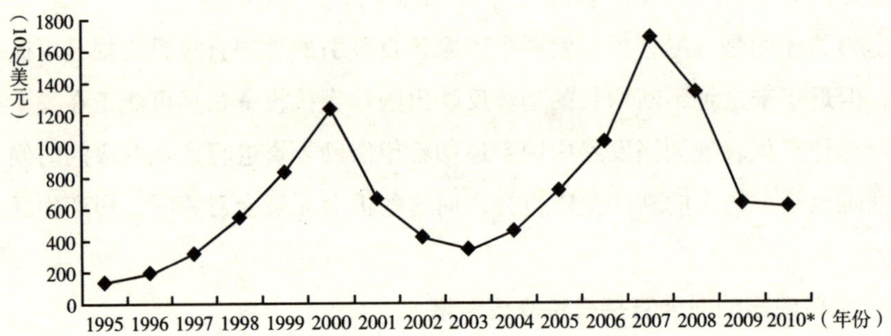

图3 全球跨国并购交易规模（1995~2010年）

*2010年上半年。

资料来源："Investment News"（OECD），June 2010，Issue 13。

跨国并购是全球企业并购的一个部分，全球企业并购的活跃程度也是国际投资状况的一种直接反映。在2010年1~9月间，全球并购交易总额达1.678万亿美元，较2009年同期增长21%。其中，在第三季度，全球实际并购交易额为5990亿美元，较2009年同期增长25.6%，为连续第三个季度的增长，而且创下了两年来全球并购交易的最强劲季度增长数据。这种状况清楚地表明了跨国公司不断增强的投资信心。

6. 电信、采掘、制药、食品饮料等领域的跨国投资十分活跃

2010年国际直接投资的主要资金流向大都集中在电信、采掘、金融等领域。例如，由于对世界经济复苏的预期使得自然资源领域依旧保持着较为高涨的投资热潮，所以在该领域的并购交易也显得十分的强劲。仅仅在2010年第一季度，全球范围内采矿和金属行业便完成了231项交易，比2009年同期增长了300%；累计交易金额达到116亿美元，比2009年同期上升25%。②

① "Investment News"（OECD），June 2010，Issue 13.

② 安永：《中国如何应对全球愈演愈烈的矿业资产竞争》，安永网站，http：//www.ey.com/Home，2010年6月。

在电信领域的并购活动，更多的是与经济危机引发的企业间战略重组活动有关。由于一些国家的电信营运商表现出较为强烈的并购愿望，推动了这一领域跨国投资规模的增加。

除了电信与采掘业以外，从2010年上半年的一些重大并购交易中（见表3），我们还可以关注到食品饮料业的并购活动。这种状况表明，后金融危机时代各个领域的跨国公司都在积极地寻求新的全球扩张机会。

表3 2010年1~6月全球10大跨国并购交易案

单位：百万美元，%

时间	收购方			被收购方			易额	收购股权
	企业名称	国别	所在行业	企业名称	国别	所在行业		
2010.4	卡夫（Karft Foods Inc.）	美国	食品	吉百利	英国	食品	21418	100.0
2010.6	巴帝电信（Bharti Airtel）	印度	电信	科威特电信(Zain)	科威特	电信	10700	100.0
2010.4	奥兰治（Orange Plc.）	法国	电信	T移动(T-Mobile)	英国	电信	8496	100.0
2010.2	Abbott(雅培)	美国	制药	苏威制药(Solvay)	比利时	制药	7603	100.0
2010.4	喜力(Heineken)	荷兰	饮料	Femsa啤酒公司	墨西哥	饮料	7346	100.0
2010.4	Vimpelkom	俄罗斯	电信	Kyivstar GSM	乌克兰	电信	5589	100.0
2010.1	奥兰治（Orange Plc.）	法国	电信	埃及尼罗河移动通信公司(Mobinil)	埃及	电信	5207	51.0
2010.1	Liberty Media Corp.	美国	广播电视	Unitymedia	德国	广播电视	5195	100.0
2010.6	中石化（Sinopec Group）	中国	石油	Syncrude Canada Ltd	加拿大	石油	4650	9.0
2010.2	KDDI	日本	广播电视	Liberty Global	美国	电信	4000	100.0

资料来源：根据JETRO（2010）*White Paper on International Trade and Investment* 及其他国内外媒体整理。

二 经济危机对全球跨国投资的影响

（一）经济危机对跨国投资的阻碍作用在减少

以跨国公司为主体的全球跨国并购形势在2002~2007年间经历了五年的活

跃与繁荣时期后，在2008年迅速进入了收缩与萧条时期。次贷危机以及由此引发的全球金融危机直接影响到了国际直接投资市场。不过，由于跨国公司纷纷主动采取积极应对的措施，特别是各个主要国家纷纷采取积极的金融与财政政策，加大政府投资力度，使得经济危机对外国直接投资的破坏远远小于人们所担心的程度。

近两年的全球跨国投资形势表明，在大多数跨国公司纷纷实施谨慎的跨国投资战略的同时，依然有很多跨国公司借机“抄底”，试图通过收购达到一石二鸟的功效。一方面，利用金融危机获取较为廉价的海外资产，从而增加自身的实力，抱团过冬；另一方面，可以通过新的全球布局改变自身的企业市场地位，从而在金融危机后的国际市场上大展身手。正是在此背景下，我们可以看到，全球外国直接投资规模仅仅经过了两年左右的时间便呈现稳定局面，并逐渐恢复了增长态势。

（二）跨国公司整体上的国际化程度正在逐渐加强

尽管全球金融危机对国际直接投资市场造成了一定的负面影响，但它并未导致跨国公司全球化发展进程的停顿，最多仅是放慢步伐而已。伴随着全球经济逐渐走出衰退，跨国公司的全球化经营正在恢复旧有的活力。

根据联合国贸发会议的统计，目前，全球共有8.2万家跨国公司，其国外子公司也已达到81万家。在2008~2009年间，跨国公司所属外国子公司销售额和增加值的下降幅度与世界经济的收缩相比较为有限。而值得关注的是，外国子公司在全球国内生产总值中所占份额创下11%的历史新高。跨国公司的外国雇员人数在2009年甚至还略有增加，升至8000万人。

尽管两年多的经济危机使得跨国公司经历了较为艰难的经营发展历程，但这段时间毕竟较为短暂，而且这种困难对于大多数跨国公司而言也在可预期及可控制的范围之内。

（三）很多国家纷纷出台应对金融危机的新外资政策

金融危机的发生无疑对很多国家的外国直接投资产生极大不利影响。为了阻遏外国直接投资流入规模的骤然减少进而造成本国经济发展速度的下滑，许多国家出台了积极的新外资政策，这些政策更多地表现出鼓励跨国公司扩大投资的

倾向。

按照联合国贸发会议的一份统计报告，在2010年4月至10月初，国际投资政策的总体趋势是进一步的投资自由化、便利化和投资促进。在此期间，至少有41个国家或经济体采取了新的投资政策措施，其中27个经济体通过了专门针对外国投资的政策措施，16个经济体通过了与外国投资有关的政策措施。当然，在上述推行进一步投资自由化的国家中，大多以发展中国家为主，它们的政策核心往往是集中于外国企业投资的自由化与便利化等方面。例如，中国、印度、韩国和突尼斯等国家便出台了一些旨在简化外资行政审批程序方面的政策。

三　2010年中国企业海外投资重点及其经验分析

（一）海外投资与吸引外资趋向平衡的时代正在迫近

按照联合国贸发会议统计，2009年，中国对外直接投资流出规模已经达到约480亿美元，世界排名第六。如果与同期中国吸引的外商直接投资相比，二者比例大体在1∶2左右。中国对外直接投资流出与外国直接投资流入之间的关系，也恰恰符合英国学者邓宁的投资发展轨迹（investment development path，简称IDP）学说。

IDP理论认为，一个国家外国直接投资的流出与流入，大都要经历五个发展变化阶段。按照该理论，中国目前正处于进入IDP的第三阶段，即以外商直接投资增长率的放慢和对外直接投资增长率的加速为标志，中国的对外直接投资净流量（net outward investment，即NOI）逐步转入正增长。对外资企业而言，它们在劳动密集型领域所有权优势发生了很大变化。在中国国内企业资金、技术、劳动力资源所有权优势增加的情况下，更由于本国人均收入的大幅提高和对高档产品消费需求的快速增长，外资企业将更注重输出新技术，并加大向高附加值的资金和技术密集型领域投资，投资类型也由贸易替代型明确地朝着以效率型投资为主的方向转化。

从中国对外投资的角度分析，由于我国国内许多领域的企业所有权优势都达到了与发达国家企业大致相当的水平，经营活动中政府所起的引致因素越来越少，加之国内市场需求趋于饱和和劳动力成本的提高，国内企业利用内部化优

势，开始倾向于资产转移战略，为寻求更大的经济效益和消化国内生产能力的过剩，纷纷向国外投资。

在实践中，包括西方大型跨国公司在内的国际投资方越来越多地开始把中国企业作为平等的对手商谈全球投资活动。中国企业从以往主要担当资产被收购的角色正在逐渐变成主要的资产收购方。根据摩根大通的一项统计，在2010年上半年，中国作为收购方的并购交易额排在美国之后居全球第二位。[①] 如果从2003年开始算起，当年中国的对外直接投资只有28亿美元，而如今这一规模已经达到400多亿美元。中国对外直接投资年均发展速度已经高达70%多。尽管中国依然在积极吸引外商直接投资，但从近年来的统计数据看，伴随着重质量轻数量的外资政策，以往流入外资快速增长状况也已经开始变化。有鉴于此，可以说，中国正在进入IDP从第三阶段向第四阶段快速发展阶段，即对外直接投资与吸引外商直接投资二者之间的规模将逐渐达到1∶1的水平或者相对平衡的阶段。

（二）能源投资为主，但更加多元化投资的趋向逐渐明显

以能源为主的采掘业一直是中国企业海外投资最主要的领域。以中石油、中石化、中海油以及宝钢、中铝等公司为主的大型国有企业不断在国际市场出手。2010年，这些中国企业在国际采掘业的各种投资活动依然受到瞩目。从2005年初至2010年上半年，中国企业收购海外矿业资产共成交91桩，总价值达319亿美元。[②]

在2010年上半年中，除了表3列出的中石化以46.5亿美元之巨收购美国康菲石油（ConocoPhillips）拥有的加拿大油砂开采商（Syncru de Canada Ltd）9%的股份这一案例外，还有16桩交易均属于采掘领域的投资。

作为制造业大国，我们在关注中国采掘业海外投资的同时，还应关注中国制造企业海外投资的发展状况。可喜的是，在现实国情下，在采掘业不可避免地要担当起海外投资主力军的情况下（至少在投资规模上如此），中国国内的制造业企业也开始越来越密集地“走出去”，而且它们的投资规模不断扩大，并日益引起国际关注。

---

① 和讯网，2010年7月21日。

② 《矿业、油气及汽车三大行业成中国海外并购主力军》，2010年9月20日《中国财经报》。

2010年中国制造业海外投资最具有标志意义的案例，自然莫过于吉利以18亿美元完成对瑞典沃尔沃的收购。吉利能够从身陷困境的美国汽车制造商福特手中收购沃尔沃，并获得了沃尔沃的专有知识产权，不管对吉利还是对整个中国汽车行业来说，这都是一宗具有重大意义的并购案例。

除此案例外，2010年，作为中国机械集团旗舰之一的三一集团，即将成为中国首家在德国投产的工程公司。此举预示着中国快速发展的工业企业对欧洲工程市场发起了攻击。又如在汽车零部件领域，2010年7月，北京太平洋世纪汽车系统有限公司（简称“PCM”）与美国通用公司在底特律签约，PCM将以4.5亿美元收购通用旗下NEXTEER公司，即通用全球转向与传动业务。这是继2009年京西重工1亿美元收购德尔福之后，中国汽车零部件行业的又一次重大海外收购，而且是迄今为止该领域最大的海外收购案。NEXTEER拥有全球最先进的转向与传动技术、产业经验和全球性客户资源。收购该公司后，有可能为中国的汽车零部件产业进入高端国际市场打下一定的基础，对中国汽车零部件工业发展将产生积极的影响。

其实，发生在2010年中国制造业企业海外投资的大大小小案例已是不胜枚举。除了制造业外，包括金融、码头、电信等行业在内的中国服务业海外投资也十分活跃。

正是这种势头良好的多领域的海外投资，使我们有理由相信，中国海外投资的路子将会越走越宽。

（三）不断汲取海外并购的经验与教训

在看到中国海外投资事业迅速发展的成绩的同时，我们总是需要不断提醒中国企业家们要时刻保持冷静的头脑，时刻保持海外投资的国家风险防范意识。因为不仅中国企业自身存在很多的问题，客观的投资环境也总是孕育着巨大的投资风险。

1. 中外跨国公司总体实力存在差距

从表4中可以看到，中国企业与西方企业之间在整体经营规模、企业绩效和国际化程度等方面都存在着巨大的差距。

首先，在经营规模方面。仅以海外资产规模一项指标为例。2007年，我国最大的采掘业公司中石油海外资产额为68.14亿美元，仅为同期英荷壳牌公司海

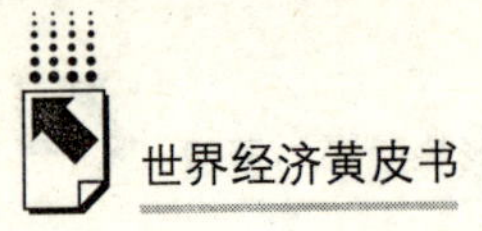

表4 采掘业主要中外企业海外经营状况比较（2007年）

	国别	行业	资产(百万美元)		销售额(百万美元)		雇员(人)		跨国化指数(%)
			海外	总规模	海外	总规模	海外	总数	
壳牌	英/荷	石油	196828	269470	207317	355782	86000	104000	71.3
BP	英国	石油	185323	236070	223216	284365	80600	97600	79.9
埃克森	美国	石油	174726	242082	269184	390328	50904	80800	68.0
道达尔	法国	石油	143814	167144	177835	233699	59146	96422	74.5
力拓	澳/英	矿业	50588	101391	15623	33518	24653	45997	50.0
淡水河谷	巴西	矿业	18846	76717	27836	33115	4568	40405	38.7
中石油	中国	石油	6814	191185	3246	122341	22000	1167129	2.7
中石化	中国	石油	4812	14886	24274	31412	225	26632	36.8
中海油	中国	石油	1861	21256	1944	12177	1500	44000	9.4
中国五矿	中国	矿业	1722	10233	3459	21364	798	44425	11.6

资料来源：联合国《世界投资报告》（2008年）。

外资产规模的3.5%。实际上，中石油、中石化和中海油三家中国最大的石油公司海外资产总和为134.87亿美元，仅相当于英荷壳牌公司海外资产规模的6.85%。同样，作为进入2009年《世界投资报告》全球发展中国家100家最大跨国公司排行榜的中国五矿集团，其海外资产规模与国外的全球矿业垄断巨头力拓、必和必拓、淡水河谷相比，也远远不属于同一个重量级别。

其次，在企业绩效方面。根据表4同样可以看到，中国企业所具有的往往是“人海优势”，而最终经对比反映出来的却是人均资产额、人均销售额等效益指标的巨大中外差距。2007年，中石油海外人均销售额和包括中国市场在内的人均销售额分别为2781美元和10.4万美元。而壳牌公司的相同指标，则大约分别是中石油的717倍和32倍。

最后，由于自身实力及其经营效率的原因导致中国企业国际化程度依然比较落后。联合国跨国公司与投资司将跨国化指标（Transnationality Index 简称TNI）作为衡量企业国际化程度的重要指标，TNI越高，则表明企业的国际化程度就越高。

其计算公式为：

$$TNI = (\text{国外资产} / \text{总资产} + \text{国外销售额} / \text{总销售额} + \text{国外雇员数} / \text{总雇员数})/3 \times 100\%$$

在表4中，可以清晰地看到中国企业的国际化程度远远低于西方跨国公司。在中国三大石油公司中，有两家公司的跨国化指数甚至低于10%，这一指标即使与发展中国家（地区）的著名跨国公司相比，也属于相当低的水平。

2. 跨国公司日趋激烈的国际竞争

中国企业在进行海外投资过程中，首先面临的就是来自国际同行日趋激烈的国际竞争。这些包括西方国家和印度、韩国等新兴国家在内的各国跨国公司，日益将中国企业视为正在崛起的对手。尤其是在采掘业中可以看到，上述国家企业与中国企业往往形影相随，在一些重大国际项目中，纷纷出手与中国企业进行竞标。

早在2006年初，日本政府资助的半官方机构贸易振兴会（JETRO）就发表报告，提醒日本石油公司对来自中国的竞争给予足够重视。目前，日本企业正利用其强大的资金优势与传统的合作关系，同中国周边的国家签订一系列能源开发协议，对中国进口能源形成极大的挑战。日本大石油公司和商社目前奉行的是大力推进全方位的石油、天然气自主开发战略。中日企业之间的能源竞争最著名的案例，恐怕莫过于数年前的俄罗斯天然气管道之争了。

3. 国际上时时作祟的投资保护主义

目前世界上许多国家对于外国直接投资的政策，总是呈现二元性特点，即：一方面，力求进一步实行投资自由化和投资促进；但另一方面，又注重加强投资管制，争取实现公共政策目标。即使经济发展水平相对落后但却人均资源储藏丰富的弱小国家，如今也将其地下矿产资源视为赖以同经济大国进行政治与外交博弈的重要筹码，从而也加大了外国企业的投资难度。还有一些国家出于国家经济安全角度，再加上国际上“中国威胁论”势力所传播的思想，对外国投资出台了更趋严格的政策限制。2010年2月2日，澳大利亚立法机构通过了旨在加强外商投资管理的立法，防止外国投资者通过复杂的并购协议规避该国并购法。而此项立法的修正始于2009年2月，其矛头指向不言自明，针对的正是当时力拓同中国铝业的收购交易。

此外，中国企业在对外投资的过程中往往会遇到事先意想不到的风险。例如，2009年，中国在刚果达成的“矿产换基础设施”协议，初步估值为90亿美元。按照该协议，一个由中国国有企业组成的集团同意在刚果建造道路、铁路和医院，以换取一个铜钴矿的开发权。但由于上述协议遭到国际货币基金组织和巴黎俱乐部债权人的反对，最后上述协议金额被迫修改为60亿美元。

4. 国家风险评估意识与防范能力不够

这里所指的国家风险，是指在对外投资过程中外国资产在东道国所面临的政治风险、经济风险与社会风险，是源于因国别政治或经济形势变化而导致的外国资产价值的变化。由于中国对外直接投资的历史还不到30年的时间，与西方国家的投资历史相比，实在是天壤之别。因此中国企业所面临的国家风险及其应对能力，均远不及西方跨国公司。

正是由于中国企业太缺乏对外投资及跨国经营的经验，在如此短的时间里便迅速形成角色转换，从仅限于小规模的制造业投资，转变成进行动辄多达成十上百亿美元的大宗资源股权的收购，这种转变无论我们有多么强的风险意识都是难于全面防范的，因为风险总是防不胜防。更何况在现实中，我们企业的某些境外并购项目往往或因风险防范意识太差，或因措施不得力，给国家和企业造成巨大损失。这一点，仅从众所周知的2009年中铝并购力拓失败并造成巨额经济损失一案中，就足以给那些包括资源寻求型投资企业在内的所有企业以至为深刻的教训了。

参考文献

UNCTAD（2010），*World Investment Report 2009*.

OECD（2010），“Investment News”（OECD），June 2010，Issue 13.

JETRO（2010），*JETRO White Paper on International Trade and Investment*.

中国社科院世经政所全球并购研究中心：《中国并购报告2010》，中国经济出版社，2010。

International Direct Investment: Developments and Prospects

Zhang Jinjie

Abstract: After a significant global FDI downturn in 2009, the FDI flows worldwide are expected to recover slightly in 2010. In the longer term, the recovery in FDI flows is set to gather momentum. Global inflows are expected to pick up to around USMYM1. 2 trillion in 2010. Most countries continue to liberalize and promote foreign investment, although a few countries have adopted new policy measures regulating foreign investment.

Key Words: Foreign Direct Investment; Mergers and Acquisitions; Transnational Corporation

Y.13
国际大宗商品市场形势回顾与展望

姚枝仲*

摘　要： 大宗商品市场中的金融化趋势日益明显。国际大宗商品市场的基本面不能支撑大宗商品价格上涨。以美国为主要代表的发达经济体实行宽松的货币政策，在极低的利率情况下还加上数量宽松，以至于大量流动性流入大宗商品市场，推高了大宗商品价格，也提高了大宗商品市场上的不确定性。鉴于发达国家仍将在2010年下半年维持宽松的货币政策，2010年的大宗商品市场仍将维持高价。2011年国际大宗商品市场仍有很大的不确定性，大宗商品市场价格的总体走向主要取决于发达经济体是否会退出宽松货币政策。

关键词： 大宗商品　金融化　石油价格

国际大宗商品市场从2002年以来经历了一轮剧烈的价格波动，其波动幅度甚至要大于20世纪70年代两次石油危机期间的价格波动。以原油价格为例，第一次石油危机期间，原油的月度平均价格从1970年12月每桶2.11美元暴涨到1974年1月每桶12.99美元，拉升至6.2倍，随后在半年之内回落21%；第二次石油危机期间，原油的月度平均价格从1978年4月每桶12.66美元涨到1980年11月每桶39.16美元，拉升至3.1倍，也在随后的半年之内回落19%。但是在最近一次，原油的月度平均价格从2001年12月每桶18.53美元暴涨到2008年7月每桶132.5美元，拉升至7.2倍，并在2008年12月回落至每桶41.5美元，半年之内回落69%。截至2010年8月，原油平均价格又上升到了每桶75.9美元。①

---

* 姚枝仲，经济学博士，中国社会科学院世界经济与政治研究所研究员，主要研究领域为国际经济学。

① 以上数据来自UNCTAD，Commodity Price Statistics。

2002 年以来大宗商品价格波动对世界经济的冲击，虽然不像石油危机引起发达经济体“滞胀”那么明显，但是其影响还是非常深远的。在实体经济体方面，大宗商品价格的巨幅上涨给大宗商品出口国提供了充足的财力和收益。按照联合国贸发会秘书处的估计，由于价格上涨，在 2004～2007 年期间，石油出口国平均每年获得了相当于其 GDP 5.5% 的净收益（扣除跨国公司获得的收益），矿产品出口国平均每年获得了相当于 GDP 1.8% 的净收益。① 这些收益支持了大宗商品出口国经济的迅速发展，尤其是为资源性的发展中国家建立了良好的经济发展基础，对世界经济格局的变化起到了重要作用。

大宗商品价格波动对世界经济更大的影响体现在金融方面。事实上，两次石油危机之后产生的石油美元也对国际金融市场产生了重大影响。2002 年以来大宗商品价格波动对国际金融领域的重大影响主要有以下两个方面：首先，大宗商品出口国的大额国际收支顺差是全球不平衡的一个重要组成部分。其次，由于有了大宗商品期货市场、远期市场和相应的衍生金融工具的发展，大宗商品市场成为金融资产投资组合的重要选择之一，金融资本大量参与了大宗商品市场交易。这种情况不仅加剧了大宗商品市场的波动，也使得大宗商品市场本身成为国际金融市场的重要组成部分，还使得大宗商品价格波动有了一个通过金融市场影响世界经济的新渠道。

中国受到国际大宗商品市场越来越严重的价格波动冲击。首先，中国在国际分工中，主要出口劳动密集型和资本密集型产品，进口资源密集型和技术密集型产品，原油、铁矿石、大豆等大宗商品严重依赖进口。国际大宗商品市场的价格波动通过贸易条件对中国的国民收入和福利产生重大影响。其次，国际大宗商品市场的价格波动也会对中国国内宏观经济稳定造成重大影响。2007 年中国就经历了一次由原油价格上涨，引起玉米价格上涨，进一步引起猪肉价格上涨和食品价格与消费物价全面上涨的奇特的物价传导过程。另外，中国作为铁矿石的主要需求国，却是国际铁矿石价格的被动接受国，无法在国际铁矿石价格形成机制中施加有效影响，这种情况使得中国在国际大宗商品交易中的利益受到严重损害。

由于国际大宗商品市场对世界经济和中国经济的重大影响，《世界经济黄皮

① 以上数据来自 UNCTAD Secretariat, Recent Commodity Market Development: Trends and Challenges. Dec. 2008。

书》编委会决定从这一期开始，增加一个反映国际大宗商品市场形势的固定专题，跟踪国际大宗商品市场形势的变化。由于这是黄皮书中第一次开始定期分析，我们将首先对大宗商品的界定，大宗商品的特殊性，大宗商品市场的定价机制和近年来国际大宗商品市场上两个最重要的变化，即金融化趋势和中国因素，做一些说明。文章以下部分的结构如下：第一部分是大宗商品的界定，主要讨论大宗商品的定义和特征；第二部分讨论大宗商品市场价格形成机制的演变；第三部分分析大宗商品市场中的金融化趋势；第四部分分析大宗商品市场中的中国因素；第五部分讨论大宗商品市场最近的形势和未来变化趋势。

一 大宗商品的定义和特征

大宗商品（Commodity）是指大批量交易的标准化商品。“标准化”的含义即指同一计量单位的某商品之间是无差异可互换的。正是由于其具有“标准化”的特征，大宗商品可以依据样品在现货市场、远期市场和期货市场进行大批量交易。大宗商品主要是初级产品，即农产品、矿产品和依据农矿产品生产的半成品。

联合国贸发会、世界银行和国际货币基金组织对大宗商品有不同的统计分类，但总体来说，主要包括农产品、金属及金属矿、能源产品三大类，世界银行还将化肥类产品列入大宗商品统计范围。其中农产品主要包括食物（谷物、大豆、植物油、水果、糖和肉类）、饮料（可可、咖啡和茶叶）和农业原材料（木材、棉花、羊毛、烟草和橡胶等）；金属及金属矿主要包括金、银、铜、铁、铅、锌、铝、锡、镍和钨等；能源产品主要是原油、天然气和煤。在上述三大类商品中，金属及金属矿和能源产品属于资源性大宗商品，具有不可再生的特点；农产品虽然与自然资源条件密切相关，但是属于可再生的产品。

农产品的产量受自然条件的影响较大，尤其是容易受到气候、灾害和瘟疫的影响。农产品还有生产周期长、产出有季节性以及不易保存等特点。正是由于这些特点，农产品的产量和价格具有极大的不确定性。农产品远期市场和期货市场正是为了规避价格波动风险而产生的。第一个现代意义上的期货市场，美国的芝加哥期货交易所（Chicago Board of Trade，CBOT），成立于1848年。该交易所在当时主要是从事小麦和玉米的远期交易，并于1865年开始用期货合约取代远期

合约。

不可再生的资源性大宗商品还具有四个区别于农产品和一般制成品的明显特征。

第一是资源的有限性。资源的有限性使得资源性大宗商品的定价不再取决于生产的边际成本，也不再取决于与边际成本相关的级差地租。正如霍特林法则所指出的，资源的有限性使得资源性大宗商品不再是单纯的商品，而是具有金融资产的特征，其价格取决于未来所能获得的收益流。其价格高于边际成本的部分常常被称为“霍特林租金”。租金的大小在很大程度上取决于消费者对有限资源的竞争程度。资源性大宗商品的金融资产特性，不仅使金融市场的波动对大宗商品价格有间接影响，而且使金融资本直接参与大宗商品的交易、炒作和价格操纵，从而对大宗商品市场价格产生直接影响。

第二是资源性大宗商品生产链中的投资具有高度专用性和高风险的特征。比如对炼油设备和高炉的投资，只能用来炼油和炼铁，对矿井设备的投资只能用来采矿，同时，开采出来的原油和铁矿只能进炼油厂和高炉，这就是投资的专用性。投资的专用性本身蕴涵了投资的高风险。另外，在每一次打井之前并不能确认井下资源的丰裕状况，这也反映了资源性大宗商品生产投资的高风险性。投资的专用性和高风险性要求在生产链的上下游之间，或者资源性大宗商品的供需双方之间有一种稳定的关系，以便降低交易中风险管理成本和合约谈判与执行成本。因此，长期协议、远期市场和期货市场在资源性大宗商品的价格形成机制中扮演了非常重要的角色。

第三个特征是需求缺乏弹性和供给能力约束同时存在。在现代生活和生产中，资源性大宗商品已经成为必需品的主要成分，具体表现为其实际需求增长主要取决于经济总量和人均收入水平的增长，而受价格的影响较小，即需求的价格弹性较低。同时，由于资源性大宗商品生产的投资额和投资风险较大，其供给能力往上调整所需要的时间较长，因而其短期内的供给能力会受到较大的约束。当无弹性的需求碰到供给能力的上限时，需求的进一步增加就会引起价格的大幅度上升，尤其是当供给方的市场集中度较高时，价格的上升幅度会更大。

第四个特征是资源的所有者和资源性大宗商品的生产者常相分离。一般来说，生产者在开采之前进行风险资本投资时，具有较大的谈判和定价能力，一旦关于地下矿产资源的丰裕程度揭示出来时，资源所有者的谈判和定价能力就会上升。这两者之间的利益冲突对资源性大宗商品的生产和定价曾经造成了重大影响。

二 国际大宗商品市场价格形成机制的演变

国际大宗商品市场除了长期协议市场和现货市场以外，还有远期市场、期货市场、期权市场及其他衍生交易市场等多种类型。大宗商品无差异可互换的“标准化”特征，使得同一大宗商品的各个市场价格之间具有很强的联动性。在市场发展的过程中，期货交易市场逐渐成为国际大宗商品市场定价的基准（Benchmark）。

期货交易市场在价格形成机制中的基础性地位并不是从一开始就有的。期货市场在国际农产品市场中作为定价基准的地位形成较早，而在国际原油市场定价中的基准地位则是在20世纪90年代以后才逐步形成的。在国际铁矿石市场上，定价基准至今仍然是长期协议价格，而不是期货市场价格。期货市场在农产品定价中的重要地位与芝加哥的特殊作用有关。90年代美国铁路西进，使得芝加哥成为西部农作物运往东部人口密集地的集散地，芝加哥成为整个美国的农作物交易中心。在这个过程中，芝加哥期货交易所（CBOT）和芝加哥商业交易所（Chicago Mercantile Exchange，CME，其前身是成立于1898年的芝加哥黄油与鸡蛋交易所）的发展逐渐主导了芝加哥的农产品交易。随着美国农作物向世界其他地方的扩散，芝加哥期货市场也逐渐成为全球农作物交易中心和农产品定价基准。世界原油市场定价机制的演变，则与农产品市场完全不同，充分反映了资源性大宗商品价格形成过程中力量与利益的博弈，是其他资源性大宗商品定价机制演变的缩影，对于理解资源性大宗商品定价机制的客观规律具有重要的参考价值，也有利于理解国际铁矿石市场价格机制未来的演变。

世界原油市场定价机制的演变经历了四个主要阶段。

第一阶段是石油工业的早期阶段，从1859年现代石油工业的起点到1928年。这一阶段石油还不具备现代资源性大宗商品的上述基本特征，定价中的竞争性比较充分。

第二阶段是“七姐妹”时期，大约从1928年到1973年。其标志性事件是1928年8月英荷壳牌石油公司、新泽西标准石油公司和英国石油公司在苏格兰签订的《阿奇纳卡里协定》（或称《“按现状”协定》）。该协定为了限制恶性价格竞争，规定按当时的现状瓜分世界石油市场。后来海湾和美孚等另外四家石油公司也加入该协定，并以“七姐妹”闻名于世。该协定规定国际原油价格只按墨西哥湾的离岸价加上从墨西哥湾到目的地的运费计算，后来增加了一个波斯湾的离岸价加上从波斯湾到目的地的运费计算标准。这一定价规则完全是七姐妹垄断的结果。七姐妹控制了大部分石油的下游行业，低价意味着向下游转移利润，同时也意味着向石油资源所在国尽量少地缴纳矿区使用费和收入分成。七姐妹的定价过分剥夺了石油资源国的利益，首先导致了委内瑞拉在1948年要求提高利润分成比例，并进而导致了石油资源国广泛的国有化运动，促成了欧佩克的形成。

第三阶段即“欧佩克”时期，大约从1973年到1986年。其标志性事件是欧佩克于1973年单方面宣布收回石油定价权，并将原油价格从每桶3美元提高至每桶12美元。1979年进一步大幅度提价至每桶30美元以上。欧佩克时期是国际石油定价权从七姐妹向石油资源国转移的时期，也是石油利益从英美等发达国家向拥有石油资源的发展中国家转移的时期。定价权和利益的转移伴随着石油价格的大幅度攀升，并引起了发达国家两次大的经济衰退。

第四阶段是交易所时期，从1986年到现在。两次石油危机之后，以美国为首的发达国家开始试图打破欧佩克的垄断定价地位。当时出现了两个积极的变化，一是由于石油价格上涨引起了欧佩克以外油田的加速发现和开采，其中就有北海油田的开发，这对于打破欧佩克的垄断具有重要作用；二是由于原油需求缺少弹性，价格上涨反而引起了原油需求者对原油现货的恐慌性购买。现货价格比长期协议价格高的事实，使得欧佩克成员在原油供应方面逐渐用现货代替长期协议，推动了现货市场的发展，从而逐渐形成了欧洲鹿特丹和美国纽约两个大的原油交易市场，并分别发展出了北海布伦特轻质原油和西德克萨斯中质原油两个价格标准，正式打破了欧佩克在原油市场上的垄断定价权。现货市场的发展推动了以交易所为基础的远期市场、期货市场和期权市场的发展，也推动了在场外市场（OTC）上的衍生交易发展。这些衍生市场的发展吸引了金融资本的大量参与，进一步弱化了实际供需双方在原油定价上的垄断力量，但同时也给缺乏有效监管的金融大鳄在石油市场上通过价格操纵获得新的垄断定价权的机会。

从石油定价机制的发展过程可以明显地看出，当前铁矿石市场的定价机制正相当于石油市场的欧佩克时期，即铁矿拥有者和开采者（主要是力拓、必和必拓和淡水河谷）拥有联合垄断定价权，利用铁矿石需求的低价格弹性尽量抬高交易价格，并将长协供应逐渐向现货供应转移。在这种情况下，欧美等国在石油定价机制演变的第四阶段打破欧佩克垄断定价权的经验是非常值得中国借鉴的。

三　国际大宗商品市场中的金融化趋势

期货市场及其他衍生交易市场的发展为大宗商品市场的“金融化”提供了实现基础。国际大宗商品市场中的金融化成为了一种趋势，这种趋势从2002年以来表现最为明显。在美国金融系统泡沫的形成与崩溃过程中，就伴随着大宗商品市场价格的持续快速上升和突然反转。2002年至2008年上半年，大宗商品综合价格指数上涨了2.3倍，随后在半年内下跌了38%。

大宗商品市场中金融化趋势的第一个表现，是大宗商品市场交易主体的金融化，即金融机构的交易份额逐渐上升，并在大宗商品交易中占主导地位。

表1显示了美国所有商品期货交易所中各类交易主体的周平均持仓比例。2006~2008年期间，在达到报告要求的持仓头寸中，实物供求者（包括大宗商品的生产者、使用者、加工者或者中间商）的多头仓位比例从29.5%下降到了

表1　美国商品期货交易所各类交易商的期货与期权持仓比例

单位：%

		2006年	2007年	2008年	2009年
实物供求者	多头	29.5	27.0	22.3	32.9
	空头	40.2	41.4	32.4	37.6
互换交易者	多头	14.6	16.9	14.4	16.7
	空头	9.8	8.9	11.8	17.5
	组合	13.6	15.0	16.4	16.6
货币与基金管理者	多头	10.6	11.5	13.6	9.0
	空头	5.9	5.9	6.1	4.2
	组合	16.5	14.2	14.2	10.3
其　他	多头	3.5	3.4	3.4	3.3
	空头	2.1	2.5	3.3	2.6
	组合	11.9	12.1	15.7	11.2

注：持仓数是指每年的周平均持仓头寸。持仓比例是根据达到报告要求的持仓头寸计算的。

资料来源：美国商品期货交易委员会（CFTC）。

22.3%，空头仓位比例从40.2%下降到了32.4%。而金融机构（包括互换交易者、货币与基金管理者、其他机构）的多头仓位比例从28.7%上升到了31.4%，空头仓位比例从17.7%上升到了21.2%，组合仓位（同时有多头和空头）比例从41.8%上升到了46.2%。金融机构的持仓份额上升还伴随着大宗商品价格的快速上涨。2009年大宗商品价格的下跌则伴随着金融机构持仓比例的下降。

大宗商品市场中金融化趋势的第二个表现，是在大宗商品市场的衍生品交易行为中，“非商业交易”的比重上升，且剧烈波动。“非商业交易”和“商业交易”是美国商品期货交易委员会对衍生品交易行为的一个分类。其中，“非商业交易”是指仅仅在交易所衍生品中持有敞口头寸的交易，这类交易主要是赌油价变化价差的交易行为。“商业交易”是指用交易所衍生品对冲现货市场风险或者场外市场衍生品风险的交易。图1显示，在美国商品交易所的衍生品交易中，“非商业交易”在2002~2008年间的头寸增长倍数远大于“商业交易”的头寸增长倍数，以至于“非商业交易”多头比例从30.3%上升到了42.8%，空头比例从26.9%上升到了38.0%。①

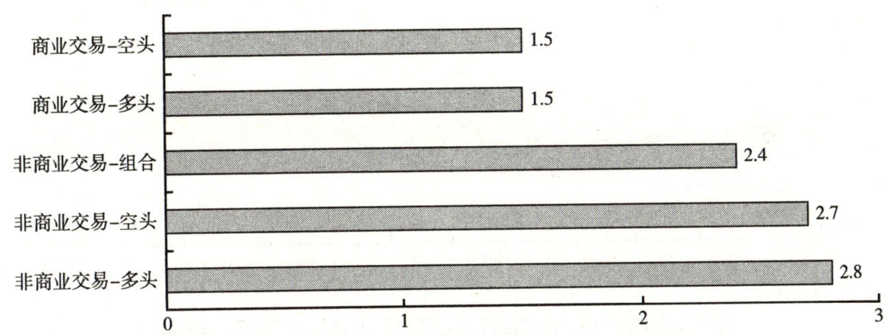

图1　2002~2008年美国商品期货与期权头寸变化情况

注：头寸变化依据每年的周平均头寸数计算。
资料来源：CFTC。

金融化趋势的第三个表现，是金融交易主导价格变化。图2和图3显示，在2002年至2008年上半年期间，尤其是从2005年到2008年上半年期间，不管是

① 此数据包含组合头寸中的多头和空头头寸。

交易所市场还是场外市场（OTC），其大宗商品衍生品交易都呈爆发式增长态势，同时，大宗商品价格指数也呈爆发式增长态势。

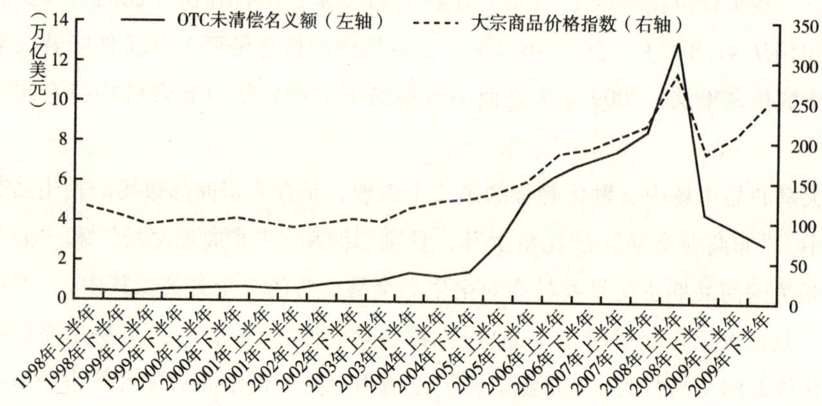

图2　OTC 大宗商品衍生品交易与大宗商品价格

资料来源：UNCTAD，BIS。

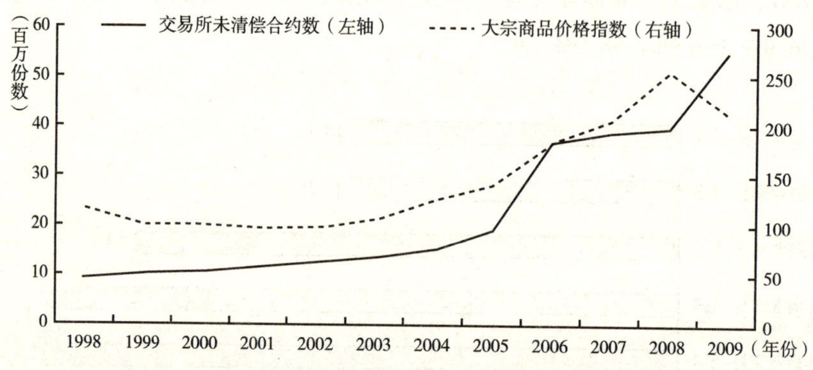

图3　交易所市场大宗商品衍生品交易与大宗商品价格

资料来源：UNCTAD，BIS。

从 2001 年下半年到 2008 年上半年，大宗商品价格指数增长了约 2 倍，而交易所市场未清偿的大宗商品期货与期权合约数从 2001 年的 1130 万份上升到了 2008 年的 3960 万份，增长约 2.5 倍。场外市场大宗商品衍生品交易的未清偿名义额从 2001 年下半年的 6000 亿美元上升到了 2008 年上半年的 13.2 万亿美元，增长约 21 倍。考虑到衍生品交易极少进行实物交割，因此可以认为，正是衍生品市场上金融交易的爆发式增长，推高了大宗商品价格的快速上涨。

同时，2008 年下半年大宗商品价格的快速下滑，也伴随着场外市场未清偿衍生品名义额的大幅度下降。相比上半年，2008 年下半年大宗商品价格指数下跌了 36%，而场外市场未清偿衍生品名义额下降了 68%，从 13.2 万亿美元跌至 4.4 万亿美元。

大宗商品市场中的金融化趋势，对于理解大宗商品市场的波动及其影响有重要意义。首先，在分析和理解大宗商品市场的波动时，不能仅仅局限于基本面的供求分析，而要更加注重金融市场和金融交易对大宗商品市场的影响。其次，金融化趋势改变了大宗商品市场与宏观经济之间的影响渠道。在传统渠道中，大宗商品市场通过价格与贸易条件渠道对宏观经济产生影响，而宏观经济通过供需状况，尤其是需求状况影响大宗商品市场。金融化趋势使得宏观经济对大宗商品市场的影响增加了货币与金融渠道，利率、汇率、流动性以及金融监管与管制等的变化都会对大宗商品市场产生重大影响。同时，大宗商品市场也会通过货币与金融渠道对宏观经济形成冲击。另外，金融化趋势加剧了大宗商品市场的波动，因而加大了大宗商品实际供求方在价格风险管理上的难度。

四　国际大宗商品市场中的中国因素

中国在国际大宗商品市场中扮演了越来越大的作用，中国的作用常常是“买什么，什么就涨”。中国因素也常常是大宗商品市场中讨论的一个话题。中国对国际大宗商品市场的影响，主要是通过需求渠道，而不是通过供给和金融渠道发生作用的。这里也主要是讨论中国对大宗商品的需求在国际市场上到底处于什么地位。

表 2 以 2008 年为基准，提供中国大宗商品进口在国际市场中的份额及其变化。所选商品来自中国海关重点监测和定期公布相关数据的进口大宗商品。

在农产品中，谷物或者粮食（包括小麦、大麦、燕麦、玉米、稻谷、高粱等）的国际市场规模极其巨大，2008 年全球各国的粮食进口总额高达 1031 亿美元。中国极少依赖国际粮食，中国的粮食进口额仅占全球粮食进口额的 0.7%。中国主要进口的粮食是稻谷或者大米，也只进口了国际市场的 1%。中国在粮食上相当高的自给自足程度，跟中国历来对粮食安全问题高度重视有关。但是自给自足程度高并不意味着中国国内的粮食市场能够免受国际市场的影响。

表 2 中国大宗商品进口在全球中的份额

	全球进口额（2008 年）（亿美元）	中国份额（%）		中国进口额比例的变化（个百分点）	
		价值	数量	2002～2008 年	2008～2009 年
农产品					
谷物	1031	0.7		-1.0	1
稻谷	177	1.0	0.7	-1.1	0
大豆	414	52.8	50.9	29.8	7
橡胶	195	22.1	12.9	6.3	4
原木	162	32.0		7.6	7
羊毛	131	20.0		2.0	5
棉花	437	17.0		6.2	4
金属及金属矿					
钢铁	5074	4.8		-6.6	7
铁矿	1056	57.5	50.9	34.8	10
铜及制品	1409	18.5		1.3	13
铜矿	377	26.4	26.2	11.3	3
铝及制品	1526	4.5		0.5	4
铝矿	44	37.2	39.4	36.1	0
氧化铝	134	13.2	14.1	-2.2	4
铅矿	40	39.8	54.6	26.3	4
锌矿	59	18.0	24.1	9.7	23
镍矿	40	51.7	64.4	50.8	6
能源产品					
原油	15149	8.5	7.3	4.4	2

注：表中产品名称均为对应的海关 HS 分类名称的简称。其对应的代码分别为谷物 10，稻谷 1006，大豆 1201，橡胶 4001，原木 4403，羊毛 51，棉花 52，钢铁 72，铁矿 2601，铜及制品 74，铜矿 2603，铝及制品 76，铝矿 2606，氧化铝 281820，铅矿 2607，锌矿 2608，镍矿 2604，原油 270900。

资料来源：联合国 COMTRADE 数据库。

中国在食用农产品领域对国际市场有重大影响力的非“大豆”莫属。大豆的国际市场规模在 2008 年有 414 亿美元，中国进口了其中的一半多，占 52.8% 的份额。而且 2009 年中国的进口份额又上升了 7 个百分点，达到 60%。中国在国际大豆市场上，在需求方占据绝对主导地位。这种地位，是中国从 2002 年以来大豆进口的大幅度增长造成的。中国的大豆进口从 2002 年的 25 亿美元迅速增长到了 2008 年的 218 亿美元，以至于这一期间，中国大豆进口在国际市场中的

份额以几乎每年递增5个百分点的速度增长。

中国农业原材料的进口也在国际市场占有较重要的地位。其中天然橡胶进口占全球天然橡胶进口总额的22.1%，原木占32%，羊毛占20%，棉花占17%。中国农业原材料进口份额上升的趋势从2002年以来一直持续到现在。中国在羊毛和棉花上进口较多，与中国是纺织服装的主要出口国有关，因为羊毛和棉花是纺织服装的主要原料。

在金属及金属矿方面，中国的铜矿、铝矿、铅矿、锌矿、铁矿、镍矿进口在国际市场均占有较大份额，尤其是铁矿和镍矿。2008年，中国的铁矿进口占全球铁矿进口的57.5%，镍矿进口占全球的51.7%。到2009年，中国铁矿进口的份额进一步上升到了67.5%，镍矿进口份额进一步上升到了57.7%。镍矿的国际市场规模较小，2008年的全球进口规模仅有40亿美元，中国的份额虽然大，但是对整个大宗商品市场和国际国内经济的影响程度较低。而铁矿则不同，国际市场的规模相当大，2008年全球铁矿石进口达1056亿美元，中国占据了其中的608亿美元。大规模的铁矿石进口需求对世界铁矿石市场和中国经济均有重大影响。

遗憾的是，中国的影响主要体现在提高价格上。中国作为最大的需求者，不能获得更好的需求条件，甚至不能在国际铁矿石价格上发挥谈判力量。表2中的数据显示，中国铁矿石进口额虽然占据全球57.5%的份额，但是进口数量只占据了全球50.9%的份额。这说明中国以高于全球平均水平的价格在进口铁矿石。2008年全球铁矿石平均进口价格为每吨121亿美元，而中国的平均进口价格为每吨137美元，比国际市场高13%。需要说明的是，中国在大豆和原油进口上，都付出了比国际市场平均水平更高的价格。这反映了中国在大宗商品进口中还处于一种不利的地位。

原油是另一种中国进口的重要大宗商品。实际上，中国的原油进口在国际市场上的份额并不高，2008年只有8.5%，远远低于铁矿石和大豆的份额。2009年，中国的原油进口份额虽然又上升了2个百分点，但这不是中国的原油进口增加造成的，而是由于全球市场萎缩，只是中国进口减少幅度更低而已。不过，原油的国际市场规模巨大，2008年全球原油进口额高达1.5万亿美元，即使中国只占了8.5%的份额，其规模也达到了1290亿美元。这一个产品的进口就占中国全年进口总额的1/8。而且，中国原油进口增长的速度确实较快。2002年中国

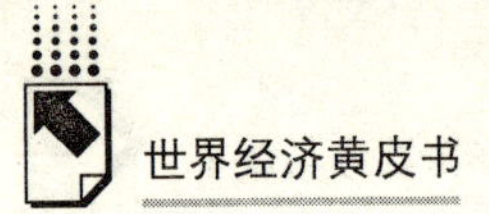

进口原油才128亿美元，6年之内，竟然拉升9倍之多。

尽管中国在尽力提高能源与资源的使用效率，考虑到中国经济还在以比世界平均水平更快的速度增长，中国的能源与资源消耗仍将以较快的速度增长，中国的能源与资源大宗商品进口在国际市场中的份额还将进一步提高，国际大宗商品市场上的中国因素也会越来越重要。

综合考虑进口规模和进口占全球的份额，大豆、铁矿和原油是国际大宗商品市场中中国因素最大的几大品种，也是中国受国际大宗商品市场影响最大的几大品种，在未来的分析中，我们将密切跟踪这三大品种的国际市场情况及其与中国的互动关系。

五　国际大宗商品市场形势与趋势

国际大宗商品市场价格经历了2002年至2008年上半年的大幅度上升和2008年下半年的快速回落之后，从2009年初又开始了一轮上升过程，直到2010年进入盘整阶段。从联合国贸发会的大宗商品月度价格指数来看，2008年4月大宗商品综合价格指数经历了6年半的上升之后，达到历史最高点，是2001年10月这一轮增长起始时点价格指数的3.3倍。2008年5月价格指数开始回落，到2008年12月，已跌去38%。经过2009年一年的回升之后，到2010年1月，大宗商品综合价格指数已相当于最高点的82%（见图4）。

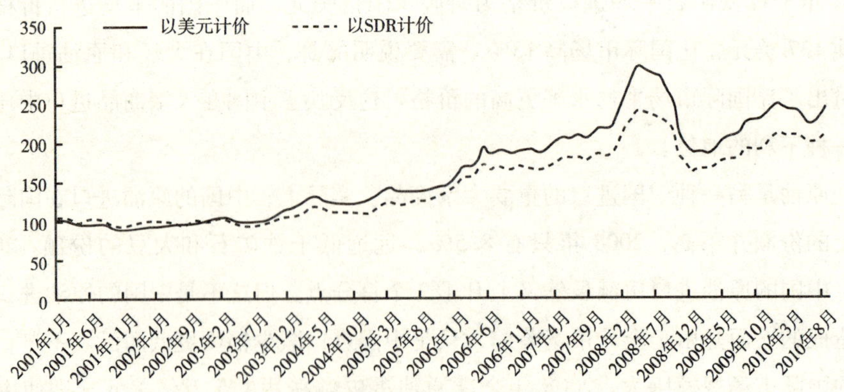

图4　大宗商品价格指数（所有商品）

资料来源：UNCTAD。

从图5的分类价格指数来看，各类大宗商品均表现出了同样的变化。不管是原油还是金属及矿物，抑或农产品，都在2009年大幅度回升之后，于2010年进入盘整阶段。不同品种大宗商品的同趋势变化，在很大程度上说明了这种变化受到某个共同因素的作用，而不是单个商品本身供需状况的变化。这个共同的因素就是金融因素。

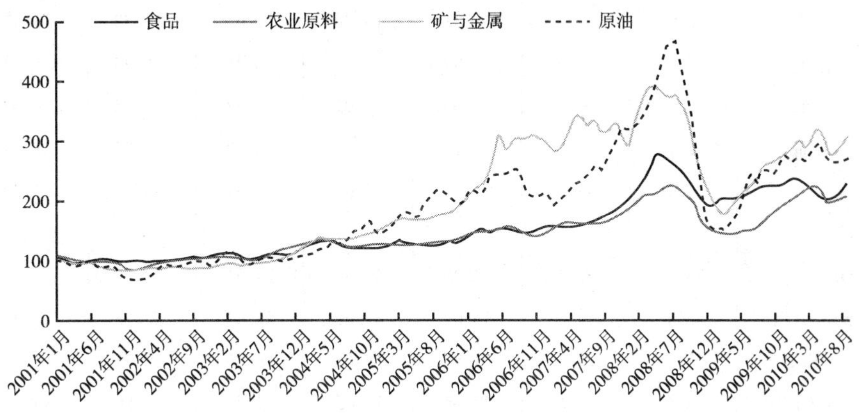

图5　大宗商品分类价格指数

资料来源：UNCTAD。

以石油为例，可以发现石油自身的供需状况不能支持石油价格的快速回升和高位盘整。表3的数据显示，2009年和2010年的上半年，全球石油市场明显处于供过于求的状况，很难想象一种商品在供过于求的情况下，价格还会上涨。2010年全年和2011年的全球石油需求虽然还是会增长，但是石油供应也在增加，尤其是石油输出组织（OPEC）以外地区的石油供应在增加。只要是石油输出组织（OPEC）没有刻意压低产量，则全球石油市场供过于求的状况就不会改变，油价上升就不能从基本面上获得强有力的支撑。

基本面虽然不支持大宗商品价格上涨，但是资金与金融面确实能解释大宗商品价格的快速回升并维持在高位。从国际清算银行公布的全球商品期货交易所未平仓商品期货与期权合约数来看，2009年比2008年有明显提高，且2010年还在提高。其中2010年3月末的未平仓期货合约数比2009年末增加了150万份，期权合约数增加了180万份。不过，到2010年6月末，期货和期权合约数比3月末减少了40万份。从美国期货交易委员会公布的每周末各类交易者的持仓头寸

表 3　世界石油供需状况

单位：百万桶/天

年　份	2002	2008	2009	2010Q1	2010Q2	2010	2011
需求							
OECD	47.9	47.8	45.45	45.94	45.21	45.6	45.38
Non-OECD	29.8	38.4	39.29	40.13	41.43	41.03	42.52
亚洲	13	17.4	18.31	19.08	19.67	19.32	20.03
拉美	4.8	5.9	5.99	6.01	6.24	6.23	6.44
中东	5.2	6.9	7.06	6.97	7.37	7.33	7.67
非洲	2.6	3.1	3.2	3.18	3.29	3.23	3.35
总需求	77.7	86.2	84.74	86.08	86.64	86.62	87.79
供给							
OPEC	28.9	37.5	33.36	34.06	34.01		
Non-OPEC	48.1	49.7	51.69	52.66	52.64	52.58	52.94
OECD	21.9	19.3	18.8	19.08	18.86	18.71	18.36
Non-OECD	24.5	27.6	29.04	29.62	29.76	29.86	30.36
总供给	77	87.2	85.06	86.72	86.65		
需求缺口	0.70	-1.00	-0.32	-0.64	-0.01		

资料来源：IEA，Oil Market Report。

来看，2010 年各类交易者的周平均头寸都有了明显提高，反映了各类交易者均在更多地参与衍生品交易。尤其值得注意的是，在实物交易者做空头的情况下，金融机构在做多头，最终造成了 2010 年大宗商品价格维持在高位。截至 2010 年 10 月 5 日，美国所有商品期货交易所中，实物交易者的周平均持仓头寸是净空头 12.3 万份，而货币与基金管理者的净头寸是多头 16.3 万份。同期，赌价差的“非商业交易者”是净多头头寸，其多头头寸是空头头寸的 1.79 倍，而主要是对冲风险的“商业交易者”是净空头头寸，其空头头寸约为多头头寸的 1.08 倍。

尽管发达国家的经济并没有明显好转，国际大宗商品的需求状况也并没有明显改善，基本面并不能支撑大宗商品价格在较高的水平，但是，以美国为主要代表的发达经济体均实行宽松的货币政策，在极低的利率情况下还加上数量宽松，以至于全球重新陷入流动性泛滥的境地。大量流动性流入大宗商品市场的结果，

就是在供过于求的状况下推高了商品价格。同时，也极大地提高了大宗商品市场上的不确定性。鉴于发达国家仍将在2010年下半年维持宽松的货币政策，2011年大宗商品市场仍将维持在当前的高价，原油价格仍将在每桶70美元以上的价格水平波动。2011年国际大宗商品市场仍有很大的不确定性。其市场波动主要取决于发达经济体是否会退出宽松货币政策，转而开始收紧流动性。如果发达经济体因为担心经济不能正常复苏，继续维持宽松货币政策，则大宗商品价格仍将会继续高涨。如果发达经济体因为担心通货膨胀而开始宣布退出宽松货币政策，则大宗商品价格将出现明显的回落。

International Commodity Market: Development and Prospects

Yao Zhizhong

Abstract: Commodity price is more determined by financial conditions rather than fundamentals. The loose monetary policy conducted by the U. S. and other advanced countries pushed up prices of commodities and increased uncertainty in the commodity market. The commodity market in 2011 will face high uncertainty, and the market price will depend on whether advanced countries exit loose monetary policy.

Key Word: Commodity Market; Financialization; Oil Price

Y.14

后危机时代发达经济体的失业状况和前景

张 斌 宋微婷 邹晓梅*

摘 要： 全球金融危机爆发以来，发达国家失业率迅速上升，失业问题成为发达国家经济复苏进程中面临的最主要挑战。发达经济体失业率高居不下主要表现为因经济衰退而产生的周期性失业以及因全球化带来的结构性失业。发达国家采取的经济刺激政策虽然在一定程度上促进了经济的复苏，但在促进就业方面的效果不甚理想。高失业会伴随发达国家的经济结构性问题持续较长时间，并延后发达国家退出刺激经济政策的时间，这会增加新兴市场经济体通货膨胀和资产价格泡沫风险。

关键词： 失业 金融危机 全球化 刺激政策

据国际劳工组织发布的《2010 年全球就业趋势报告》，受经济危机影响，2009 年全球失业率达 6.6%，失业者总数近 2.12 亿人，其中有 2700 万新增失业者。从区域看，发达国家的失业率升幅最大，约有 1200 万新增失业者出现在北美、日本和西欧，失业率从 2008 年的 6.0% 上升至 2009 年的 8.4%；其次是中欧、东南欧和独联体国家，失业率增加了 2 个百分点；拉美和加勒比国家的失业率也上升了 1.2 个百分点。国际劳工组织预计，2010 年全球失业率仍将居高不下，世界经济正面临无就业增长型复苏。发达国家的失业率将进一步攀升至 8.9%，其他地区将维持当前水平或略有下降。虽然全球经济开始复苏，但劳动

---

* 张斌，经济学博士，副研究员，研究方向是国际经济，就职于中国社会科学院世界经济与政治研究所；宋微婷，中国社会科学院研究生院世界经济与政治系硕士研究生；邹晓梅，中国社会科学院研究生院世界经济与政治系硕士研究生。

力市场的状况仍令人担忧。

本文将描述金融危机以来几个主要发达经济体的失业状况，分析高失业的原因，讨论经济刺激方案对于减少失业的效果，展望发达国家失业状况的前景及其影响。基本结论包括：（1）金融危机后，发达国家失业率迅速上升，失业问题已成为发达国家面临的最主要挑战；（2）发达经济体失业率高居不下主要表现为因经济衰退而产生的周期性失业以及因全球化带来的结构性失业；（3）发达国家采取的经济刺激政策虽然在一定程度上促进了经济的复苏，但在促进就业方面的效果不甚理想，高失业会伴随发达国家的经济结构问题持续较长时间。这延长了刺激政策退出的时间，对新兴市场经济体带来了通货膨胀和资产价格泡沫风险，还进一步加剧了发达国家与发展中国家间的贸易摩擦。

一 发达经济体失业状况

（一）美国：失业率有所下降，但仍然高位运行

2007 年次贷危机爆发，美国的失业率开始上升。以 2008 年 9 月雷曼兄弟破产为开端，美国和全球陷入一场百年一遇的金融危机。如图 1 所示，美国的失业率迅速上升，2009 年 11 月达到 10. 1% 的高峰。2010 年美国的失业率开始有所下降，但仍然保持在 10% 左右。与 2008 年相比较，失业率翻了一番。根据美国劳工部最新数据显示，2010 年 6 月美国累计失业人数达到 1460 万，失业率达 9. 5% 。虽然自 2010 年以来，私人部门已经累计增加就业 59. 3 万人，但是 2010 年 6 月份的就业水平仍然比 2007 年 12 月少 790 万人。美国长期失业[①]人口达 680 万，占总失业人口的 45. 5% ，比 2009 年同期增加 240 万人。由于工作时间被压缩，或是不能找到全职工作，美国兼职就业人口高达 860 万人。此外，2010 年 6 月份美国的边际附着劳动力[②]达 260 万人，比上年增加 42. 5 万人。

从性别来看，美国妇女失业率为 7. 8% ，成年男性失业率为 9. 9% ，男性失

① 长期失业是指持续 6 个月未找到工作的失业状态。

② 边际附着劳动力：在过去 12 个月内试图寻找工作但在过去 4 周内却停止寻找工作的具有劳动能力的工人。

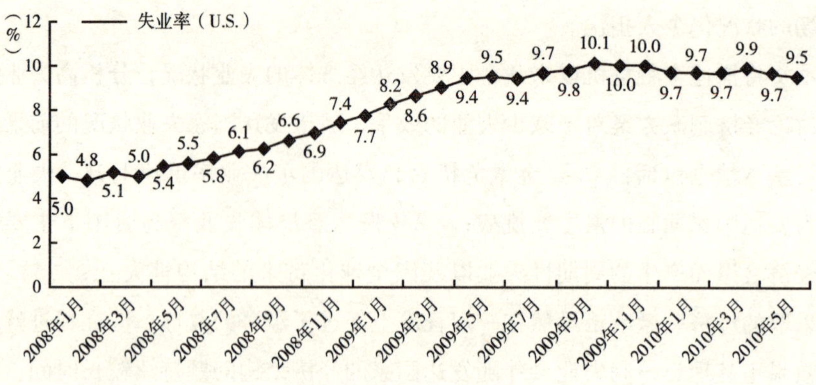

图1　美国月度失业率

资料来源：美国劳工部。

业率高于女性；从年龄来看，青年人失业率高达25.7%，为成年人的2～3倍；从种族来看，失业率由高到低分别为黑人（15.4%）、西班牙裔和拉丁裔（12.4%）、白人（8.6%）以及亚裔（7.7%）。如图2的数字显示从行业来看，建筑业、采掘业和制造业的失业率较高。与2009年6月相比较2010年上半年美国整体失业率有所下降，但下降幅度小于预期水平，主要原因在于：除了采掘业失业率有较大幅度的下降之外（由2009年6月的13%下降至2010年6月的8%），交通和公用事业、信息业、农业等部门的下降幅度都较小，教育医疗、政府部门等则与2009年6月的失业水平基本持平；批发零售业、金融业、其他服务业等失业率与2009年6月的失业率相比还有小幅度的上升，而与2009年6月相比建筑业的失业率更是上升了3个百分点。

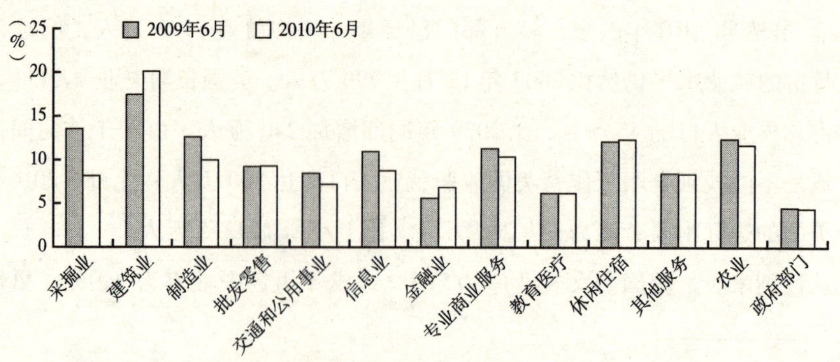

图2　美国各行业失业率变化比较

资料来源：美国劳工部。

（二）欧盟：失业率总体持续上升，各国失业率差异较大

由于金融危机和主权债务危机的冲击，欧盟劳动力市场形势严峻。2007 年欧盟国家劳动力市场发展良好，失业率降至 7.5%。2008 年因金融危机的爆发，如图 3 所示，失业率从 8 月的 6.8% 迅速上升至 11 月的 7.6%。2009 年欧盟经济负增长，失业率从 1 月的 8.3% 逐月上升至 2009 年 12 月的 9.4%。2009 年末主权债务危机爆发并在欧元区迅速蔓延，欧盟经济复苏受到更大阻碍，失业率又有一定幅度的提高。直至 2010 年上半年，欧盟平均失业率高达 9.9%，较 2009 年上升了 0.5 个百分点。

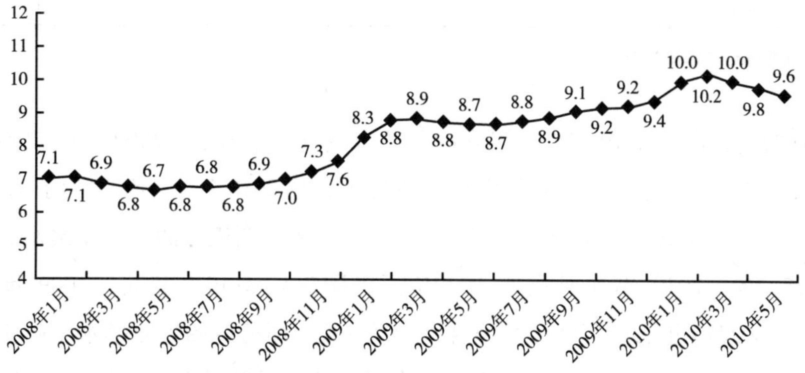

图 3　欧盟月度失业率

资料来源：欧盟统计局。

如表 1 所示，在危机爆发之前男性失业率普遍低于女性失业率，但在危机之后男性失业率上升幅度高于女性失业率。到 2009 年第四季度男性失业率仅比女性失业率低 0.1 个百分点。男性失业率由 2007 的 6.7% 上升至 2009 年的 9.3%，2010 年上半年进一步升至 9.9%。女性失业率 2007 年为 8.5%，到 2010 年上半年提高了近 1.5 个百分点。另外，与成人失业率相比，2006～2009 年青少年失业率水平几乎是成人失业率的 2 倍。受金融危机的影响青少年失业率上升幅度高于成人失业率的上升幅度。成人失业率由 2007 年的 6.6% 上升到 2009 年的 8.2%，到 2010 年第一季度，这一数字又达到了 8.8%。与成年人相比，青年人的失业率由 2007 年的 14.9% 上升至 2009 年的 19.4%，提高了近 4.5 个百分点，到 2010 年一季度这一数字达到了 20%。

表1 欧盟失业率组别数据

单位：%

年份	年龄		性别	
	成年人	青少年	男性	女性
2006	7.3	16.4	7.5	9.4
2007	6.6	14.9	6.7	8.5
2008	6.6	15.4	6.9	8.3
2009	8.2	19.4	9.3	9.6
2009 Q1	7.7	18.3	8.5	9.2
2009 Q2	8.2	19.4	9.2	9.5
2009 Q3	8.5	19.9	9.6	9.8
2009 Q4	8.7	19.9	9.8	9.9
2010 Q1	8.8	20.0	9.9	10.0

资料来源：欧盟统计局。

欧盟统计局于2010年7月发布的劳动力市场数据显示：2007年欧盟国家失业人数为1166万人，2009年上升至1486万人，到2010年上半年达到了1579万人。失业率在成员国之间仍存在较大的差异，其中，西班牙的失业率最高，2009年为18.7%，2010年5月高达19.9%。德国失业率相对稳定，2009年末为7.4%，到2010年有所下降，2010年5月为7%。而荷兰的失业率水平则相对较低，2009年保持在3.7%左右，2010年有所上升，超过了4%。希腊失业率水平也较高，到2010年5月已达到了11%。

（三）日本：失业率有所抬头，主要表现为结构性失业

受美国金融危机的影响，自2008年9月份起日本的失业率逐渐上升。如图4所示，2009年7月日本的失业率上升至5.6%的高峰，之后开始下降。但是从2010年开始，日本失业率又有所上升。日本统计局最新数据显示，2010年5月日本的总就业人口为6295万人，相比上年同期下降0.7%，失业人口达347万，与上年相同，经过季节调整后的失业率为5.2%。

如表2所示，从性别来看，男性失业率高于女性失业率，2010年5月份两者的失业率分别为5.5%和4.8%。从年龄来看，青年人的失业率明显高于其他年龄，是总体失业率的2倍左右，且日本不同年龄组间的失业率有随着年龄的上升而下降的趋势，64岁以上人口的失业率最低。从表3可以看出，日本建筑业、

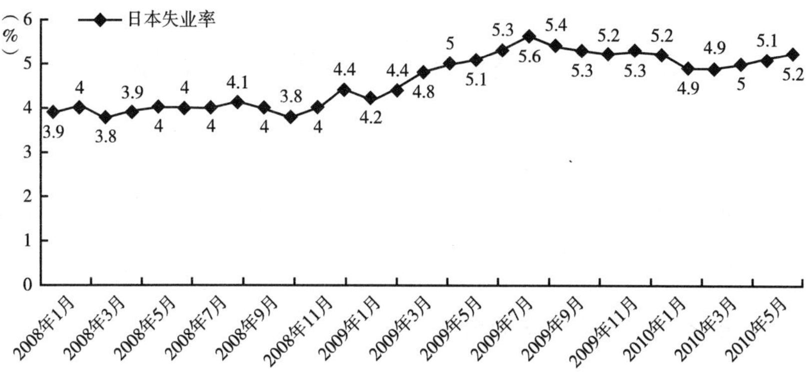

图4　日本月度失业率

资料来源：日本内务省统计局。

制造业和教育业的就业恶化较为明显，相比上年分别减少3.1%、2.0%和4.8%。通信业、交通邮政以及医疗卫生的就业明显增加，分别增加8%、2.7%和6.3%。

表2　日本不同年龄段人口失业率（2010年5月）

年龄(岁)	15~64	15~24	25~34	35~44	45~54	55~64	64以上	总计
失业率(%)	5.5	10.3	6.2	4.9	3.5	5.3	2.5	5.2

资料来源：日本内务省统计局。

表3　日本各行业就业人数及其年度变化（2010年5月）

行　　业	实际就业人数(万人)	年变化(万人)	年变化率(%)
农林业	255	-4	-1.5
建筑业	492	-16	-3.1
制造业	1056	-22	-2.0
通信业	202	15	8.0
交通邮政业	346	9	2.7
批发零售业	1066	-7	-0.7
科研、专业和技术	193	-4	-2.0
住宿餐饮业	389	5	1.3
生活休闲娱乐	243	-2	-0.8
教育业	280	-14	-4.8
医疗卫生福利	658	39	6.3
服务业	447	-13	-2.8
政府及其他	221	-13	-5.6

资料来源：日本内务省统计局。

二 发达经济体失业率居高不下的原因

全球经济虽然已经开始复苏，但是失业率仍然居高不下。高失业率已成为困扰发达经济体的最大难题。发达经济体失业率高居不下的主要原因是因经济衰退而产生的周期性失业以及因全球化带来的结构性失业。

（一）金融危机下的周期性失业

1. 产出降低，失业率上升

发达经济体处于此次金融危机的中心地带。经合组织（OECD）公布的《2010年全球经济展望报告》中的数据显示，2009年发达经济体的GDP增长总体下降3.2%，如图5所示，所有发达国家产出均出现负增长，其中美国为-2.4%，欧盟为-4.1%，日本为-5.2%。根据奥肯法则，“失业率变化 = α - β * 产出的变动”，失业率的变化与产出的变化呈负相关。此次发达国家的失业上升与发达国家产出的产出下降密切相关。①

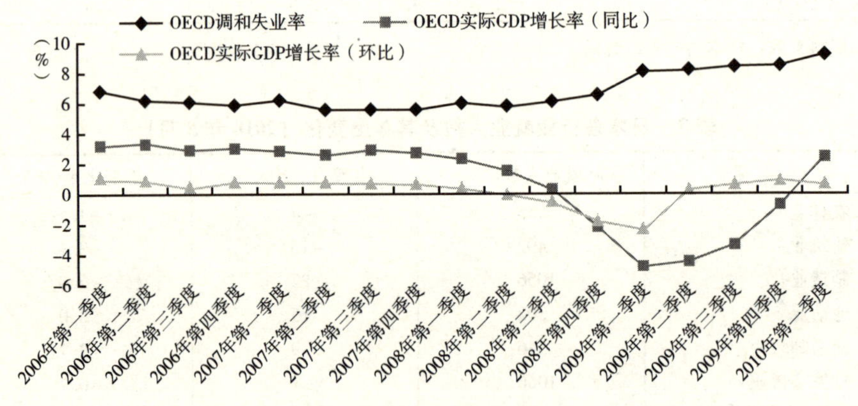

图5 OECD实际GDP增长率与失业率比较

资料来源：OECD。

① α是截距，表示产出变动为零时的失业率；β是失业产出弹性，代表产出变化1%所引起的失业变化率。

IMF 2010 年《世界经济展望》指出，过去20 年许多国家失业对产出变化的反应程度增加了。各国由于劳动力市场构成和政策的不同，失业产出弹性存在着很大的区别。例如，爱尔兰的产出降低了 8%，西班牙的产出降低了不到4%，但两国的失业率都上升了7.5%。不同国家失业对产出下降反应程度不同，受到各国劳动力市场的机制和政策的影响。

在执行就业保护法案（Employment Protection Litigation）严格的国家，企业的雇佣和解雇成本高，致使企业在衰退的时候很难解雇员工，但是也不愿意在经济复苏时雇佣新员工。另外，由于临时雇员受到的保护程度相对较少，雇佣和解雇成本较低，灵活性较强，因此在就业保护法案严格的国家，企业更愿意雇佣临时雇员。临时雇员比重高的国家，失业率对产出的反应更敏感。例如，西班牙在总体就业下降 7% 的情况下，临时就业下降高达 20%；意大利在总体就业下降 1.5% 的情况下，临时就业下降了 10%；法国总体就业仅下降 0.3%，而临时就业却下降了 6%。

经济衰退时，高失业救济阻碍了劳动力市场工资调整的潜在范围，工资难以下降，企业只得减少雇佣劳动的数量，导致失业率上升。同时，高失业救济也降低了失业人员寻找工作的压力。在经济复苏阶段，高失业救济导致潜在雇员的高工资期望，限制了就业的增加。

工资弹性也是影响失业产出弹性的另一个重要因素。分散化的工资体系有利于扩大雇主与雇员进行工资谈判的空间，增加工资灵活性，减缓就业损失。2009 年，日本通过减少工资率、加班费和奖金，将名义工资下降了 4.4%。因此，日本在产出下降 5.2% 的情况下，失业仅上升 1%。相反，集中化的集体议价体系会阻碍工资的调整，特别是在通货紧缩阶段，导致失业增加。例如，2009 年西班牙的就业降低了 7%，合同工资却增加了将近 3%，而西班牙也是欧盟失业率最高的国家。

2. 金融危机导致金融机构陷入经营困境，企业融资困难加深了失业

首先，金融危机使金融机构陷入困境，大量金融机构破产倒闭致使大批金融服务人员陷入失业。即使勉强支撑下来的金融机构，也不得不为了缩减开支而进行大规模的裁员。发达国家第三产业的就业比重明显高于发展中国家，金融服务业吸收了相当多的就业人口，金融危机对发达国家的失业影响就更为明显。譬如，雷曼兄弟破产后，仅位于伦敦的雷曼兄弟欧洲总部就有近 5000 人面临失业。

在金融危机爆发后的两个月内，花旗累计宣布裁员7.5万人。美国银行在收购美林证券后，为了节省开支也宣布大幅裁员。其次，金融危机造成信贷系统的崩溃，那些高度杠杆化的企业在衰退时不得不进行大量的去杠杆化操作，导致企业的融资出现困难，进一步影响就业，而且劳动密集型行业往往严重依赖于金融信贷融资。最后，金融危机导致国际大宗商品的价格下跌，进一步引起采矿业、采石业等部门的失业率上升，而这些部门男性雇员的比重远远高于女性，这使发达国家男性失业率普遍高于女性。

3. 主权债务危机，加剧了全球失业水平

2009年末欧洲主权债务危机爆发，以希腊、西班牙和葡萄牙为首的大部分欧盟国家财政赤字和债务水平达到了不可持续的水平。譬如，2009年12月初，希腊政府宣布其财政赤字和公共债务对GDP的占比已分别升至12.7%和113%。各大评级机构先后降低了希腊等国的主权信用评级。

主权债务危机给全球经济复苏蒙上了一层阴影，面对高额的财政赤字，相应国家不得不削减赤字，实行紧缩的财政政策，并进行结构性调整。如表4所示，一方面削减公务员人数将直接导致失业人数的上升，另一方面由于紧缩财政政策的实施将使得很多经济刺激政策无法实施，从而阻碍经济的复苏，进而使得失业问题进一步加剧。另外，主权债务危机爆发引起欧元贬值，美元和日元相对走强，影响了美国和日本的出口，经济复苏受到不同程度的创伤，使得美国和日本的失业复苏更加困难。欧元的贬值虽然有利于欧洲的出口增加，但主要的受益国将是欧元区的最大出口国——德国。而对于深陷债务危机，失业率居高不下的希腊、西班牙、意大利等国而言并不会对失业率的降低有多大的贡献。

4. 就业复苏存在滞后效应

由于经济衰退会给失业者带来“失去勇气效应”（discouragement effect），即失业者在长期失业的情况下，将认为找到工作的机会有限，逐渐失去继续寻找工作的勇气。因此在经济复苏阶段，就业形势不会马上得到改善。对于雇主来说，在经济复苏的初始阶段宏观经济仍然存在不确定性，雇主更愿意在现有的就业条件下进行调整，比如说增加员工就业时间等，而不愿意马上招聘新员工。这种显著的滞后效应表现为，自2009年第三季度开始，美国和欧洲经济已经走出衰退泥潭步入正增长区间，但同时失业率仍在不断飙升。

表4 欧洲各国财政巩固方案一览

国家	具体财政整顿措施
希　腊	承诺未来三年内削减财政预算300亿欧元，保证将财政赤字率从2009年的13.6%（经欧盟统计局调整后于2010年4月发布的数据）降至欧盟规定的3%以内：取消月净收入3000欧元以上的公务员的第13个月和第14个月工资，所有公务员的补贴每年限定在1000欧元；取消退休金每月2500欧元以上工人的上述补贴，退休者每年补贴以800欧元封顶；增值税率从21%上调至23%，燃油、烟酒等产品的税率调高10%
葡萄牙	通过增税减薪等手段，大幅削减财政赤字，计划将财政赤字率从原设定的8.3%减至7.3%，2011年底前减至4.6%，2013年达到3%
西班牙	未来三年内削减500亿欧元，使财政赤字率由2009年的11.2%下降至2013年的3%。2011年公务员工资削减5%，冻结公务员工资和退休人员工资增长
意大利	在未来两年内继续削减财政预算260亿欧元，冻结公务员工资增长1年，计划2012年将财政赤字率降至3%以内
英　国	加速削减财政赤字步伐：内阁成员已同意减薪5%，计划今年实施62亿英镑的财政紧缩计划；到2014~2015年每年减少320亿英镑的支出；从2011年4月增加增值税标准税率，从17.5%升高到20%
德　国	提倡削减财政开支并打算取消原先宣布的减税政策
法　国	采取果断措施使财政赤字占GDP的比重从2011年的6%下降到2012年的4.6%和2013年的3%：未来三年内，除了国债利息和养老金支出外，冻结公共部门基础工资；从2011年开始，日常开支削减5%，在未来三年内削减10%；在未来三年内削减中央政府10%的公共支出
爱尔兰	宣布冻结公务员工资、削减公务员人数、减少公共开支等紧缩措施

资料来源：作者根据相关报道整理得到。

（二）全球化背景下的结构性失业

经济全球化导致国际分工深化，使得发达国家在享受全球化带来的高增长时也面临着严重的结构性失业。

随着世界经济不断走向全球化，国际分工更加细化，发达国家逐渐将制造业等劳动密集型产业转移到劳动力成本低的发展中国家。譬如，美国将化工厂从本土的新泽西州转移到墨西哥，或是将一个汽车厂从底特律转移到中国沿海城市。但是劳动力的转移却远远落后于产业的转移，发达国家在把低端的劳动密集型产业转移到发展中国家的同时，原先那些低技术的劳动力留在了国内。由于缺少相应的技能和知识，他们无法满足国内高端产业的需求，工种转换很困难。发达国家的劳动力市场出现供需不匹配的情况，大部分低技术的劳动力加入失业大军当中，结构性失业加剧。不断推进的全球化趋势加剧了结构性失业，导致发达国家对低技能工人需求降低。而且，留在发达国家内部的高端产业大多属于技术和资本密集型产业，生产率高，吸纳劳动力的能力明显少于转移到国外的劳动密集型产业。

近几年发达国家在受益于全球化带来的经济高增长的同时，失业率并没有出现相应的下降。2003 年第三季度，美国经济增长率高达 8.2%，第四季度增速也在 4% 左右。依照常规，伴随经济快速增长而来的应是就业机会增加，然而，美国劳工部公布的数据显示，2003 年 9～11 月，美国增加的就业机会只有 9.4 万个，低于原来估计的大约 14 万个。

从长期来看，全球化并不必然伴随着发达国家失业的增加。全球化为发达国家知识密集型产业提供了新的发展机遇，有助于提升整体的劳动生产率，提高经济增长率，这意味着全球化也给发达国家在很多领域来带了新增就业机会。但是全球化为发达国家带来的新增就业需求多集中在知识型和技能型专业人才，以及一些服务业领域的新增就业机会。问题的关键是，全球化带来的失业和就业机会之间难以匹配，结构性失业问题短期内难以克服。

三　刺激政策与失业

危机发生以后，发达国家普遍采取了经济刺激政策以期望降低失业率。但这些政策在改善就业方面的效果可谓不尽如人意。正如我们在前面分析中看到的，发达国家高失业率的主要表现是周期性失业和结构性失业，经济刺激政策的作用仅能部分缓解周期性失业，但很难改善结构性失业。发达国家普遍强调培训、教育以及更灵活的劳动力市场对改善结构性失业的根本作用，并制订了相关的计划和方案，但是这些举措短期内不会看到显著效果，中长期效果是否显著也有待观察。

（一）美国：刺激政策难挽失业困局

金融危机以后，美国采取了历史上罕见的零利率加数量宽松货币政策，还有几乎可能会让财政状况陷入危机的财政扩张政策。这些政策的目标在于尽快摆脱金融危机带来的负面冲击，帮助美国经济进入复苏通道，增加就业机会。

零利率与数量宽松货币政策有助于稳定金融市场信心和降低投资成本，但利率变化对实体经济的影响仍然是高度不确定的。其中的根本原因是显而易见的：危机过后，对大多数公司（或消费者）而言，重要的不是名义利率，而是资金的可获得性和借款条款。投资者面临的主要困扰不是资金成本，而是可以带来稳定盈利的投资项目。遭受重创的消费者在金融危机后都忙着储蓄，那么利率走低对经济的提振作用，可能并不会像以往那么大。还需要强调的是此次金融危机是一场偿付能力危机而不是流动性危机，过多的向市场注入流动性并不能从根本上解决问题。

在经济增长预期并不明朗的环境下，宽松货币政策对于就业带来的积极作用即便是在克服周期性负面影响方面也很有限，更遑论克服结构性负面影响。更加有针对性的财政政策可以直接地把目标瞄准特定的群体。但是，庞大的经济刺激计划获得的成果也有限。按照美国总统经济顾问委员会的估计，2009 年美国复苏与再投资法案（American Recovery and Reinvestment Act of 2009）在截至 2009 年底创造或保留了 150 万～200 万个工作岗位，但这并不足以让高居不下的总失业率出现显著变化。

2009 年底奥巴马公布的促进就业方案包括三大方面，即向现代化铁路、公路、桥梁等基础设施增加支出，通过减税、信贷优惠等措施促进小型企业发展，以及向使自己的房屋变得更节能的消费者提供补贴。由于政府是否创造新的基础设施项目仍存不确定性，同时新增就业的稳定性还取决于项目是否盈利，预计增加基础设施投入不会有太大效果。此外美国政府还认识到了失业背后的结构性原因，认识到了在美国经济结构调整和全球化影响下，在建筑业、金融业、制造业等一些产业中失业的上升难以避免。尤其是对泡沫已膨胀至不可持续水平的建筑业，其中一些就业岗位的流失将是永久性的。尽管高科技、新能源、健康等较高技术含量的领域还有潜在就业机会，但这些行业对劳动力的技能要求较高并且吸纳劳动力的能力有限。因此美国政府还高度强调了教育在改善就业方面的关键作用，但需要肯定的是教育方面的推动在短期内还不足以对改善就业发挥显著作用。

未来五至八年内，美国经济可能都将呈温和增长之势。若要恢复充分就业，让失业者和新增劳动力都有工作，就需创造 1200 万个就业岗位。在就业岗位流失尚未结束之时，这似乎是难以实现的。

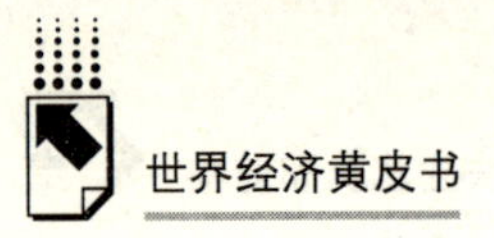

（二）欧盟：刺激政策与劳动力市场改革并重

资本市场的高度融合让美国异常宽松的货币政策传递成为全球范围的低利率环境，欧洲也不例外。宽松的货币政策对欧洲经济复苏和增加就业有一定帮助，但出于与美国类似的原因，在提升就业方面的成绩有限。希腊主权债务危机以后，欧洲国家更加关注财政纪律，多数国家实施财政巩固方案，这虽然对于中长期就业的影响难以评估，但是肯定不利于刺激短期内的就业增长。截至目前，在刺激性政策尚未退出之前，欧洲个别国家以外的失业状况依然严重，特别是南欧的失业状况尤其令人担忧。

除了宏观刺激政策，劳动力市场自身的问题也很重要。与美国相比，欧盟劳动力市场流动性更差。2009 年 6 月，为了创造更多的就业机会，国际劳工组织提出了全球就业公约，许多发达国家将这一公约引入本国的刺激政策之中。为解决就业问题，关键是要进行结构性改革。这将涉及劳动力市场政策、教育质量和培训计划等多个方面。现在来评价各国为进行劳动力市场结构改革而执行的一系列措施的影响和效果还为时过早。为了应对危机以恢复经济的发展，欧盟发布了 2020 年的经济发展战略报告，其中关于劳动力市场的政策是：以创建一个现代化的劳动力市场为核心，进一步加强劳动力在各成员国之间的流动性以满足不同劳动力市场的需求，从而保证经济持续稳定的发展。此外，还需要考虑落实劳动移民政策。但就目前来看，劳动力在欧盟内部的流动仍然不足。这不仅与文化差异和种族融合有关，最重要的还是相关配套政策的缺乏。

（三）日本：经济反弹，就业形势仍然严峻

金融危机以后，日本在财政政策方面实施了就业扩大计划。在医疗护理、环保、旅游等领域创造 140 万～200 万个就业机会；计划拨付 1.5 万亿日元来提供失业培训等项目促进就业，并计划在三年的时间内动用 10 万亿日元扶持就业市场。在产业政策方面，2009 年 3 月 2 日，日本出台为期 3 年的信息技术（IT）紧急计划，目标为官民共同增加投资 3 万亿日元，新增 40 万～50 万个工作岗位，侧重于促进 IT 技术在医疗、行政等领域的应用。

即便有众多政策刺激，日本就业状况仍然不乐观。在 2009 年第二季度，日本经济就出现了正增长，但失业率仍在上升，到 2009 年 9 月上升到了 5.6%。此

后虽有所下降但仍然维持在5%以上。从结构来看，在2009年3月，15~24岁青年人的失业率高达11.3%，到6月下降到8.7%，但到2010年5月又上升到了10.3%。2009年6月25~34岁劳动力的失业率高达6.6%，到2010年5月则下降到6.2%，但与危机之间的水平相比还是高出了约1个百分点。由此看出刺激政策的推出对日本就业市场的影响甚微。

四　发达国家失业状况前景及其影响

近年内，发达国家经济增长前景不乐观，高失业将长期维系。在一系列救助方案和经济刺激计划的帮助下，发达国家正在从危机中复苏。但是因为受到结构性问题的困扰，复苏进程缓慢。世界银行预测，2010年和2011年，高收入国家的经济增长将分别达到1.8%和2.3%；其中美国将分别达到2.5%和2.7%；欧元区将分别达到1.0%和1.7%；日本将分别达到1.3%和1.8%。IMF《全球经济前景和金融稳定报告》预测，2010年和2011年发达国家经济增长将分别达到2.25%和2.5%。未来经济环境的变化会让这些预测与现实有一定的出入。但是普遍观点认为，因为经济结构转变的需要，发达国家经济需要更长的时间从金融危机的衰退中复苏。美联储估计，即使美国经济最终收复了衰退中的全部失地，美国恢复充分就业也需要5~6年时间。

继续推进的全球化进程为发达国家结构性失业带来持续压力。金融危机期间，全球贸易和投资受到重挫，但是伴随着经济复苏重拾增长。英国经济学家杂志最新的调查发现，在2010年，全球FDI重新开始增长，资本流入的重点不是发达国家，而是新兴市场经济体。在相对艰难的经济环境下，削减成本和提高竞争力显得更加重要，发达国家跨国公司使用的重要手段之一是在全球范围内重新配置生产网络，寻找更廉价的劳动力和其他生产要素。但是对于发达国家内部来说，这意味着对就业，尤其是中低端制造业就业持续的压力。因此，危机过后发达国家失业率不断攀升的问题还未得到妥善解决，因全球化而新增的结构性失业压力却在不断增强，发达国家将因此面临严峻挑战。

失业率居高不下拖累全球经济复苏，扰乱全球经济发展秩序。发达经济体居高不下的失业率，降低了居民的可支配收入，居民储蓄率上升，消费下降，需求降低，阻碍发达国家经济增长。同时，发达国家需求疲软导致进口需求降低，影

响了以出口为导向经济体的出口，复苏受阻，从而拖累全球经济的复苏。高失业率使政府的失业救济和失业保险等社会保障支出增加，加重了政府财政负担，削弱了政府以投资刺激经济增长的力度。发达国家为了挽救失业和促进经济增长将目光投向了出口部门，为增加出口，各国抓住汇率这根“救命稻草”，竞相贬值本币，全球汇率战一触即发，同时，全球贸易保护主义抬头，

为降低高失业率，发达国家宽松的货币和财政政策将持续较长时间，这将给全球经济带来资产价格泡沫和通胀风险，并加剧发达国家与发展中国家的贸易摩擦。发达国家，尤其是美国的货币和财政政策具有非常强的外部性。在全球金融市场高度融合的现实下，美国在出于自身利益考虑制定低利率政策的同时，也严重制约了其他经济体的货币政策空间，很多经济体将迫不得已地采取低利率政策，尽管这些经济体面临的是经济过热、通货膨胀的威胁，而不是高失业和需求不足的威胁。持续保持低利率政策会加剧新兴市场经济体的负真实利率，并可能带来资产价格泡沫、通货膨胀和经济过热等一系列风险。美国持续恶化的财政政策同样会威胁到新兴市场经济体的利益，不仅让他们手中持有的大量美元资产价值缩水，还可能引发新的金融市场动荡，给经济复苏进程带来不确定性。

更为重要的是，对于发达经济体尤其是美国如果被迫在贸易保护和贸易逆差急剧扩大、同时失业率不断上升之间做出选择，几乎可以肯定会选择前者。2010年3月，美国奥巴马总统概述了一项“国家出口计划”（National Export Initiative），目标是创造200万个就业，这差不多是经济危机期间美国制造业的裁员人数。因此在发达经济体为了缓解金融危机对经济的影响，降低失业率而采取的一系列政策措施的同时，贸易保护主义也在各发达经济体进一步升温。据WTO统计，截止到2009年2月26日，全球已有23个国家和地区实施了85项贸易保护措施。

但发达经济体通过促进出口增长来增加就业机会的做法很可能收效甚微。因为西方目前的平均劳动力成本，仍比新兴经济体高出10倍以上，而后者的人口数量是前者的5倍。全球化正为西方的增长形成难以克服的阻力，那些流向新兴经济体的就业机会不是单靠增加出口就能收回的。另外，美国缺乏主要贸易顺差国家拥有的产业、汇率干涉及利率调控政策，因此会被迫运用其他形式的贸易保护措施——关税和进口配额。这可能会形成一个低效、享受补贴的市场环境，进

一步扭曲国民经济。鉴于20世纪30年代的经验教训，这种“以邻为壑”的政策回归将是我们所不愿看到的。

参考文献

国际劳工组织（ILO）. *World Employment Trend 2010*, 2010.

Claudio Borio and Andrew Filardo, Globalization and Inflation: New cross-country evidence on the global determinants of domestic inflation, BIS Working Paper, No. 227, May 2007.

Kohn, D., "Globalization, inflation and monetary policy", speech at the College of Wooster, 11 October, 2005.

OECD, *OECD Employment Outlook 2010*, 2010.

Paul A. Samuelson, Understanding Inflation and the Implications for Monetary Policy: A Phillips Curve Retrospective, Massachusetts Institute of Technology, 2009.

IMF, *World Economic Outlook 2010*, Chapter 3, 2010.

Unemployment Situation and Prospects of Advanced Economies in the Post-Financial-Crisis Era

Zhang Bin, Song Weiting and Zou Xiaomei

Abstract: Unemployment rate has been increasing rapidly in advanced economies since the eruption of global financial crisis, and becoming the major challenges for policy makers. Business cycle caused by financial crisis and structural problems caused by globalization contributed to the high unemployment rate. Stimulus policy's role is weakened in term of reducing jobless in the environment of globalization. Owing to structural problems, unemployment rate will stay at high level for long time, and this will delay the exit of stimulus packages and spread asset bubble risks to emerging markets.

Key Words: Unemployment; Financial Crisis; Globalization; Stimulus Policy

Y.15

全球经常账户的失衡与再平衡

张 明*

摘 要： 进入21世纪以来，全球经常账户失衡迅速扩大，成为推动全球金融危机爆发的重要因素之一。危机后，全球经常账户失衡尽管显著改善，但其未来的演进存在不确定性。从储蓄投资缺口的角度来看，全球经常账户失衡的根源在于逆差国储蓄率的下降，以及顺差国储蓄率的上升。从实际有效汇率的角度来看，主要失衡国实际有效汇率的高估或低估也是导致全球经常账户失衡的重要因素。为实现全球经济再平衡，各主要失衡国都应努力缩小储蓄投资缺口，并推动实际有效汇率向均衡汇率方向运动。在全球经常账户再平衡过程中，各主要失衡国应努力沟通合作，避免陷入汇率战与贸易战。

关键词： 经常账户失衡　储蓄投资缺口　实际有效汇率　再平衡

一　全球经常账户失衡的演进

进入21世纪以来，全球经常账户失衡日益成为一个突出问题。① 如果把一个经济体的经常账户余额与GDP之比超过3%视为经常账户失衡的标志，美国从1999年起、日本从2003年起、德国和中国从2004年起均出现了经常账户失衡；从国家或地区群体来看，中东和北非国家从2000年起、中东欧国家从2002年

* 张明，经济学博士，中国社会科学院世界经济与政治研究所副研究员，研究领域为国际金融与宏观经济。

① 全球失衡（Global Imbalance）有多种表现形式，例如全球经济发展程度失衡、全球国际资本流动失衡、全球国际收支失衡等。本文侧重于分析全球经常账户失衡，目前讨论全球经济失衡的绝大部分国内外文献均集中探讨全球经常账户失衡。

起、亚洲发展中经济体从 2005 年起均出现了经常账户失衡。①

从全球经常账户失衡的绝对规模来看（见图 1），美国与中东欧国家是主要的逆差国，但美国经常账户逆差的绝对规模远远超过中东欧国家。以 2007 年为例，美国的经常账户逆差达到 7266 亿美元，中东欧国家的经常账户逆差仅为 1326 亿美元。亚洲发展中经济体（包括中国）、中东和北非、日本与德国是主要的顺差国。以 2007 年为例，亚洲发展中经济体的经常账户顺差达到 4147 亿美元（而其中中国就达到 3718 亿美元，占亚洲发展中经济体的 90%），中东和北非的经常账户顺差达到 2792 亿美元，日本的经常账户顺差达到 2110 亿美元。尽管 2007 年欧元区整体经常账户顺差仅为 473 亿美元，但德国的经常账户顺差高达 2546 亿美元。②

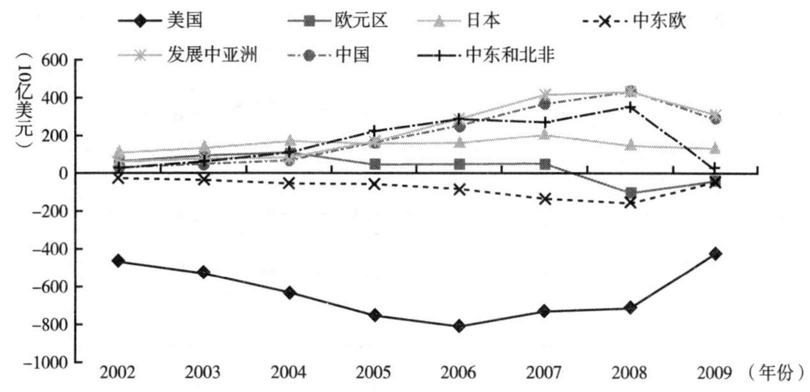

图 1　全球主要经济体经常账户余额

资料来源：国际货币基金组织《世界经济展望》数据库。

从全球经常账户失衡的相对规模来看（见图 2），以失衡程度较为严重的 2007 年为例，主要经济体按失衡程度由高至低排序分别为中东与北非（15.7%）、中国（11.0%）、中东欧国家（−8.0%）、亚洲发展中经济体（包括中国）（7.0%）、美国（−5.2%）、日本（4.8%）与欧元区（0.4%）。尽管欧

---

① 以上数据引自国际货币基金组织《世界经济展望》数据库。发展中亚洲经济体包括阿富汗、孟加拉国、不丹、文莱、柬埔寨、中国、斐济、印度、印尼、基里巴斯、老挝、马来西亚、马尔代夫、缅甸、尼泊尔、巴基斯坦、巴布亚新几内亚、菲律宾、萨摩亚、所罗门群岛、斯里兰卡、泰国、东帝汶、汤加、瓦努阿图与越南。

② 以上数据引自国际货币基金组织《世界经济展望》数据库。

元区从整体上来看经常账户基本平衡，但欧元区内部同样存在严重的失衡。如图 3 所示，德国和荷兰存在持续且显著的经常账户顺差，而希腊、葡萄牙与西班牙存在持续的经常账户逆差。以 2007 年为例，欧元区内主要经济体按失衡程度由高至低排序分别为希腊（-14.4%）、西班牙（-10.0%）、葡萄牙（-9.4%）、荷兰（8.7%）、德国（7.6%）、爱尔兰（-5.3%）与意大利（-2.4%）。① 事实上，持续且不断扩大的经常账户逆差，是欧猪五国（PIIGS，即葡萄牙、爱尔兰、意大利、希腊与西班牙）财政赤字与政府债务不断上升，最终引爆欧洲主权债务危机的根源之一（张明，2010a）。

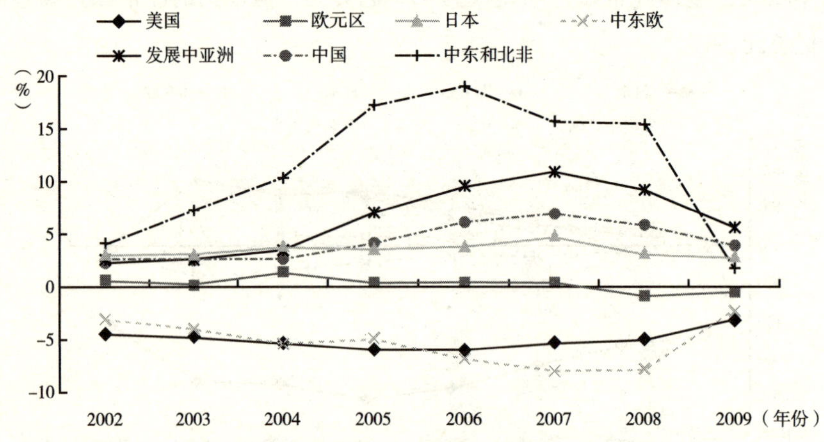

图 2　全球主要经济体经常账户余额与 GDP 的比率

资料来源：国际货币基金组织《世界经济展望》数据库。

如图 2、图 3 所示，全球经常账户失衡的程度在 2006～2007 年期间达到顶峰。2006 年，美国、中东与北非的经常账户失衡达到峰值；2007 年，亚洲发展中经济体、中东欧、中国、德国与日本的经常账户失衡达到峰值。全球经常账户失衡造成的流动性过剩，特别是经常账户顺差国的外汇储备通过投资于美国金融产品的形式回流美国，压低了美国的长期利率，这通常被视为是导致美国形成房地产泡沫与衍生品泡沫，并最终爆发次贷危机的原因之一。

随着 2007 年夏季爆发的美国次贷危机在 2008 年 9 月演变为席卷全球的金融

① 以上数据引自国际货币基金组织，《世界经济展望》数据库。

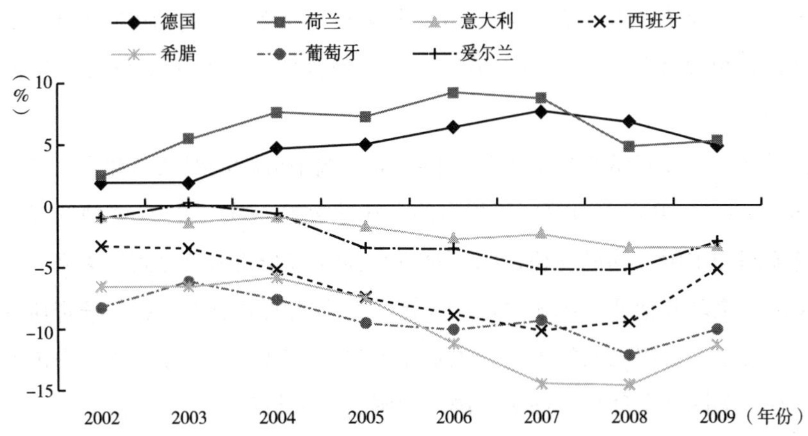

图3　欧元区部分经济体经常账户余额与GDP的比率

资料来源：国际货币基金组织《世界经济展望》数据库。

危机，世界经济增速由2007年的5.2%下降至2008年的3.0%，进而下跌至2009年的-0.6%。全球总需求的萎缩导致全球经常账户失衡显著减轻。2009年，美国、日本、中东欧、中东北非的经常账户余额与GDP比率均降至3%以下，德国与中国的该比率也分别降至4.8%与5.8%。①

问题在于，随着全球金融危机的触底反弹乃至结束，未来几年内全球经常账户失衡将会如何演变？根据IMF的预测，2010年与2011年世界经济增长率将分别达到4.6%与4.3%。在世界经济逐渐复苏的背景下，全球经常账户失衡是会继续改善，还是会保持在目前水平上，抑或是重新扩大？

我们认为，从目前来看，全球经常账户失衡的演变前景具有相当大的不确定性。这归根结底取决于各主要失衡国政府是否愿意采取重大的结构调整政策以改变过去的增长方式。如果各国政府合作实施适当的结构调整政策，则未来的全球经常账户失衡有望调整至更可持续的水平；如果各国政府拒绝调整、拒绝合作、维持现状，那么随着世界经济的复苏，全球经常账户失衡将会再度扩大，进而发展至无法持续的水平，最终需要一次新的全球性危机来恢复系统平衡。

各主要失衡国政府应该采取什么样的再平衡政策呢？要给出政策建议，首先必须厘清导致全球经常账户失衡的根源，然后对症下药，采取相应的结构调

① 以上数据引自国际货币基金组织，《世界经济展望》数据库。

整政策。这将是本文探讨的主题。本文的剩余部分结构安排如下：第二节分析全球经常账户失衡的根源；第三节讨论全球经常账户再平衡的路径；第四节为结论。

在展开对全球经常账户失衡的分析之前，明晰分析的对象是非常必要的。正如 Eichengreen 与 Rua（2010）所指出的，在研究全球失衡时有三种选择，第一是研究美国与中国之间的失衡，第二是研究美国与亚洲国家之间的失衡，第三是研究美国与全球其他所有国家之间的失衡。在本文的分析中，我们选择研究美国与中国、日本、德国之间的失衡，主要原因包括：第一，从经常账户失衡的绝对规模来看，美国是全球最大的逆差国，中国、德国与日本是全球最大的三个顺差国；第二，从经常账户失衡规模的匹配程度来看，2007 年美国的经常账户逆差为 7266 亿美元，同年中国、德国、日本的经常账户顺差分别为 3718 亿、2546 亿与 2110 亿美元，三国顺差合计为 8374 亿美元，逆差与顺差的绝对规模基本匹配；① 第三，从各经济体的规模来看，美、日、中、德是全球最大的四个经济体，且中国、日本与德国的经济规模之和基本上与美国持平；第四，从代表性来看，上述四个国家涵盖了发达国家与新兴市场国家、覆盖了北美、欧元区与亚洲这三个最重要的地区，对分析全球经常账户失衡而言具有较好的代表性。②

二　全球经常账户失衡的根源

我们认为，主要有两方面的因素造成了一个国家的经常账户失衡。

一方面的因素是该国国内存在显著的储蓄投资缺口。当一国国内储蓄率高于国内投资率时，由于国内储蓄不能充分利用，因此可以通过经常账户顺差的方式来输出资金；同理，当一国国内储蓄率低于国内投资率时，由于国内资金存在缺口，因此可以通过经常账户逆差的方式从外部引入资金。从国民收入核算恒等式出发不难推出，一国的储蓄投资缺口等于该国的贸易余额。如果贸易余额占经常

① 数据来源：国际货币基金组织《世界经济展望》数据库。

② 唯一的遗憾是遗漏了资源输出国群体，例如 OPEC 国家与澳大利亚等。但由于受资源禀赋与国际分工的限制，资源输出国通常具有持续的经常账户顺差，而且并不会因此被认为存在经常账户失衡。

账户余额的比重很高，那么可以近似认为一国的储蓄投资缺口等于该国的经常账户余额。[①] 储蓄投资缺口的扩大将会加剧经常账户失衡，而储蓄投资缺口的缩小有助于恢复经常账户的平衡。

另一方面的因素是该国货币的实际有效汇率显著偏离了均衡汇率水平，存在明显的低估或高估。实际有效汇率低估使得该国出口商品具有更强的竞争力，从而形成了经常账户顺差；而有效汇率高估则会削弱该国出口商品的竞争力，形成经常账户逆差。换言之，如果一国存在持续的经常账户顺差，则该国货币的实际有效汇率很可能是被低估的，本币升值有助于降低经常账户顺差，反之亦然。

（一）储蓄投资缺口分析

以下我们将逐一分析 2000 年以来美国、中国、德国与日本各自的储蓄投资缺口的变动。我们认为，各国国内投资率的变动更多受到经济周期波动的影响，而储蓄率的变动则更多反映了特定结构性因素的变动。因此，我们主要从储蓄率变动的角度来分析储蓄投资缺口的变动。分析发现，储蓄率的显著下降是导致美国储蓄投资缺口（储蓄率低于投资率）拉大的重要原因（见图 4），而储蓄率的显著上升（中国、德国）与温和反弹（日本）是导致顺差国储蓄投资缺口（储蓄率高于投资率）拉大的重要原因（见图 5、图 6、图 7）。

美国国民储蓄率在 2000 年代初期的下降在很大程度上可归因于家庭储蓄率的下降。[②] 美国家庭储蓄率由 1980 ~ 1984 年期间的 10.4%，逐步下降至 2000 ~ 2004 年期间的 2.1%，并从 2005 年起出现了大萧条以来的首次家庭负储蓄（ -0.4%）。导致美国家庭储蓄率下降的主要原因包括：第一，随着金融全球化的推进，美国金融市场日益发挥着全球金融媒介的作用，这导致大量国际资金流入美国，降低了美国家庭的流动性约束，尤其是使低收入美国家庭能够更容易地

---

① 经常账户除包括商品与服务贸易外，还包括收益（职工报酬与投资收益）与经常转移。2009 年，贸易顺差占到中国经常账户顺差的 74%，投资收益占中国经常账户顺差的 12%。相比之下，同期内投资收益占日本经常账户顺差的 92%，投资收益占德国经常账户顺差的 28%（以上数据引自国际货币基金组织国际金融统计数据库）。

② Eichengreen 与 Rua（2010）指出，美国储蓄率的下降最初可归因于 2001 年布什政府减税造成的政府负储蓄，在 2004 年之后主要归因于资产价格（尤其是房地产价格）上涨造成的家庭负储蓄。

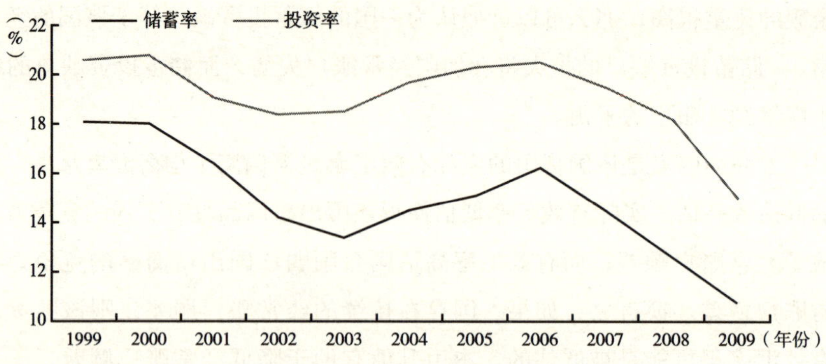

图4　美国的储蓄投资缺口

注：储蓄率和投资率为储蓄和投资与 GDP 的比率。以下各图同。

资料来源：国际货币基金组织《世界经济展望》数据库。

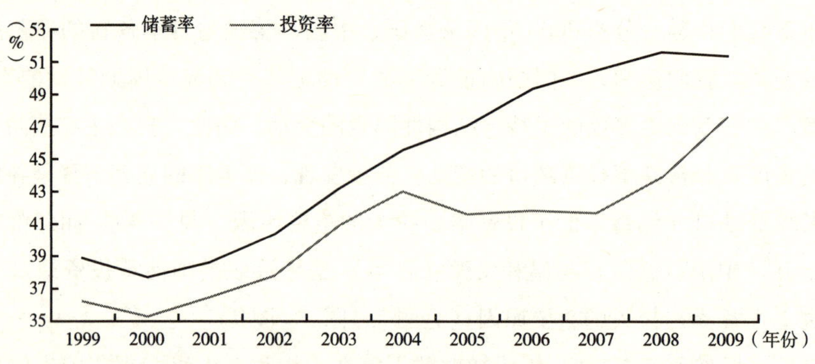

图5　中国的储蓄投资缺口

资料来源：CEIC。

获得贷款，降低了这些家庭通过储蓄积累资金的激励；第二，20 世纪 80 年代中期以来，美国股票价格与房价持续上涨形成的财富效应，提高了美国居民对永久性收入的预期，从而促使他们提高了消费倾向；第三，美国的国民收入与产品统计体系（National Income and Product Accounts，NIPA）在计算家庭储蓄率时并不考虑资本收益或资本损失，这使得家庭储蓄率指标可能在繁荣时期低估实际储蓄率，在萧条时期高估实际储蓄率（Garner，2006）。

如图 5 所示，2000 ~ 2009 年，中国国民储蓄率由 37.7% 上升至 51.4%。在此期间，中国的家庭储蓄率（居民储蓄与 GDP 的比率，下同）大致稳定在 20% 左右，因此近 10 年来的国民储蓄率上升可主要归因于政府储蓄率与企业储蓄率

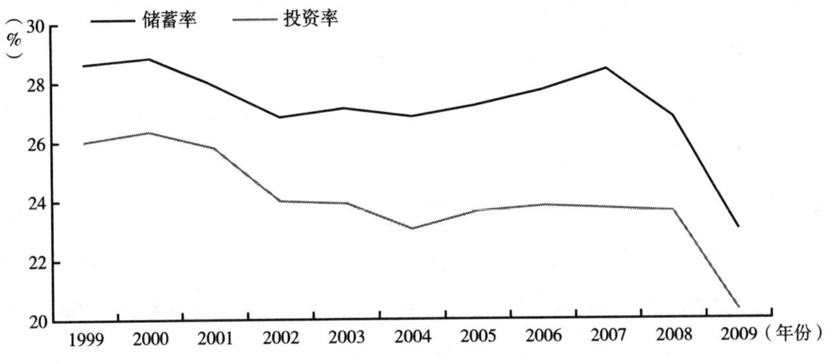

图6　日本的储蓄投资缺口

资料来源：国际货币基金组织《世界经济展望》数据库。

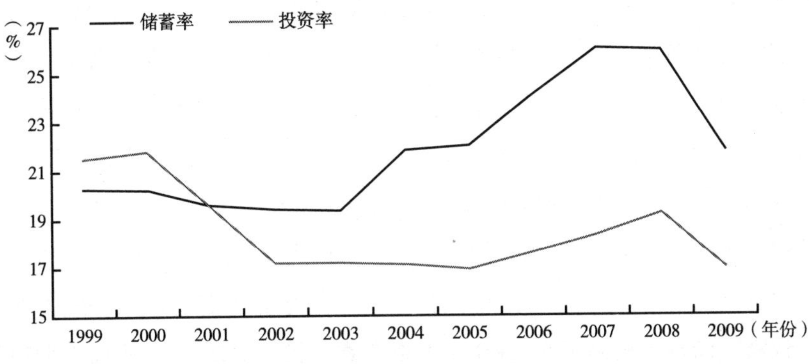

图7　德国的储蓄投资缺口

资料来源：国际货币基金组织《世界经济展望》数据库。

的上升（张明，2010b）。政府储蓄率和企业储蓄率飙升的主要原因包括：第一，在国民收入的初次分配领域存在持续且显著的失衡，国民收入初次分配明显地向政府与企业倾斜。这突出表现在多年来居民可支配收入增速持续低于GDP增速，而政府税收与企业利润增速持续高于GDP增速。2000～2007年，居民可支配收入占国民收入的比重由64%下降至58%。居民部门收入偏低既体现在工资收入上（例如所得税税率偏高与工资水平偏低），也体现在财产性收入上（例如存款利率被人为压低，在某些时期甚至低于通货膨胀率）。第二，在国民收入的再分配领域，政府与企业并未向居民部门提供足够多的转移支付。一方面，在政府支出结构中，用于提供教育、医疗、社会保障等社会公共产品的支出比重偏低，而用于行政性支出与政府投资的支出比重偏高；另一方面，目前中国国有企业的分红比率严重偏低（平均而言为税后利润的10%左右）。

日本国民储蓄率在1990年代晚期与2000年代早期显著下跌，但在2003～2007年期间有所回升。造成上述现象的原因包括：第一，1997年东南亚金融危机造成日本企业部门大规模重组，导致日本家庭（尤其是工作人群中年龄更大的家庭）劳动收入明显下降；第二，在2000年代早期，随着企业重组的推进，收入分配发生了从劳动者向股东的显著转移，这导致家庭储蓄率的下降与企业储蓄率的上升，而企业储蓄率的上升最终抵消了家庭储蓄率的下降（Iwaisako and Okada，2009）。

2004～2007年德国国民储蓄率的上升，在很大程度上可以归因于德国家庭储蓄率的上升。2000～2008年，德国家庭储蓄率由9.2%上升至11.5%。导致该时期德国家庭储蓄率上升的主要因素包括：第一，从2002年起的劳动力市场改革增强了就业与收入的不确定性，强化了家庭的预防性储蓄动机；第二，从2005年起的养老金制度改革（例如2005年养老金指数化公式的调整以及2006年提高退休年龄），增强了家庭为退休而储蓄的动力；第三，德国政府对私人养老金计划（Riesterrente）提供的财政补贴与税收优惠提高了当期消费的机会成本，造成家庭储蓄率的上升；第四，自2000年以来居民部门收入分配差距的扩大也导致家庭储蓄率提高了0.3～0.6个百分点；第五，2000年代前半期股票市场价格与实际房价的持续下跌所形成的财富效应，导致均衡储蓄率向上运动，从而拉动了实际储蓄率的上升（Hufner and Koske，2010）。

（二）实际有效汇率分析①

从实际有效汇率的角度来看经常账户失衡，持续的经常账户逆差意味着本币实际有效汇率高估，需要通过实际有效汇率贬值来降低逆差；持续的经常账户顺差意味着本币实际有效汇率低估，需要通过实际有效汇率升值来降低顺差。既然美国从1999年起出现了显著的经常账户逆差，日本从2003年起、中国和德国从

① Eichengreen与Rua（2010）指出，汇率不是外生变量，而是一个当外部冲击发生时，用于出清市场的内生变量。在考虑全球再平衡问题时，考虑外生变量的变动更为重要，例如美国削减支出或中国增加支出。将关于全球失衡的讨论过度集中于汇率问题上，是一种错误的观点。

2004 年起都出现了显著的经常账户顺差，这意味着为实现全球经常账户平衡，美元的实际有效汇率应持续贬值，中国、德国与日本的本币实际有效汇率应该持续升值。①

然而如图 8 所示，2004 年至今，上述主要国家货币的实际有效汇率走势呈现显著的差异性，且有些货币实际有效汇率的走势并不有助于缓解经常账户平衡。

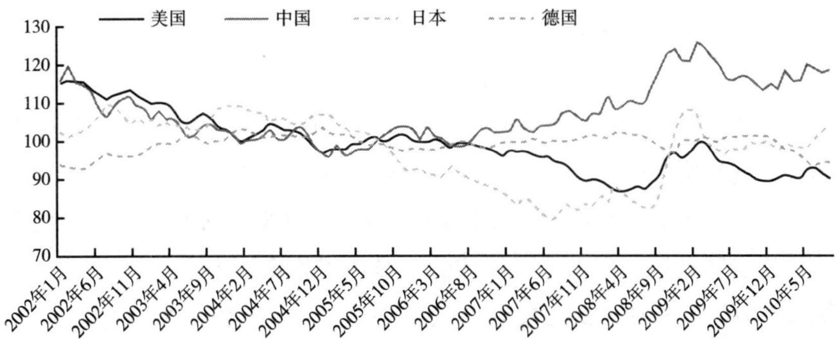

图 8　主要经济体实际有效汇率指数的变动

注：实际有效汇率的计算包括 58 个经济体，基期 2005 年为 100。
资料来源：国际清算银行网站。

在 2004 年 1 月至 2008 年 6 月全球金融危机全面爆发前，美元实际有效汇率贬值了 13%，人民币实际有效汇率升值了 8%，日元实际有效汇率贬值了 24%，德国实际有效汇率贬值了 1%。② 这意味着在该期间内，只有美元和人民币的实际有效汇率走势有助于改善经常账户失衡，日本与德国的实际有效汇率变动不但无助于改善经常账户失衡，反而加剧了失衡程度。

从 2008 年 7 月至 2010 年 8 月全球金融危机爆发期间，美元实际有效汇率升值了 3%，人民币实际有效汇率升值了 8%，日元实际有效汇率升值了 25%，德

① Freedman 等（2010）的研究指出，亚洲新兴经济体本币的实际汇率升值有助于改善全球经济的经常账户失衡。这将增加亚洲经济体的真实收入（作为贸易条件改善的结果），导致更高的消费与生活方式的改善（即本币升值有助于缩小顺差国的储蓄投资缺口）。

② 以上对实际有效汇率升值或贬值幅度的计算系作者根据国际清算银行提供的实际有效汇率数据进行计算。

国实际有效汇率贬值了7%。① 这意味着在该期间内，只有人民币和日元的实际有效汇率走势有助于改善经常账户失衡，美国与德国的实际有效汇率变动不但无助于改善经常账户失衡，反而加剧了失衡程度。

综合上述两个时期的分析，我们可以得出如下几点结论。第一，在2004年1月至2010年8月期间，美元实际有效汇率贬值11%，这有助于改善美国的经常账户赤字，但贬值幅度依然偏小。尤其是在2008年7月至2010年8月全球金融危机期间，由于美国国债市场的“避风港”效应与全球金融机构的去杠杆化，美元实际有效汇率不但没有继续贬值，反而有所升值。第二，在2004年1月至2010年8月期间，人民币实际有效汇率升值了17%，这显然有助于改善中国的经常账户盈余。尽管人民币实际有效汇率显著升值，但中国目前依然存在经常账户盈余，原因主要包括：其一，在影响中国出口额的主要因素中，外需变动的重要性可能显著高于实际有效汇率的变动；② 其二，尽管人民币已经显著升值，但目前人民币实际有效汇率水平可能依然明显低于均衡汇率水平。第三，在2004年1月至2010年8月，日元实际有效汇率贬值5%，德国实际有效汇率贬值8%。这意味着在此期间，日本和德国基本上没有为全球经常账户失衡的改善作出应有的贡献。其中，日元汇率在危机前的大幅贬值与危机前盛行的日元套利交易有关，而日元汇率在危机后的大幅升值也与日元套利交易的大规模平仓有关。德国的情况比较特殊，由于德国的货币是欧元，而欧元是欧元区国家统一使用的货币。尽管德国存在显著的经常账户盈余，但欧元区从整体来看经常账户大致平衡，这就限制了德国通过本币升值来改善经常账户失衡。第四，从上述分析中不难看出，对中国政府操纵人民币汇率从而加剧全球经常账户失衡的指责是不公允的。即使人民币实际有效汇率依然存在低估，但2004年至今人民币实际有效汇率已经显著升值，日本和德国应该在改善全球经常账户失衡中发挥更大的作用。

---

① Eichengreen与Rua（2010）指出，汇率不是外生变量，而是一个当外部冲击发生时，用于出清市场的内生变量。在考虑全球再平衡问题时，考虑外生变量的变动更为重要，例如美国削减支出或中国增加支出。将关于全球失衡的讨论过度集中于汇率问题上，是一种错误的观点。

② 姚枝仲、田丰与苏庆义（2009）对1992～2006年的中国出口需求函数进行了估计，发现中国出口的短期收入弹性约为2.34，而短期价格弹性约为-0.65。这意味着当出口价格上升1个百分点时，出口额将下降0.65个百分点，而当外国收入上升1个百分点时，出口额将上升2.34个百分点。

三　全球经常账户再平衡的路径

在从储蓄投资缺口与实际有效汇率两个层面厘清了全球经常账户失衡的根源之后，对全球经常账户再平衡路径的探讨，依然围绕着这两个层面来进行。

（一）储蓄投资缺口的调整

从储蓄投资缺口的角度来看，全球经常账户再平衡的路径，在于各主要失衡国家储蓄投资缺口的缩小，这意味着经常账户逆差国储蓄率上升（投资率下降），经常账户顺差国储蓄率下降（投资率上升）。

如图 9 所示，美国国民储蓄率由 2006 年第四季度的 16.0% 下降至 2009 年第三季度的 10.2%，之后回升至 2010 年第二季度的 11.7%。从部门储蓄率来看，次贷危机爆发后，家庭储蓄率显著上升，由 2007 年第三季度的 3.4% 上升至 2009 年第二季度的 7.8%。导致次贷危机爆发后美国家庭储蓄率上升的主要原因包括：第一，美国家庭财富在次贷危机中严重缩水，美国家庭被迫通过提高储蓄率来积累财富；第二，受信贷紧缩影响，美国家庭获得消费信贷的规模下降，从而不得不增加储蓄为耐用品消费融资；第三，随着美国失业率的提高，居民对未来就业与收入的不确定性增加，从而增强了谨慎性储蓄动机。尽管危机期间家庭

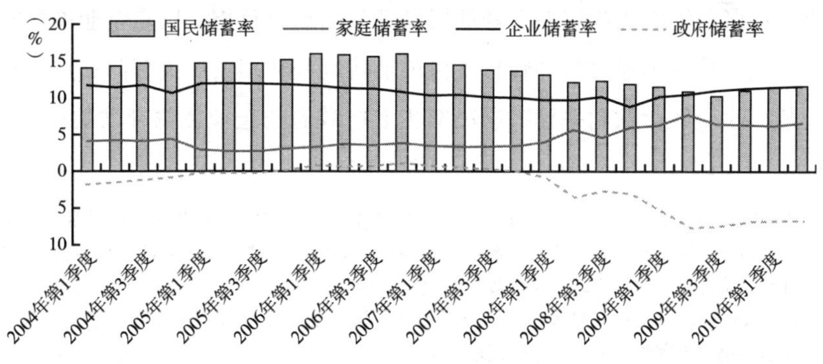

图 9　美国部门储蓄率的变动

注：国民储蓄率为国民总储蓄与国民总收入的比率，家庭储蓄率为家庭总储蓄与国民总收入的比率，企业储蓄率为企业总储蓄与国民总收入的比率，政府储蓄率为政府总储蓄与国民总收入的比率。

资料来源：美国商务部经济分析局网站。

储蓄率有所上升，但国民储蓄率依然下降。其主要原因在于，政府储蓄由正转负，且规模不断扩大。美国政府储蓄率由2006年第四季度的1.1%下降至2009年第二季度的-7.5%，从而抵消了家庭储蓄率的上升。导致次贷危机爆发后美国政府储蓄率下降的主要原因包括：第一，随着经济活动水平下降，美国政府的税收收入大幅下降；第二，美国政府推出的大规模财政刺激计划增加了财政支出，导致财政赤字迅速扩大。2007年美国政府财政赤字仅为1628亿美元，2008年上升至4550亿美元，2009年飙升至1.42万亿美元，相当于美国GDP的10%。[①]

在未来几年内，美国的储蓄投资缺口能否继续缩小，主要取决于如下两方面因素：第一，家庭储蓄率能否继续上升，或者至少保持在目前高于6%的水平上。这取决于未来资产价格的走势、失业率的变化、家庭获得消费信贷的难易程度等；[②] 第二，政府储蓄率能否显著上升，这取决于美国政府何时结束扩张性财政刺激政策并转而采取财政巩固（fiscal consolidation）措施。

近年来中国储蓄投资缺口的拉大，主要归因于政府储蓄率与企业储蓄率的飙升。在未来几年内，中国的储蓄投资缺口能否缩小，取决于如下几方面因素：第一，在国民收入初次分配中，居民收入所占比重能否显著上升，政府税收与企业利润所占比重能否显著下降。2010年初以来，沿海地区出现了非熟练劳动力工资显著上涨的现象，该现象的持续与普通化有助于提高居民可支配收入。但改善国民收入初次分配的关键仍在于降低居民部门的税收负担；国有企业增加向政府的分红比例，政府再通过各种转移支付渠道将红利转移给居民部门；加速利率市场化改革，改变低存款利率导致居民事实上向政府与企业提供补贴的格局。[③] 第

---

① Freedman等（2010）的研究指出，尽管持续与扩大的财政赤字有利于美国经济的短期增长，但这对于长期增长具有显著不利影响，因为这会导致全球储蓄率的降低，从而抬高全球实际利率、降低财政政策空间，并导致长期内更高的税收负担。此外，如果美国财政赤字造成金融市场上美国国债的风险溢价的上升，那么短期内的好处都可能很小或者消失。与之相反，美国的财政巩固将有助于推动长期增长。

② Denison（2010）指出，尽管短期内美国居民消费在反弹，但中期内美国居民消费会持续疲软，主要原因包括财富受损、疲软的房地产市场、紧张的信贷状况、更高的税收负担以及疲软的美元。

③ Aziz（2007）的研究指出，资本成本偏低造成由家庭向企业的财富转移，这是导致中国消费率偏低与投资率偏高的重要原因之一。中国要平衡经济增长，降低对投资与净出口的依赖，利率市场化改革不可或缺。

二，增加政府支出中用于教育、医疗、社会保障等社会公共产品方面的支出，以削弱居民的谨慎性储蓄动机。大力发展消费信贷，缓解居民面临的流动性约束。谨慎性储蓄动机与流动性约束的弱化，将有助于降低中国家庭储蓄率。

日本在2003~2007年储蓄投资缺口的拉大与企业储蓄率的上升有关。次贷危机爆发后日本国民储蓄率的大幅下滑，主要原因在于政府支出的增加导致政府储蓄显著下降。未来日本储蓄投资缺口能否缩小，取决于如下因素：第一，日本的消费者信心能否持续增强，从而促进居民扩大消费，降低居民储蓄率；第二，在收入分配结构上，能够发生由股东向劳动者的倾斜（即扭转2000年代前半期的趋势），从而降低企业储蓄率；第三，日本企业投资率能否显著上升，从而缩小储蓄投资缺口。以上三个方面能否实现，归根结底取决于日本经济能否摆脱持续20年的低迷状态，重新回到增长轨道上来。

德国在次贷危机爆发前储蓄投资缺口的拉大与居民储蓄率显著上升有关。未来德国储蓄投资缺口能否缩小，取决于如下因素：第一，德国政府能否通过各种措施缓解居民部门的收入分配失衡；第二，危机后德国的资产价格能否持续上升，从而通过正向的财富效应刺激居民消费；第三，德国政府能否显著降低国内失业率，缓解居民由于不确定性而产生的谨慎性储蓄动机。

（二）实际有效汇率的调整

从实际有效汇率调整的角度来看，全球经常账户再平衡的路径，在于经常账户逆差国实际有效汇率贬值，经常账户顺差国实际有效汇率升值。

美元的实际有效汇率应继续贬值。美元贬值不仅有助于降低美国的经常账户逆差，而且有助于降低美国对外净负债。① 事实上从2003年起，美元指数就走上了“战略性贬值”之路，只不过该贬值趋势被美国次贷危机和欧洲主权债务危机的爆发暂时中断了而已。一旦危机尘埃落定，全球机构投资者的去杠杆化以及全球资金涌入“安全港”效应的结束，美国经常账户赤字与财政赤字的基本面将继续决定美元实际有效汇率的走势。但必须指出的是，由于美元是全球最重

---

① 由于美国对外资产多为外币计价，而对外负债多为本币计价。因此美元贬值造成的估值效应（Valuation Effect）将改善美国的对外投资净头寸。美元贬值造成的估值收益能够帮助美国政府为持续的经常账户赤字融资（Cavallo and Tille，2006）。

要的储备货币，美元汇率大幅波动将会危及全球金融秩序的稳定，美元大幅贬值将给全球美元资产持有者带来巨大的资本损失。因此，美元实际有效汇率的贬值应该是一个渐进而平衡的过程，而且应该是经过充分的国际协调的结果。美国政府应该避免美元汇率的突然大幅贬值。

人民币的实际有效汇率应继续升值。事实上，自2005年7月人民币汇改以来，人民币实际有效汇率已经出现大幅升值。中国在改善全球经常账户失衡方面，已经走在了日本和德国的前面。由于确定人民币均衡汇率水平是一个相当困难的工作，因此中国政府的对策应该是逐渐降低央行对外汇市场的干预，让市场力量来决定人民币汇率走向。2010年6月19日人民币汇改重启，中国央行重申了以市场供求为基础、参考一篮子货币汇率的有管理的浮动汇率制度，这意味着人民币汇率形成机制的弹性将显著增强，人民币实际有效汇率将会继续升值。最近，中国人民银行副行长易纲表示，中国政府正在规划可使经常账户盈余占GDP比例在未来3~5年由2009年的5.4%降至4%以下的政策。① 为实现这一目标，人民币实际有效汇率无疑会继续向均衡水平回归。

日元的实际有效汇率应继续升值。日本政府应该在缓解全球经常账户失衡方面担负自己应有的责任。不过，最近一段时间以来，日元对美元名义汇率大幅升值，目前已经处于15年以来的高点。近期日元汇率的升值，主要与金融市场上的避险情绪有关。随着未来金融市场波动性的减弱，日元对美元名义汇率的升值趋势可能会结束。如果日本央行干预外汇市场，也会加快日元对美元名义汇率的回落。但从改善日本经常账户失衡的角度出发，日元实际有效汇率应该继续升值。

德国的实际有效汇率应继续升值。然而由于德国是欧元区的成员，这增强了问题的复杂性。由于欧元区内部分国家（例如欧猪五国）存在持续的经常账户逆差，这抵消了德国的经常账户顺差，从而使得欧元区从整体上来看经常账户大致平衡，从而削弱了欧元升值的必要性。但无论如何，最近低迷的欧元走势促进了德国的出口，导致德国经常账户盈余进一步扩大。对于德国这样一个位于货币区内部的持续顺差国而言，如何在改善全球经常账户失衡的过程中发挥其应有作用，是值得进一步研究的问题。

一般而言，经常账户逆差国有很强的动力进行调整，但经常账户顺差国在采

① 引自 http：//www.yzforex.com/494d0daae-fa82-41a9-b21d-9aea20323ef5.html。

取调整措施时往往比较犹豫，他们担心经常账户顺差的下降将会影响经济增长与就业。然而IMF（2010）指出，首先，政策引致的经常账户盈余下降，并不一定会导致经济增长率下降。尽管实际汇率升值会降低短期内的经济增长率，然而随着需求由外部转移到内部，消费与投资的上升会抵消净出口的下降。与此同时，供给面也会获得再平衡，资源会从贸易品部门流向非贸易品部门。此外，实际汇率升值还伴随着出口部门结构向高附加值产品的优化。其次，在经常账户顺差下降期间，总就业反而会略有上升，这是因为非贸易品部门的就业增加会抵消贸易品部门的就业损失。不过，在经常账户平衡过程中，有一个重要教训值得特别注意，即为避免本币升值产生的收缩效应，一国采取的宏观经济刺激方案的力度常常过大，从而导致经济过热与资产价格泡沫。

在2010年下半年，随着世界经济二次探底风险的加大，美国、欧元区与日本央行均准备启动新一轮的数量宽松货币政策。为避免本国货币对主要国际货币的大幅升值，包括日本、巴西在内的若干发达国家与新兴市场国家央行开始干预本国外汇市场。最近巴西财政部长曼特加（Guido Mantega）声称，由于发达经济体正推动本币贬值，一场国际汇率战一触即发。① 与汇率战相比，更现实且更严重的威胁是贸易战。② 2010年9月23日，美国众议院筹款委员会批准了一个关于人民币汇率的法案。该法案指出，如果人民币被美国认定为币值低估，美国将对来自中国的进口商品征收反倾销关税。③ 2010年9月26日，中国商务部裁定原产于美国的白羽肉鸡产品存在倾销，从而对之征收最高53.4%的反倾销税。中美之间爆发贸易战的风险不断增强。我们应该认识到，无论是汇率战还是贸易战，结果都注定是两败俱伤。全球各主要失衡国家应该团结起来，经过磋商协调，就各方汇率调整达成一个公开、公平、合理、透明的方案。各主要失衡国家

---

① 《国际汇率战一触即发　弱势美元意欲何为》，2010年9月28日《21世纪经济报道》。

② Pettis（2009）指出，在一个全球储蓄过剩而消费不足的世界里，美国储蓄率的上升迫使其他地区必须进行相应的和困难的结构调整。这种调整的比较温和的形式是全球投资率上升或中国消费增加。但考虑到全球范围内持续的高失业率，全球需求将会较长时间处于低迷状态，故而全球投资率上升的可能性不大。考虑到中国政府采取的通过压低家庭收入来补贴制造业企业的政策，中国消费率在短期内上升的可能性也不大。如果温和的调整不能达成，那么就不得不采取更为痛苦的调整方式，即两国依靠贸易政策来进行调整。这意味着国际贸易领域的冲突性上升，一旦应对不当，中美之间可能爆发两败俱伤的贸易战。

③ 《美国众议院筹款委员会批准中国汇率法案》，2010年9月24日《经济观察报》。

都应该为全球经常账户失衡的调整作出贡献，而不是把责任和问题归咎于任何一个国家。[①]

四　结论

进入 21 世纪后，特别是 2003 ~ 2004 年以来，全球经常账户失衡成为一个突出问题。尽管在全球金融危机爆发后，全球经常账户失衡状况明显改善，但危机结束后，全球经常账户失衡的演变仍具有相当的不确定性。

从美国（主要逆差国）和中国、德国、日本（主要顺差国）的角度来分析全球经常账户失衡，具有较好的代表性与对称性。

从储蓄投资缺口视角来分析全球经常账户失衡，则美国家庭储蓄率的下降、中国政府储蓄率与企业储蓄率的飙升、日本企业储蓄率的上升以及德国家庭储蓄率的上升，是导致全球经常账户失衡的重要原因；从实际有效汇率视角来分析全球经常账户失衡，则美国实际有效汇率的高估，以及顺差国实际有效汇率的低估，是导致全球经常账户失衡的重要原因。在通过实际有效汇率升值来抑制经常账户顺差方面，日本与德国的行动显著滞后于中国。

全球经常账户再平衡的路径有赖于各主要失衡国储蓄投资缺口的缩小与实际有效汇率向均衡汇率水平的运动。对美国政府而言，提高居民储蓄率、削减财政赤字、促进美元有序贬值是当务之急。中国政府应通过纠正国民收入初次分配失衡、弱化家庭的谨慎性储蓄动机与流动性约束来降低国民储蓄率，并继续推动人民币实际有效汇率升值。日本政府应通过结构性改革促进经济增长，摆脱长期的经济低迷，通过降低储蓄率与提高投资率来缩小储蓄投资缺口，日元实际有效汇率也应继续升值。德国政府应通过缓解居民部门收入分配失衡、降低失业率、促进资产市场发展来降低居民储蓄率。如何解决欧元区内部的经常账户失衡问题，也是考验德国政府的一大难题。

---

① Frieden（2009）的研究指出，第二次大战期间、1980 年代以及 1990 年代宏观经济失衡的经验表明，一旦国际失衡调整的时期到来，失衡国家之间的关系可能恶化，因此一国内部民众与利益集团针对结构调整措施的反对与敌意将迫使该国政府采纳可能阻碍国际合作的政策，或把调整负担推到其他国家身上，这种举措最终可能激发国际冲突。在需要分配调整负担的时候，国际合作将面临国内政治的阻碍。

在全球经常账户再平衡问题上，各主要失衡国家应该充分沟通、协商、合作，作出各自应有的贡献，而不是采取以邻为壑的政策，实施汇率战甚至贸易战。全球经常账户的有序调整，既符合各主要失衡国家的利益，也有助于促进全球经济的可持续增长。

参考文献

Aziz, Jahangir. "Rebalancing China's Economy: What Does Growth Theory Tell Us," paper prepared for ICRIER, KAF and IMF organized Conference on India and China's Role in International Trade and Finance and Global Economic Governance, September 2007.

Cavallo, Michele and Tille, Cedric. "Could Capital Gains Smooth a Current Account Rebalancing," Working Paper, No. 2006 – 03, Federal Reserve Bank of San Francisco, January 2006.

Denison, E. "The Long Unwinding Road Rebalancing Global Consumer Spending", Deloitte, 2010, http: //www. presidentscouncil. com/Presentations/GlobalRetailTrends_ EDenison. pdf.

Eichengreen, Barry and Rua, Gisela. "Exchange Rates and Global Rebalancing," unpublished scripts, Department of Economics, University of California Berkeley, May 12, 2010, http: //www. econ. berkeley. edu/ ~ eichengr/exchange_ rates_ march_ 2010. pdf.

Freedman, Charles, Kumhof, Michael, Laxton, Douglas and Muir, Dirk. "Policies to Rebalance the Global Economy After the Financial Crisis", *International Journal of Central Banking*, Vol. 6, No. 1, March 2010, pp. 215 – 52.

Frieden, Jeffry A. "Global Imbalances, National Rebalancing, and the Political Economy of Recovery," Working Paper, Center for Geoeconomic Studies and Internatioanl Institutions and Global Governance Program, Council on Foreign Relations, October 2009.

Garner, C. Alan. "Should the Decline in the Personal Saving Rate Be a Cause for Concern?" *Economic Review*, Federal Reserve Bank of Kansas City, 2nd quarter, 2006, pp. 5 – 28.

Hufner, Felix and Koske, Isabell. "Explaining Household Saving Rates in G7 Countries: Implications for Germany", OECD Economics Department Working Papers, No. 754, March 2010.

IMF. "Getting the Balance Right: Transitioning out of Sustained Current Account Surpluses", *World Economic Outlook*, April 2010.

Iwaisako, Tokuo and Okada, Keiko. "Understanding the Decline in the Japanese Saving Rate in the New Millennium", JSPS Grants-in-Aid for Creative Scientific Research, Working Paper, Series No. 34, March 2009.

Pettis, Michael. "Sharing the Pain: The Global Struggle over Savings", Policy Brief, No. 84, Carnegie Endowment for International Peace, November 2009.

姚枝仲、田丰、苏庆义（2009）：《出口的收入弹性与价格弹性》，中国社会科学院世界经济与政治研究所国际金融研究中心，工作论文系列，No. 0913，2009 年 8 月。

张明：《全球国际收支失衡的调整及对中国经济的影响》，《世界经济与政治》2007 年第 7 期。

张明（2010a）：《欧洲主权债务危机：演进、根源、前景与风险》，中国社会科学院世界经济与政治研究所国际金融研究中心，工作论文系列，No. 2010W12，2010 年 8 月。

张明（2010b）：《全球经济再平衡：美国和中国的角色》，《世界经济与政治》2010 年第 9 期。

The Imbalance and Rebalancing of Global Current Account

Zhang Ming

Abstract: The global current account imbalance exacerbated in the early of 2010s, which contributed to the burst of global financial crisis. Although the global imbalance was significantly corrected after the crisis, there are still uncertainties about its evolution in the future. From the perspective of saving investment gap, the root of global imbalance lies in the decline of saving rates in deficit countries, and the rise of saving rates in surplus countries. From the perspective of real effective exchange rate, the root of global imbalance lies in the overvaluation of deficit countries' currencies and undervaluation of surplus countries' currencies. To rebalance global current account, the major countries should try to mitigate the saving investment gap, and move the real effective exchange rates toward equilibrium levels. In the process of global rebalancing, the major countries should enhance communication and cooperation and avoid exchange rate wars and trade wars.

Key Words: Current Account Imbalance; Saving Investment Gap; Real Effective Exchange Rate; Rebalancing

Y.16

主权债务危机的进展与前景

何帆　金惠卿*

摘　要： 以“欧猪五国”（PIIGS）为代表的欧洲主权债务危机打破了全球经济复苏的进程，引发国际金融市场的剧烈波动。当前，主要发达经济体普遍面临着财政赤字和债务压力，而人口结构老化和“金融加速器”的顺周期效应会进一步恶化其主权债务状况。因此，高负债经济体应该尽快实施有效和可信的中期财政紧缩计划，确保财政赤字和债务的可持续增长，以实现全球经济的平稳复苏。

关键词： 主权债务危机　“欧猪五国”　人口老龄化　经济周期

一　引言

以美国次贷危机为导火索的全球性金融危机爆发之后，国际金融市场的流动性开始急剧减少，金融机构如同多米诺骨牌，一张接着一张倒掉，实体经济也遭遇了百年不遇的大萧条。很快地，北欧的小国冰岛便爆发了主权债务危机。之后，匈牙利、拉脱维亚和罗马尼亚等国也相继发生主权债务危机。从 2009 年底的迪拜危机开始，到至今阴霾未散的以“欧猪五国”为代表的欧洲国家主权债务危机，国家违约的风险似乎已经超过了金融机构破产的风险，对全球经济的复苏和国际金融市场的稳定构成了威胁。

---

* 何帆，经济学博士，中国社会科学院世界经济与政治研究所副所长、研究员、博士生导师，研究领域为宏观经济、国际金融、国际政治经济学；金惠卿，中国社会科学院研究生院世界经济与政治系硕士研究生，研究领域为国际金融、宏观经济。

二　主权债务危机：文献综述

（一）主权债务危机的历史

Chandrasekhar（2010）指出，人们一般认为，政府的信誉要高于企业，因为企业可能会破产，但国家是很难破产的，国家有能力动员各种资源来偿还其债务。但是，如果是企业或个人违约，债权人可以将之诉诸法庭，而国家违约之后，有什么机制能迫使国家履行偿债义务呢？在古代历史上，政府违约的例子举不胜举。即使到了近代和现代，也仍然有大量的政府违约事件。Borensztein 和 Panizza（2008）指出，从 1824 年到 2004 年共出现过 257 次主权债务违约。其中，拉丁美洲国家有 126 次政府违约，非洲国家有 63 次违约，亚洲国家的违约率最低。

著名经济学家 Rogoff 和 Reinhart（2008）认为，金融危机之后总是伴随着财政赤字和政府债务的增加，主权债务风险将大大提高。但是，Rogoff 在这篇文章中错误地把美国称为“违约处女”，即从未出现违约的少数几个国家。事实上，美国在过去的历史上不止一次违约。比如，大萧条期间，美国曾把黄金价格从一盎司 20 美元调至 35 美元，使美元大幅贬值；1973 年尼克松突然宣布美元和黄金脱钩，也是一次昭然违约。

Cottarelli 和 Schaechter（2010）认为，较高的公共债务不仅归咎于金融危机，也是因过去几十年里脆弱的财政政策所致。债务水平在困难时期逐步上升，却没有在繁荣时期下降。在老龄化社会中，医疗保障和养老金支出的不断增加正在对公共财政施加更多的压力，先进经济体债务对 GDP 占比自 1974 年以来持续上升，未来的挑战会更加严峻。这就要求我们实施中长期的财政改革，而不是短期内的财政紧缩，以保证今后几十年里债务状况将得到逐步且持续的改善。Ostry 等（2010）认为，负债最重的经济体正在接近一个“债务限额”，超过该限额，它们的财政状况可能会变得不可持续。为了恢复财政可持续性，需要根本性地突破财政调整的常规模式。理论和经验表明，资本市场准入或市场对财政风险预期的突然改变，会使一国的财政债务限额存在不确定性，因此一国应该保持足够大的财政回旋空间。Cottarelli 等（2010）认为，目前债务重组的风险被严重高估，

财政紧张的先进国家所面临的挑战主要源自其巨额的基本赤字。因为先进国家在危机开始时的公共债务期限较长，其债务偿还压力仍然相对有限。财政可持续性可在中期改革中予以解决，因此这些先进经济体不大可能会发生债务违约。

（二）历史上三次较为严重的主权债务危机

20 世纪 80 年代的拉美债务危机、1998 年的俄罗斯债务危机和 2001 年的阿根廷债务危机是 20 世纪下半叶以来，较为严重的三次主权债务危机。Chandrasekhar（2010）指出，发展中国家政府违约，往往爆发在国际信贷急剧膨胀之后。20 世纪 80 年代，拉丁美洲爆发债务危机，就起源于向外国银行的大量借款。而外国银行突然增加对拉美国家的贷款，则是由于 20 世纪 70 年代石油冲击之后，巨额资金流入国际银行。发展中国家债务危机的爆发，一是借款规模过大，二是突然遇到了外部冲击。虽然拉美债务危机、俄罗斯债务危机与阿根廷债务危机在具体演变的路径上存在较大的差异，但总体而言，财政赤字和债务负担沉重，以及由于外部冲击和经济基本面不佳导致的大量资本反转外流是引发这三次较为严重的主权债务危机最重要的因素。

（三）美国金融危机之后可能出现的主权债务危机

在过去 10 年中，发达国家普遍实行低利率政策，国际金融市场上充斥着大量资金。这些资金主要流向两个地方：对发达国家和发展中国家的私人贷款，以及对发达国家政府的贷款。正是这些变化，带来了新的主权债务危机。而这次主权债务危机，主要爆发在发达国家，甚至可能是核心国家。英国《经济学家》杂志 2009 年 12 月 3 日的一篇文章谈到，到 2007 年，G20 中主要的发达国家，政府债务占 GDP 的比例已经达到 80%，而这一比例比 G20 中主要的发展中大国要高 1 倍。到 2014 年，预计发达国家政府债务占 GDP 的比例将超过 120%，为发展中大国的 3 倍。除此之外，遭受金融危机打击较大的发达国家还存在着因救助金融机构带来的大量隐含债务，这会使得发达国家的债务负担更重。

更危险的是，美国在未来违约的可能性越来越大。美国的财政赤字创下了历史纪录，债务总额创下了历史纪录，对外国的负债也创下了历史纪录。为了减少巨额债务负担，美国政府无非可以借助三种办法，一是增加税收，二是通货膨胀，三是货币贬值。但是让美国通过增加税收的办法偿还债务，就像指望一个没有节制、过度肥胖的家伙通过艰苦的减肥，重新恢复苗条身材一样，几乎是没有任何希望的。如果靠通货膨胀，又会遇到两个问题，其一是美国国债中与通货膨胀挂钩的部分（TIPS）约占16.7%，因此通货膨胀上去了，美国的债务负担也随之上去。其二是美国现在仍然遇到通货紧缩的压力，尽管伯南克像直升机撒钱一样增加货币供给，但是信贷市场仍然紧缩，在这种背景下，想用通货膨胀减少债务负担，难度变得更大。那么，最有可能的办法就是货币贬值。这实际上是通过向外国债权人转嫁负担，达到减少债务压力的目的。截至2009年底，美国对外债务总额为13.77万亿美元，其中外国持有的美国国债大约为3.29万亿美元，所以美元贬值对美国债务赤字的缓解，效果也不会明显。但是，对中国这样的债权国，影响就非常大了。中国至少持有1.7万亿美元的美元资产，如果美元贬值30%，中国的损失将超过5000亿美元。

三　欧洲主权债务危机的起源与演变

（一）希腊主权债务危机的起因和进展

1. 希腊主权债务危机的起因

第一，长期宽松的财政政策和腐败以及用金融衍生品掩盖部分债务的做法为债务危机埋下了隐患。希腊长期以来一直实行超宽松的财政政策。20世纪90年代初，希腊财政赤字的GDP占比一直在10%以上，而公共债务占比则超过100%。为加入欧元区，希腊一度通过虚报、瞒报财政赤字，以及在高盛等华尔街投行的帮助下，通过“外汇掉期交易”的方式，成功地将一笔高达10亿美元的公共债务移出，做“美”其财政和债务数字。因此，在加入欧元区的前两年，希腊的财政赤字占比降至3%左右，而债务占比则降至94%。

庞大的公务员队伍以及政府机构和国企的严重腐败和浪费也侵蚀着希腊的财政健康状况。据估计，仅严格意义上政府部门的公务员就占希腊全部劳动力人口的10%，加上其他公共部门的从业人员，该比例更高。2009年透明国际公布世界180个国家贪污腐败的调查报告显示，希腊位列第71名，为欧盟国家的最后一名。这又导致希腊公民纳税积极性受挫。据统计，希腊每年由于逃税而损失的税收高达150亿欧元。

第二，经济结构性失衡和劳动力市场僵化是债务危机深层次的原因。希腊是世界文明古国，拥有很多名胜古迹。近些年来，希腊越来越重视旅游业和相关服务业的发展，而传统的造船业和汽车工业日渐萎缩。为举办 2004 年奥运会，希腊举债近 100 亿欧元，并大兴房地产。但是，奥运之后，房地产泡沫破灭，财政亏损达 30 亿美元左右，对外债务也像雪球般越滚越大。

美国次贷危机之前，希腊经济一直保持低速增长。而自 2007 年 3 月份美国次贷危机显露端倪以来，希腊经济增速开始持续放缓。金融危机爆发后，全球经济增长急剧下降，希腊的重要支柱产业旅游业和海运业首先遭受严重打击，并引发一系列经济连锁负效应。

尽管 2009 年欧盟各经济体的经济增速有所下滑，但是“欧猪五国”的单位劳动成本却有所上升，其中希腊更是上升了 6.3%，导致劳动生产率下降 0.8%。不合理的经济结构和僵化的劳动力市场机制导致希腊的国际竞争力急剧下滑 10 位，至第 52 位。①

第三，金融危机后大规模刺激政策恶化财政状况，主权信用评级遭下调是债务危机的直接原因。为对抗经济衰退，希腊政府实施了大规模刺激经济计划。截至 2009 年 8 月 21 日，希腊总理表示，中小企业信贷资金已落实 37 亿欧元，下一步还将为 8 万个符合条件的企业做担保，贷款总金额将达到 95 亿欧元。2009 年 12 月初，希腊政府宣布其财政赤字和公共债务占比已分别升至 12.7% 和 113%。

欧盟委员会为稳定各成员国的经济和金融状况，推出了规模巨大的财政救助和金融救援计划。在 2008 年底，欧盟委员会为了协调各成员国拯救实体经济的行动，推出了一项总额为 2000 亿欧元，相当于欧盟 GDP 1.5% 的经济刺激方案。其中，300 亿欧元来自欧盟预算，1700 亿欧元为各成员国经济刺激计划的总和。此外，截至 2009 年 10 月份，欧洲中央银行实施的金融救援措施规模相当于其 GDP 的 25.3%。其中，银行担保、注资和不良资产救助支出分别占 20.5%、2.7% 和 2.1%。但随着形势渐趋稳定，欧洲中央银行决定停止对这些国家的流动性支持。受此影响，市场开始看空希腊经济，国际评级机构亦纷纷下调希腊的主权信用评级。惠誉公司在 2009 年 12 月 8 日将希腊主权信用评级由“A -”降

① 瑞士洛桑学院统计。

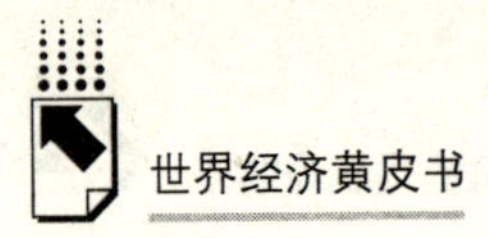

为“BBB +”，前景展望定为负面，同时下调了希腊 5 家银行的信用级别；标普则在 12 月 16 日下调希腊主权评级至“BBB +”；22 日穆迪也将其评级由原来的 A1 下调到 A2，评级展望为负面。希腊主权信用级别 10 年以来首次跌落至 A 级以下，希腊危机开始爆发。

2. 希腊主权债务危机的进展

为保持财政政策的独立性，债务危机之后，希腊一直试图采取对内改革和对外发债的方式来改善国家财政状况，并在 2010 年 3 月初接连出台了财政紧缩计划。但是债务危机一直笼罩着希腊经济。加税、裁员和减薪等政策引发了多次国内大罢工，国债利率飙升使投资者蒙受损失而遭到抛售。3 月 22 日希腊央行发布报告称，希腊经济正处于“恶性循环”中。受债务危机拖累，2010 年该国经济将萎缩 2%。

希腊危机的爆发引发了市场对欧元区其他成员国债务状况的担忧，欧元开始暴跌。但是欧元贬值在能够容忍的范围内，反而能够促进欧元区其他成员国的出口，而且出于对道德风险的担心和国内民众的压力，欧盟迟迟未对其实施救助。直至希腊财政债务改善已近乎穷途末路，而欧元区其他国家的债务问题持续暴露，欧盟春季峰会才特别考虑将希腊债务危机列入日程。3 月 25 日，欧元区 16 国通过了希腊救助方案，即在希腊无法以合理的利率在国际金融市场上融资时，欧元区和国际货币基金组织会共同向希腊提供贷款。4 月 11 日，欧盟和 IMF 提出 3 年期贷款计划，欧元区可向其提供最多 300 亿欧元的紧急贷款，IMF 也能提供大约 150 亿欧元的援助。至此，希腊危机开始有所缓和。

4 月 22 日，欧盟统计局公布的 2009 年欧元区 16 国和欧盟 27 国财政赤字和公共债务占比的初步数据显示，2009 年希腊这两项指标均在欧盟国家中位列第二且高于预期。穆迪公司当天即将希腊主权债务评级从 A2 下调至 A3；27 日，标普把希腊的主权债务评级从 BBB + 下调至垃圾级 BB +，同时下调了希腊国民银行等 4 家银行的评级，希腊债务危机进一步升级。

（二）各国在救助主权债务危机中的立场

1. 欧元区其他成员国和 IMF 对希腊危机救助的立场

面对外界对欧元区各成员国主权债务问题逐渐暴露中欧元能否存续的质疑，

欧元区成员国对救助希腊问题出现了分化。希腊是一个小国，其 GDP 只占欧元区经济总量的 2.6%，依靠欧盟的力量来救助希腊是绰绰有余的。但是以德国为首的反对救助派认为，欧元区国家不应该使用国内纳税人的钱来为希腊债务买单，否则会给其他成员国起到示范效应，引发其他成员国无视《欧盟稳定与增长公约》而不断扩张其财政债务规模的道德风险，而且欧元区 - IMF 救助机制的启动也有可能延误并打乱希腊政府的财政整顿计划。而以法国为首的支持救助派则主张，应尽快干预，给予希腊流动性支持，以确保欧元区经济金融体系的稳定性。4 月 28 日“欧猪五国”的债务危机风险集中显现后，之前迫于国内选民强烈反对而推迟援助的德国，也表示将尽快实施贷款援助计划，帮助解决希腊债务危机。

自债务危机以来，IMF 作为国际监管机构一直比较积极地介入了债务救助计划。因为国际货币基金组织的根本任务是通过国际监管、技术援助和贷款来帮助国际收支困难的成员国，以确保国际货币体系的稳定。但 IMF 对危机成员国的贷款通常会有一系列较为苛刻的附加条件，比如具体和量化的经济支持方案，以实现特定的财政或外汇储备等目标。5 月 2 日，欧盟和国际货币基金组织通过了为期三年，总规模达 1100 亿欧元（1450 亿美元）的希腊危机救助计划。其中，IMF 将提供 300 亿欧元（400 亿美元）的备用资金（Stand-By Agreement）。

2. 希腊自身的立场

希腊出于保持财政政策独立性的考虑，一直试图采取对内改革和对外发债的方式改善财政债务状况，并对外宣称希腊控制财政赤字的政策是可信的。但是，在 2010 年 3 月初出台的“三年稳定增长计划”中，加税裁员减薪政策引发了国内多次大罢工。

在主权评级遭一再下调后，市场对希腊债务违约担忧情绪加剧，希腊政府在国际金融市场上发行国债进行融资也开始变得举步维艰。国债利率飙升使希腊政府融资成本显著增加，也使投资者蒙受损失。此外，投机者的非理性炒作也助推希腊债务危机的不断升级。希腊债务危机和经济危机面临“恶性循环”的风险，3 月 23 日财政部长帕帕康斯坦季努表示，希腊寻求并期待 25 日的欧盟首脑会议出台针对希腊债务危机救助方案，并承诺三年稳定增长计划能使财政赤字降至 3% 以下。

4月22日欧盟统计局公布2009年欧元区16国和欧盟27国财政债务初步数据后，市场对希腊和欧洲其他国家债务违约的担忧进一步升级。无奈之下，希腊于4月23日正式向欧盟提交了启动欧盟－IMF救援机制申请。

（三）欧洲主权债务危机的救助过程

5月2日，希腊政府与欧元区政府和国际货币基金组织（IMF）达成三年期总规模为1100亿欧元（约1450亿美元）的救助计划，以帮助希腊继续开展更加严厉的财政紧缩以及国家和经济结构改革计划。其中，欧元区其他15个成员国将根据各自在欧洲中央银行的出资比例按5%的利率水平提供800亿欧元（约1050亿美元）的双边贷款（bilateral loans），IMF则按照3%的利率提供300亿欧元（约400亿美元）备用资金（Stand-By Agreement）（见表1）。其中100亿欧元是希腊金融稳定专项资金，以应对可能的金融机构状况恶化。首笔款项已提前支付，以满足希腊政府5月19日85亿欧元国债赎回需要，而未来的支付将有赖于满足IMF和欧元区其他成员国共同审查的严格条件而定，并且每季度监控一次。

表1　欧洲主权债务危机国家的救助情况

救助时间	国家	公共债务规模（亿欧元）	债务占比（%）	在IMF中的份额（百万SDR）	救助机构	救助金额（亿美元）
2008－10－24	冰岛	29.25	57.4	117.6	IMF	21
2008－10－28	匈牙利	755.17	78.3	1038.4	IMF、欧盟、世行	251（其中IMF提供157）
2008－12－19	拉脱维亚	67.37	36.1	126.8	IMF、欧盟、北欧国家、世行、捷克、欧洲复兴和开发银行、爱沙尼亚、波兰	104（其中IMF提供23.5）
2009－5－4、2010－2－19	罗马尼亚	274.83	23.7	1030.0	IMF、欧盟	33.2（其中IMF提供33.2）
2010－5－2	希腊	2734.07	115.1	823.0	IMF、欧盟	1050（欧元区）400（IMF）

注：债务规模和债务的GDP占比均为2009年数据（冰岛为2008年数据）；2009年5月4日的危机援助曾因罗马尼亚政治危机而被冻结，2010年2月19日重启。

资料来源：IMF、欧盟统计局。

欧洲央行表示，希腊救助计划将有助于恢复市场信心，并维护欧元区的财政稳定。德国总理默克尔申明，救助计划不只是针对希腊，而且是针对整个欧洲货币联盟，它将确保欧元区的稳定。但是该救助计划的顺利实施有赖于希腊3年财政紧缩和国家经济结构改善计划的可信性，以及欧元区其他成员国的一致同意。法国、德国、意大利和葡萄牙等欧元区各主要成员国已经先后于5月4日至7日同意参与希腊救助计划，其中德国、法国和意大利将分别提供224亿、168亿和184亿欧元救助，并在第一年分别提供84亿、39亿和55亿欧元。有了德国和法国这两个大国的共同参与，加上稳定货币合作的考虑，欧元区其他成员国也会相继跟进救助希腊的计划。

为此，希腊政府已与IMF、欧盟委员会和欧洲中央银行达成协议，承诺进行一系列雄心勃勃的经济改革计划，以满足获得该救助资金的财政和债务目标。该计划的目标是到2014年财政赤字占比低于3%。它包括通过巩固公共财政、管理和提高其透明度和可核算度来进行的财政整顿，通过放开市场和结构性改革促进企业家精神、竞争力和经济增长，以及通过建立金融监管和调控机制来确保银行体系稳健运行、流动性和资本充足的金融体系三个部分。

（四）欧洲主权债务危机的蔓延

1. 希腊主权债务危机的救助效果

虽然按照三年救助计划声明，只要希腊满足要求，则充足的救助资金可以使希腊在未来两年内无需从金融市场融资，希腊也已经承诺到2014年使财政赤字占比降至3%以下。但是三年救助计划是否能够达到预期效果还值得商榷。

首先，1100亿欧元救助资金不一定能够满足希腊的资金缺口。除去100亿欧元金融稳定专项资金，还剩下1000亿欧元。但是按照巴克莱银行（Barclays Capital）的测算，希腊2010年需要约300亿欧元，2011～2012年则需要930亿欧元来偿付债务本金和利息。因此，援助计划还不能覆盖希腊的资金缺口。

其次，希腊是否真能成功削减财政赤字和降低债务水平也值得怀疑。第一，希腊财政债务赤字状况的改善有赖于经济的持续增长。但是按照三年财政紧缩计划的测算，未来两年内希腊经济仍为负增长，其中2010年经济萎缩4%，之后转为低速增长。第二，虽然希腊财政赤字状况会逐步好转，到2014年财政赤字占GDP的比值将降至2.6%水平，但是公共债务占比在前四年仍将持续恶化，2013

年升至149.1%，到2014年才略降至144.3%（见表2）。第三，新财政紧缩计划在希腊国内遭到越来越多的反对声，2010年5月3日晚开始陆续举行大罢工与游行示威，5日起开展了全国规模的大罢工，因而面临着实际执行不力的风险。

表2　希腊财政紧缩计划中的财政债务目标

单位：%

年　份	2010	2011	2012	2013	2014
通胀率	1.9	-0.4	1.2	0.7	0.9
经济增长率	-4.0	-2.6	1.1	2.1	2.1
财政赤字占比	-8.1	-7.6	-6.5	-4.9	-2.6
公共债务占比	133.3	145.1	148.6	149.1	144.3

资料来源：希腊财政部。

2. 欧洲主权债务危机的进一步蔓延

希腊债务危机之后，国际市场开始重新审视欧元区其他国家尤其是“欧猪五国”（PIIGS）的债务问题。首先，欧洲各成员国的财政债务状况并不乐观。自欧盟成立的十多年以来的一半时间里，各成员国的财政赤字和政府债务占GDP的比值均高于《稳定与增长公约》所规定的分别为3%和60%的警戒线。2009年整个欧盟地区的财政赤字占GDP的比值高达6.8%，而欧元区为6.3%，除了爱沙尼亚和马耳他之外，其他成员国的财政赤字状况均比上一年有所恶化。其中，居前五位的分别是爱尔兰（14.3%）、希腊（13.6%）、英国（11.5%）、西班牙（11.2%）和葡萄牙（9.4%）。而2009年整个欧盟和欧元区的总债务占比分别为73.6%和78.7%。其中，共有12个成员国的债务占比超过警戒线，居前五位的分别为意大利（115.8%）、希腊（115.1%）、比利时（96.7%）、匈牙利（78.3%）和法国（77.6%）（见表3）。

其次，欧盟内部各成员国之间存在相互间的债权债务关系。据国际清算银行统计，截至2009年底，希腊银行对土耳其、罗马尼亚、保加利亚和塞尔维亚等国的债权分别为247.4亿、242.2亿、155.3亿和68.1亿美元，分别占这些东南欧国家债务总额的19.1%、22.1%、40.4%和28.5%。如果希腊银行减少在东南欧国家的借贷活动，那么这些国家的经济将会受到巨大的冲击。另外，整个欧洲银行对希腊的债权为1930.6亿美元，占对希腊总债权的比重高达89.0%，其中对法国和德国的风险敞口居前两位，分别达到788.2亿和450.0亿美元，分别

表 3　欧盟成员国预算赤字和公共债务占 GDP 的比重

单位：%

国家或地区	财政赤字占比				公共债务占比			
	2008 年	2009 年	2010 年	2011 年	2008 年	2009 年	2010 年	2011 年
意大利	2.7	5.3	5.3	5.0	106.1	115.8	118.2	118.9
希　腊	7.7	13.6	9.3	9.9	99.2	115.1	124.9	133.9
比利时	1.2	6.0	5.0	5.0	89.8	96.7	99.0	100.9
法　国	3.3	7.5	8.0	7.4	67.5	77.6	83.6	88.6
德　国	0.0	3.3	5.0	4.7	66.0	73.2	78.8	81.6
爱尔兰	7.3	14.3	11.7	12.1	43.9	64.0	77.3	87.3
西班牙	4.1	11.2	9.8	8.8	39.7	53.2	64.9	72.5
葡萄牙	4.2	2.2	3.8	2.9	34.2	44.0	50.5	54.9
欧元区	2.0	6.3	6.6	6.1	69.4	78.7	84.7	88.5
匈牙利	3.8	4.0	4.1	4.0	72.9	78.3	78.9	77.8
英　国	4.9	11.5	12.0	10.0	52.0	68.1	79.1	86.9
罗马尼亚	5.4	8.3	8.0	7.4	13.3	23.7	30.5	35.8
欧　盟	2.3	6.8	7.2	6.5	61.6	73.6	79.6	83.8

资料来源：欧盟委员会。

占希腊总债权的 36.3% 和 20.7%。一旦希腊债务出现违约，那么这些欧洲国家的经济也难免遭受牵连。“欧猪五国”债务的风险敞口主要集中在欧盟尤其是欧元区国家，对欧盟之外的其他国家敞口较小，例如美国和日本对希腊的债权分别只有 165.6 亿和 66.7 亿美元。截至 2009 年底，整个欧洲银行业持有“欧猪五国”的债务为 28376.5 亿美元，占“欧猪五国”总债务的 89.1%（见图 1）。因

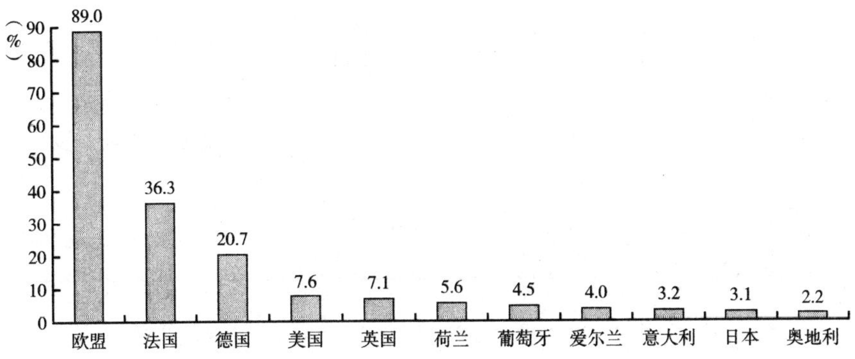

图 1　希腊债务风险敞口最大的国家和地区

资料来源：国际清算银行。

此，“欧猪五国”债务违约风险主要集中在欧元区，并对欧元产生持续的贬值压力。

四　欧洲主权债务危机的影响

（一）欧洲主权债务危机对国际金融市场的影响

1. 投资者对“欧猪五国”尤其是希腊的违约担忧情绪加剧，导致外债融资成本的上升

希腊主权债评级在2009年12月8日被下调后，希腊股市当天大跌6%，希腊5年期主权债信用违约掉期（CDS）大涨9.6%，次日上涨11.2%至232.1基点（见图2）。由于投资者担心希腊主权债务出现违约，购买希腊国债时要求获得更高风险溢价，导致希腊政府融资成本显著增加。此外，投机者的非理性炒作也助推希腊债务危机不断升级，不断抬高希腊政府的融资成本。4月22日欧盟统计局公布各成员国财政债务状况数据后，希腊10年期国债收益率大涨0.754个百分点至8.84%水平，创历史新高；4月27日希腊和葡萄牙主权评级遭下调后，当天“欧猪五国”5年期主权债CDS分别大涨21.2%、9.9%、21.2%、16.1%和10.6%至383、156、248、824和209基点；次日，希腊和葡萄牙10年期国债收益率分别攀升至9.96%和5.79%的历史新高（见图3）。国债成本的上升，使得“欧猪五国”尤其是希腊通过借新债还旧债的难度加大，违约风险上升。

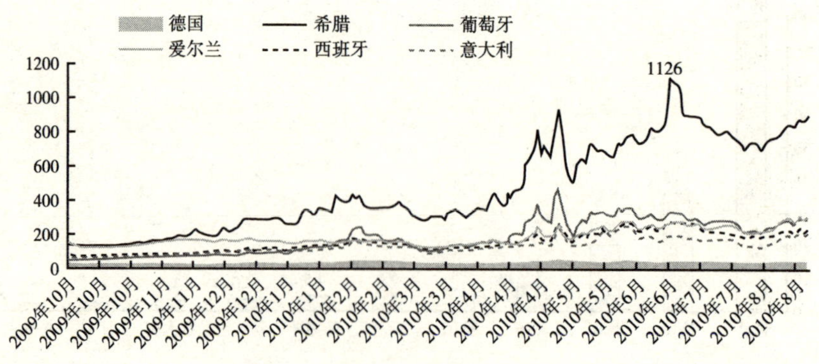

图2　PIIGS 5年期国债CDS

资料来源：Bloomberg。

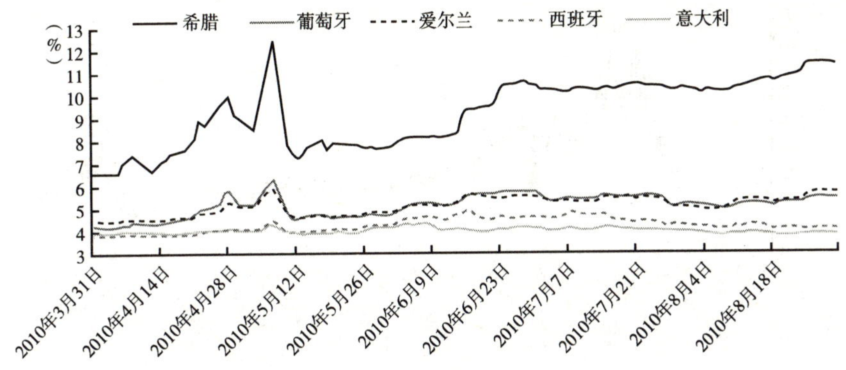

图 3　PIIGS 10 年期国债收益率

资料来源：Bloomberg。

2. 股市下挫，市场恐慌指数上升

希腊股市下跌以后，全球主要股市也深受拖累。2009 年 10 月 20 日，希腊政府宣布财政债务状况恶化后，希腊股市一路下行，截至 2010 年 2 月 8 日已累计下跌 37.6% 至 1806 点。全球主要股市也受债务危机的影响而下挫。2009 年 12 月 8 日希腊债务评级下调当天，美国道琼斯指数、德国 DAX 30 指数、法国 CAC 40 指数、英国富时 100 指数和中国上证指数分别下跌 1.0%、1.7%、1.4%、1.7% 和 1.1%，4 月 27 日希腊和葡萄牙主权评级下调当天，上述股指分别下跌 1.9%、2.7%、3.8%、2.6% 和 2.1%；东京日经 225 指数则分别于两次评级下调次日下跌 1.3% 和 2.6%。

同时，反映投资者对未来股市波动率预期的标准普尔 500 VIX 恐慌指数也随欧洲债务风险的加剧而上行。2010 年 4 月 27 日当天，VIX 指数较前一日大幅上涨 30.6% 至 22.8，截至 5 月 20 日，VIX 指数已较 4 月 26 日上涨 162.1% 至 45.8（见图 4）。

3. 美国国债和美元资产的避险作用凸显，美元指数上行

希腊债务危机以来，投资者风险偏好下降，转而购买美国国债和美元资产，在使美国国债收益率下降的同时，也为美元升值提供了助力。8 月底，10 年期美国国债收益率为 2.47%（见图 5），较“欧猪五国”主权债务危机集中爆发已累计下降了 35.5%；截至 2010 年 6 月 7 日的半年时间里，美元指数上涨了 16.7%（见图 6）。

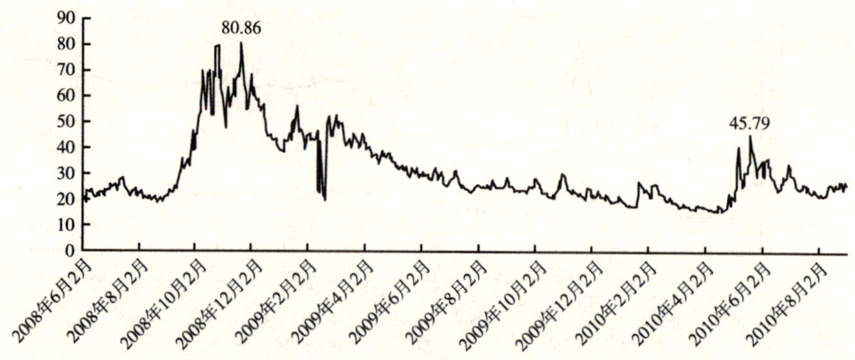

图4　标准普尔500波动率指数（VIX）

资料来源：Wind资讯。

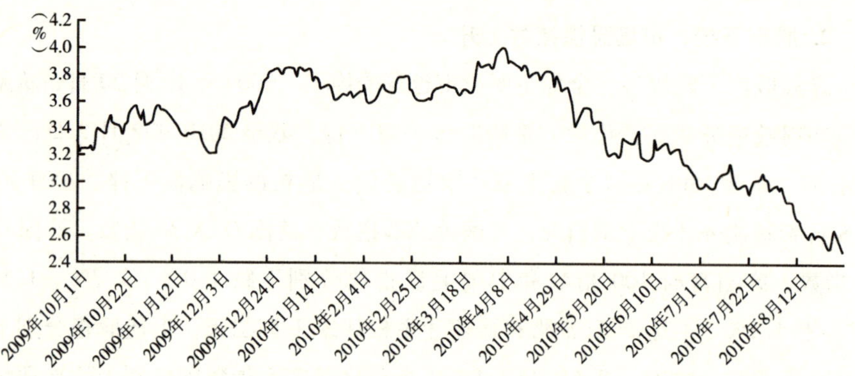

图5　美国国债收益率

资料来源：Wind资讯、Bloomberg。

4. 黄金成为避险资金最佳投资选择，金价创历史新高

受欧洲主权债务危机和经济复苏不确定性的影响，出于对追求波动性较小资产和多元化资产组合的考虑，2010年以来世界黄金需求保持强劲增长。5月份以来黄金价格一直维持在1200美元/盎司左右的历史高位（见图7）。世界黄金协会发布2010年第二季度的《黄金需求趋势报告》显示，第二季度世界黄金需求为1050.3吨，同比增长36%。其中，增幅最大的是黄金投资需求，为534.4吨，同比增长118%，而投资需求中ETFs和零售投资需求分别为291.3和243.1吨，分别增长414%和29%。

此外，由于公共债务危机的困扰和对欧元贬值的持续担忧，实物黄金成为欧

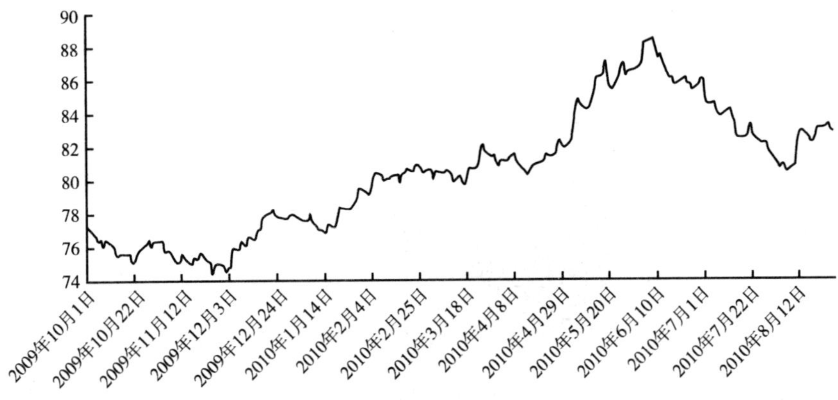

图 6　美元指数（DXY）

资料来源：Wind 资讯、Bloomberg。

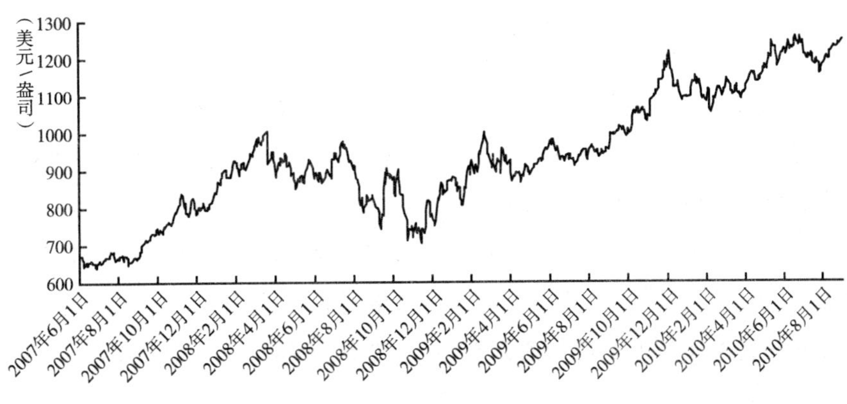

图 7　黄金价格

资料来源：Bloomberg。

洲零售投资者避险资金较好的投资选择。2010 年第二季度，欧洲黄金零售投资需求为 84.8 吨，较上年同期增长 32%，较上季度增长 115%，占世界黄金零售投资需求的 35%（见图 8），2009 年到 2010 年第一季度期间欧洲零售需求占比一直维持在 40% 左右，而前两年只占约 7%。

5. 国际大宗商品价格下跌

2009 年 12 月初希腊主权债务危机和 2010 年 4 月底“欧猪五国”债务危机爆发后，受美元走强的影响，国际大宗商品价格普遍下跌。2010 年 2 月 5 日，伦敦和纽约原油期货价格分别为 69.6 和 74.3 美元/桶，分别较 2009 年 12 月 8 日希

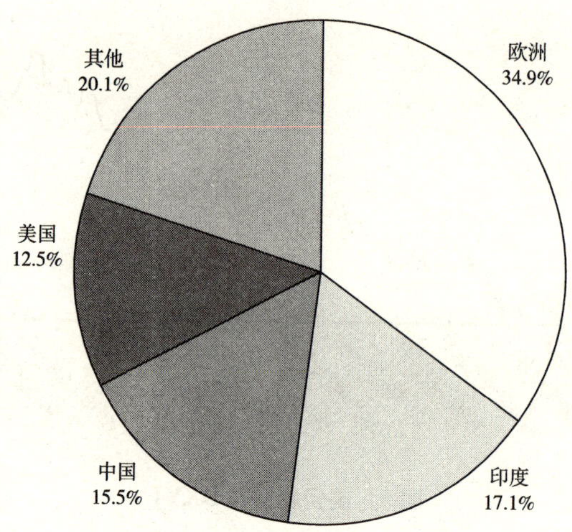

图8　世界黄金零售投资需求结构

资料来源：世界黄金协会。

腊主权信用评级遭下调前一日下跌8.9%和10.0%（见图9）；芝加哥小麦和大豆期货价格分别下跌10.1%和13.2%（见图10）；而伦敦金属交易所铜和铝3个月期货价格则分别下跌10.3%和8.2%。5月25日伦敦和纽约原油期货价格分别为69.6美元/桶和71.8美元/桶，分别较4月27日希腊和葡萄牙主权评级遭下调前一日下跌19.9%和19.8%；芝加哥大豆期货价格则下跌6.8%。6月7日，芝加哥小麦期货价格较4月27日希腊和葡萄牙主权评级遭下调前一日下跌9.2%，而伦敦金属交易所铜和铝3个月期货价格则分别下跌21.9%和19.4%（见图11）。

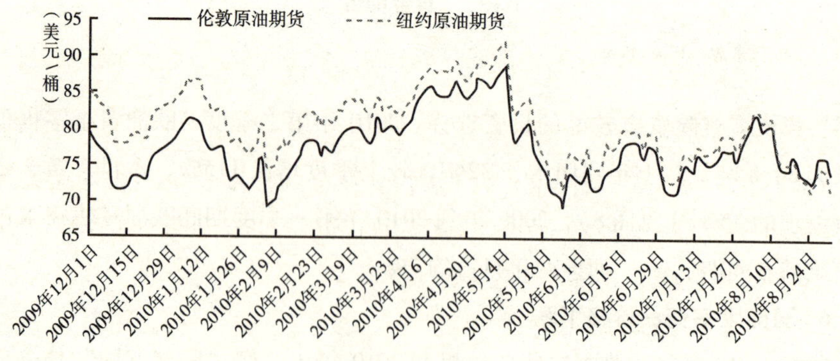

图9　国际油价

资料来源：Wind资讯。

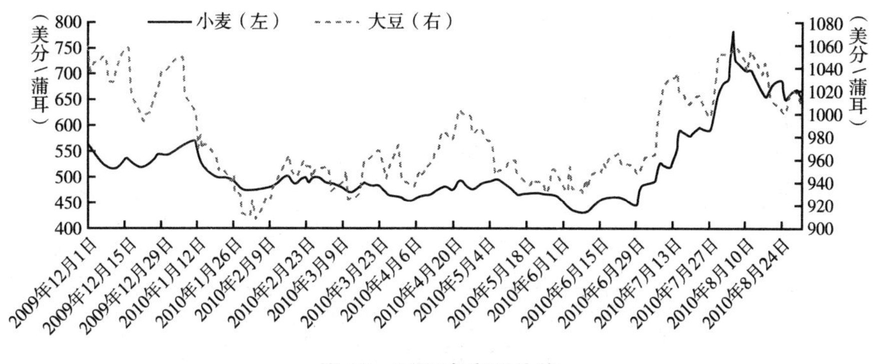

图 10　国际农产品价格

资料来源：Bloomberg。

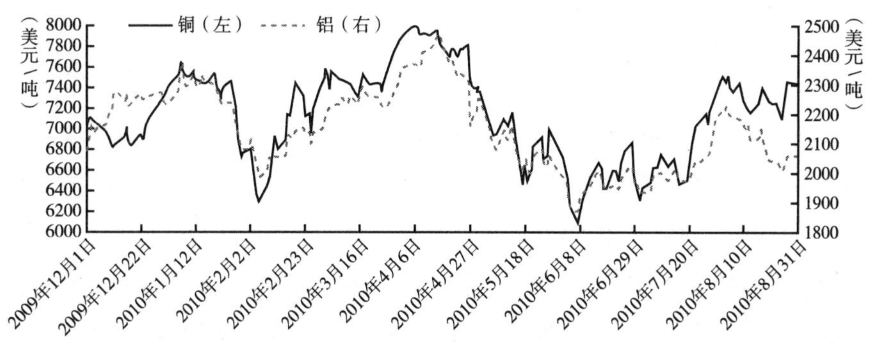

图 11　国际有色金属价格

资料来源：Bloomberg。

（二）欧洲主权债务危机对欧元甚至国际货币格局的影响

1. 对欧元汇率的影响

主权债务危机以来，欧元对主要货币持续贬值。2009 年 12 月 8 日希腊债务危机爆发当天，欧元对美元和日元分别贬值 0.8% 和 1.7%；4 月 27 日希腊和葡萄牙主权评级遭下调，“欧猪五国”债务危机升级，欧元对美元和日元分别急剧贬值 1.6% 和 1.9%。截至 2010 年 6 月 8 日的半年时间里，欧元已经对美元和日元分别累计贬值 18.6% 和 16.0%（见图 12）。

2. 对欧元区甚至国际货币格局的影响

欧洲债务危机导致欧元的持续贬值将危及欧元的国际货币地位和欧元区的存

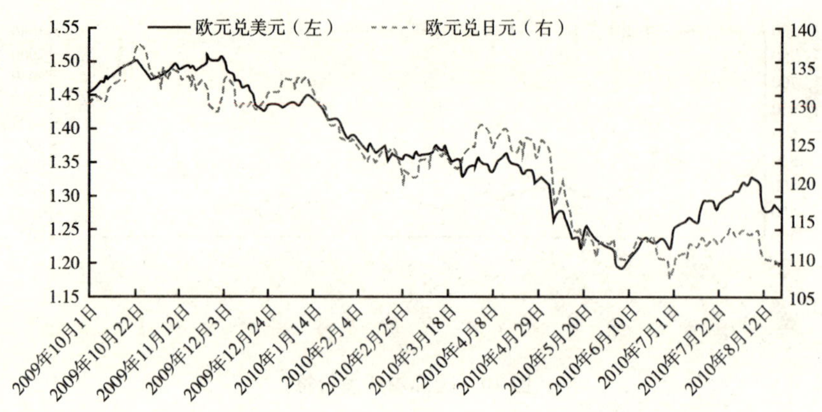

图 12　欧元对美元和日元的汇率

资料来源：Bloomberg、Wind 资讯。

续。欧元是除美元之外最重要的国际货币，欧元的前景会影响到国际货币体系的格局和国际金融市场的稳定，甚至是国际经济体系格局的调整。欧元区自诞生那一刻开始，就存在着结构性痼疾，即货币政策的超主权性与财政政策自主性存在矛盾，而且欧元区成员国经济发展水平参差不齐，单一的货币政策难以应对各国经济发展中出现的不同问题。尤其是在经济危机时期，各国不能通过本币贬值以提升本国商品的竞争力，而只能通过降薪、减少福利等来缩减成本开支，而这又将带来社会的不稳定。由于采取超主权的货币联盟方式，欧元区某成员国的债务危机又不能通过债务货币化的方式，也缺乏货币联盟内统一的财政转移支付方式，而只能依靠外部融资方式予以解决。但是违约担忧的加剧和融资成本的上升又使得外部融资难以为继。此外，在经济复苏阶段，各国经济复苏进程各异，欧元区宽松货币政策退出面临着两难选择。

因此，市场一度认为希腊有可能会退出欧元区。但是欧元区成立以来就没有设立退出机制。而且一旦希腊退出欧元区，那么其货币将急剧贬值，但以欧元计的负债却并未减少，以本币计的负债急剧扩大，而本国资产急剧缩水。因此，即使退出欧元区，希腊经济将变得更加势单力薄，退出成本的巨大将是毁灭性的。事实上，一旦有一个国家退出欧元区，那么市场对欧元的信心将会瓦解，欧元也会面临急剧贬值的风险，欧元区国家将面临严重的通货膨胀。而反通胀一直是欧元区尤其是德国的政策着力点，因此欧元区国家最终会选择对债务危机国实施救

助。欧元区面临“大而不能倒”（too big to fail）的问题。

所以，欧元会继续存在，但债务危机国和债务偏高成员国将面临 3 ~ 5 年的财政紧缩的阵痛并配以相关领域的结构性改革，以及加强财政协调和金融监管。欧元区经济增长将有所放缓，欧元将面临中期内的调整和疲弱期。但是从长期看，由于美日等其他发达经济体长期债务和经济增长状况也并不乐观，欧元可能会维持相对较强的态势。

（三）欧洲主权债务危机对欧洲经济与全球经济复苏的影响

1. 对希腊经济的影响

受债务危机拖累，2009 年第四季度和 2010 年第一季度，希腊 GDP 环比均下滑 0. 8%，2010 年第二季度更是环比下滑了 1. 5%，同比下降 3. 5%；2009 年全年希腊 GDP 较前一年下降 2%，而 2007 年则为增长 4. 5%。

按照希腊三年财政紧缩计划，希腊在 2010 年和 2011 年两年的财政赤字占 GDP 比重将由 2009 年的 13. 6% 分别降至 8. 1% 和 7. 6%。根据欧盟、欧洲央行和 IMF 的审查，2010 年上半年希腊政府切实执行了严厉的财政紧缩措施，包括增税、削减公务员工资、实施养老金改革等，上半年预期的目标全部实现。但是财政紧缩将导致希腊经济进一步下滑和社会不稳定因素增多，并由此带来巨大的风险和挑战。根据欧盟统计局和 IMF 最新的预测，希腊经济今明两年增速将分别下滑 4. 0% 和 2. 5%，受企业税收成本增长等因素的推动，2010 年希腊的通胀率将达到 4. 75%。①

2. 对欧洲经济尤其是欧元区经济的影响

主权债务危机首先导致欧元贬值，进而影响到欧元区各国的出口。就欧元区主要出口国而言，希腊债务危机导致的欧元贬值不失为一个利好。从 2008 年 11 月份全球各主要经济体陷入衰退到 2009 年 11 月期间，欧元对美元累计升值 7. 5%，欧元区各主要经济体出口均转为同比负增长，2009 年 1 月到 9 月期间出口同比降幅均在 20% 左右。希腊危机之后，欧元开始急剧贬值。自 2009 年 12 月 7 日（希腊主权评级遭下调前一天）至 2010 年 4 月 30 日，欧元已对美元累计贬值 10. 7%。欧元的贬值促进了欧元区出口的反弹。2010 年 1 月份，欧元区 16 国

① IMF, Statement by the EC, ECB, and IMF on the First Review Mission to Greece, August 5, 2010.

出口为1.1亿欧元，经季节调整后首次实现同比增长4.3%。对于欧洲制造业出口大国德国而言，这一变化趋势更是明显。德国出口2009年12月份转为增长3.8%，2010年5月份以来增幅更是在29%左右。

但是，欧洲债务危机导致欧元贬值的结果就是欧元区各成员国经济复苏的步调更趋不协调。一方面欧元区“核心”国家经济表现较好。2010年第二季度德国经济同比增长4.1%，环比增长2.2%，环比增速创下历史新高，法国经济同比增长2.1%，环比增长0.6%。另一方面，债务危机国经济表现平淡。第二季度希腊经济同比萎缩1.5%，葡萄牙、西班牙和意大利经济同比则轻微增长0.2%、0.2%和0.4%。

但是，任由欧洲债务危机持续蔓延，并依靠欧元大幅贬值来促进出口增长，终究不是欧元区经济复苏的解决之道。首先，此次金融危机告诫人们，依靠外需的经济增长是相当脆弱的。一旦全球经济下滑，那么该国的实体经济就会受到致命的打击。其次，欧元的持续大幅贬值并非欧元产生的动因所在。欧元区成立，就是为了抗衡美元一股独大的局面，给各成员国一种强大的货币联盟，为各成员国经济稳定发展提供一道防火墙。因此，切实整顿财政，实现财政收支和债务的良性增长，就成了欧元区经济恢复持续发展和欧元稳定的必由之路。但是财政增收减支必将影响到未来两三年各国经济的增长（见表4）。

表4　欧洲各国GDP增速

国家/地区	2007年	2008年	2009年	2010年	2011年
希　腊	4.5	2.0	-2.0	-4.0	-2.5
爱尔兰	6.0	-3.0	-7.1	-0.9	3.0
西班牙	3.6	0.9	-3.7	-0.4	0.8
葡萄牙	2.4	0.0	-2.6	0.5	0.7
意大利	1.5	-1.3	-5.0	0.8	1.4
德　国	2.7	1.0	-4.7	1.2	1.6
法　国	2.4	0.2	-2.6	1.3	1.5
欧元区	2.9	0.5	-4.1	0.9	1.5
英　国	2.7	-0.1	-4.9	1.2	2.1
欧　盟	3.0	0.5	-4.2	1.0	1.7

注：2010年和2011年为预测值，其中希腊增速为欧盟和IMF最新预测数。

资料来源：欧盟统计局。

3. 对全球经济影响

由于欧元区经济占全球经济的比重约为20%，欧盟经济占比约为29%，所以欧洲经济的放缓必将拖累全球经济的复苏。第一，欧洲经济增速的放缓会影响中国的出口。欧盟是我国最大的出口地和贸易伙伴，2009年中国对欧盟的出口和贸易总额分别为2363亿和3640亿美元，分别占中国出口和进出口总额的19.7%和16.5%。而2010年上半年，中国经济总量已经超过日本，成为世界第二大经济体。第二，欧洲经济的放缓导致美元对欧元等汇率的持续升值，必将影响到美国的出口和经济复苏的进程。为提振经济和提升就业，奥巴马政府在2010年3月份提出了“出口倍增计划”，在五年内实现出口翻番，创造200万个就业机会。但美元升值显然不利于美国出口实现倍增。第三，全球经济的放缓将导致贸易保护主义重新抬头，各国纷纷实行“以邻为壑”的政策，从而又进一步威胁全球经济的复苏。

此外，虚拟经济的收缩将与实体经济的放缓相互作用，全球经济的下行风险加大。对主权债务风险担忧的加剧，将导致融资成本的上升，银行资产负债表被削弱，信贷条件趋紧，生产者和消费者的信心下降，实体经济活动受到抑制，劳动力市场失业状况恶化，股市走软，居民财富缩水，消费支出减少，实体经济将面临进一步萎缩。

由于2010年上半年一些国家尤其是新兴经济体和美国的经济表现比较强劲，因此IMF在10月份的世界经济展望中调高了2010年世界经济增速的预测0.2个百分点至4.8%。但考虑到各国尤其是欧元区国家在2010年下半年开始的中期财政紧缩计划，经济短期内下行的风险增大，因此IMF将2011年世界经济增速的估计下调了0.1个百分点，为4.2%（见表5）。而且这一目标的实现有赖于发达经济体可信的财政整顿和金融部门的改革，以及新兴经济体的结构改革和汇率灵活性的增强。

表5　世界经济增速展望

国家/地区	2008年	2009年	预测值		与上次预测相比	
			2010年	2011年	2010年	2011年
世界产出	2.8	-0.6	4.8	4.2	0.2	-0.1
先进经济体	0.2	-3.2	2.7	2.2	0.1	-0.2
美国	0.0	-2.6	2.6	2.3	-0.7	-0.6
欧元区	0.5	-4.1	1.7	1.5	0.7	0.2

续表 5

国家/地区	2008 年	2009 年	预测值		与上次预测相比	
			2010 年	2011 年	2010 年	2011 年
德国	1.0	-4.7	3.3	2.0	1.9	0.4
欧盟	0.8	-4.1	1.7	1.7	0.7	0.1
英国	-0.1	-4.9	1.7	2.0	0.5	-0.1
日本	-1.2	-5.2	2.8	1.5	0.4	-0.3
新兴和发展中经济体	6.0	2.5	7.1	6.4	0.3	0.0
中国	9.6	9.1	10.5	9.6	0.0	0.0
印度	6.4	5.7	9.7	8.4	0.3	0.0
世界贸易	2.9	-11.0	11.4	7.0	2.4	0.7
出口						
先进经济体	1.9	-12.4	11.0	6.0	2.8	1.0
新兴和发展中经济体	4.6	-7.8	11.9	9.1	1.4	0.1
进口						
先进经济体	0.4	-12.7	10.1	5.2	2.9	0.6
新兴和发展中经济体	9.0	-8.2	14.3	9.9	1.8	0.6

资料来源：IMF,《世界经济展望》，2010 年 10 月。

五　未来的主权债务危机

（一）发达国家普遍面临财政赤字和债务压力

发达国家普遍面临着财政赤字和债务压力。过去 35 年来，七国集团的债务占 GDP 的比值不断提升，从 1974 年的 35% 上涨到 2007 年的超过 80%。受金融危机影响，经济增长放缓和财政收入减少导致发达经济体财政赤字和公共债务占 GDP 的比值迅速提升。美国、英国和日本的财政赤字扩张尤为明显。2008 年财政赤字占比均超过了 4%，2009 年更是上升到 10% 以上。其中美国的财政赤字占比达到了 12.5%。2009 年日本公共债务占比更是达到了 GDP 的 2.2 倍（1997 年以后日本公共债务规模就超过了 GDP 总量），而意大利居其次，为 1.2 倍，处于七国集团中最低水平的英国的债务占比也升至 68.2%。根据 IMF 预测，未来五年，除加拿大外，七国集团的债务占比还将继续攀升，2015 年日本将升至

248.8%，其次意大利为124.7%，美国则将升至109.7%（见表6）。根据OECD的预计，全部工业化国家的公共债务占GDP的比例在2011年将达到100%以上，这在和平年代是从未发生过的。

表6 G7的财政赤字和债务占比

国家/地区		2007年	2008年	2009年	预测值		
					2010年	2011年	2015年
G7	财政赤字占比	2.1	4.7	10.0	9.5	7.6	5.4
美国	财政赤字占比	2.7	6.6	12.5	11.0	8.2	6.5
	债务占比	62.1	70.6	83.2	92.6	97.4	109.7
英国	财政赤字占比	2.7	4.8	10.9	11.4	9.4	4.3
	债务占比	44.1	52.0	68.2	78.1	84.9	90.6
日本	财政赤字占比	2.4	4.2	10.3	9.8	9.1	7.3
	债务占比	187.7	198.8	217.6	227.3	234.1	248.8
法国	财政赤字占比	2.7	3.4	7.9	8.2	7.0	4.1
	债务占比	63.8	67.5	77.4	84.2	88.6	94.8
意大利	财政赤字占比	1.6	2.7	5.3	5.2	4.9	4.6
	债务占比	103.4	106.0	115.8	118.6	120.5	124.7
加拿大	财政赤字占比	1.6	0.1	5.0	5.1	2.8	0.0
	债务占比	64.2	70.4	81.6	82.3	80.9	70.5
德国	财政赤字占比	-0.2	0.0	3.3	5.7	5.1	1.7
	债务占比	65.0	65.9	72.5	76.7	79.6	81.5

资料来源：IMF，《世界经济展望》，2010。

（二）人口老龄化与主权债务压力

西方发达国家，尤其是欧洲国家普遍存在人口结构老化问题。据联合国统计，2009年发达地区的老年人口（60岁及以上）占比为21%，老年人人数已经大幅度超过15岁以下儿童人数；到2050年，该比例将有可能达到33%，是儿童预期占比（15%）的两倍多。其中，日本的老龄化问题最为严重，2009年为30%，2050年将达44%；欧洲次之，2009年为22%，2050年将达到34%；美国2009年为18%，2050年为27%。此外，老年人口本身也在老龄化，2009年发达地区80岁及以上人口占老年人的比例为20%，预计2050年将达到29%。其中，日本2009年为20%，2050年将升至35%；美国2009年为21%，2050年将达

29%；欧洲 2009 年为 19%，2050 年将达到 28%。

人口老龄化加重了发达国家的财政和债务负担。据 IMF 统计，在 1964～2007 年间，七国集团财政基本支出占 GDP 的比值上涨 9.6 个百分点。其中，医疗卫生支出上涨 5.4 个百分点，养老金支出上涨 2.4 个百分点，两者之和对总基本财政支出涨幅的贡献率达 81.4%。在此期间，意大利、日本和法国养老金支出占 GDP 的比值分别上涨 8.7、7.8 和 7.2 个百分点，对总基本财政支出上涨的贡献率分别高达 55.8%、56.1% 和 43.9%；医疗卫生支出占比分别上涨 4.0、4.8 和 6.4 个百分点，两者之和对基本支出增长的贡献率分别为 81.4%、90.6% 和 82.9%。英国、加拿大、德国和美国养老金支出占 GDP 的比值分别上涨 2.6、1.8、0.8 和 0.3 个百分点，医疗卫生支出占比分别上涨 3.6、4.9、4.9 和 6.2 个百分点，两者之和分别占基本支出上涨的 91.2%、78.8%、64.0% 和 71.4%。

对老龄化发达经济体而言，养老金和医疗卫生支出改革势在必行。据 IMF 统计，如果没有这些领域的改革，未来 20 年，七国集团的财政支出中养老金支出占 GDP 的比值将从 2010 年的 7.1% 上涨到 2030 年的 10.3%；但是有效的养老金改革，如将退休年龄延长两年，将直接使养老金支出占比下降 1.8%，由此形成的就业效应将使养老金支出占比间接下降 0.4%，因此使七国集团未来 20 年养老金支出占比只上涨 1 个百分点，至 8.1% 水平。不过，医疗卫生支出对发达经济体未来的财政和债务负担将构成更大的压力。据 IMF 统计，未来 20 年内，七国集团医疗卫生支出占比将上涨 4.25 个百分点；如果没有养老金和医疗卫生领域的改革，七国集团净债务额 GDP 占比将从当前的 77% 上升到 2030 年的 200%，2050 年将达到 440%。最近，对老龄化支出的担忧已经影响到市场对发达经济体债务可持续性的担忧，并进而影响到经济的复苏。因此，对发达经济体而言，进行养老体制改革和通过削减其他领域的财政支出来保证医疗卫生支出的可持续性是非常重要的。

（三）“金融加速器”、经济周期与主权债务危机

经济危机之后往往伴随着主权债务危机。“金融加速器”的顺周期效应会放大主权债务状况和经济周期之间的相互作用。首先，“金融加速器”会通过资产价格渠道加强主权债务和经济周期的相互作用。经济处于扩张阶段时，随着资产价格的上涨，一国政府和私人部门（银行等金融部门和居民）资产负债表扩大，

主权债务的增加将使得该国可用资金的增多，通过杠杆效应推动其经济加倍增长，而经济增长又会导致市场信心的上涨和外部融资成本的下降，有利于债务规模的继续增大。相反，经济萎缩将导致政府和私人部门资产负债表恶化，主权债务的增加将导致市场违约担忧情绪的上涨和外部融资成本的上升，“去杠杆化”效应将使得各部门资产负债表进一步收缩，市场流动性下降导致企业经营和投资活动的减少，劳动力市场就业状况恶化，通过投资和消费乘数效应将使经济加剧下滑。为遏制经济下滑势头，各国加强对危机的干预又导致财政赤字和国债规模不断扩大。其次，“金融加速器”会通过汇率渠道放大主权债务和经济周期之间的相互作用。债务危机会加速一国货币的贬值，导致以本币计价的外债的增加，从而使该国政府资产负债表恶化，外国资本的风险溢价大幅度上升，借贷能力下降，从而导致经济进一步下滑甚至是崩溃。

此外，“金融加速器”作用将被货币联盟体系进一步放大，尤其是像欧元区这样涵盖各个发展程度不一经济体的货币联盟，金融合约不对称性的存在使得统一的货币政策和自主的财政政策间的矛盾进一步凸显，从而放大各成员国经济周期的差异。据 IMF 统计，过去 40 多年来，整个欧元区的经济周期为 5 年，而德国、法国和意大利分别经历了 8 个、4 个和 9 个经济周期。[①]

因此，为保持经济平稳可持续增长，必须高度关注和准确评估“金融加速器”效应所带来的影响，实施逆周期的财政和货币调控政策。

（四）发达国家财政政策的调整及其影响

由于不断上涨的偿债支出将挤占政府促进经济增长计划的支出，人口老龄化问题会加重一国的财政负担，过高的公共债务率将减弱逆周期财政政策作用的效果，而且过多的政府债券融资会提升市场利率并对私人投资产生挤出效应，从而抑制长期产出的增长。李嘉图等价定理告诉我们，政府无论是以税收的形式，还是以发行公债的形式取得公共收入，对于人们经济行为的影响都是一样的。公债无非是提前征取的税收，在完全理性的消费者的眼中，债务和税收是等价的。政府发债将导致居民储蓄的减少。在资源充分利用的情况下，政府投资部分挤占了私人部门投资。

---

① IMF, Impact of the crisis on the Italian economic cycle, http://www.credit-agricole.com, 7 October 2009.

因此，要从根本上解决财政赤字和债务可持续增长问题，发达国家迫切需要实施强有力的、可信的中期财政整顿计划。第一，这些高负债发达经济体应该“开源节流”，但应该加强对能够促进长期经济发展项目的支出。一方面，在减少不必要的财政支出的同时增加生产性支出，如通过教育和研发投资来增加人力资本，提高劳动生产率，以及通过增加能够促进私人投资机会的公共基础设施投资，促进经济增长的内生动力。另一方面，增加税收，加强对财产税和消费税这些税基不可移动的税目的征收，而减少对公司税和个人所得税这些影响劳动者积极性和生产率税目的征收，并且尽快开征有利于环保的绿色税收和碳交易税。第二，进行有利于长期财政巩固的相关结构性配套改革，提升公共部门的效率，进行养老金和医疗卫生领域的专项改革，降低较早退休的激励，增加劳动利用率，提升经济增长潜力。

由于财政预算紧缩方案实施的效果具有时滞性，因此虽然当前全球经济复苏还比较脆弱，很多国家尤其是新兴市场国家已经着手准备刺激政策退出计划。发达经济体也应该在2010年中期就开始着手准备退出刺激政策，确保在较长时期内财政赤字和公共债务的可持续性（见表7），以恢复市场信心，确保经济平稳复苏。

表7　OECD各国中期财政可持续性方案

	财政赤字占比			净债务占比			总债务占比		
	2007年	2011年	2017年	2007年	2011年	2017年	2007年	2011年	2017年
6年财政紧缩（从2012年开始财政紧缩占GDP的6个百分点）									
英　国	2.7	12.5	5.3	29	70	95	47	94	120
日　本	2.5	9.5	3.4	80	113	131	167		
美　国	2.8	9.4	3.6	42	72	87	62	100	114
法　国	2.7	8	0.3	34	67	72	70	99	104
欧元区	0.6	6.2	0.2	43	63	61	71	93	92
3年财政紧缩（从2012年开始财政紧缩占GDP的3个百分点）									
意大利	1.5	5.1	-0.5	87	103	88	112	130	114
德　国	-0.2	4.6	0.1	43	58	52	65	85	80
加拿大	-1.6	4.5	-0.6	23	36	30	65	89	83
无须财政紧缩（2011年财政赤字占GDP的比值小于2.5%）									
韩　国	-4.7	-1.1	-1.2	-36	-33	-28	26	41	44
备注：									
OECD	1.3	7.6	1.9	39	64	73	73	104	113

资料来源：OECD，Preparing Fiscal Consolidation，2010。

短期内，财政整顿往往会抑制一国的经济增长。据 IMF 测算，削减相当于 GDP 1% 的预算赤字两年后，国内消费和投资需求将下降约 1%，使实际汇率贬值 1.1%，从而使净出口增长 0.5%，综合来看使 GDP 下降约 0.5%，失业率上升 0.3 个百分点。① 尤其是在当前主要发达经济体的利率已经接近零的情况下，中央银行数量宽松政策的规模和效果比较有限，并且多个国家无法同时通过增加货币供应量来贬值本国货币从而增加净出口，因此，财政整顿对经济的短期抑制作用就更加明显。但是这些国家可以通过以上提出的延长退休年龄等养老金和医疗卫生领域的改革，以及提高福利计划的效率等措施来缓解这种抑制效应。

而从长期来看，财政整顿则有利于一国产出的增长。财政赤字和债务的减少将使长期国债的风险补偿减少，使实际利率和偿债成本下降。据 IMF 测算，债务对 GDP 的占比每下降 10 个百分点，将使欧元区、美国和日本的实际利率降低 30 个基点。偿债成本的降低使减税成为可能，税负的减少又将刺激私人部门的投资增加，从而使该国长期产出乘数增加。

参考文献

Bank for International Settlements, Detailed Tables on Provisional Locational and Consolidated Banking Statistics at End-December 2009, April 2010.

Borensztein, E., and U. Panizza, The Costs of Sovereign Default, IMF, Research Department, Washington, DC: IMF, 2008.

Chandrasekhar, C. P. Sovereign Default in the Core?, *Third World Resurgence*, February 2010.

Cottarelli, Carlo and Andrea Schaechter, Long-Term Trends in Public Finances in the G－7 Economies, IMF, September, 2010.

European Commission, Public Finances in EMU 2010, 2010.

IMF, *World Economic Outlook*, April 2010.

IMF, *World Economic Outlook*, July 2010.

IMF, *World Economic Outlook*, October 2010.

Ostry, Jonathan D. Atish R. Ghosh, Jun I. Kim and Mahvash S. Qureshi, Fiscal Space, IMF, September, 2010.

① IMF, *World Economic Outlook*, October 2010.

Kumar Manmohan S. and Jaejoon Woo, Public Debt and Growth, July 2010.

OECD, Preparing Fiscal Consolidation, 2010.

Rogoff, Kenneth S. and Carmen M. Reinhart This Time Is Different: A Panoramic View of Eight Centuries of Financial Crises, NBER, 2008.

United Nations, *Population Ageing and Development 2009*, 2010.

何帆、金惠卿:《希腊债务危机"警醒"中国》,《人民日报·人民论坛》2010 年第 291 期。

余永定:《欧债危机的启示及中国面临的挑战》,中国金融 40 人论坛,2010。

Sovereign Debt Crisis: Progress and Prospects

He Fan, Jin Huiqing

Abstract: The European sovereign debt crisis hinders the process of global economic recovery, leading to great volatility in international financial markets and increased risk of a second dip in global economic growth. Currently, the major developed economies generally face huge pressures of fiscal deficits and public debt, and population aging and pro-cyclical effects of financial accelerator will worsen the sovereign debt situation. Therefore, economies with high level of indebtedness should carry out effective and credible medium-term fiscal consolidation plans as soon as possible, in order to ensure sustainable growth, and to achieve a smooth global economic recovery.

Key Words: Sovereign Debt Crisis; PIIGS; Population Ageing; Business Cycle

Y.17

后危机时代的新兴经济体：新界定、新角色与新议程

田　丰*

摘　要： 本文首先在借鉴前人相关研究的基础上，确定了对“新兴经济体”的新界定，即20国集团（G20）中的11个发展中国家，并进而对这些国家在世界经济格局中的新角色及参与全球经济治理的新议程进行了讨论。本文认为，在经济增长方面，新兴经济体成为世界经济复苏的引擎，并将继续带动世界经济实现可持续增长；在国际贸易领域，快速增长且极具潜力的新兴经济体相互间贸易将是未来这些国家经济增长的重要动力；在国际资本流动方面，新兴经济体作为目的地和来源地的重要性不断上升。角色的转换及世界经济形势的变化要求新兴经济体在国际经济治理中积极推进诸多新议程，包括提升新兴经济体在全球经济治理架构中的影响力；通过促进结构性改革，实现世界经济强劲、可持续和平衡发展；加强执行宏观审慎政策；推动国际货币体系改革；反对各种形式的贸易保护主义与投资保护主义。

关键词： 新兴经济体　全球经济治理　世界经济

近数十年来，新兴经济体（Emerging Economy）在世界舞台上扮演着越来越重要的角色。全球金融危机爆发后，新兴经济体相对快速的复苏与发展更是备受瞩目。然而，目前与新兴经济体发展紧密相关的一些重大问题还没有得到圆满的回答，这些问题包括：如何界定新兴经济体？在后危机时代新兴经济体与过去相比发生了什么重要变化？在世界经济格局中扮演什么新角色？这些变化可能对全

* 田丰，经济学博士，中国社会科学院世界经济与政治研究所副研究员，研究领域为国际贸易和国际投资。

球经济治理提出什么新要求以及产生什么新影响？针对上述问题，本文尝试着做了一些初步的工作。

一 新兴经济体的界定①

尽管新兴经济体最近十几年来被世人普遍讨论，但直到目前，对于新兴经济体概念本身，却仍没有一致认可的定义，对于哪些经济体应该被纳入新兴经济体的范畴也是众说纷纭。与此同时，不同研究者或不同机构有时还使用含义存在差异的词语来描述和讨论基本相似的国家或经济体，比如说除了"新兴经济体"外，人们还常使用"新兴市场"（Emerging Market）和"新兴市场经济体"（Emerging Market Economy）等范畴。

在20世纪80年代早期，人们使用新兴工业化经济体（Newly Industrializing Economies）一词来形容几个快速增长且实行了诸多自由化政策的亚洲和拉美经济体。随着更多的发展中国家通过市场导向的改革和对外开放实现了经济的相对快速增长，"新兴工业化经济体"一词也逐渐被涵盖范围更广的"新兴经济体"所取代。② 世界银行集团成员——国际金融公司（International Finance Corporation, IFC）率先提出"新兴市场"的概念，意指发展中国家内部少数中等以及较高收入经济体，这些经济体都有一个共同特征，即外国投资者能在该国金融市场上购买股票。此后，新兴市场依次逐渐扩展至包括所有发展中国家。③ 可见，在最广泛意义上，新兴经济体就是指所有的发展中国家。那么，什么又是发展中国家呢？根据世界银行的分类，2008年人均国民总收入在MYM1 1906美元以上的是高收入经济体。因此，最广泛意义上的新兴经济体应该就是指2008年人均国民总收入在MYM1 1906美元以下的国家。④

① 更详细的分析请参见张宇燕、田丰《新兴经济体的界定及其在世界经济格局中的地位》，《国际经济评论》2010年第4期，总第88期，第3～27页。

② Robert E. Hoskisson, Lorraine Eden, Chung Ming Lau, Mike Wright, Strategy in Emerging Economies, *The Academy of Management Journal*, Vol. 43, No. 3 (Jun., 2000), p. 249.

③ Jodie Thorpe and Kavita Prakash-Mani, Developing Value: The Business Case for Sustainability in Emerging Markets, 2003, p. 8, http: //www. ifc. org/ifcext/enviro. nsf/AttachmentsByTitle/p _ DevelopingValue_ full/MYMFILE/Developing_ Value_ full. pdf.

④ 该分类的有效期至2010年7月1日，World Bank List of Economies (July 2009), siteresources. worldbank. org/DATASTATISTICS/CLASS. XLS.

按人均国民收入水平一个指标来划分新兴经济体的做法，虽然有一定的道理，但至少面临两大问题：其一是概念边界范围过大；其二是判定标准单一。由此带来的两个后果是分析难度加大，以及群体特征模糊不清。有鉴于此，一些研究者或机构特别关注狭义的“新兴经济体”概念。在他们看来，“新兴经济体”一般仅指特定类型的发展中国家或地区。根据他们的偏好，新兴经济体主要有六种划分特定类型的标准。

- 按照经济增长速度来划分。Jain（2006）提出，“新兴经济体”是指“商业或社会活动处在快速增长（或迅速工业化）过程中的经济体”。
- 按照经济增长和制度调整来划分。Arnold 和 Quelch（1998）认为，“新兴经济体”可以根据两个标准定义：一是经济快速增长，二是政府政策倾向于经济自由化和建立市场导向的体系；Hoskisson 等（2000）认为，“新兴经济体是指那些主要通过经济自由化实现了快速增长的低收入国家”。
- 按照特定时期出口增长速度来划分。法国社会展望和国际信息研究中心（Centre d'Etudes Prospectives et d'Information Internationales，CEPII）认为，“新兴经济体”应该是指：那些在特定时期人均 GDP 低于工业化国家平均水平的 50%，且同期出口增长率至少高于工业化国家平均水平 10% 的国家。
- 按照金融市场发展和开放程度来划分。国际货币基金组织（IMF）在 2004 年《全球金融稳定报告》中，将“新兴市场”界定为金融市场发展程度低于发达国家，但仍便于外国投资者大范围投资的发展中国家。
- 按照信息化发展水平及速度来划分。印度“知识团体中心”（Center for Knowledge Societies，2008）认为，“新兴经济体”是指那些在有限或部分工业化条件下经历着信息化快速发展的国家或地区。
- 按照发展中国家所拥有的政治影响力来划分。政治学家 Ian Bremmer 将“新兴经济体”定义为：“对市场而言，政治至少和经济同等重要的国家”（Jain，2006）。

近年来，关于“新兴经济体”界定的一个新趋势是将少数几个国家组合成具有特定称谓的集团。比较典型的例子包括：“金砖四国”（即所谓的 BRICs，分别指巴西、俄罗斯、印度和中国）；“新钻 11 国”［即所谓的 N－11，分别指孟加拉、埃及、印度尼西亚（以下简称“印尼”）、伊朗、韩国、墨西哥、巴基斯坦、尼日利亚、菲律宾、土耳其、越南］；“基础四国”（即所谓的 BASIC，分别指巴西、南非、印度和中国）。这种以“集团”方式对新兴经济体的界定，虽然同样存在着划分标准简单（如经济实力）或过分依赖在特定领域上的功能性（如哥本哈根气候变化会议）等问题，但却由于特色鲜明、简洁明了和富有代表性而被广泛接受。特别是“金砖四国”领导人2009年6月16日在俄罗斯举行的首次正式峰会，以及2010年4月在巴西举行的第二次峰会，标志着“金砖四国”正从当年高盛经济学家所提出的一个概念发展成为一个重要的国际合作平台，并逐渐在全球事务中发挥日益重要的作用。

在借鉴前人相关研究的基础上，兼顾经济体的系统重要性、代表性和地理平衡等多方面因素，以及考虑到概念的可接受性和可操作性，我们将新兴经济体界定为：“二战”后经济相对快速增长、具有较大经济规模和人口总量、目前人均收入相对较低、经济开放程度较高、具有广泛代表性的发展中经济体。

经过分析与比较，我们发现，20国集团（G20）中的11个发展中国家，相对而言最能满足上述几项界定新兴经济体的标准。G20作为十多年前亚洲金融危机的产物，其宗旨就在于“推动发达国家和新兴市场国家之间就实质性问题进行讨论和研究，以寻求合作并促进国际金融稳定和经济持续发展”①。然而，直到此次全球金融危机前，G20在全球治理中的作用有限，发达国家仍然完全主导着对全球经济金融问题的讨论。在2008年9月美国次贷危机演变成全球金融危机后，出于合作应对危机的目的，G20才开始受到重视。这表现为原来的部长会议被升格为首脑会议，并将会议机制化。最值得我们注意的是，G20开始取代由美国、日本、德国、英国、法国、意大利和加拿大组成的七国集团（G7），成为全球经济金融合作的主要论坛。G20首脑会议机制化还有一个重要意义在于，其成员中除了8个主要发达国家和欧盟集团以外，还有11个发展中经济体，分别为阿根廷、巴西、中国、印度、印尼、韩国、墨西哥、俄罗斯、沙特阿拉伯（以下简称“沙特”）、南非和土耳其。G20中的发达成员和发展中成员之间显而易见的区分，为我们提供了一个简单且现成的界定“新兴经济体”的标准。② 为了

---

① G20 website, About G20, http://www.g20.org/about_what_is_g20.aspx.

② 传统上，OECD成员一般被视为发达经济体，然而韩国、墨西哥和土耳其基本上被各种新兴经济体目录所纳入，这显示其作为新兴经济体的合理性在一定范围内得到普遍认可。沙特可能是一个例外，很少有机构将其作为新兴经济体。然而，由于其经济结构的各种特征与G7、欧盟和澳大利亚等发达成员存在显著差异，本文仍然将其纳入研究视野。

讨论和叙述的便利性，我们称这 11 国为“E11”。在这里，“E11”中的“E”有三层含义：“新兴”（Emerging），侧重“经济”（Economic），代表“经济体”（Economy）。本文下述新兴经济体均指 E11，同时本文使用“G7 + AUS”指 G20 中除欧盟以外的发达国家。①

二　世界经济增长中的新兴经济体②

在全球经济缓慢复苏的大背景下，新兴经济体的强劲增长备受瞩目（见图 1）。2010 年，E11 经济增长率将达 7.95%，是以 G7 + AUS 为代表的发达国家经济增长率的近三倍（2.53%），是世界经济增长率（4.77%）的近一倍。

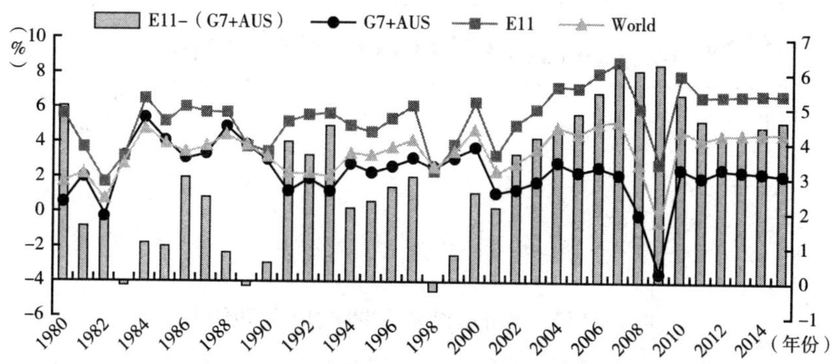

图 1　E11：经济增长率（1980 ~ 2015 年）

注：E11 经济增长率的计算方法是用各国年度 GDP 占 E11GDP 总量的份额作为权重，将各国 GDP 增长率加权计算而成。G7 + AUS 经济增长率计算方法与此类似。

资料来源：作者根据 IMF《世界经济展望》（2010 年 10 月）的数据计算。

在此次危机中，新兴经济体与发达经济体都经历了经济增长率的急速深度下跌以及复苏期间的快速大幅反弹。2007 ~ 2010 年，新兴经济体增长率分别为 8.73%、6.04%、2.82% 和 7.95%，发达经济体经济增长率分别为 2.24%、-0.06%、-3.44% 和 2.53%。四年来，这两类经济体的经济增长态势因金融危

① “G7 + AUS”具体包括美国、日本、德国、英国、法国、意大利、加拿大（即 7 国集团，简称 G7）和澳大利亚。

② 在未经特别说明的情况下，年度数据及预测均来自于 IMF，*World Economic Outlook*，Oct. 2010。

机而呈现深“V”形状。

从季度数据看，新兴经济体比发达经济体更早进入复苏期，且复苏势头远为强劲（见图2）。E11 在 2009 年第一季度整体触底反弹，到第二季度就跃升至 10.25%的高位。虽然第二季度的数据有可能受阿根廷农业产出强劲反弹的影响，但是整体向好的趋势十分明显。反观发达国家，其经济复苏的步伐缓慢而沉重。经济负增长的时间长达 5 个季度，2009 年第一季度和第二季度经济增长率分别为 -3.54% 和 -3.46%。2010 年第一季度，发达国家经济增长率转正，第二季度经济继续反弹，但当季经济增长率也只达到 2.61%。

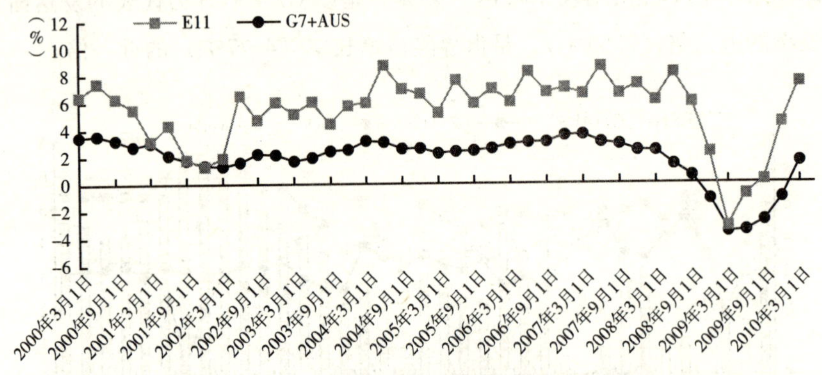

图 2　E11：经济增长率（2000Q1 ~ 2010Q2）

注：1. E11 经济增长率的计算方法是，各国季度 GDP 增长率的简单平均。G7 + AUS 经济增长率计算方法与此类似。2. 因数据的可获得性，E11 中未包括印尼与南非，G7 + AUS 未包括加拿大。

资料来源：作者根据 Wind，CEIC，Bloomberg 的数据计算。

危机过后，新兴经济体与发达经济体的经济增长速度都将放缓。受高失业率、产能过剩和私人部门消费和投资不振等因素影响，2011 年发达经济体经济下行压力加大。新兴经济体 2011 年经济增长率将随着政策刺激的逐步撤出以及发达经济体增速放缓而降低。2011 ~ 2015 年，新兴经济体将保持 6.7% ~ 6.8% 的增长率，高于 1980 ~ 2006 年的平均水平（5.12%）；而发达经济体尽管保持了 2% 以上的经济增长率，但是其水平将低于 1980 ~ 2006 年平均 2.62% 的增长率。

尽管自 2000 年以来新兴经济体与发达经济体增长率波动的趋同性越来越明显，并且这一趋势在后危机时代还将延续，但同样显著的是，从长期看（1980 ~ 2015 年），两者间经济增长率的差距在加大。在危机影响最为深重的 2009 年，

新兴经济体与发达经济体增长率的差距甚至超过6%，这再次表明，新兴经济体相对强劲的经济增长是本次金融危机中世界经济能够较快触底反弹的重要原因。

长期的相对高速增长使新兴经济体占世界经济总量的份额不断增长，并且在2002年后速度明显加快，这一趋势在金融危机期间也未被中断（见图3）。1980年，发达经济体占世界GDP总量的63.8%，新兴经济体仅占13.9%。2010年，发达经济体的份额下降至53.2%，新兴经济体增长至24.6%。预计至2015年，发达经济体所占的比例将进一步降低至48.5%，新兴经济体占29.3%。这意味着26年间，两者占世界GDP份额的差距由原来的近50%缩小至不到20%。

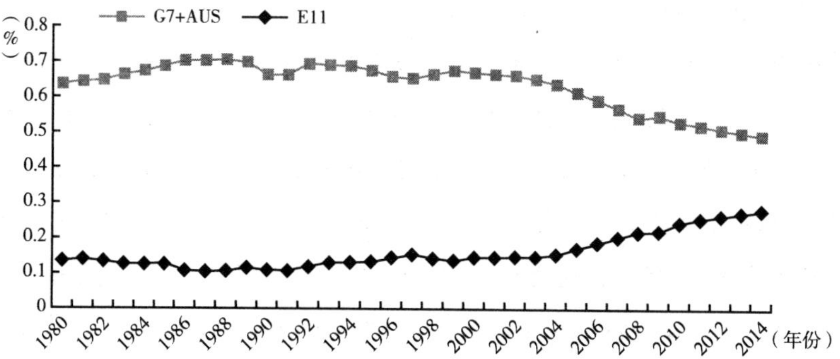

图3　E11：占世界GDP的份额（1980～2015年）

资料来源：作者根据IMF《世界经济展望》（2010年10月）的数据计算。

如果以经济增长速度和平稳性来衡量，亚洲新兴经济体的表现无疑最为醒目，尤其是中国、印度和印尼三个国家。即使在世界经济整体负增长的2009年，中国经济增长速度仍然高达9.1%，2010年经济增长10.5%，2011～2015年经济增长仍将保持在9.5%左右。印度的工业产出目前已达到两年来的高点，企业利润的回升与宽松的外部融资环境鼓励投资进一步增长。在强劲国内需求的支撑下，预计印度2010年经济增长率将达9.7%，并将于今后五年维持在8%的水平。印度尼西亚和韩国是1997～1998年亚洲金融危机中损失最为惨重的两个国家，期间经济增长率一度降至负值，印度尼西亚甚至因此而出现了严重的骚乱。尽管如此，本次危机对印尼与韩国经济的冲击还是远小于20世纪90年代的危机。2010年，印尼和韩国的经济增长率都高达6%，此后印尼进一步走高至

7%，韩国则回落至4%上下。得益于世界石油价格回升以及政府的大规模基础设施投资，沙特阿拉伯2010年经济增长率预计将达到3.4%，2011年进一步攀升至4.5%。

拉美地区是2010年世界经济增长的另一个亮点。阿根廷在内外部一系列因素支撑下2010年经济增长将达到7.5%，促使阿根廷经济大幅反弹的因素包括：来自巴西和中国等主要贸易伙伴的强劲需求，2009年干旱后农业产出的强劲反弹，扩张性财政与货币政策导致的旺盛消费需求。然而对于农业产出的严重依赖、明年大选后经济政策的诸多不确定性以及国内较为严重的社会矛盾可能导致2011年阿根廷的经济增长大幅回落至4%，2012～2015年进一步回落至3%。巴西自2010年第一季度以来经济增长接近9%，显示出过热的迹象。投资在第二季度同比增长26.5%，是1996年有记录以来的最高值，同时政府支出仍在显著增长。预计2010年巴西经济增长7.5%，此后回落至4.1%左右。墨西哥与美国的经济联系最为紧密，因而在贸易、金融、移民汇款和旅游等多个方面备受影响，导致2009年经济增长率为-6.5%，为E11中最低。尽管2010年墨西哥的经济增长率将达到5%，但是考虑到之前产出的减少幅度，反弹力度仍显不足。除美国经济复苏缓慢仍将是墨西哥未来经济增长的重要制约外，由于墨西哥金融体系中80%的资产由跨国银行持有，在全球金融监管强化的大背景下，跨国银行为改善资产负债表在全球范围内配置资源的行为将减少对墨西哥国内私人部门的信贷供给，影响未来经济增长。

其他区域的新兴经济体也在不同因素驱动下经济开始稳步复苏。南非2010年经济预计增长3%，主要的驱动因素是来自亚洲新兴经济体对于大宗商品的需求以及来自最大贸易伙伴欧元区对制成品的需求，以及2009年宽松货币支撑下国内需求的增长。在世界杯效应、贸易自由化和人力资本提高等因素作用下，南非经济增长将逐渐提速，直至2015年达到4.5%。俄罗斯是另一个深受全球金融危机打击的国家，2009年经济增长-7.9%。在油价回升的支持下，2010年俄罗斯经济增长将达到4%的水平，并在中期内稳定于该水平。在低利率与补充库存双重刺激下高涨的国内需求促使2010年土耳其国内经济增长率高达7.8%。随着外部需求的走软、补库存过程的结束以及政府刺激政策的逐步退出，2011年后土耳其经济增长将回落至3.6%～4%的水平。

三　世界贸易体系中的新兴经济体

在国际贸易领域，新兴经济体进出口的强劲反弹与发达经济体的疲软复苏形成鲜明对照（见图4～图7）。如果将2007年1月的出口/进口额设定为100，截至2010年7月，E11的出口指数已经高达155，而G7＋AUS仅为115.6；同期E11进口指数达到179，G7＋AUS仅为109.7。

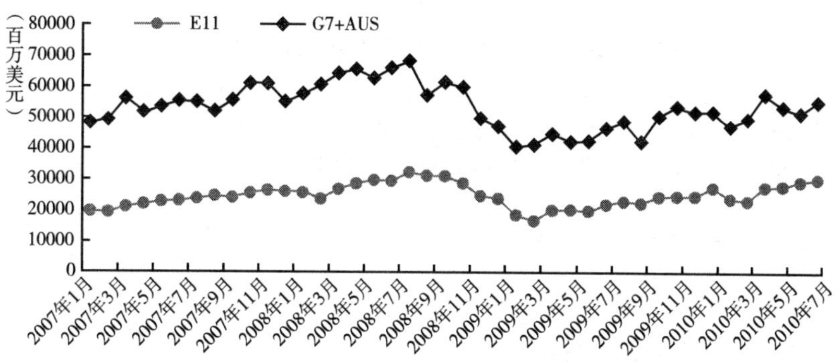

图4　E11：出口额（2007年1月～2010年8月）

注：1. 考虑到数据可获得性，沙特阿拉伯的数据是采用年度数据的简单平均，因此无2010年出口数据；2. 印尼、英国与美国无2010年8月的数据。

资料来源：作者根据Wind，CEIC，Bloomberg的数据计算。

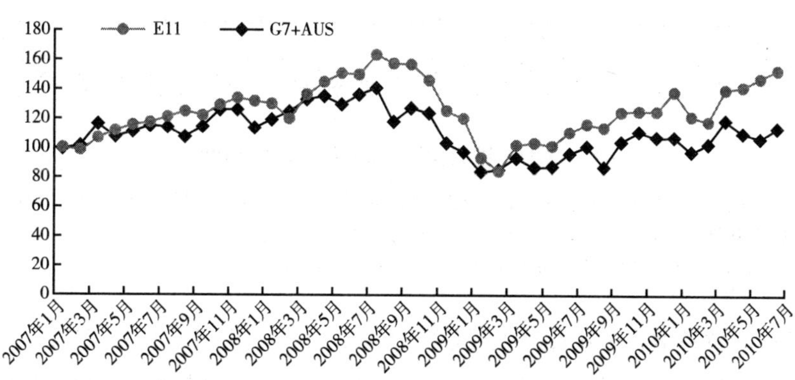

图5　E11：出口指数（2007年1月＝100）

注：1. 考虑到数据可获得性，沙特阿拉伯的数据是采用年度数据的简单平均，因此无2010年出口数据；2. 印尼、英国与美国无2010年8月的数据。

资料来源：作者根据Wind，CEIC，Bloomberg的数据计算。

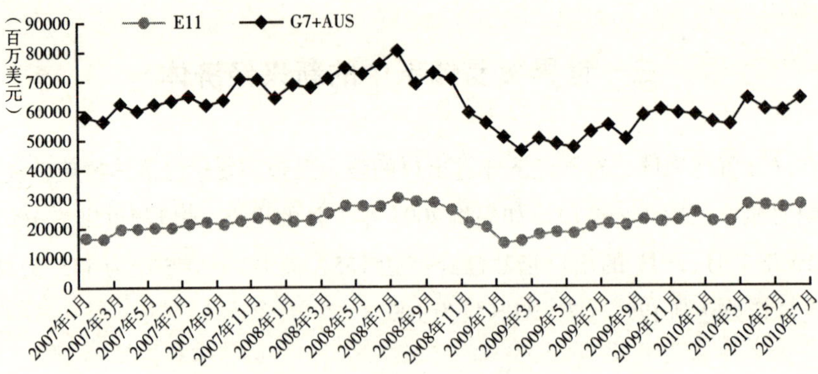

图6　E11：进口额（2007 年 1 月～2010 年 8 月）

注：1. 考虑到数据可获得性，沙特阿拉伯的数据是采用年度数据的简单平均，因此无 2010 年出口数据；2. 印尼、英国与美国无 2010 年 8 月的数据。

资料来源：作者根据 Wind，CEIC，Bloomberg 的数据计算。

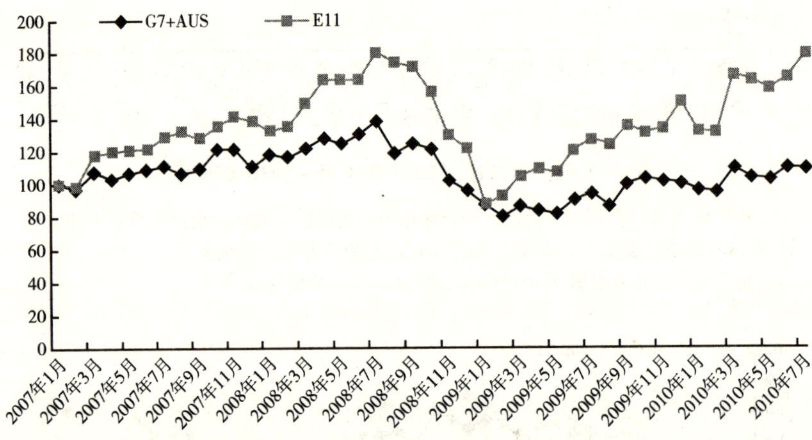

图7　E11：进口指数（2007 年 1 月 =100）

注：1. 考虑到数据可获得性，沙特阿拉伯的数据是采用年度数据的简单平均，因此无 2010 年出口数据；2. 印尼、英国与美国无 2010 年 8 月的数据。

资料来源：作者根据 Wind，CEIC，Bloomberg 的数据计算。

从国际贸易增长中获益的主要是两类国家：大宗商品出口国；与经济走势良好的新兴经济体联系紧密的国家。拉美、中东、俄罗斯和南非等大宗商品出口国出口迅速增长，其动力主要来自于大宗商品价格上涨所导致的贸易条件改善以及新兴经济体对于大宗商品的旺盛需求。新兴经济体在依靠出口增加实现经济快速复苏或强劲增长的同时，其持续高速的增长又通过贸易渠道外溢至与其联系紧密的伙伴国，促使这些国家的产出相对较快增加。例如中国的经济增长就有力带动了澳大利亚、印尼、新西兰等大宗商品出口国，以及德国、日本、中国香港、韩国、新加坡和中国台湾等资本品出口国经济的增长。

发达经济体缓慢且不稳定的经济增长将是未来新兴经济体国际贸易增长的重要制约。首先，发达经济体还是新兴经济体最主要的出口市场。2007 年，巴西 31.8% 的出口、中国 40.5% 的出口、印度 29.4% 的出口、俄罗斯 20.6% 的出口面向七国集团和澳大利亚的市场。其次，新兴经济体的出口普遍具有较高的收入弹性，这意味着外部收入的涨跌对于这些国家出口额的增减具有显著影响。衡量外部收入高低最基本的一个标志是世界经济增长率，而主要发达国家经济状况的好坏对于世界经济增长的高低具有举足轻重的影响。再次，从最基本的贸易结构看，发达国家与新兴经济体间的贸易主要反映了前者巨大的国内市场对产品多样化的需求，新兴经济体间以及新兴经济体与其他发展中国家间的贸易则主要反映的是企业在全球范围内组织生产提高的垂直专业化程度。因此发达国家需求的缩减将通过垂直分工体系造成新兴经济体贸易总量的更大下降。最后，一般而言，危机过后，进口复苏的速度往往严重滞后于出口的反弹。这一局面即使到复苏阶段的中期也难以显著改善，经常账户逆差较高的国家其进口降低的幅度更大。其他影响进口恢复的因素还包括汇率波动加剧、货币贬值和疲弱的信贷状况。而这些特征我们都可以从发达经济体的经济中看到。

同时我们的研究显示，新兴经济体间的内部贸易正在快速增长，并且尚存在巨大的发展潜力。以“金砖四国”为例，① 巴西、中国、印度和俄罗斯等四个 BRICs 组成国均已经发展成世界性的货物贸易大国，相互间的依赖程度也明显提升。相应地，BRICs 各组成国对主要发达国家市场的依赖性降低。我们在 HS 六位码基础上对 1999 年和 2009 年 BRICs 各组成国出口至不同市场商品种类和数量的变动情况进行了对比分析，发现这四个国家之间的出口商品种类和数量增加最多，对 G7 + AUS 次之，对世界其他地区出口商品的种类和数量增长最少，甚至在个别国家还有所减少（见表 1）。相关理论研究还发现，发展中国家主要是通过

① Zhang Yuyan, and Tian Feng, Trade Linkages of BRICs In the World Economy, paper presented on the 3rd Annual Conference on China's Economic Development and U. S. – China Economic Relations, hosted by the Institute for International Economic Policy , George Washington University, Washingtong D. C. , U. S. , Oct. 8, 2010.

表1　BRICs 出口商品种类变化（1999 年与 2009 年）

	巴西	中国	印度	俄罗斯
巴　西		1470	1117	193
中　国	750		1611	186
印　度	637	1615		481
俄罗斯	385	1555	558	
美　国	473	328	1290	-46
日　本	424	135	1085	457
德　国	579	813	1305	202
BRICs	954	984	1558	433
G7 + AUS	420	-94	1131	104
世　界	-156	-372	317	-391

资料来源：Zhang Yuyan and Tian Feng（2010）。

边界内创新（inside-the-frontier）① 实现出口多样性。大约在人均 GDP10000 美元（1995 年，PPP）左右，边界上创新（on-the-frontier）的作用开始显现。② 根据世界银行的统计，2009 年巴西的人均 GDP 是 9517 美元（2005 年，PPP），中国 5515 美元，印度是 2721 美元，俄罗斯是 14706 美元。③ 这样，在今后相当长一段时间内，通过边界内创新，对现有市场出口种类更多的商品仍将是 BRICs 出口增长的重要方式。从这一点看，相对于主要发达国家，BRICs 的内部贸易显然更具增长潜力。通过分别对 BRICs 各组成国对全世界、代表性国家和代表性国家组的贸易状况的系统考察，我们发现，中国在加工程度较复杂商品上的比较优势在强化，其余国家在特定动植物产品和矿产品上的比较优势在强化。这样，中国与其余三国的互补性应该在提高，而其余三国间的竞争性应该更为凸显。在 HS 六

① 即技术扩散。参见 Klinger，B.，and D. Lederman..“Diversification，Innovation，and Imitation inside the Global Technological Frontier.” Research Policy Working Paper 3872，World Bank，Washington，D. C. 2006。

② 即创造发明。参见 Klinger，B.，and D. Lederman..“Diversification，Innovation，and Imitation inside the Global Technological Frontier.” Research Policy Working Paper 3872，World Bank，Washington，D. C. 2006。

③ 世界银行在统计时使用的是国际元（international dollar）这一单位，国际元是一个假想的货币单位，与美元在美国国内的购买力相同。因此，购买力平价意义上，国际元与美元在数值上保持 1:1 的比例（具体参见世界银行发展指数数据库）。所以，本文在此处直接使用了美元这一概念，以便于读者的理解。

位码基础上我们对 BRICs 各组成国与其主要贸易伙伴相互间的竞争互补情况和竞争压力情况进行更深入的研究显示，从总体上看，BRICs 各国与新兴经济体之间的竞争性大于与主要发达国家的竞争性，但是从发展趋势看，BRICs 各国与主要发达国家竞争性提升的速度远远超过与新兴经济体竞争性的提高。并且，BRICs 各国感受到的来自内部贸易的竞争压力远小于来自外部世界的同一压力。

四　全球资本流动中的新兴经济体

与国际贸易类似，全球资本流动格局也发生了重大变化。UNCTAD（2010）的数据显示，2009 年 E11 吸引了全球直接外资流入量的 1/4，其对外投资占到全球直接外资流出量的 11.7%。预计 E11 作为全球直接外资目的地和来源地的相对重要性将不断上升。与此同时，大量资本持续流入也使新兴经济体面临巨大的挑战。2010 年第二季度，E11FDI 流入达 612 亿美元，以证券投资形式流入的外资总额也高达 535 亿美元，是危机前（2007 年第一季度）的 1.54 倍（见图 8）。驱动资本强劲流入的主要因素包括：为救助危机各国普遍实行空前宽松的货币政策形成了大量流动性；对新兴经济体增长前景的信心以及对发达经济体经济增长疲弱的担忧连同两者间汇率走势的差异和利率差异等因素导致流动性涌入新兴经济体。资本流入在使私人部门更容易获得金融支持的同时，也给新兴经济体的宏

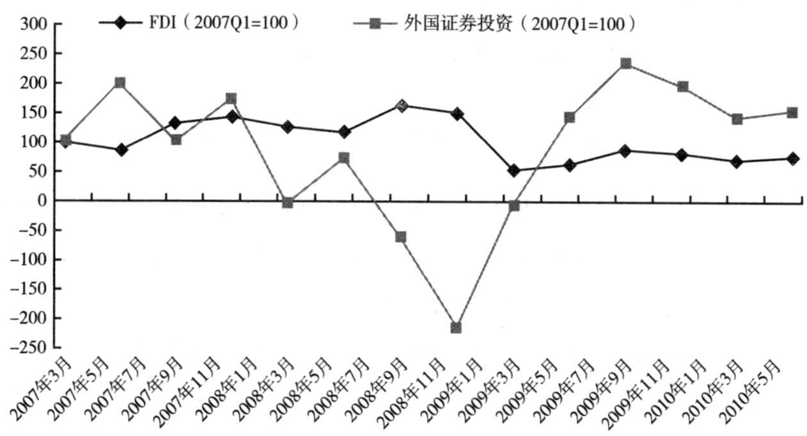

图 8　E11 资本流入（2007Q1－2010Q2，2007Q1＝100）

资料来源：作者根据 Wind，CEIC，Bloomberg 的数据计算。

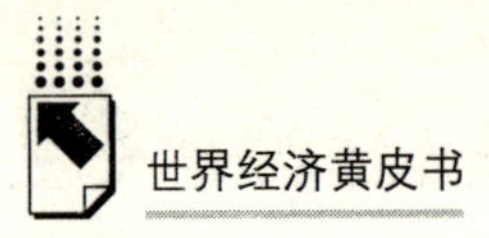

观经济管理带来诸多难题。

通货膨胀高企是关于资本流入的主要担心之一。然而，如果以消费者物价指数（CPI）衡量，几乎所有E11国家的通货膨胀都处于十年来的较低位（见图9）。通胀压力比较大的是印度，2010年预计通货膨胀率高达13.2%。即使是在危机最严重的2009年，印度的通货膨胀率也高达10.9%，甚至高于2008年的8.3%。仔细审视可以发现，新兴经济体CPI权重构成主要包括食品、饮料、烟草、服装、鞋类和家具等生活用品和能源，以及交通、通信、文化、娱乐、教育等服务。CPI的相对低位说明，资本流入没有引起上述商品与服务价格的上涨。原因可能有两个，一是新兴经济体汇率的变动使国际大宗商品价格上涨对本国物价影响相对有限；二是资本流入了CPI指数未涵盖的领域。更多的证据表明，资本大量流入影响的不是消费者物价水平，而是新兴经济体的股票和房地产市场。

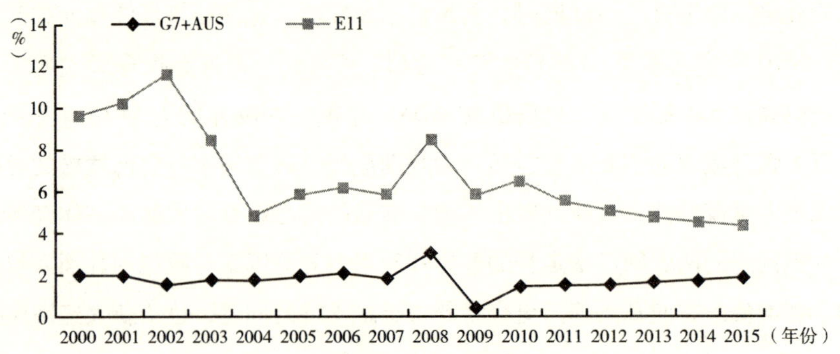

图9　E11通货膨胀（CPI，2000～2015年）

注：E11和G7+AUS的CPI由各国CPI简单平均而成。

资料来源：作者根据IMF《世界经济展望》（2010年10月）的数据计算。

如果将2007年1月设定为基期（即当月股票指数为100），到2010年9月，E11股票指数为129.7，相对于基期上涨了近1/3；G7+AUS股票指数为75.34，相对于基期下跌了25%（见图10）。自2007年1月以来，E11与G7+AUS股票指数的最低点均出现在2009年2月，当时E11股票指数为64.63，G7+AUS股票指数为51.85。我们可以清楚地看到，在此后一年半的时间里，E11股票指数上涨了一倍，G7+AUS股票指数仅上涨了25%。而2009年和2010年E11的经济增长率分别为2.8%和7.9%，也就是说相对于2008年，真实产出增加了11%。G7+AUS的经济增长率分别为-3.4%和2.5%，真实产出减少了1%。

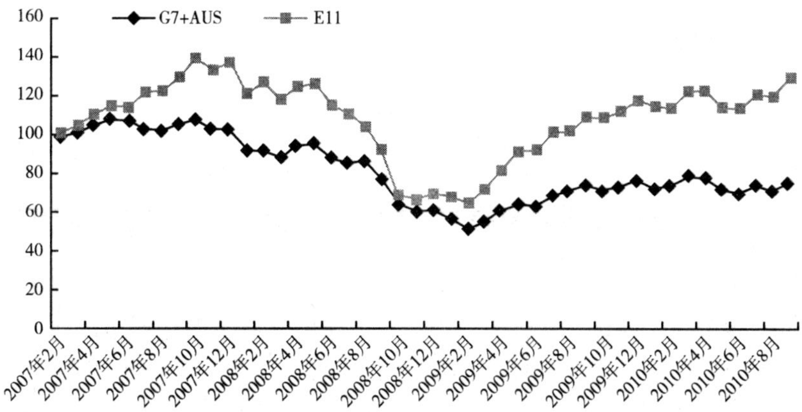

图10　E11股票指数（2007年1月~2010年9月，2007年1月=100）

注：1. E11股票指数由以下证券交易所发布的指数合成：阿根廷布宜诺斯艾利斯证券交易所（BCBA：Merval）；巴西圣保罗证券交易所（Sao Paulo Stock Exchange：BOVESPA）；中国上海证券交易所（Shanghai Stock Exchange：Composite）；印度孟买证券交易所（BSE：Sensitive 30）；雅加达证券交易所（Jakarta Composite）；韩国证券交易所（KOSPI）；墨西哥证券交易所（BMV：IPC）；俄罗斯证券交易所（RTS）；沙特阿拉伯证券交易所（All Share TASI）；南非证券交易所（All Share）；土耳其伊斯坦布尔证券交易所（ISE National 100）。2. G7+AUS股票指数由以下证券交易所发布的指数合成：澳大利亚证券交易所（ASX：S&P/ASX 200）；加拿大证券交易所（S&P/TSX：Composite）；法国证券交易所（CAC 40）；德国证券交易所（DAX）；意大利证券交易所（FTSE：MIB）；日本东京证券交易所（Nikkei 225 Stock）；英国伦敦证券交易所（FTSE All Share）；美国纽约证券交易所（NYSE Composite）。3. 股票指数合成的具体方法是，将各成分指数取月末值简单加权平均而成。

资料来源：作者根据Wind，CEIC，Bloomberg的数据计算。

在股票市场普涨的同时，诸多新兴经济体房价也节节攀升。在我们找到5个国家（巴西、中国、印度、韩国和俄罗斯）的数据，其房价均已超过危机前水平（见图11）。2010年7月，相对于2007年1月，巴西房价上涨了32%，印度房价上涨了20%，韩国上涨了8%，俄罗斯上涨了5%，中国大体持平。而同期，美国房价下跌了60%。

资本流入还加剧了新兴经济体货币升值预期。2010年9月，相对于2007年1月，新兴经济体的实际有效汇率已经提升了4.4%（见图12）。在经常项目顺差不断累积的情况下（见图13），面对持续流入的资本，新兴经济体或者让本币升值，削弱外部竞争力；或者干预汇市，积蓄弱势美元，承受未来的资产损失。即使如此，如果市场干预不能有效打消本币升值预期，流动性仍将继续涌入；或

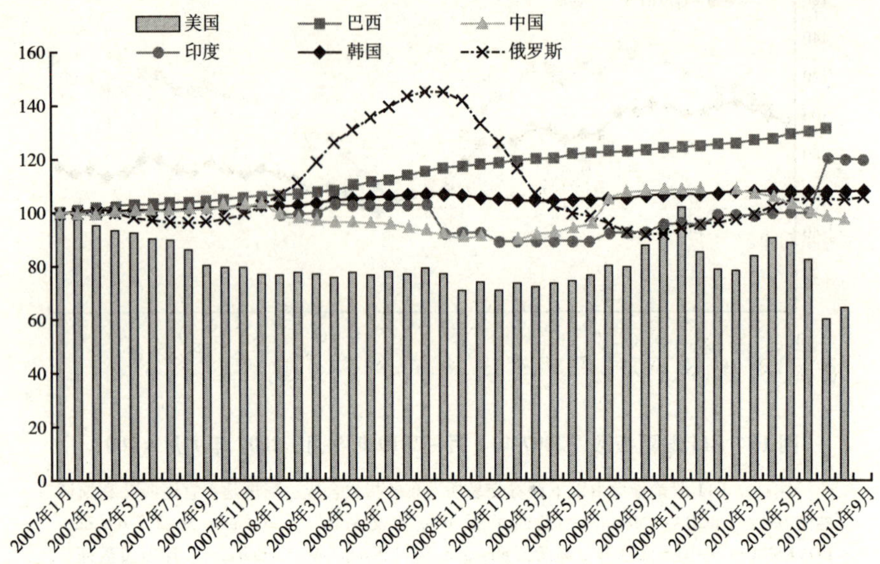

图 11　E11 房价：（2007 年 1 月 ~ 2010 年 9 月，2007 年 1 月 =100）

资料来源：作者根据 Wind，CEIC，Bloomberg 的数据计算。

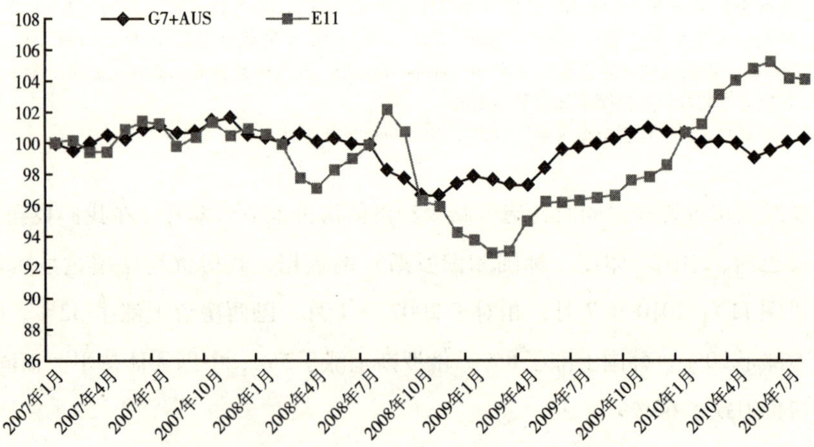

图 12　E11 实际有效汇率（2007 年 1 月 ~ 2010 年 9 月，2007 年 1 月 =100）

注：1. 汇率为月度平均值；2. 实际有效汇率上升为升值。3. E11 和 G7 + AUS 的实际有效汇率由各国相应指标简单平均而成。

资料来源：作者根据国际清算银行（Bank for International Settlement，BIS）的数据计算。

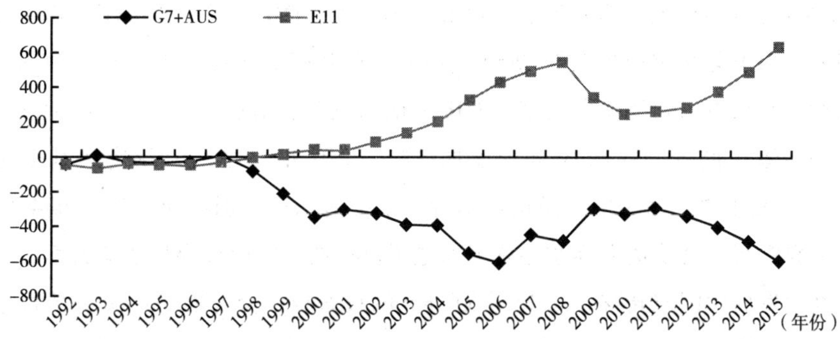

图 13　E11 经常项目差额（1992～2015 年）

资料来源：作者根据 IMF《世界经济展望》（2010 年 10 月）的数据计算。

者实施成本高昂且效果有限的资本管制。此外，一旦世界经济形势急剧变化或者发达国家政策方向调整，资本流动方向可能在短时间内逆转，新兴经济体发生金融危机的可能性大增。考虑到新兴经济体在世界经济增长中日益凸显的重要作用，其危机将对发达国家稳定复苏形成严重冲击。

五　全球经济治理中的新兴经济体

随着新兴经济体在世界经济格局中角色日益重要，参与全球经济治理的主动性逐渐提高，全球经济治理的议程设定也发生了相应的调整。目前最为核心的议程将围绕提升新兴经济体在全球经济治理架构中的影响力展开，具体议题涉及：通过结构性改革，实现世界经济强劲、可持续和平衡发展；加强执行宏观审慎政策；推进国际货币体系改革；反对各种形式的贸易保护主义与投资保护主义；等等。

增加新兴经济体在主要国际组织的份额、投票权和关键岗位代表，是提升新兴经济体在全球经济治理架构中影响力的关键途径之一。在 IMF 和世界银行这两大国际经济机构中，新兴经济体的影响力与其占世界经济的比重长期严重不对称。以 IMF 为例，尽管从总体上看，E11 的 GDP（2009 年）合计占世界 GDP 总量的 22.23%，与 E11 总体投票权（截至 2010 年 2 月 26 日）占 IMF 总投票权的比例（19%）差距不大，但是部分新兴经济体份额与投票权被低估的情况极为严重，中国 2009 年 GDP 占世界经济总量的 8.62%，却只拥有 IMF 3.66% 的投票权。2009年9月巴西、俄罗斯、印度和中国建议，IMF将7%的份额转移给发展中国家，高于美国5%的提议。2009年10月G20匹兹堡峰会上，与会领导人一致同意将新兴市场和发展中国家在IMF中的份额至少增加5%，将发展中国家和转轨经济体在世行的投票权至少增加3%。2010年2月，国际货币基金组织（IMF）总裁卡恩任命中国人民银行副行长朱民为总裁特别顾问。2010年4月25日，世界银行发展委员会春季会议上通过了世行新一阶段投票权改革方案，发达国家共向发展中国家转移了3.13个百分点的投票权，使发展中国家整体投票权从44.06%提高到47.19%。其中中国在世行的投票权从2.77%提高到4.42%，其投票权由原来的第6位跃居第3位，仅次于美国和日本。2010年10月底，G20财政部长及中央银行行长会议就国际货币基金组织（IMF）份额改革达成历史性协议，确认向新兴经济体转移超过6%投票权。

关于如何通过结构性改革，实现世界经济强劲、可持续和平衡发展，目前国际社会关注的焦点集中于“再平衡”问题。所谓“再平衡”实际包括内部再平衡与外部再平衡两方面的内容。内部再平衡是指公共部门与私人部门间需求的平衡。其政策含义是发达国家要重振私人需求，进行财政整顿，削减财政赤字。外部再平衡是指国内与国外需求的平衡。许多发达国家（尤其是美国）经济增长严重依赖国内需求，而许多新兴经济体（尤其是中国）则严重依赖国外需求，净出口是拉动经济增长的重要引擎。因此，外部再平衡意味着发达国家应加强净出口在经济增长中的作用，新兴经济体则应更加依赖内需推动经济增长。当前两个再平衡均进展缓慢。发达国家私人需求尚未能有效替代公共部门需求，内部再平衡短期实现无望。新兴经济体虽然经济增长态势良好，但是受多种因素制约，国内需求也无法在较短时间内激增至足以替代经常项目顺差的程度。

在世界总需求缩减、内外部再平衡困难的情况下，部分发达国家一方面酝量实施新的数量宽松政策，进一步刺激经济；另一方面积极运用汇率手段与贸易手段，推动本币贬值，迫使外币升值，采用世界贸易组织允许的反倾销、反补贴和保障措施等针对性打击来自特定贸易伙伴特定产品的进口，同时制订了增加出口的计划。由于发达国家尤其是美国的货币政策具有极强的外部性，且在美元本位制下缺乏对储备货币发行的约束，新兴经济体迫切需要在全球经济治理中加强执行宏观审慎政策，推进国际货币体系改革，防止资本流入形成的不利冲击，反对各种形式的贸易保护主义与投资保护主义，以实现自身经济的可持续增长。

六 结语

全球金融危机在对世界经济造成重大冲击的同时也埋下了变革的种子。在本文的分析中，我们可以清晰地看到，新兴经济体在世界经济格局中已经承担了新的角色。在经济增长方面，新兴经济体成为世界经济复苏的引擎，并将继续带动世界经济实现可持续增长。在国际贸易领域，新兴经济体进出口的强劲反弹与发达经济体的疲软复苏形成鲜明对照，快速增长且极具潜力的新兴经济体相互间贸易将是新兴经济体未来经济增长的重要动力。在国际资本流动方面，新兴经济体作为目的地和来源地的重要性不断上升。角色的转换及世界经济形势的变化要求新兴经济体在国际经济治理中积极推进诸多新议程，包括提升新兴经济体在全球经济治理架构中的影响力，促进结构性改革，实现世界经济强劲、可持续和平衡发展；加强执行宏观审慎政策；推动国际货币体系改革；反对各种形式的贸易保护主义与投资保护主义。我们认为，新兴经济体的崛起正在使整个世界更加平衡发展，发达国家必须抓住这些国家增长所带来的契机，而不是试图以邻为壑、转嫁调整成本。

参考文献

张宇燕、田丰：《新兴经济体的界定及其在世界经济格局中的地位》，《国际经济评论》2010 年第 4 期，总第 88 期，第 3 ~ 27 页。

Zhang Yuyan, and Tian Feng, Trade Linkages of BRICs In the World Economy, paper presented on the 3rd Annual Conference on China's Economic Development and U. S. – China Economic Relations, hosted by the Institute for International Economic Policy , George Washington University, Washingtong D. C. , U. S. , Oct. 8, 2010.

IMF, *World Economic Outlook*, Oct. 2010.

UNCTAD, *World Investment Report*, June. 2010.

Robert E. Hoskisson, Lorraine Eden, Chung Ming Lau, Mike Wright, Strategy in Emerging Economies, *The Academy of Management Journal*, Vol. 43, No. 3 (Jun. , 2000), p. 249.

Jodie Thorpe and Kavita Prakash-Mani, Developing Value: The Business Case for Sustainability in Emerging Markets, 2003, p. 8, http://www. ifc. org/ifcext/enviro. nsf/AttachmentsByTitle/

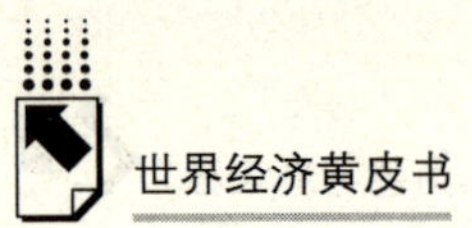

p_ DevelopingValue_ full/MYMFILE/Developing_ Value_ full. pdf.

Klinger, B. , and D. Lederman, "Diversification, Innovation and Imitation inside the Global Technological Frontier." Research Policy Working Paper 3872, World Bank, Washington, D. C. 2006.

Emerging Economies in the Post-crisis Era: New Definition, New Role and New Agenda

Tian Feng

Abstract: In this paper, we for the first time put forward the concept of the "E11" (11 emerging economies), so that the study of emerging economies could target a relatively constant scope and body of subjects. E11 is now the engine that leads the world economy recovery. The fast growing trade linkages among them will be a potential power that pushes their economic growth. E11 also plays an increasingly important role as the source and the host of international capital. New role and new world economy environment require new agenda, such as to improve the ability to influence the decision-making in international organizations; to realize powerful, sustainable, and balanced development of world economy through structural reforms; to reinforce macro prudential policies; to advance the reform of international currency system; and to fight against protectionism in various ways.

Key Words: Emerging Economies; Global Economic Governance; World Economy

Y.18

金融危机背景下的国际金融监管改革

张静春*

摘　要：本次金融危机暴露出金融监管体系存在的众多问题，包括资本监管标准过低、金融体系过度关联和顺周期性、监管松懈以及跨境监管不力等。自2008年底以来，金融监管改革在全球范围内展开，主要经济体都加入监管体系重建的讨论中。改革在建立全球统一的资本和流动性标准等若干领域取得了重要进展。不过总的来看，金融监管仍然延续了原有的巴塞尔资本协议Ⅱ的思路，只是试图通过进一步精确计量风险来完善风险管理，并通过提高成本来限制金融机构从事高风险活动。由于没有触及限制金融体系结构、扭转激励机制和加强监管执行力等根本问题，预计未来金融监管的有效性将大打折扣。改革后的国际金融监管体系仍将是一个过渡体系。

关键词：金融危机　监管改革

引　言

从2008年雷曼兄弟公司倒闭，全球金融危机正式爆发以来的两年多时间里，国际金融机构（International Financial Institutions，IFIs）和学术界广泛、深入地讨论了当前金融监管体系的缺陷，以及应当如何加强金融监管等问题。[①] 2010年底，以巴塞尔银行监管委员会（BCBS）为主导构建的新国际金融监管框架已基本浮出水面，美国、英国以及欧盟等经济体的金融监管改革法案相继出台。本次

---

* 张静春，中国银监会副研究员，主要研究领域为金融监管。

① 国际金融机构包括巴塞尔银行监管委员会（BCBS）、金融稳定理事会（FSB）、国际证监会组织（IOSCO）、国际保险监督官协会（IAIS）、国际会计准则理事会（IASB）、国际货币基金组织（IMF），以及世界银行等。

金融监管改革所覆盖的议题之广、参与的国家和经济体之多前所未有。然而，改革能否实现二十国集团（G20）领导人提出的“构建稳健的金融体系、防止类似危机再次发生”的预定目标呢?[①] 本文将从分析当前国际金融监管体系的缺陷入手，综述改革进展，并讨论改革的有效性等问题。文章第一部分分析当前金融监管体系面临的若干突出问题；第二部分综合论述国际金融监管改革的主要方面和进展；第三部分探讨改革的有效性，并展望未来的金融监管体系。

一　当前国际金融监管体系存在的突出问题

本次危机暴露出当前国际金融监管体系存在诸多方面的缺陷。例如 IMF（2009）、De Larosiere（2009），以及 David Moss 和 John Cisternino（2009）等从不同的角度分析了当前金融监管的缺陷。综合来看，这些问题主要集中在如下几个方面。

（一）资本要求过低、金融机构实际杠杆率过高[②]

这是在众多危机暴露出来的问题中各方存在共识最多的领域。首先，虽然巴塞尔资本协议确立了8%的银行最低资本充足率要求，但对其中真正具有无条件吸收损失能力的普通股的要求只有2%，其余部分则为各种类型的创新型债务工具。本次危机表明，大量创新型资本工具并不具备无条件吸收损失的能力，银行的实际资本要求过低。一旦陷入危机，资本基础即被迅速侵蚀。其次，巴塞尔资本协议Ⅱ赋予表外业务和资产证券化比银行账户（banking book）低得多的风险权重。银行可以通过开展表外业务和资产证券化进行监管套利，进一步降低资本要求。此外，银行还可以广泛采用风险转移技术，使以风险为本的资本充足率和杠杆率出现较大背离，金融机构的实际杠杆率大幅度上升。杠杆率是一个传统的、衡量一定数量资本可以撬动多少资产的简单指标，资本充足率与杠杆率之间存在简单的倒数关系。但是随着金融创新的发展，大量的表外业务、资产证券化

---

① 参见 G20（2009）。

② 鉴于本次金融危机主要是银行危机，若非特别说明，文中“金融机构”与“银行机构”可以相互替换。

和管道（conduit）公司使金融机构的内嵌式（embedded）杠杆率大幅度提高，而内嵌式杠杆蕴含在金融机构的资产负债表和整个金融系统中，难以准确计算。① 巴塞尔资本协议Ⅱ放弃使用杠杆率标准更在很长一段时间掩盖了银行的实际杠杆率。据统计，2007 年，美国和欧洲高杠杆机构的实际杠杆率达到 35 ~ 40 倍，一些银行的杠杆率甚至达到了 60 ~ 70 倍。金融界普遍认为大于 20 倍的杠杆率就属于高杠杆，70 倍的杠杆率就意味着金融机构不到两个单位的资本可以带动 100 单位的资产！更重要的是，与 1998 年长期资本管理公司倒闭时主要是对冲基金杠杆率过高的情况不同，当前的高杠杆机构主要是全球的大型银行，其对整个金融体系稳定的影响与资产规模较小的对冲基金不可同日而语。

（二）金融体系过度关联

近几十年来，随着银行与资本市场之间的“防火墙”被拆除，金融市场逐步从信用文化（credit culture）向股权文化（equity culture）转变，金融体系的关联性极大增加（Blundell-Wignall，2010）。这成为当前金融体系不同于以往的重要特点之一，并从若干方面增加了金融体系的风险。

首先，流动性风险大大高于以往。在传统的信用文化下，银行的融资模式主要是向零售客户吸收存款。尽管银行面临着期限错配和货币错配的风险，但是总体而言流动性相对稳定。而在股权文化下，银行的融资来源主要依靠短期批发市场，资产业务也向资产证券化转变。虽然金融系统的期限转换和交易规模大幅度增加，金融效率得到了极大的提高，但与此同时，金融中介链条也极大延长。正如申铉松（2009）指出的，过长的中介链使金融机构变得高度相关。一旦银行流动性断裂，将导致银行之间以及银行与其交易对手之间的资产负债呈现同步波动，较以往更容易诱发系统性的流动性危机。

其次，单家机构的风险与系统性风险变得高度相关。以往监管者一般是从单家机构的角度进行审慎监管的，认为只要保证了单家机构的稳定，就基本上可以实现宏观层面的系统稳定。但本次危机表明这是远远不够的。因为在高度关联的系统中，金融机构的风险具有很强的外部性和溢出效应。虽然从单家机构的角度来看，风险似乎已经通过债务工具买卖而分散出去了，但从系统来看，却仍存在

① Blundell-Wignall（2010）认为，危机前，多数金融创新实际上是为了避税和套利而设计的。

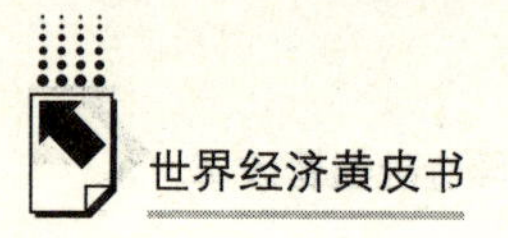

于系统内部并不断累积。也就是说，在高度关联的体系下，信用风险转移与金融稳定的关系变得充满不确定性，从而极易引发系统性风险。

金融危机后，金融体系的高度关联性问题在理论界引发了大量争论。争论的核心是，金融体系日益关联本身究竟是不是一个问题？一种观点认为，关联性是金融市场自身发展的结果，极大地提高了金融效率，监管不应妨碍这一进展，而应在这一给定前提下，致力于应对在当前体系的具体问题，例如流动性风险等。这一观点实际上认为，金融体系的高度关联性并不是一个问题，只要流动性供给充分，金融系统就可以持续运转。因此，真正的问题主要是流动性供给的技术问题而非结构层面的问题。另一种观点则倾向于认为，当代金融体系已经过度发展，其增长率大幅度高于实体经济。随着金融中介链条的延伸，流动性变得越来越依赖金融机构之间的资产证券化，注定将非常容易断裂，从而系统性风险大幅度增加了。申铉松（2009）认为，为了维护金融系统的稳定，未来的金融体系应当缩短金融中介链；Andrew Sheng（2009）从网络的角度，建议应当在资本和银行市场之间建立防火墙，Blundell-Wignall（2010）也持类似主张；Volcker（2009）提出应当禁止商业银行从事自营业务；Kay（2009）认为应当让拥有100%流动性资产比率的狭义银行（narrow banking）来保护银行提供的流动性服务。此外，Kotlikoff（2010）提出应当由拥有100%股权比例的共同基金来维护银行清偿力。从上述观点来看，当前金融体系的主要问题不是流动性，而是结构本身。

（三）金融体系的顺周期性（procyclicality）

顺周期性指的是主要金融变量，例如信贷、利差、期限、贷款损失准备等与实体经济随着经济周期共同运动。从本质上讲，市场行为本身就具有顺周期性。“羊群效应”就是一个典型的顺周期性的例子。历史上历次金融危机前的非理性繁荣和资产泡沫都具有顺周期性的特点。在本次危机中，金融监管的若干要求——主要表现为依赖市场信息进行风险管理——进一步加剧了金融系统的顺周期性。具体来看，加剧金融体系顺周期性的因素包括以下几个方面。

1. 巴塞尔资本协议Ⅱ的资本充足率要求

1988年巴塞尔资本协议确立了统一的8%的银行资本充足率监管要求。但在金融自由化的背景下，有人提出，该要求不能有效捕捉商业银行的实际风险，应

当建立起“高风险高资本、低风险低资本”的监管要求。[①] 巴塞尔资本协议Ⅱ因此应运而生，并提出了“以风险为本的资本充足率”的理念。在标准法下，银行不同资产的风险权重主要依据建立在市场价格基础上的外部评级。对于业务复杂的大型银行，巴塞尔协议Ⅱ则提出根据银行的内部评级计量风险。巴塞尔协议Ⅱ基于这样两个假设：（1）市场价格是中性的；（2）银行是独立于自身之外的客体，银行根据自身设计的模型运用内部评级法计算出的风险是客观的。但是在危机中，这两个假设都存在重要缺陷。其一，市场价格具有顺周期性，从而按照市场价格衡量的风险也相应具有顺周期性。这主要体现为在金融资产泡沫发展期，资产价格上升，按照市场价格表现出的风险较低，相应银行资本要求降低，这进一步放大了银行信贷，尽管实际上此时整个金融系统的风险在不断增加。在资产泡沫破裂、市场价格进入下跌周期以后，银行突然发现自身资本快速短缺，难以弥补损失，不得不变现资产，追求流动性，从而进一步加剧金融市场的“去杠杆化”（de-leverage）和经济收缩。其二，银行并非独立于自身的客体。为了追求更快的业务发展，银行往往有低估自身资产风险的倾向。特别是在追求短期赢利的激励机制下，银行更倾向于从事高风险活动，从而加剧金融系统波动。虽然巴塞尔资本协议Ⅱ的目标是精确衡量金融机构的风险并据此科学分配资本，但 BCBS（2010）通过对本次危机中倒闭或者接受政府救助的银行的研究发现，该方法并未能有效的捕捉银行的实际风险。在危机中接受政府救助的恰恰是那些看似风险低、从而按照巴塞尔协议Ⅱ的规定，银行资本充足率更低的银行。

2. 使用公允价值会计准则[②]

以往的会计准则是建立在历史成本法[③]基础之上的。后来由于认为其不能准确反映交易和产品的实际价值，公允价值会计准则应运而生。公允价值基于有效市场理论，即市场流动性充足且高效率，认为公允价值能反映潜在的实际价值。但是市场缺陷表明，公允价值与市场之间存在相互强化机制，公允价值并不能客观反映资产的实际价值，即使在市场上行期也是如此。公允价值上涨，进一步推动资产泡沫。而当市场处于下行时期，会计主体恐慌性抛售又使市场价格过度下跌，导

① 详细论述参见王胜邦（2010）。

② 指以市场价值或未来现金流量的现值作为资产和负债的主要计量属性的会计模式。

③ 指以取得资产时实际发生的成本作为资产的入账价值。

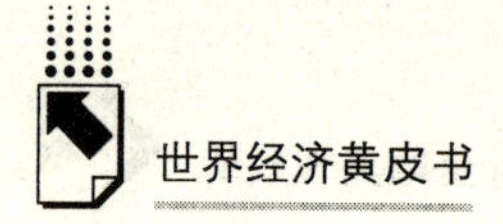

致资产减计和资本补充要求，进一步加剧了金融和经济收缩。会计信息的宗旨是为投资人提供财务和决策信息，尽管公允价值法在这方面具有历史成本法不可替代的优越性，但是事实表明，依靠其进行风险管理则存在重大缺陷。

3. 金融机构的短期激励机制

近几十年，与金融机构追求快速高增长相一致，金融机构通过快速派发奖金、股票和期权等激励机制，鼓励员工快速创造业绩而忽视风险管理，加剧了金融机构的投机行为，进一步推动资产泡沫。

（四）监管标准实施不力

Posner（2009）认为，金融监管标准过低固然是导致金融危机的重要原因，但从根本上讲，本次金融危机最重要的原因是监管者没有履行应尽的“看门”职责，纵容了金融机构过高的杠杆率。① 金融监管不力源于以下几方面的原因。

从理论上讲，近几十年来，货币理论和新古典学派的“有效市场”理论占据了经济学的主导地位，强烈支持金融深化和创新。这些理论认为，金融活动越多越有助于完善市场、提高效率和增加福利；市场能够无摩擦地进行自我调节，金融监管则几乎只能导致新的监管套利和妨碍效率的提高。这些理论的影响根深蒂固，对政策决策和市场操作发挥了决定性的作用。按照 Turner（2010）的说法，“有效市场假说深深根植在 FSA 的 DNA 中”②。但是在本次危机中，委托—代理问题、羊群效应、信息不对称以及外部性等市场缺陷被广泛暴露出来。

从实践上看，对有效市场理论的过度信奉导致监管者的权威不断让位给市场，外部监管让位给市场自律。在直到危机发生前的几十年中，监管者几乎没有对金融机构的战略和活动提出质疑，一味服务于市场，为金融市场的扩张和效率的提高创造条件。尤其在 20 世纪 90 年代以来全球化浪潮背景下，为了争夺全球市场，各国监管部门成了本国大型金融机构的代言人，为后者的扩张创造了条件。首先是欧洲开始放松管制，大规模鼓励金融机构兼并和收购。当美国意识到可能被欧洲甩在后面之后，于 1999 年拆除了自大萧条以来的“防火墙”，允许混业经营，并于 2004

① 本次金融危机实际上是一次西方金融监管体系的危机。文中“监管者”主要指西方金融体系的监管者。

② 参见原文第 7 页。DNA 为染色体。

年取消了投行的杠杆率限制，进一步为其金融机构占领全球市场创造条件。虽然这些措施看似鼓励竞争，但实际却逐步侵蚀了有序的竞争环境，突出表现在“大而不能倒”（too-big-to-fail）的问题上。[①] 由于存在政府不得不进行救助的隐性担保，若干大型机构倾向于过度承担风险，而一旦出现问题则由公众承担损失。

监管者面临的政治压力以及其自身的“监管俘虏”（regulatory capture）也是造成监管松懈的重要原因。[②] 其一，在经济高速增长期，采取监管措施往往被认为阻碍经济增长。因此在危机发生前，即使监管者认为金融机构已经过度冒险，也难以采取必要的纠正措施。其二，金融监管和机构之间“旋转门”的存在也使监管者难以质疑和挑战金融机构。

（五）跨境监管合作缺乏有效性

在危机前，虽然金融机构的活动变得日益全球化，但是除了巴塞尔资本协议，金融监管基本没有国际标准。就巴塞尔资本协议Ⅱ来说，不仅若干主要经济体并未实施，而且一些实施的国家和经济体也没有严格按标准实施。金融监管标准缺乏约束力，监管依靠的是一系列最佳实践（best practice）来进行的。

各国金融监管当局之间的信息交流和合作也充满缺陷。尽管全球金融市场日益一体化使各国金融稳定的相关性大大提高，然而在现实中，由于主权国家的利益仍主导着金融监管，各国监管当局一直面临着信息交流和合作的实际困境。一旦银行出现危机，出于保护本国金融利益，监管当局更是不愿意分享信息，并尽力保护本国金融机构和投资人的利益。更重要的是，长期以来全球一直缺乏统一的跨境银行破产清算制度和程序。[③] 结果在本次危机中，投资人和存款人利益保护的不确定性反而促使银行倒闭，造成了更大的福利损失。

---

① “大而不能倒”的机构指的是，其倒闭对金融系统具有负面外部性影响，甚至可能危及实体经济增长的大型金融机构或者银行。

② 指监管当局丧失独立性，服务于金融机构的利益。

③ 在银行跨境破产立法原则上，有两种主张：一是普遍主义原则，主张跨国银行破产由总行所在地国家统一管辖。二是地域性原则，主张破产是主权国家的事务，跨国银行分支机构所在地的国家也享有破产管辖权。地域性原则有利于对本国债权人利益的保护，普遍主义原则有利于对全球债权人的公平受偿，从而也有利于促进全球金融贸易的自由发展。从世界各国银行跨境破产法律制度变革趋势看，虽然普遍主义原则逐渐占据主导地位，但是一旦出现危机，仍有部分主要国家出于保护本国金融机构和投资人利益的考虑，采取地域原则的破产清算方式。

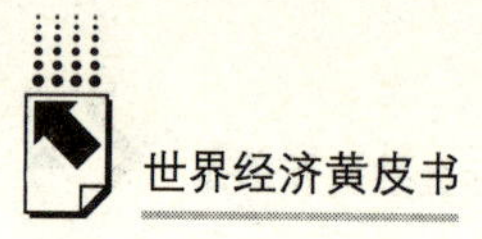

二　国际金融监管改革进展

针对国际金融监管体系存在的各种问题，从2008年起，以BCBS为代表的国际金融机构着手进行国际金融监管体系改革，致力于实现G20领导人提出的“构建稳健的金融监管体系”的目标。发生危机的主要西方经济体也展开金融监管改革，试图重塑金融市场秩序。

BCBS改革的核心内容包括提高全球统一的资本监管标准、建立全球性的流动性标准、加强宏观审慎监管，包括对具有系统性影响的机构建立更高的监管要求，以及缓解金融体系的顺周期性等。

（一）大幅度提高资本标准

BCBS修订了监管资本的定义，建立起了以普通股为基础的核心一级资本（core tier Ⅰ）① 要求，并提出全球统一的资本扣除项目，以提高资本要求的质量、透明度以及国际一致性。② BCBS还大幅度提高了表外和交易业务的资本要求。根据2010年7月26日达成的共识，未来银行将增加最低的有形普通股资本要求（Tangible Common Equity）为4.5%。另外银行还需要持有2.5%的留存超额资本（conservation buffer），③ 没有达到该要求的银行需要通过限制分红满足要求。这实际上类似于另一个最低资本要求。以上两项资本要求相加，未来银行的具有实际吸收损失能力的资本要求——普通股/风险加权资产将达到7%，远高于巴塞尔协议Ⅱ下的2%。在某种程度上，这实际上是重新回到1988年资本协议的资本要求。④ 如果该要求能够得到有效实施，未来银行体系的稳健性将较危机前有很大提高。

---

① 也即下文所指的有形普通股资本要求。

② 资本扣减项也包含一定程度的政治妥协。详见穆良平和张静春（2010）。

③ 留存超额资本要求也需要用普通股满足。

④ 之所以用“在某种程度上回到1988年协议”是因为改革后银行核心一级资本充足率将达到4.5%，与1988年资本协议的一级资本充足率要求相当。留存超额资本虽然是另一个事实上的最低资本，不过并不是法定的最低资本要求。BCBS提出，如果银行没有达到2.5%的超额资本，监管机构并不会像银行没有满足最低资本要求那样对其采取监管措施，但是银行需要减少分红以满足该要求。与1988年资本协议相类似，当前改革重新强调具有真实吸收损失能力的资本要求，并且这一数值应当在4%~8%之间。

（二） 制定全球统一的流动性监管标准

危机发生后，BCBS 提出在全球范围内建立统一的流动性监管标准——流动性覆盖率（LCR）和净稳定资金比例（NSFR），前者要求银行在面临压力情形下，高质量流动性资产能够充分覆盖短期资本净流出；[①] 后者要求银行从长期来看，融资结构与资产业务相匹配。[②] 建立这两项监管指标的目的是通过提高短期融资的成本，促进银行向传统的融资模式回归。根据测算，多数新兴市场经济体能够满足这些要求，而依赖批发市场融资的若干发达经济体则存在较大缺口。为了不对银行体系业务模式造成冲击，BCBS 正在进一步修订两项监管指标，对高质量流动性资产的定义以及银行在面临压力的情况下各类业务可能的流入和流出资金的比例等作进一步修改。

作为对以上两个全球性的流动性标准的补充，BCBS 提出，未来银行应建立流动性监测工具，包括融资集中度、累积缺口比例和资产转换能力等。此外 BCBS 还从宏观层面，与全球金融体系委员会合作开发系统性流动性危机的评估方案，以及相应的政策工具和早期预警指标体系。

（三）加强对具有系统性影响的金融机构的监管

为了加强对系统性风险的管理，危机后 BCBS 明确提出了"宏观审慎监管"（macro prudential regulation）的概念。根据国际清算银行（BIS）和 BCBS 的解释，宏观审慎监管指金融监管当局为了降低金融危机发生的概率及其带来的财政成本和产出损失，从金融体系整体而非单一机构角度实施的监管（Borio，2009）。宏观审慎包含时间和空间两个维度。在时间维度上主要关注金融体系的顺周期性，即随着时间的推移，系统层面的风险如何通过金融体系内部以及金融体系与实体经济的相互作用而被放大；而在空间维度上，宏观审慎则关注在某一给定的时点上，由于金融机构之间的相互关联和面临共同的风险暴露（common risk exposure），单个或一组金融机构可能对系统带来的风险。鉴于本次危机突出表现为若干大型金融机构过度承担风险的行为危害到系统稳定，BCBS 提出应对

---

① 短期指 30 天以内。

② 长期指一年。

这些大型金融机构实施更审慎的监管要求，降低其行为对金融系统和实体经济的负外部性。具体方法包括三个方面。其一，通过“规模”、“关联性”和“可替代性”三个指标衡量金融机构的系统重要性，并建立起与此相一致的超额资本和流动性要求（surcharge）；其二，具有系统重要性的银行应建立起具有约束力的破产倒闭预案，即所谓生前遗嘱（living will），并采取相应的风险管理措施，使机构能够有序倒闭，以减小溢出效应和纳税人的潜在损失；其三，完善金融系统基础设施，以提高成本的方式，鼓励金融机构通过中央交易对手（CCP）结算，达到将场外交易纳入场内、提高透明度的目的。①

（四）建立逆周期监管措施

针对危机暴露出来的金融体系的严重顺周期问题，BCBS 采取了如下措施。第一，提出建立逆周期的监管资本要求（countercyclical capital buffer）。如果信贷出现超常增长，则银行应当增加资本计提，以备经济下行期释放，增强抵御风险的能力。第二，实施前瞻性的损失准备金，即银行计提损失准备应当具有前瞻性，覆盖整个贷款周期。第三，建立简单、透明的杠杆率要求，以此补充资本充足率要求的不足。第四，BCBS 还力促两大会计标准制定机构——国际会计准则理事会（IASB）和美国财务会计准则理事会（FASB）——修改会计准则，消除其顺周期性。然而，从进展来看，不仅两大会计准则制定机构在改革思路上各执一词，未来金融监管体系可能仍将面对两套理念不同的会计准则，而且即使是与 BCBS 期望较为接近的国际会计准则也仍然在损失准备金计提方法上与 BCBS 存在不小差异。要使会计准则直接满足金融监管者的要求依然困难重重。

（五）改进跨境监管合作

危机发生后，全球性的金融监管治理框架取得了不小进展。2009 年 4 月，前金融稳定论坛（FSF）扩员，并更名为金融稳定理事会（FSB），负责监督全球金融监管标准的实施和跨境监管合作。经过 2009 年 4 月和 5 月两次扩员，BCBS 成员经济体达到 27 家，承担起制定全球统一的银行业监管标准的职责。国际金融监管标准的标准化也取得了不小的进展，建立起了全球统一的资本和流动

① 主要是对不在 CCP 进行结算的交易增加资本要求。

性标准。此外，在跨境信息交流与合作方面，具有重要影响的金融机构建立起了监管联席会议制度（supervisory college），定期对跨境大型金融机构的风险进行交流与共同评价，监管者在有效进行跨境危机管理合作方面建立起了共同原则。

此外，国际金融监管改革也同时在激励机制、公司治理、扩大金融监管范围，以及提高透明度等方面展开。

美国、英国和欧盟也在进行彻底的金融监管改革，而且改革的侧重点各有不同。美国经历了自20世纪30年代大危机以来最大的金融危机，其监管改革也是自那之后最全面和彻底的一次。除了提高资本金要求这一全球共识外，美国金融监管改革的核心是监管机构重组和恢复市场纪律，提出了加强消费者保护和强化金融基础设施等措施。部分由于奥巴马政府对华尔街的强硬态度，部分由于沃克尔个人的强硬风格，尽管未在国际上获得普遍认同，美国还是在一定程度上引入了沃克尔法则，即禁止商业银行从事自营业务，从而触及改革金融体系结构的问题。但由于这些法案还需要大量的政策解读，国会中期选举的不确定性使改革措施在多大程度上能够落实充满变数。英国的改革方案虽然也继续让市场发挥作用，但是与美国不同，英国不主张直接限制金融机构结构，而是侧重于让价格机制在市场调节中发挥作用，提倡通过提高资本金要求、增加金融机构从事高风险活动成本的方式，限制资产证券化等业务活动。相比于美国和英国，欧盟改革措施则更重视加强外部监管权限，强调市场缺陷，认为应当通过强化外部监管起到约束市场的作用。事实上，当前国际层面的金融监管改革在很大程度上是美、英、欧三方博弈的结果（穆良平和张静春，2010）。

三　对未来金融监管体系的展望

在BCBS进行监管改革的两年多里，始终伴随着国际上的众多争议。除了金融机构因为拒绝提高监管标准而制造各种言论外，BCBS改革措施本身的可行性也是引发争议一个重要原因。这主要表现在以下两个方面。

首先，监管改革指标和措施是否可操作。例如，在识别具有系统性影响的银行问题上，除了“规模”外，金融机构的“关联性”和“可替代性”难以量化。因此，要识别具有系统性影响的机构非常困难，而建立与机构系统重要性相一致的超额资本要求就更为困难。由于银行未来的实际倒闭方式难以预测，要金融机构建立有效的生前遗嘱在现实中也难以操作。此外，虽然巴塞尔银行监管委员会提出了逆周期资本要求的方法，但其应当如何释放、如何解决相同标准对不同经济体的非对称影响等问题至今没有得到有效解决。在理论上，用信贷/GDP 指标来衡量经济周期是否合理也存在广泛争议。该指标忽视了不同经济体金融体系的差异、市场风险对经济周期的影响以及技术创新带来的长期经济增长等。

其次，监管指标和措施是否有效。在流动性监管的问题上，BCBS 试图建立全球统一的标准，但问题是各经济体的银行体系融资模式存在较大差异，压力情形难以准确量化。所以，看似进一步精确的标准实际上存在很大的武断性。另外，由于 BCBS 坚持继续精确银行在正常情况下的风险计量，而不是如何避免因为高度关联性所导致的高尾部风险（tail risk），① 其可能导致的结果是，未来的流动性监管标准在正常情况下会提高银行的融资成本，但却难以真正提高监管有效性。在解决顺周期的问题上，当前改革依靠的是从未经过尝试的新指标和修改会计准则，而不是首先扭转造成顺周期性的激励机制，因此金融体系的顺周期性问题并未真正解决。新的指标和方法究竟能否实现逆周期监管也只有等待实践的检验。BCBS 加强对大型金融机构的监管也未能实际减小金融系统的风险。事实上，事前确定金融机构的系统重要性就等于告诉市场其不会倒闭，反而可能会加剧道德风险。并且，一个金融机构的系统重要性随时处于变化之中，因时因地而不同。虽然对大型机构的管理得到了加强，但未受监管的影子银行体系②以及一系列小机构的整体风险和关联风险暴露依然可以引发系统性风险。此外，在跨境机构监管的问题上，尽管监管联席会议制度加强了金融监管者之间的沟通，但其依靠的依然是跨境监管当局主动提供信息的意愿，不具有实际约束力。

笔者认为，改革之所以存在上述问题和困难，究其根本是因为 BCBS 相信金融监管是一门科学，可以通过不断精确实现准确管理，所沿用的依然是原有的巴塞尔协议Ⅱ的思路。BCBS 认为原有的思路和方法论基本上没有问题，问题是各项指标和方法需要进一步精确。通过改进就可以达到精确和完善管理的目的。而笔者认为，BCBS 进一步精确风险管理的努力虽然值得尝试，但进行科学化管理

① “尾部风险”指的是正态分布条件下未覆盖的、看似概率小但却具有重大影响的风险。

② “影子银行体系”指的是从事着类似银行的经营活动、但却未受到与银行同等监管的金融机构与活动，例如对冲基金、私人资金池等。

的前提是要有充分的信息和数据。目前金融领域还没有有效的方法获取充分准确的信息和数据，并且在可预见的很长时期内仍将面对这一现实。因此，在未实现科学化管理之前，金融监管依然应当强调加强监管者主观分析和判断，坚持运用简单的、根本性的措施来管理金融体系的风险。也就是说，在实际金融监管过程中，监管的艺术性不可忽略。

BCBS 改革方法的另外一个问题是，不愿意改变依靠市场和价格机制有效性的理论，试图在不改变现有金融体系结构和业务模式的条件下，通过提高银行高风险业务和行为成本的方式，实现限制银行高风险行为的目的。但是理论和实证都表明，过度迷信市场和价格机制在加强金融监管上可能效果甚微。Barth 等（2006）发现，没有证据表明更高的资本要求会降低银行的风险冒进行为。只要银行可以外部化其成本，例如将成本转嫁给消费者或者将高风险活动转移到缺乏监管的影子银行体系，就会采取更加冒进的行为补偿高资本要求带来的成本。① Haldane（2010）也指出，当提高金融机构资本要求的成本小于其行为外部性的成本时，应当通过设限而不是提高成本的方式管理风险。

笔者认为，要有效进行金融监管改革，监管者需要应对如下问题。第一，限制金融机构的结构和业务模式，缩短金融链。值得进一步探索的可行方案包括文中第一部分讨论的防火墙和业务限制等。第二，监管者应当明确设限，依靠资本充足率、杠杆率等简单、明确、易学、易用的工具和指标进行监管（Liu，2009），对金融效率的追求不能是无限度的。第三，强化金融监管者的权力和问责，确保监管标准的实施，应强化金融监管而不是过度依赖市场自律。第四，改变金融机构的短期利益激励机制。事实上，FSB 已经于 2009 年提出了加强金融机构激励机制的原则和实施标准（FSB，2009），但是由于没有赋予监管机构采取行动的权力，效果极为有限。金融机构拒绝监管机构干预其激励机制的理由是金融机构是独立运行的商业主体，监管机构没有权限干预其经营活动。但这种观点实际上是站不住脚的。如果金融机构的高风险活动存在外部性，则从系统稳定的角度，监管者完全应当有权限监管金融机构的激励机制。但遗憾的是，西方经济体的监管者至今没敢在这一点上挑战金融机构。第五，突破跨境监管合作的政

① 实际上大型金融机构外部化其成本的能力非常高。BCBS 不愿意限制大型金融机构的结构，就难以确保其能有序倒闭，从而就解决不了成本外部化的问题。

治障碍，明确跨境当局的职责权限，审议跨境破产法律和程序的差异并进行弥合，建立统一的银行跨境破产程序和法律。

总之，当前进行的国际金融监管改革是对现有体系的改良而不是改革。不可否认，真正的改革所需要的时间和精力要大得多。危机暴露出的很多问题也没有现成答案，在改革中处于主导地位的主要西方国家由于顾及金融机构竞争力和利益的原因，恐怕也并不敢真正进行改革。因此，本次改革很难实现 G20 的预定目标。预计危机过后，虽然金融监管的有关标准（如资本、流动性等）将大幅度提高，但是以市场自律、一味强调金融效率与创新等为基本特征的金融体系将大致保持不变。虽然全球已经建立起了国际性的金融监管标准制定和监督机构，但是如果改革措施欠缺有效性，则将削弱这些机构的公信力。这样，各国在金融监管上仍将维持甚至加强各自的栅栏保护（ring fencing）。未来的金融监管体系将依然是一个过渡体系。

参考文献

Barth, James R. , Gerard Caprio, Jr. , and Ross Levine. 2006. *Rethinking Bank Regulation: Till Angels Govern*. New York: Cambridge University Press.

BCBS, 2010. "Capital Calibration Work Stream-Summary of Initial Findings", internal report.

Blundell-Wignall, Adrian. 2010. "The Elephant in Room-What should banks do", OECD working paper, Jan.

Borio, C. 2009. "The Macroprudential Approach to Regulation and Supervision, What? How Why?" presentation to the Banque de France and Toulouse School of Economics Conference on "the future of financial regulation", 28 January.

De Larosiere, Jacques. 2009. "De Larosiere Report", available on the website of the European Commission.

FSB. 2009, "Principles for Sound Compensation Practices", www. fsb. org, Sep.

G20. 2009. "The Global Plan for Recovery and Reform", www. G20. org, April.

Haldane, Andrew: 2010. "The MYM100 billion question", Speech at the Institute of Regulation & Risk, Hong Kong, 30 March.

IMF. 2009. "Initial Lessons of the Crisis", IMF Report, Feb.

Kay, J 2009. Narrow Banking: The Reform of Banking Regulation, Centre for the Study of

Financial Innovation.

Kotlikoff, L J 2010. Jimmy Stewart is Dead: Ending the World's Ongoing Financial Plague with Limited Purpose Banking, John Wiley and Sons.

Liu, Mingkang. 2009, "Basic rules helped China sidestep bank crisis", *Financial Times*, June 28.

Moss, David, and John Cisternino. 2009, eds. *New Perspectives on Regulation*, Cambridge, Mass.: The Tobin Project, 2009.

Posner, Richard A., 2009, "A Failure of Capitalism: The Crisis of '08 and the Descent into Depression", Harvard University Press.

Sheng, Andrew. 2009. "The First Network Crisis of the Twenty First Century: A Regulatory Post-Mortem" *Economic and Political Weekly*, Special Issue on Global Financial and Economic Crisis, India, April.

Turner, Adair. 2010. "What Do Bank Do, What Should They Do and What Public Policies Are Needed to Ensure Best Results for the Real Economy?", speech at CASS Business School, March.

Volcker, Paul. 2009. Keynote address at 2009 Spring membership meeting of the Institute of International Finance, June.

申铉松:《金融中介与后危机时代的金融体系》(译文),《比较》2010 年第 1 期。

王胜邦:《修补新资本协议的漏洞 扩大资本覆盖风险的范围》,《中国金融》2010 年第 1 期。

穆良平、张静春:《难以实现预期目标的国际金融监管改革》,《国际经济评论》2010 年第 5 期。

International Financial Regulatory Reform against the Background of Global Financial Crisis

Zhang Jingchun

Abstract: The 2008 international financial crisis reveals many defects of the current financial regulation and supervision system, particularly the low capital standards of bank regulation, the increasing interconnectedness and procyclicality of financial system, loose supervision and inadequate cross-border financial regulation. Since the end of 2008, financial regulation reform has been perused throughout the world, with all the major economies of the world actively involving in the discussions and debates over measures of reform. Several important progresses have been witnessed in establishing international capital and liquidity standards. However, the philosophy guiding the reform so far has been trying to further enhance Basel II framework through refined accuracy, and to constrain financial institutions from overtaking risks by increasing the cost of high risk activities. The fundamental issues that will help to build a more resilient financial system have not been addressed, such as limiting the structure of current financial system, changing the short-term incentive mechanism of financial institutions, and enforcing the implementation of financial regulation and supervision. It's doubtful that the current financial regulation reform will be able to meet its original objective of effective supervision as stipulated in the G20 statements. It is more likely that the future financial regulation system will continue to be a transitional system.

Key Words: International Financial Crisis; International Regulatory Reform

世界经济统计与预测

Statistics and Forecasts of the World Economy

Y.19

基于 MCM_QEM 模型的主要国家（地区）宏观经济预测

何新华*

摘　要：刚刚问世的多国（地区）宏观经济季度模型 MCM_QEM，无论是静态模拟和还是动态模拟，在样本期内的模拟值都与实际值比较接近。通过与主要国际组织的预测结果进行比较，MCM_QEM 对模型内 6 个国家（地区）主要宏观经济指标的预测也表现良好。利用 MCM_QEM 所作的情景分析显示，由于欧元区在我国对外贸易中所占比重较大，其经济波动对我国宏观经济的影响值得高度关注。

关键词：宏观经济　多国模型　经济预测　情景分析

* 何新华，中国社会科学院世界经济与政治研究所研究员，主要研究领域为宏观经济模型和世界经济统计。

一 MCM_QEM 模型简介

经过30多年的改革开放，中国与世界经济已成为一个不可分割的整体，世界各国经济波动不可避免地将对中国宏观经济运行产生影响。以 China_QEM（见何新华等，2005）为代表的单一中国宏观经济模型，因其对外部经济的过度简化已无法满足对现实中国宏观经济运行的分析。为了更好地模拟外部冲击对我国经济的影响，自2005年下半年起，我们开始了多国（地区）模型的开发研制工作。2009年初，由中国社会科学院世界经济与政治研究所世界经济统计与应用研究室（原世界经济统计研究室）独立开发研制的 MCM_QEM 模型投入试运行，并在一系列情景分析中取得了成功（何新华，2010a，2010b）。

以政策分析为目的研制的 MCM_QEM 模型，是一个小型多国（地区）模型。它仅由6个国别和地区模型通过贸易矩阵联结而成。这6个国别和地区模型分别是：中国、美国、日本、欧元区12国①、韩国和中国香港。对中国之外的国家（地区）建模受限于数据的可得性。由于 MCM_QEM 模型建立的初衷主要是为了对中国宏观经济运行进行分析，与中国贸易的密切程度也是建模时所考虑的主要因素之一。根据国际货币基金组织（IMF）2010年7月出版的《贸易方向》（Direction of Trade，DOT）数据光盘，2008~2009年美国、日本、欧元区12国、韩国和中国香港自中国进口占中国出口总额的59.1%，上述国家（地区）对中国出口占中国进口总额的41.8%。鉴于石油输出国自中国进口占中国出口总额的8.0%，中国自其进口占中国进口总额的12.7%，虽然在 MCM_QEM 模型中石油输出国因数据的可得性未能对其单独建立相应的模型，但在贸易矩阵中被单列出来，以方便研究油价波动对我国宏观经济的影响。综合上述，MCM_QEM 模型中的贸易矩阵由模型中的6个国家（地区）以及石油输出国和其余国家（地区）共计8个国家（地区）的贸易往来构成。

MCM_QEM 模型系在 China_QEM 的基础上扩展而成，因而 MCM_QEM 模型在很大程度上秉承了 China_QEM 的基本特性。如选用季度数据、遵循从一般到

① 指奥地利、比利时、芬兰、法国、德国、希腊、爱尔兰、意大利、卢森堡、荷兰、葡萄牙和西班牙。

特殊的动态建模原则、采用 ECM 表达式等，既肯定了基本经济学理论的指导作用，又在最大程度上考虑了各国（地区）的具体经济运行数据所反映出的现实经济发展规律。MCM_QEM 中的 6 个国别（地区）模型均系需求导向型模型，分别包括收入、消费、投资、政府、对外贸易、价格、金融，以及人口与就业等 8 个模块（对 MCM_QEM 模型的详细介绍见何新华，2010b）。

当前 MCM_QEM 模型的样本期为 1990 年第一季度到 2010 年第二季度。数据来源为中国国家统计局、中国经济信息网（http：//db. cei. gov. cn/）、美国经济分析局网站（http：//www. bea. gov/）、日本央行网站（http：//www. boj. or. jp/）、日本内阁府网站（http：//www. esri. cao. go. jp/）、亚洲经济数据库（CEIC）、香港普查与统计处（http：//sc. info. gov. hk/dsclmr/gb/www. censtatd. gov. hk/）、欧洲统计局（http：//epp. eurostat. ec. europa. eu/ ）、IMF 2010 年 7 月出版的 DOT 和《国际金融统计》（International Financial Statistics，IFS）数据光盘。限于数据的可得性，各国别（地区）模型的样本期有一定的差别。

二　模型内各国（地区）经济形势简要回顾

2009 年的中国经济可谓一枝独秀。在世界经济遭受重创，模型中其他国家（地区）经济相继陷入衰退，外部需求急剧下降的困境中，得益于中国政府的果断决策和适时有效的财政货币政策，中国经济增长速度仍达到了 9. 1%。根据 2010 年《中国统计摘要》中提供的数据，2009 年三大需求对国内生产总值增长的贡献率分别为：最终消费支出 53. 1%，资本形成总额 94. 6%，货物和服务净出口 -47. 7%，其中最终消费支出的贡献率为 2001 年以来的最高值，资本形成总额的贡献率为改革开放以来的最高值。进入 2010 年，中国经济延续了回暖的势头，第一季度经济同比增长率达到 11. 9%，第二季度经济增长速度虽有所回落，但仍达 10. 4%。在超力度政策组合拳的影响下，中国经济不仅在 2009 年迅速摆脱了通货紧缩的阴影，而且过量发行的货币也在自 2010 年初起中国央行连续三次提高存款准备金率的影响下得到了一定程度的回笼。

根据美国经济分析局（Bureau of Economic Analysis）网站上公布的数据，2009 年美国经济增长率为 -3. 1%，被称为自 20 世纪 30 年代“大萧条”以来最为严重的一次衰退。在美联储自 2008 年底起创纪录的将联邦基金利率维持在历史最低点，并且政府出台包括直接向“两房”注资等一系列救助措施的积极干预下，美国经济自2009年第三季度起同比降幅已开始收窄，至第四季度经济已开始出现同比正增长。进入2010年，美国经济继续延续了回升的势头，第二季度同比增长达到3.0%，已基本恢复到危机前的水平。然而，尽管美联储实施了极其宽松的货币政策，但直到2009年第四季度通货紧缩的局面才告结束，并且迄今为止通货膨胀率仍在低位徘徊。

虽然本次金融危机发源于美国，但因泡沫经济破灭而一蹶不振的日本经济更显示出其脆弱的一面。以同比增长率计算，2009年第一季度经济增长率达到了-8.9%的超低水平，2009年全年日本经济增长率为-5.2%，为模型中6个国别（地区）中下降幅度之最。严重的经济衰退使2008年刚刚结束的近十年的通货紧缩再次袭来，2009年季平均通货膨胀率达到了-2.2%，至今通货紧缩的局面仍在延续。

与美国经济联系密切且对外开放度较高的欧元区12国经济受此次金融危机影响居MCM_QEM模型中的第2位，2009年经济增长率滑落至-4.0%，是欧元创立以来最大的跌幅。虽然自2010年第一季度起欧元区经济已出现正增长，但部分欧元区国家主权债务危机的出现，在一定程度上拖累了欧元区经济回暖的步伐。相比之下，欧元区2009年通货紧缩仅出现在第二、三季度，虽然物价下滑的程度较美国严重，但远低于日本，也好于中国。自2009年第四季度起欧元区已基本扭转了通货紧缩的局面。

在MCM_QEM模型中韩国经济增长仅次于中国，虽然在2009年前两个季度出现负增长，但自第三季度起已快速恢复，不仅实现了2009年全年的正增长，而且2010年第一季度经济同比增长率已达到8.1%。同样值得注意的是，韩国是MCM_QEM模型中唯一一个未出现通货紧缩的国家，2009年通货膨胀率为2.5%，以同比计算，2009年通货膨胀率最低的第四季度为1.8%。

以转口贸易为主的中国香港，2009年全年经济下滑幅度在MCM_QEM模型中的6个国家（地区）中列第3位，2009年第一季度经济同比下滑幅度仅次于日本，为-7.7%。其通货紧缩的程度也仅次于日本，至今仍徘徊在通货紧缩的边缘（见表1）。

本次金融危机中最令人关注的现象为失业率的持续攀升。由于失业率统计数据缺少国际可比性（见何新华，2011），我们无法根据各国（地区）间数据的差异评述各自就业压力的严峻程度，但从各国（地区）自身统计数据的变化仍可观察到这一问题的严重性（见图1）。由于中国将农业人口全部视作就业，2009年

表 1　MCM_QEM 模型中 6 个国家（地区）主要宏观经济指标

单位：%

	中国	美国	日本	欧元区 12 国	韩国	中国香港
			GDP 增长率[a]			
2009 年	9.1	-2.6	-5.2	-4.0	0.2	-2.8
1 季度	6.5	-3.8	-8.9	-5.2	-4.1	-7.7
2 季度	8.2	-4.1	-5.6	-4.8	-2.1	-3.8
3 季度	9.3	-2.7	-5.2	-3.9	1.2	-2.4
4 季度	11.4	0.2	-1.0	-2.2	6.1	2.5
2010 年 1 季度	11.9	2.4	4.7	0.6	8.1	8.0
2 季度	10.4	3.0	2.0	—	—	-3.6
			通货膨胀率[b]			
2009 年	-0.7	0.2	-2.2	-0.3	2.5	-1.5
1 季度	-0.6	0.3	-1.4	0.4	3.8	-1.1
2 季度	-1.5	-0.3	-1.8	-0.6	2.5	-2.2
3 季度	-1.3	-0.7	-2.8	-1.1	2.0	-2.5
4 季度	0.5	1.5	-2.6	0.0	1.8	0.0
2010 年 1 季度	2.1	2.4	-2.0	1.1	2.5	0.1
2 季度	2.7	1.9	-1.8	—	—	-0.2
			失业率[c]			
2009 年	2.1	9.3	5.1	9.7	3.7	5.3
1 季度	2.2	8.8	4.6	9.2	3.5	5.1
2 季度	2.2	9.1	5.2	9.4	3.8	5.5
3 季度	2.1	9.6	5.4	9.7	3.7	5.7
4 季度	2.1	9.5	5.0	10.4	3.6	4.7
2010 年 1 季度	—	10.4	5.1	9.8	4.3	4.4
2 季度	—	—	5.3	—	3.4	4.7

注：a. 指同比增长率。b. 以居民消费减缩指数同比增长率计算，取年内平均值。c. 失业率 =（经济活动人口 - 就业人口）/经济活动人口 ×100%

资料来源：MCM_QEM 模型。

初，受金融危机影响上千万农民工被迫踏上返乡之路的现象并未能从数据中反映出来。从图 1 中可以看出，本次金融危机对美国和欧元区 12 国就业产生的影响最令人关注。2009 年第一季度，美国失业率从 2008 年平均 5.2% 的水平上一跃而升至 8.8%，并且情况仍在不断恶化，至 2010 年第一季度失业率已达两位数以上；欧元区 12 国失业率则从 2007 年的略高于 7% 升至 2008 年的 8%，并继而攀升至 2009 年第四季度的 10% 以上。中国香港失业率虽然也有较大幅度的上升，但中国香港失业率仅回升至不足 7%，远低于 21 世纪最初几年 9% 左右的高水平，并且 2010 年前两个季度已降至 5% 以下。日本失业率的上升与中国香港类似，不过日本失业率已基本与21世纪的最初几年相当，但是尚未出现回落迹象。韩国失业率仅略有上升，仍低于21世纪初的水平。

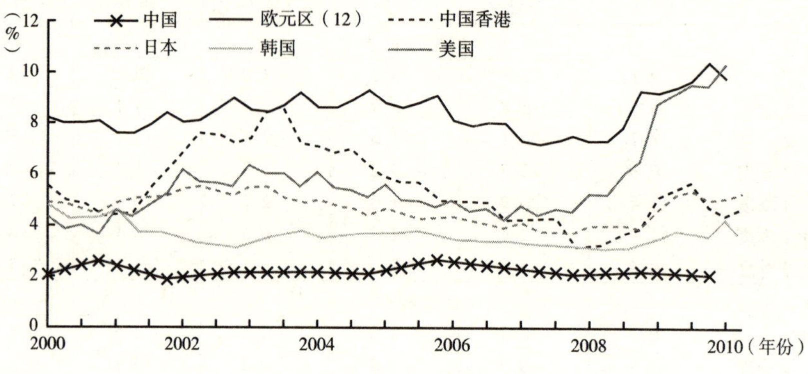

图1　各国（地区）失业率

资料来源：MCM_QEM模型。

三　模型在样本期内的表现及对2010~2012年主要经济指标的预测

在对原MCM_QEM模型（何新华，2010b）进行数据更新后，由于不可控因素①，模型中的部分数据变动较大（如DOT中2000年以来各国间的贸易数据有调整，2005年以来中国GDP及相关数据有调整，美国、日本、中国香港及部分韩国数据2007年以来的数据均有调整，欧元区数据有调整等），当前MCM_QEM模型中的部分方程较之原MCM_QEM模型有一定的改变。从图2至图4所示更新后的模型在样本期2007~2009年间的静态模拟（一步预测，用于观察模型联立效果）结果看，除个别观测点外均与实际值接近。图5至图7是模型在样本期2007~2009年间的动态模拟结果（主要观察模型多步预测中累计误差的影响）。这些结果显示模型是收敛的，并且多数变量的预测值前两年受累计误差的影响还比较小，但第3年受累计误差的影响已比较大，提示采用模型进行预测时需适当考虑累计误差产生的影响。与数据更新前的MCM_QEM模型（何新华，2010b）

① 按照国际惯例，各国（地区）在第一时间发布的数据，均会在之后的一段时间内进行部分调整。如中国在经济普查的基础上对多年的历史数据进行调整的现象也较常见。

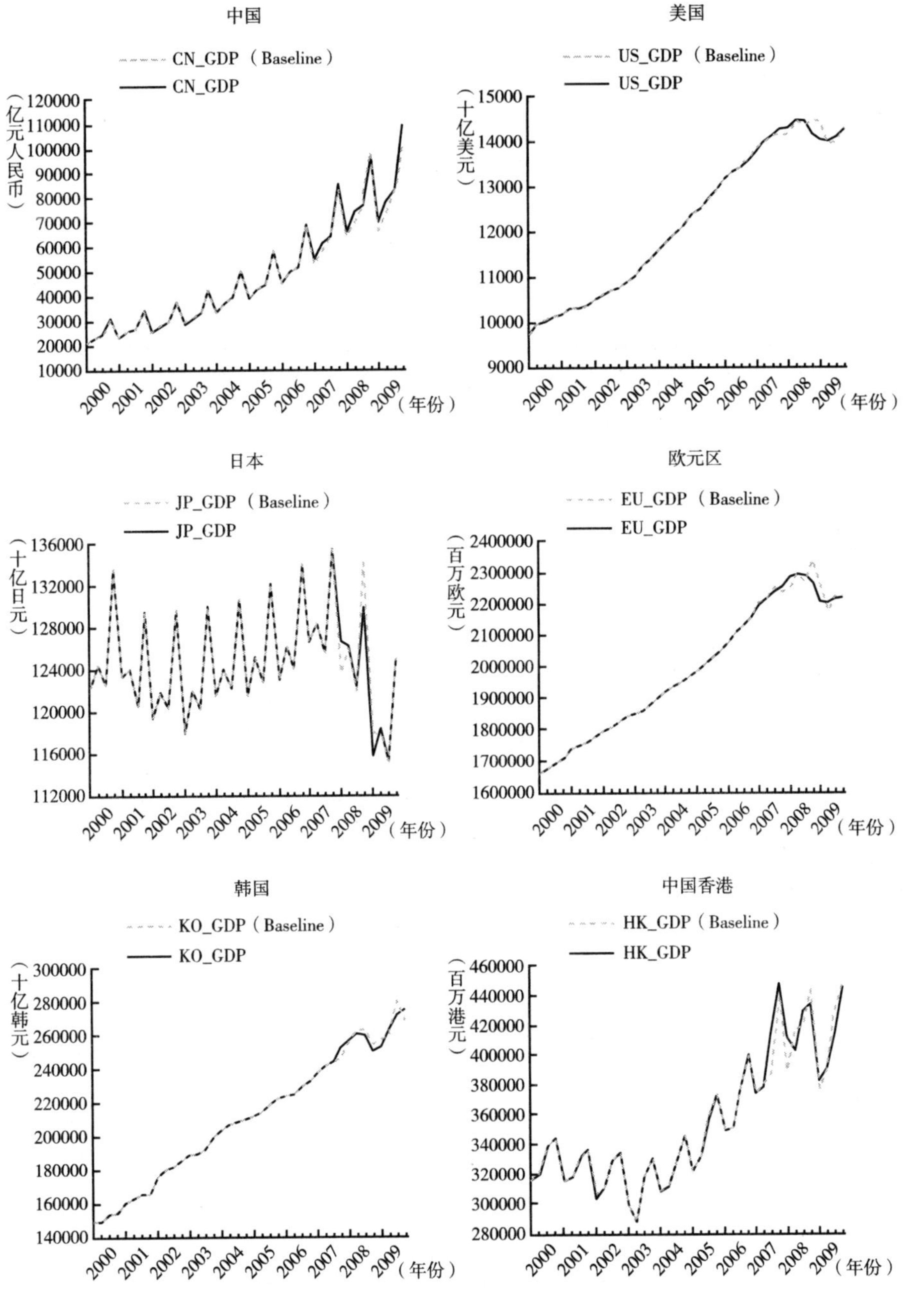

图 2　GDP 静态模拟（预测期 2007 年第一季度至 2009 年第四季度，实线为实际值，虚线为模拟值）

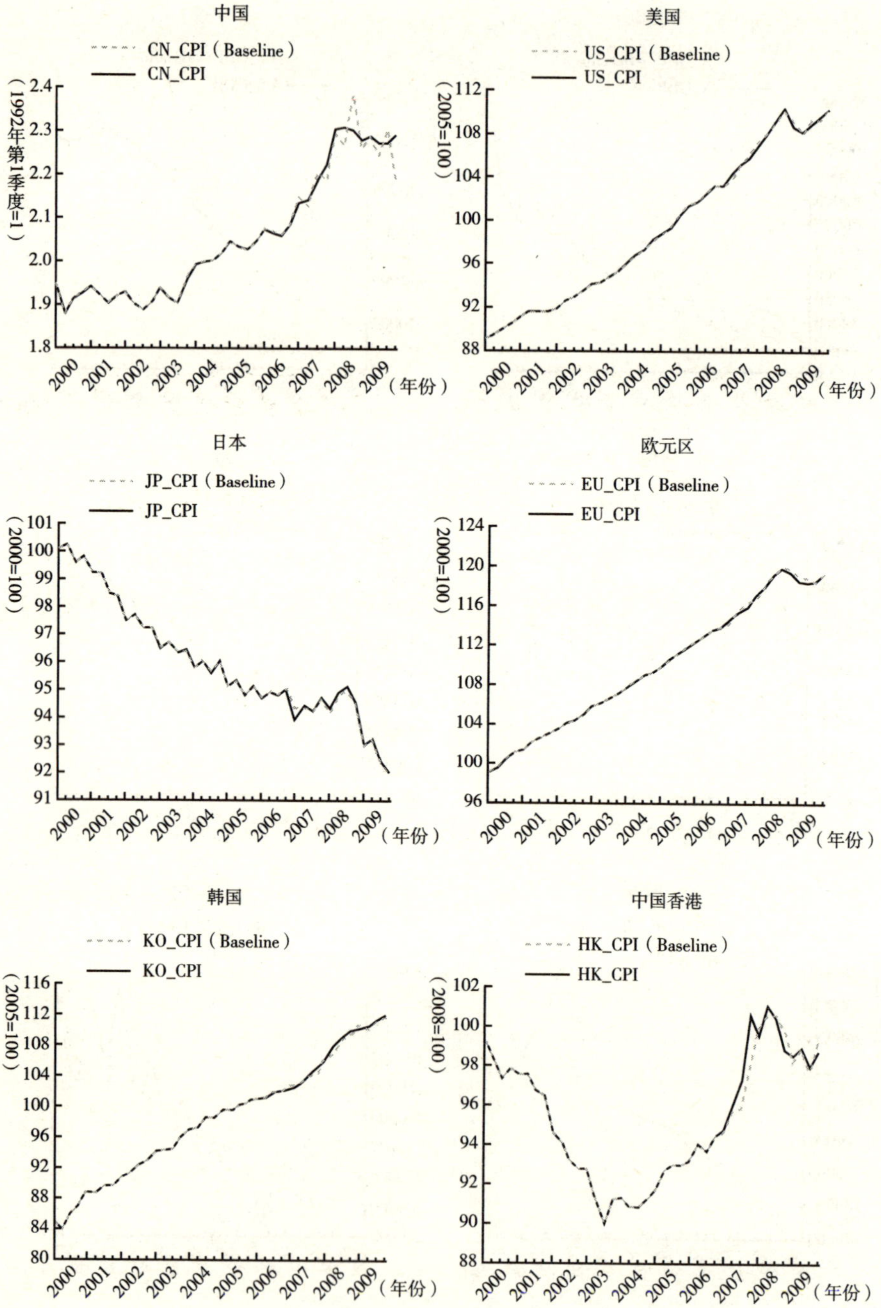

图3　CPI静态模拟（预测期2007年第一季度至2009年第四季度，实线为实际值，虚线为模拟值）

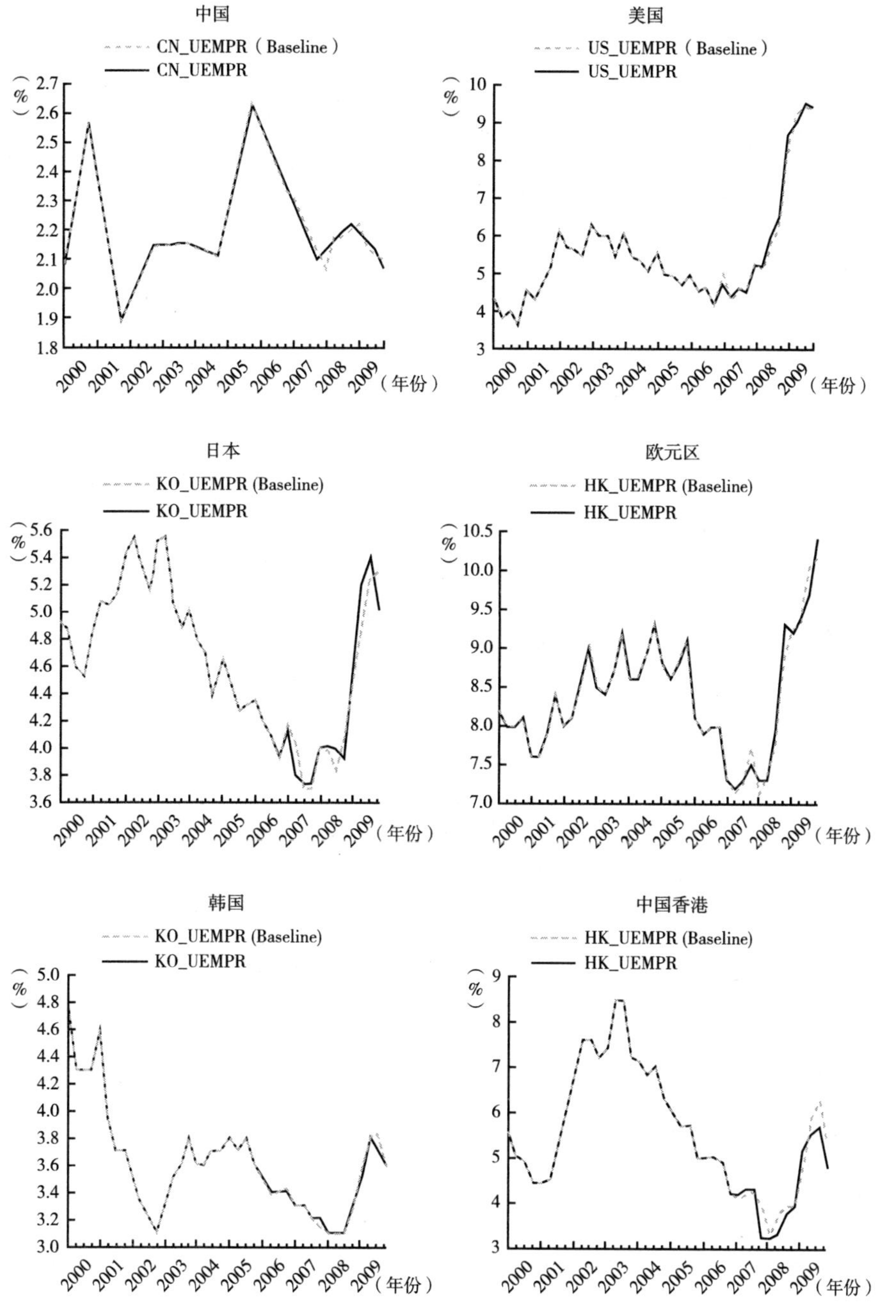

中国

CN_UEMPR（Baseline）
CN_UEMPR
（%）
（年份）

美国

US_UEMPR（Baseline）
US_UEMPR
（%）
（年份）

日本

KO_UEMPR (Baseline)
KO_UEMPR
（%）
（年份）

欧元区

HK_UEMPR (Baseline)
HK_UEMPR
（%）
（年份）

韩国

KO_UEMPR (Baseline)
KO_UEMPR
（%）
（年份）

中国香港

HK_UEMPR (Baseline)
HK_UEMPR
（%）
（年份）

图 4　失业率静态模拟（预测期 2007 年第一季度至 2009 年第四季度，实线为实际值，虚线为模拟值）

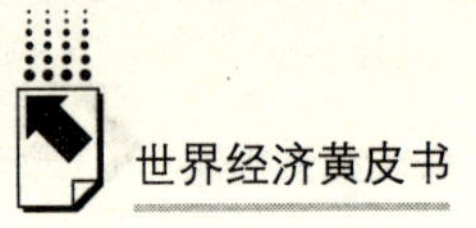

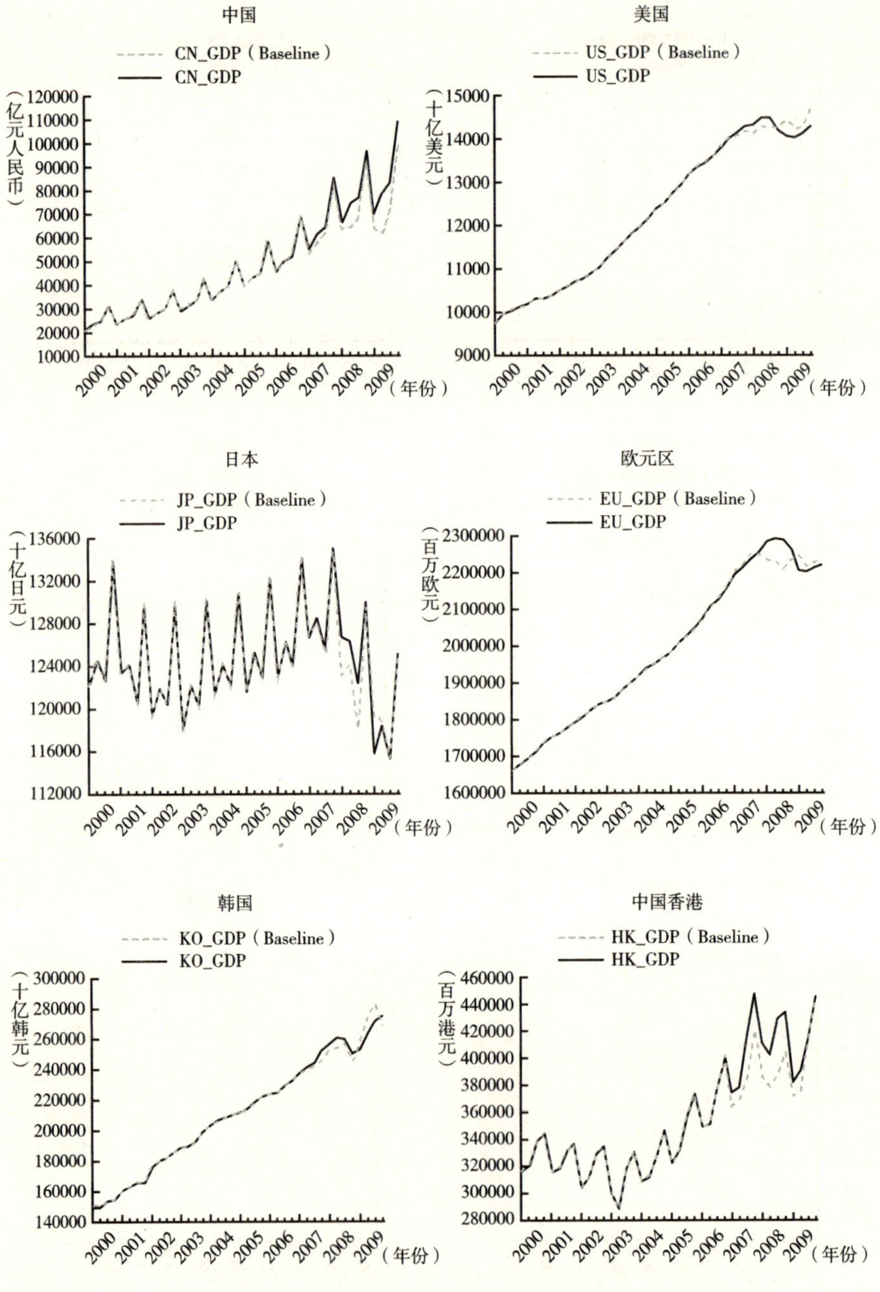

中国

CN_GDP（Baseline）
CN_GDP

（亿元人民币）
120000
110000
100000
90000
80000
70000
60000
50000
40000
30000
20000
10000
2000 2001 2002 2003 2004 2005 2006 2007 2008 2009（年份）

美国

US_GDP（Baseline）
US_GDP

（十亿美元）
15000
14000
13000
12000
11000
10000
9000
2000 2001 2002 2003 2004 2005 2006 2007 2008 2009（年份）

日本

JP_GDP（Baseline）
JP_GDP

（十亿日元）
136000
132000
128000
124000
120000
116000
112000
2000 2001 2002 2003 2004 2005 2006 2007 2008 2009（年份）

欧元区

EU_GDP（Baseline）
EU_GDP

（百万欧元）
2300000
2200000
2100000
2000000
1900000
1800000
1700000
1600000
2000 2001 2002 2003 2004 2005 2006 2007 2008 2009（年份）

韩国

KO_GDP（Baseline）
KO_GDP

（十亿韩元）
300000
280000
260000
240000
220000
200000
180000
160000
140000
2000 2001 2002 2003 2004 2005 2006 2007 2008 2009（年份）

中国香港

HK_GDP（Baseline）
HK_GDP

（百万港元）
460000
440000
420000
400000
380000
360000
340000
320000
300000
280000
2000 2001 2002 2003 2004 2005 2006 2007 2008 2009（年份）

图 5　GDP 动态模拟（预测期 2007 年第一季度至 2009 年第四季度，实线为实际值，虚线为模拟值）

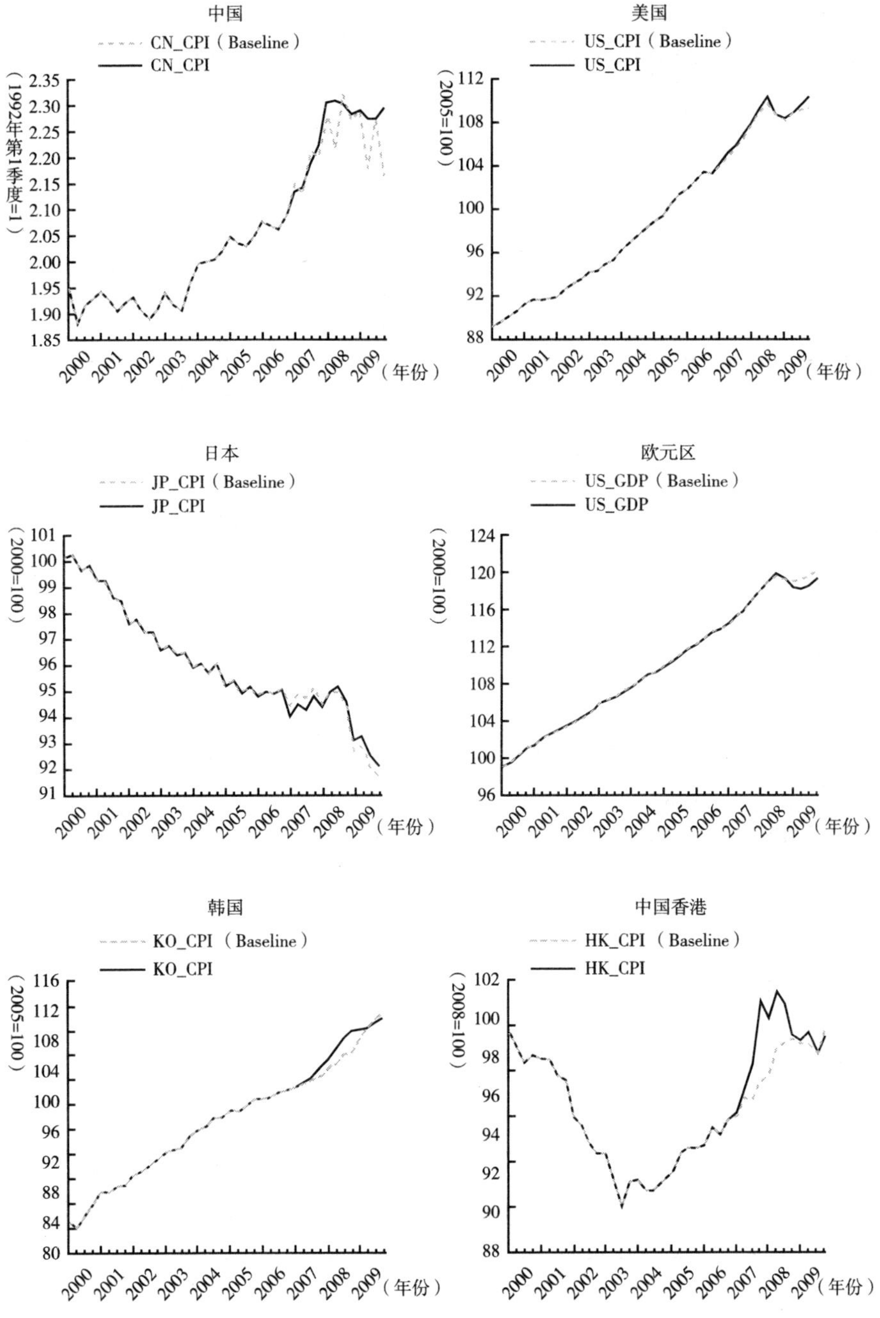

中国

CN_CPI（Baseline）
CN_CPI
（1992年第1季度=1）
（年份）

美国

US_CPI（Baseline）
US_CPI
（2005=100）
（年份）

日本

JP_CPI（Baseline）
JP_CPI
（2000=100）
（年份）

欧元区

US_GDP（Baseline）
US_GDP
（2000=100）
（年份）

韩国

KO_CPI（Baseline）
KO_CPI
（2005=100）
（年份）

中国香港

HK_CPI（Baseline）
HK_CPI
（2008=100）
（年份）

图 6　CPI 动态模拟（预测期 2007 年第一季度至 2009 年第四季度，实线为实际值，虚线为模拟值）

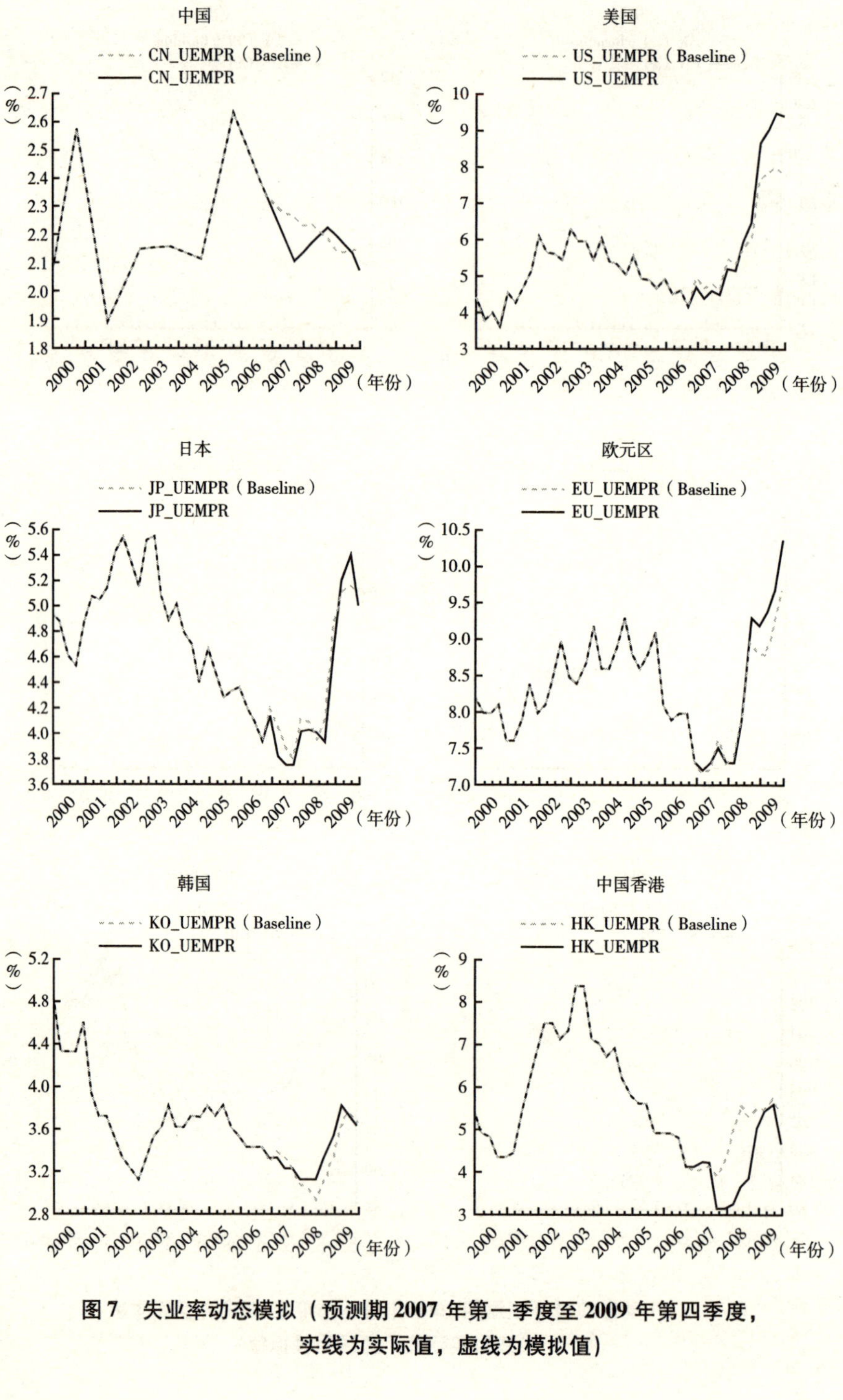

图 7　失业率动态模拟（预测期 2007 年第一季度至 2009 年第四季度，实线为实际值，虚线为模拟值）

相比，两者在样本期内的表现大体相当。

鉴于 MCM_QEM 模型中不仅包括大量的内生变量，也包括相当数量的外生变量。对外生变量在预测期内取值的设定，将直接影响到模型的预测结果。由于资料来源的限制，模型中的许多变量仅更新至 2009 年第四季度，预测只能从 2010 年第一季度开始。在对 2010 年第一季度至 2012 年第四季度各经济变量进行预测前，我们主要依据以下原则对外生变量进行了设定：（1）总人口在预测期内按最后一年的自然增长率外推；（2）经济活动人口在总人口中的占比按最后一年的数值设定；（3）各国别（地区）基准利率和汇率在预测期内保持不变；（4）贸易矩阵中各国（地区）进口地域分布在预测期内保持不变。另外，考虑到动态模拟中累计误差的影响，我们取 2007～2009 年间的平均预测误差对2010～2012 年间的预测值进行了适当的修订。在依据上述原则确定外生变量的取值后，所得基准预测结果见表 2 至表 4。

表 2　2010～2012 年经济增长率预测

单位：年率，%

年份	中国	美国	日本	欧元区	韩国	中国香港
MCM_QEM[a]						
2010	9.9	2.3	2.1	0.7	2.6	4.1
2011	9.5	2.8	2.2	2.9	3.8	3.5
2012	9.4	2.7	2.7	3.6	3.9	3.4
国际货币基金组织[b]						
2010	10.5	2.6	2.8	1.7	6.1	6.0
2011	9.6	2.3	1.5	1.5	4.5	4.7
经济合作与发展组织[c]						
2010	—	3.2	3.0	1.2	5.8	—
2011	9.7	3.2	2.0	1.8	4.7	—
联合国 LINK 项目[d]						
2010	9.2	2.9	1.3	0.9	4.5	5.1
2011	8.8	2.5	1.3	1.5	3.8	4.7
亚洲开发银行[e]						
2010	9.6	—	—	—	5.2	5.2
2011	9.1	—	—	—	4.6	4.3

注：a. 欧元区指欧元区 12 国，即奥地利、比利时、芬兰、法国、德国、希腊、爱尔兰、意大利、卢森堡、荷兰、葡萄牙和西班牙。

b. 取自 IMF（2010）。欧元区指欧元区 16 国，即奥地利、比利时、芬兰、法国、德国、希腊、爱尔兰、意大利、卢森堡、荷兰、葡萄牙、西班牙、斯洛文尼亚、斯洛伐克、塞浦路斯和马耳他。

c. 取自 OECD（2010）。欧元区指欧元区中的 13 个 OECD 国家，即奥地利、比利时、芬兰、法国、德国、希腊、爱尔兰、意大利、卢森堡、荷兰、葡萄牙、西班牙、斯洛伐克。

d. 取自 UN（2010）。未特别指明欧元区所包含的国家。

e. 取自 ADB（2010）。

表 3　2010～2012 年通货膨胀率预测

单位：年率，%

年份	中国	美国	日本	欧元区	韩国	中国香港
MCM_QEM[a]						
2010	2.8	2.0	-2.3	2.4	1.8	0.4
2011	2.9	1.4	-2.0	2.0	2.1	1.8
2012	2.7	1.5	-2.0	3.0	2.2	2.8
国际货币基金组织[b]						
2010	3.5	1.4	-1.0	1.6	3.1	2.7
2011	2.7	1.0	-0.5	1.5	3.4	3.0
经济合作与发展组织[c]						
2010	—	1.9	-0.7	1.4	3.0	—
2011	2.4	1.1	-0.3	1.0	3.2	—
联合国 LINK 项目[d]						
2010	2.9	1.4	-1.2	1.2	2.9	2.1
2011	2.8	1.4	-0.3	1.3	2.8	2.4
亚洲开发银行[e]						
2010	3.6	—	—	—	3.0	2.2
2011	3.2	—	—	—	3.0	2.8

注：a. 欧元区指欧元区 12 国，即奥地利、比利时、芬兰、法国、德国、希腊、爱尔兰、意大利、卢森堡、荷兰、葡萄牙和西班牙。

b. 取自 IMF（2010）。欧元区指欧元区 16 国，即奥地利、比利时、芬兰、法国、德国、希腊、爱尔兰、意大利、卢森堡、荷兰、葡萄牙、西班牙、斯洛文尼亚、斯洛伐克、塞浦路斯和马耳他。

c. 取自 OECD（2010）。欧元区指欧元区中的 13 个 OECD 国家，即奥地利、比利时、芬兰、法国、德国、希腊、爱尔兰、意大利、卢森堡、荷兰、葡萄牙、西班牙、斯洛伐克。

d. 取自 UN（2010）。未特别指明欧元区所包含的国家。

e. 取自 ADB（2010）。

表 4　2010～2012 年失业率预测

单位：年率，%

年份	中国	美国	日本	欧元区	韩国	中国香港
MCM_QEM[a]						
2010	2.1	9.9	5.2	9.7	4.0	4.5
2011	2.2	6.9	5.2	8.7	4.4	5.8
2012	2.1	4.8	5.2	5.9	4.6	5.9
经济合作与发展组织[b]						
2010	—	9.7	4.9	10.1	3.6	—
2011	—	8.9	4.7	10.1	3.3	—

续表 4

年份	中国	美国	日本	欧元区	韩国	中国香港
亚洲开发银行[c]						
2010	4.2	—	—	—	3.2	3.6
2011	4.3	—	—	—	3.6	5.2

注：a. 欧元区指欧元区 12 国，即奥地利、比利时、芬兰、法国、德国、希腊、爱尔兰、意大利、卢森堡、荷兰、葡萄牙和西班牙。

b. 取自 OECD（2010）。欧元区指欧元区中的 13 个 OECD 国家，即奥地利、比利时、芬兰、法国、德国、希腊、爱尔兰、意大利、卢森堡、荷兰、葡萄牙、西班牙、斯洛伐克。

c. 取自 ADB（2010）。

从所得预测结果看，2010 年模型中各国（地区）经济均将实现正增长，并且经济回升的势头在 2011～2012 年将得到延续。除日本仍将在通货紧缩中徘徊外，模型中其他国家（地区）均已摆脱通货紧缩的困扰。尽管货币政策极为宽松，在未来两年内模型中各国（地区）通货膨胀水平基本在 3% 以内。

MCM_QEM 的预测结果显示，欧美国家的高失业率将不会持续太久，自 2011 年起美国和欧元区 12 国的失业率均将开始回落，并且将于 2012 年降至较低水平。略感意外的是，日本、韩国和中国香港失业率水平在未来两年不会有大的变化。

四　与国际组织预测结果的比较

表 2 至表 4 同时给出了 IMF、经济合作与发展组织（OECD）、联合国 LINK 项目，以及亚洲开发银行的相关预测结果。对于中国 2010 年和 2011 年经济增长率，MCM_QEM 给出的预测结果均低于 IMF，但高于联合国 LINK 项目和亚洲开发银行。OECD 仅给出了 2011 年中国经济增长率的预测，结果略高于 MCM_QEM 的预测值。相比 2010 年的预测结果，MCM_QEM 对 2011 年中国经济增长率的预测结果与上述四个国际组织的预测结果更为接近。对于中国 2010 年和 2011 年通货膨胀率，MCM_QEM 给出的预测结果与联合国 LINK 项目最为接近，并且介于 IMF、OECD 和亚洲开发银行的预测结果之间。对于中国失业率，国际组织中仅亚洲开发银行给出了预测，但其采用的定义为中国城镇登记失业率，与 MCM_QEM 采用的以经济活动人口和从业人口计算的失业率不具有可比性。

对于美国2010年经济增长率，MCM_QEM给出的预测结果均低于给出预测结果的三个国际组织，但对美国2011年经济增长率，MCM_QEM给出的预测结果则高于联合国LINK项目和IMF，但低于OECD。对美国通货膨胀率，2010年MCM_QEM的预测结果最高，2011年MCM_QEM的预测结果则与联合国LINK项目持平，高于IMF和OECD。对于美国失业率的预测，MCM_QEM表现较为乐观，2010年高于OECD预测值0.2个百分点，2011年低于OECD预测值2个百分点。

MCM_QEM给出的2010年日本经济增长率预测结果介于三个国际组织之间，2011年则高于三个国际组织。但对于日本通货膨胀率，MCM_QEM给出的预测最为悲观，不仅在2010年和2011年均为最低，而且2012年仍达-2.0%。对日本就业前景的预测，MCM_QEM也表现得较为保守，预测失业率在2010年和2011年均高于OECD的预测结果。

由于各国际组织给出的欧元区预测中所定义的欧元区与MCM_QEM中的欧元区并不相同，故相关数据缺少可比性。

对韩国和香港经济增长率，MCM_QEM给出的预测结果低于所有的国际组织。对韩国和香港通货膨胀率，MCM_QEM给出的预测结果同样低于所有的国际组织。而对于失业率，MCM_QEM给出的预测结果则高于亚洲开发银行。

总体看来，MCM_QEM给出的预测结果与各国际组织的预测结果虽有一定差别，但差异并不太大。对于各国际组织尚未给出的2012年预测结果，我们拭目以待。

五　关于欧元区经济波动对中国经济影响的情景分析

根据IMF在2010年7月DOT中公布的数据，与欧元区12国间的贸易占中国2008~2009年进出口总额的12.6%，在MCM_QEM模型的6个国家（地区）中位居第二。作为中国重要的贸易伙伴，欧元区12国经济增长的波动必然会对我国经济产生影响。我们借助MCM_QEM模型，对欧元区12国经济增长放缓将对中国经济产生的影响进行了模拟，结果如下。

（一）2010年第三、四两个季度欧元区12国政府消费减少10%将对中国经济产生的影响

在MCM_QEM模型中，欧元区12国政府消费的减少将首先导致欧元区12

国 GDP 的下降，并进而通过工资和收入的减少使得居民消费和进口出现下滑；欧元区进口的下滑，通过贸易矩阵传导至模型中的其他国家和地区，引起所有国家和地区出口的减少，并进而通过各国别（地区）模型内的变量继续传导。

在中国模型内部，出口的减少不仅直接作用于 GDP，而且还通过进口方程间接作用于 GDP，之后 GDP 的下降引起工资、收入的下降并进而引起居民消费的下降，GDP 的下降还通过财政收入的减少引起政府消费的下降，并再次作用于 GDP。如此循环往复，并通过贸易矩阵作用于模型内的其他国家（地区）。

从表 5 中的模拟结果看，欧元区政府消费减少 10% 将使中国出口在当季较基准方案减少 3. 313%，但由于进口也在当季较基准方案减少 2. 606%，不变价 GDP 在当季仅较基准方案减少 0. 073%。2010 年第四季度欧元区 12 国政府消费同样减少 10%，两个冲击有了一定程度的叠加，中国出口较基准方案下降 6. 430%，进口较基准方案下降 4. 588%，不变价 GDP 较基准方案减少 0. 166%。之后冲击对中国进出口的影响逐步减弱，但由于衰减的速度有所差异，对不变价 GDP 的影响在 2011 年第一季度达到最大，较基准方案下降 0. 274%，随后冲击的影响呈震荡衰减态势。至 2012 年第四季度，中国不变价 GDP 仍较基准方案低 0. 214%。

可见，如若欧洲债务危机加剧对我国经济的影响还是值得高度关注的。

表 5　2010 年第三、四季度欧元区政府消费较基准方案减少 10% 将对中国经济产生的影响（相对基准方案的变动率）

	不变价 GDP	出口	进口
2010Q3	-0. 073	-3. 313	-2. 606
2010Q4	-0. 166	-6. 430	-4. 588
2011Q1	-0. 274	-4. 673	-2. 591
2011Q2	-0. 221	-2. 591	-0. 360
2011Q3	-0. 136	-3. 090	-0. 578
2011Q4	-0. 091	-2. 953	-0. 995
2012Q1	-0. 269	-2. 584	-0. 941
2012Q2	-0. 225	-3. 099	-0. 820
2012Q3	-0. 104	-2. 720	-0. 333
2012Q4	-0. 214	-3. 051	-0. 998

（二）2010 年第三、四季度欧元区 12 国失业率各增加一个百分点将对中国经济产生的影响

欧元区居高不下的失业率，是 2010 年颇令人关注的一个热点。在 MCM_QEM 模型中，欧元区 12 国失业率的上升将通过工资和收入的减少影响到居民消费和政府消费，并进而影响到 GDP 与进口，再通过贸易矩阵扩散至模型内的其他国家和地区。

在中国模型内部同样是先通过出口的减少，继而如上面所述影响到中国模型中的其他变量。从表 6 中给出的数据看，欧元区 12 国失业率增加的最初两个季度，其对中国进出口的影响还是十分有限的，因而不变价 GDP 仅较基准方案分别下降 0.002% 和 0.013%，但自第三季度起冲击对中国进出口的影响开始逐渐上升，直到 2012 年第四季度，其对中国进出口的影响仍在增加。从表 6 中的数据看，似乎该冲击对中国不变价 GDP 的影响在 2012 年第三季度已达到最大（低于基准方案 0.603%），自 2012 年第四季度起冲击的影响已现减弱的迹象。

表 6　2010 年第三、四季度欧元区失业率较基准方案各增加一个百分点将对中国经济产生的影响（相对基准方案的变动率）

	不变价 GDP	出口	进口
2010Q3	-0.002	-0.112	-0.088
2010Q4	-0.013	-0.624	-0.472
2011Q1	-0.057	-1.809	-1.322
2011Q2	-0.106	-3.390	-2.343
2011Q3	-0.182	-5.166	-3.367
2011Q4	-0.198	-7.163	-4.406
2012Q1	-0.349	-9.329	-5.494
2012Q2	-0.390	-10.797	-5.919
2012Q3	-0.603	-12.161	-6.307
2012Q4	-0.585	-13.883	-6.963

对比以上两个情景分析可以看到，欧元区居高不下的失业率更值得我们高度关注。因为从长期看，欧元区失业率的上升对我国经济产生的影响要大大高于主权债务危机可能对我国经济带来的危害。

参考文献

ADB, *Asian Development Outlook* 2010: *Macroeconomic Management beyond the Crisis*, Apr. 2010.

IMF, *World Economic Outlook*: *Rebalancing Growth*, Oct. 2010.

OECD, *Economic Outlook No. 87*, May 2010.

UN, LINK *Global Economic Outlook*, June 2010.

何新华、吴海英、曹永福、刘睿著《中国宏观经济季度模型 China_QEM》，社会科学文献出版社，2005。

何新华（2010a）：《世界经济形势分析与预测》，载于何新华、刘仕国等著《世界经济解读：2010—危机、对策与效果》，中国财政经济出版社，2010。

何新华（2010b）：《多国（地区）宏观经济季度模型 MCM_QEM》，中国财政经济出版社，2010。

何新华：《失业率数据不具有国际可比性》，载于何新华、刘仕国等著《世界经济解读：2011—复苏、问题与前景》，社会科学文献出版社（即将出版）。

MCM_QEM Based Macroeconomic Forecasts of Major Economies

He Xinhua

Abstract: The recently created quarterly multi-country/regional macro-econometric model, MCM_QEM, has behaved quite well in both static and dynamic simulations within the sample period. Applied to 6 countries/regions in the model, its forecast errors are no more than that of the international organizations. The scenario analysis based on MCM_QEM reveals that special attention should be paid to the effects of Euro area economic fluctuation on Chinese economy because of the large share of Euro area in China's foreign trade.

Key Words: Macro-economy; Multi-Country Model; Economic Forecast; Scenario Analysis

Y.20

2010～2011年世界经济统计资料

曹永福*

目　录

* 曹永福，经济学博士，中国社会科学院世界经济与政治研究所助理研究员，主要研究经济周期、宏观经济模型、世界经济统计等问题。

说　明

一　统计体例

1. 本部分所称“国家”为纯地理实体概念，而不是国际法所称的政治实体概念。

2. 统计表数据为年度和季度数据。除非特别说明，2009 年（含 2009 年）以前的年度数据、2010 年第二季度（含 2010 年第二季度）以前的季度数据均为实际统计数据，2010 年以后的年度数据（含 2010 年）为估计值或预测值。1992 ~ 2001 年意为 1992 年至 2001 年的平均值，两年度间的平均值表示法以此类推。“—”表示数据在统计时点无法取得或无实际意义，“0”表示数据远小于其所在表的计量单位。

3. 部分表格受篇幅所限无法列出所有国家和地区，编制时根据研究兴趣有所选择，见表 1-4。

二　经济预测

本部分预测数据除非特别说明均来自国际货币基金组织（IMF）2010 年 10 月的预测。IMF 预测范围覆盖全世界，见其《世界经济展望》（*World Economic Outlook*，以下简称 WEO）和《世界经济展望数据库》（*World Economic Outlook Database*）。具体资料见 http：//www. imf. org。

三　国家分类

《世界经济展望》将国家和地区分为先进经济体、新兴市场和发展中国家两大类。为了便于分析和提供更合理的集团数据，这种分类随时间变化亦有所变化，分类标准并非一成不变。表 A 列出了 33 个先进经济体的名单。新兴市场和发展中国家是先进经济体之外的 150 个国家和地区，按地区分为中东欧、独联体、亚洲发展中国家、拉丁美洲和加勒比地区、中东和北非、撒哈拉以南；此外，对新兴市场和发展中国家还采用了分析型分组的分类方法，按出口收入来源将这些国家分为燃料出口国和非燃料出口国；按外债状况分为净债权国、净债务国和重债穷国。

表 A　先进经济体细分类别

主要货币区	欧元区	亚洲新兴工业经济体	主要先进经济体(G7)	其他先进经济体
美国 欧元区 日本	奥地利、比利时、塞浦路斯、芬兰、法国、德国、希腊、爱尔兰、意大利、卢森堡、马耳他、荷兰、葡萄牙、斯洛伐克、斯洛文尼亚、西班牙	中国香港、韩国、新加坡、中国台湾	加拿大、法国、德国、意大利、日本、英国、美国	澳大利亚、捷克、丹麦、中国香港、冰岛、以色列、韩国、新西兰、挪威、新加坡、瑞典、瑞士、中国台湾

（一）世界经济形势回顾与展望

表1－1　世界经济形势回顾与展望：（1991～2015年）

单位：%

类　别	1992～2001年	2007年	2008年	2009年	2010年	2011年	2015年
世界实际GDP增长率	3.2	5.2	3.0	－0.6	4.2	4.3	4.6
先进经济体	2.8	2.8	0.5	－3.2	2.3	2.4	2.3
美国	3.5	2.1	0.4	－2.4	3.1	2.6	2.4
欧元区	2.1	2.8	0.6	－4.1	1.0	1.5	1.7
日本	0.9	2.4	－1.2	－5.2	1.9	2.0	1.7
其他先进经济体①	3.7	3.9	1.2	－2.3	3.0	3.4	3.1
新兴市场和发展中国家	3.8	8.3	6.1	2.4	6.3	6.5	6.7
按地区分组							
中东欧	2.6	5.5	3.0	－3.7	2.8	3.4	4.0
独联体②	—	8.6	5.5	－6.6	4.0	3.6	5.0
亚洲发展中国家	7.3	10.6	7.9	6.6	8.7	8.7	8.5
中东欧与北非	3.4	5.6	5.1	2.4	4.5	4.8	4.8
撒哈拉以南	2.8	6.9	5.5	2.1	4.7	5.9	5.4
西半球	3.0	5.8	4.3	－1.8	4.0	4.0	4.0
按出口收入来源分组							
燃料出口国	0.3	7.2	5.3	－1.8	4.0	4.1	4.6
非燃料出口国	4.8	8.6	6.3	3.3	6.9	7.0	7.1
初级产品出口国	3.7	6.6	6.7	1.5	5.8	6.1	5.6
按外债状况分组							
净债务国	3.3	6.7	4.8	0.5	5.1	5.3	5.5
官方融资型	3.5	6.2	5.7	5.0	5.1	6.5	6.1
债务拖欠或重组国③	2.8	7.8	6.2	2.0	3.8	4.2	4.6
人均实际GDP增长率							
先进经济体	2.1	2.0	－0.2	－3.7	1.7	1.8	1.7
新兴市场和发展中国家	2.4	7.2	5.0	1.3	5.3	5.4	5.8
世界GDP（亿美元）							
基于市场汇率	291360	553920	612210	579370	617810	650030	817900
基于购买力平价	353170	661900	695690	698090	732000	774360	993950

注：①这里的“其他先进经济体”指除去美国、欧元区国家和日本以外的先进经济体。②包括格鲁吉亚和蒙古，虽然二者不是独联体成员，但由于同独联体国家在地理和经济结构上类似，故在地区分组上将二者归入独联体。③指2004～2008年间有债务拖欠或重组经历的国家。

资料来源：IMF，*World Economic Outlook*，2010年10月。

表 1－2　GDP 不变价增长率回顾与展望：部分国家和地区（2002～2011 年）

单位：%

国家和地区	2002 年	2003 年	2004 年	2005 年	2006 年	2007 年	2008 年	2009 年	2010 年	2011 年
阿根廷	－10.9	8.8	9.0	9.2	8.5	8.7	6.8	0.9	7.5	4.0
澳大利亚	3.9	3.2	3.6	3.2	2.6	4.8	2.2	1.2	3.0	3.5
奥地利	1.6	0.8	2.5	2.5	3.6	3.7	2.2	－3.9	1.6	1.6
比利时	1.4	0.8	3.1	2.0	2.7	2.8	0.8	－2.7	1.6	1.7
巴西	2.7	1.1	5.7	3.2	4.0	6.1	5.1	－0.2	7.5	4.1
加拿大	2.9	1.9	3.1	3.0	2.8	2.2	0.5	－2.5	3.1	2.7
智利	2.2	4.0	6.0	5.5	4.6	4.6	3.7	－1.5	5.0	6.0
中国	9.1	10.1	10.1	11.3	12.7	14.2	9.6	9.1	10.5	9.6
中国香港	1.8	3.0	8.5	7.1	7.0	6.4	2.2	－2.8	6.0	4.7
中国台湾	5.3	3.7	6.2	4.7	5.4	6.0	0.7	－1.9	9.3	4.4
哥伦比亚	2.5	3.9	5.3	5.0	7.1	6.3	2.7	0.8	4.7	4.6
捷克	1.9	3.6	4.5	6.3	6.8	6.1	2.5	－4.1	2.0	2.2
丹麦	0.5	0.4	2.3	2.4	3.4	1.7	－0.9	－4.7	2.0	2.3
埃及	3.2	3.2	4.1	4.5	6.8	7.1	7.2	4.7	5.3	5.5
法国	1.1	1.1	2.3	2.0	2.4	2.3	0.1	－2.5	1.6	1.6
德国	0.0	－0.2	1.2	0.8	3.4	2.7	1.0	－4.7	3.3	2.0
希腊	3.4	5.9	4.6	2.2	4.5	4.5	2.0	－2.0	－4.0	－2.6
匈牙利	4.4	4.3	4.9	3.5	4.0	1.0	0.6	－6.3	0.6	2.0
冰岛	0.1	2.4	7.7	7.5	4.6	6.0	1.0	－6.8	－3.0	3.0
印度	4.6	6.9	8.1	9.2	9.7	9.9	6.4	5.7	9.7	8.4
印度尼西亚	4.5	4.8	5.0	5.7	5.5	6.3	6.0	4.5	6.0	6.2
伊朗	7.5	7.2	5.1	4.7	5.8	7.8	1.0	1.1	1.6	3.0
爱尔兰	6.5	4.4	4.6	6.0	5.3	5.6	－3.5	－7.6	－0.3	2.3
以色列	－0.6	1.5	5.1	4.9	5.7	5.3	4.2	0.8	4.2	3.8
意大利	0.5	0.0	1.5	0.7	2.0	1.5	－1.3	－5.0	1.0	1.0
日本	0.3	1.4	2.7	1.9	2.0	2.4	－1.2	－5.2	2.8	1.5
韩国	7.2	2.8	4.6	4.0	5.2	5.1	2.3	0.2	6.1	4.5
卢森堡	4.1	1.5	4.4	5.4	5.6	6.5	0.0	－4.1	3.0	3.1
马来西亚	5.4	5.8	6.8	5.3	5.8	6.5	4.7	－1.7	6.7	5.3
墨西哥	0.8	1.7	4.0	3.2	4.9	3.3	1.5	－6.5	5.0	3.9

续表 1－2

国家和地区	2002 年	2003 年	2004 年	2005 年	2006 年	2007 年	2008 年	2009 年	2010 年	2011 年
荷兰	0.1	0.3	2.2	2.0	3.4	3.9	1.9	-3.9	1.8	1.7
新西兰	4.9	4.2	4.4	3.2	1.0	2.8	-0.1	-1.6	3.0	3.2
尼日利亚	21.2	10.3	10.6	5.4	6.2	7.0	6.0	7.0	7.4	7.4
挪威	1.5	1.0	3.9	2.7	2.3	2.7	0.8	-1.4	0.6	1.8
巴基斯坦	3.2	4.9	7.4	7.7	6.1	5.6	1.6	3.4	4.8	2.8
秘鲁	5.0	4.0	5.0	6.8	7.7	8.9	9.8	0.9	8.3	6.0
菲律宾	4.4	4.9	6.4	5.0	5.3	7.1	3.7	1.1	7.0	4.5
波兰	1.4	3.9	5.3	3.6	6.2	6.8	5.0	1.7	3.4	3.7
葡萄牙	0.7	-0.9	1.6	0.8	1.4	2.4	0.0	-2.6	1.1	-0.1
俄罗斯	4.7	7.3	7.2	6.4	8.2	8.5	5.2	-7.9	4.0	4.3
沙特阿拉伯	0.1	7.7	5.3	5.6	3.2	2.0	4.2	0.6	3.4	4.5
新加坡	4.2	4.6	9.2	7.4	8.6	8.5	1.8	-1.3	15.0	4.5
南非	3.7	2.9	4.6	5.3	5.6	5.5	3.7	-1.8	3.0	3.5
西班牙	2.7	3.1	3.3	3.6	4.0	3.6	0.9	-3.7	-0.3	0.7
瑞典	2.5	2.3	4.2	3.2	4.3	3.3	-0.4	-5.1	4.4	2.6
瑞士	0.4	-0.2	2.5	2.6	3.6	3.6	1.9	-1.9	2.9	1.8
泰国	5.3	7.1	6.3	4.6	5.1	4.9	2.5	-2.2	7.5	4.0
阿联酋	2.6	11.9	9.7	8.2	8.7	6.1	5.1	-2.5	2.4	3.2
英国	2.1	2.8	3.0	2.2	2.8	2.7	-0.1	-4.9	1.7	2.0
美国	1.8	2.5	3.6	3.1	2.7	1.9	0.0	-2.6	2.6	2.3
委内瑞拉	-8.9	-7.8	18.3	10.3	9.9	8.2	4.8	-3.3	-1.3	0.5
越南	7.1	7.3	7.8	8.4	8.2	8.5	6.3	5.3	6.5	6.8

资料来源：IMF，*World Economic Outlook Database*，2010 年 10 月。

表 1－3　市场汇率计 GDP：部分国家和地区（2003～2011 年）

单位：亿美元

2009 年位次	国家和地区	2003 年	2004 年	2005 年	2006 年	2007 年	2008 年	2009 年	2010 年	2011 年
1	美国	111422	118678	126384	133989	140618	143691	141191	146242	151573
2	日本	42291	46059	45522	43626	43780	48870	50689	53909	56833
3	中国	16410	19316	22569	27129	34942	45200	49847	57451	64223
4	德国	24469	27488	27932	29213	33339	36516	33387	33059	33582

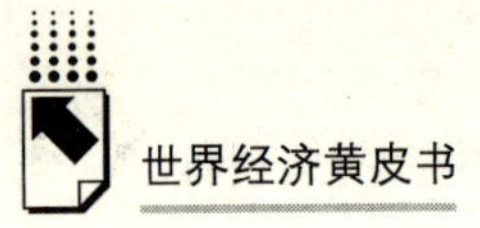

续表 1－3

2009 年位次	国家和地区	2003 年	2004 年	2005 年	2006 年	2007 年	2008 年	2009 年	2010 年	2011 年
5	法国	18044	20606	21478	22704	25988	28652	26564	25554	25908
6	英国	18628	22036	22829	24477	28120	26790	21789	22586	23955
7	意大利	15101	17301	17808	18651	21192	23074	21183	20367	20549
8	巴西	5555	6656	8901	10935	13662	16355	15740	20235	21930
9	西班牙	8854	10457	11321	12359	14440	16014	14679	13748	13661
10	加拿大	8659	9922	11338	12786	14241	14991	13361	15637	16329
11	印度	5954	6903	8097	9080	11516	12606	12369	14300	15984
12	俄罗斯	4303	5912	7637	9899	12997	16670	12319	14769	16781
13	澳大利亚	5432	6586	7381	7837	9518	10581	9942	12197	12978
14	墨西哥	7003	7598	8489	9525	10256	10899	8748	10040	10411
15	韩国	6438	7220	8449	9518	10492	9314	8325	9863	10563
16	荷兰	5393	6107	6396	6783	7837	8775	7967	7703	7761
17	土耳其	3033	3922	4827	5292	6491	7303	6145	7291	7896
18	印度尼西亚	2348	2570	2859	3644	4322	5115	5394	6951	7770
19	瑞士	3251	3630	3725	3912	4341	5024	4919	5224	5441
20	比利时	3117	3610	3778	4000	4593	5067	4721	4613	4691
21	波兰	2168	2530	3040	3417	4253	5294	4307	4389	4688
22	瑞典	3147	3621	3706	3991	4625	4876	4061	4446	4747
23	奥地利	2525	2894	3034	3226	3728	4166	3821	3663	3660
24	挪威	2251	2586	3020	3367	3876	4463	3786	4135	4250
25	中国台湾	3105	3400	3648	3763	3931	4027	3785	4270	4554
26	沙特阿拉伯	2149	2507	3158	3566	3852	4769	3763	4344	4760
27	希腊	1950	2310	2434	2643	3104	3519	3308	3050	2914
28	伊朗	1340	1613	1880	2221	2859	3307	3259	3379	3423
29	委内瑞拉	834	1128	1441	1832	2262	3107	3257	2852	2963
30	丹麦	2126	2447	2577	2744	3107	3408	3101	3046	3139
31	阿根廷	1295	1530	1830	2140	2620	3280	3101	3510	3630
32	南非	1682	2194	2470	2612	2859	2768	2872	3544	3662
33	泰国	1426	1613	1764	2072	2471	2724	2640	3126	3340
34	芬兰	1644	1892	1960	2080	2463	2718	2386	2320	2347
35	葡萄牙	1617	1850	1915	2012	2313	2530	2335	2237	2220
36	哥伦比亚	950	1189	1466	1610	2105	2337	2324	2831	3086
37	阿联酋	876	1056	1380	1752	2064	2544	2239	2397	2551
38	爱尔兰	1583	1857	2022	2227	2596	2649	2224	2041	2075
39	中国香港	1586	1659	1778	1899	2071	2151	2106	2265	2432
40	以色列	1189	1268	1343	1458	1680	2023	1954	2013	2124

资料来源：IMF，*World Economic Outlook Database*，2010 年 10 月。

表1－4　人均GDP：部分国家和地区（2009～2011年）

市场汇率计人均GDP(美元)					购买力平价计人均GDP(国际美元)				
2009年位次	国家和地区	2009年	2010年	2011年	2009年位次	国家和地区	2009年	2010年	2011年
1	卢森堡	105918	104390	108227	1	卢森堡	78409	80304	82573
2	挪威	78178	84543	86211	2	卡塔尔	78260	88233	101827
3	瑞士	63536	67074	69435	3	挪威	51985	52239	53440
4	卡塔尔	59990	74423	89320	4	新加坡	50180	57238	59582
5	丹麦	56263	55113	56652	5	文莱	47930	47200	46899
6	爱尔兰	49863	45642	46256	6	美国	45934	47132	48387
7	荷兰	48209	46418	46641	7	中国香港	42653	45277	47635
8	美国	45934	47132	48387	8	瑞士	40484	41765	42755
9	奥地利	45686	43723	43623	9	荷兰	39877	40777	41851
10	阿联酋	45615	47407	48990	10	爱尔兰	38685	38816	40100
11	澳大利亚	45285	54869	57662	11	澳大利亚	38663	39692	41089
12	芬兰	44581	43134	43432	12	奥地利	38567	39454	40521
13	比利时	43794	42597	43116	13	加拿大	37947	39034	40107
14	瑞典	43668	47667	50742	14	冰岛	37853	36681	37891
15	法国	42413	40591	40965	15	科威特	37849	38293	39684
16	德国	40832	40512	41236	16	阿联酋	36843	36973	37521
17	日本	39740	42325	44682	17	瑞典	35951	37775	39129
18	加拿大	39658	45888	47340	18	丹麦	35828	36764	38000
19	冰岛	37991	39563	41478	19	比利时	35534	36275	37203
20	新加坡	36379	42653	44968	20	英国	34388	35053	35982
21	意大利	35435	33829	33899	21	德国	34388	35930	37209
22	英国	35257	36298	38240	22	芬兰	33445	34402	35363
23	西班牙	32030	29875	29605	23	法国	33434	34092	34945
24	中国香港	29803	31799	33870	24	日本	32554	33828	34832
25	希腊	29635	27265	26026	25	中国台湾	31776	34743	36420
28	新西兰	27259	31589	33456	26	希腊	29839	28834	28391
29	以色列	26874	27085	27970	27	西班牙	29625	29652	30149
37	韩国	17074	20165	21529	28	意大利	29068	29418	29895
53	智利	9516	11587	12805	29	以色列	28581	29405	30255
58	土耳其	8711	10207	10917	31	韩国	27938	29791	31404
59	俄罗斯	8681	10522	11996	34	新西兰	26670	27420	28345
60	巴西	8220	10471	11250	46	波兰	18050	18837	19798
61	墨西哥	8134	9243	9489	51	俄罗斯	14913	15807	16750
62	阿根廷	7725	8663	8875	52	阿根廷	14525	15603	16289

续表 1-4

市场汇率计人均 GDP(美元)					购买力平价计人均 GDP(国际美元)				
2009 年位次	国家和地区	2009 年	2010 年	2011 年	2009 年位次	国家和地区	2009 年	2010 年	2011 年
63	罗马尼亚	7523	7391	7700	58	马来西亚	13800	14603	15304
66	马来西亚	6950	7755	8239	59	墨西哥	13609	14266	14856
73	南非	5824	7101	7249	76	巴西	10499	11289	11805
98	中国	3735	4283	4764	77	南非	10229	10505	10881
110	叙利亚	2615	2892	3110	89	泰国	8051	8644	9009
116	印度尼西亚	2329	2963	3270	97	中国	6778	7518	8304
122	菲律宾	1748	2011	2219	121	印度尼西亚	4151	4380	4648
137	越南	1068	1156	1272	124	菲律宾	3516	3726	3868
140	印度	1032	1176	1297	127	印度	3015	3291	3563
178	利比亚	213	227	237	179	利比亚	385	396	424
180	布隆迪	164	178	188	180	津巴布韦	370	396	419

注：各国购买力平价（PPP）数据参见 IMF *World Economic Outlook Database*。IMF 并不直接计算 PPP 数据，而是根据世界银行、OECD、Penn World Tables 等国际组织的原始资料进行计算。

资料来源：IMF，*World Economic Outlook Database*，2010 年 10 月。

（二）世界通货膨胀、失业形势回顾与展望

表 2-1　通货膨胀率* 回顾与展望（1992~2015 年）

单位：%

国家和地区	1992~2001 年	2005 年	2006 年	2007 年	2008 年	2009 年	2010 年	2011 年	2015 年
先进经济体	2.4	2.3	2.4	2.2	3.4	0.1	1.5	1.4	2.0
美国	2.7	3.4	3.2	2.9	3.8	-0.3	2.1	1.7	2.2
欧元区①	2.3	2.2	2.2	2.1	3.3	0.3	1.1	1.3	1.9
日本	0.4	-0.3	0.3	0.0	1.4	-1.4	-1.4	-0.5	1.0
其他先进经济体②	2.7	2.1	2.1	2.1	3.8	1.5	2.3	2.0	2.2
新兴市场和发展中国家	39.0	5.9	5.6	6.5	9.2	5.2	6.2	4.7	3.8
按地区分组									
中东欧	52.9	5.9	5.9	6.0	8.1	4.7	5.2	3.6	3.2
独联体③	—	12.1	9.5	9.7	15.6	11.2	7.2	6.1	5.1
亚洲发展中国家	7.4	3.8	4.2	5.4	7.4	3.1	5.9	3.7	2.8
中东欧与北非	10.1	6.4	7.5	10.0	13.5	6.6	6.5	6.4	5.3
撒哈拉以南	26.3	8.9	7.3	7.1	11.6	10.6	8.0	6.9	5.5
西半球	51.9	6.3	5.3	5.4	7.9	6.0	6.2	5.9	5.1

续表 2-1

国家和地区	1992~2001 年	2005 年	2006 年	2007 年	2008 年	2009 年	2010 年	2011 年	2015 年
按出口收入来源分组									
燃料出口国	72.1	10.0	9.0	10.1	15.0	9.4	8.0	7.5	6.2
非燃料出口国	30.5	4.9	4.8	5.6	7.9	4.3	5.8	4.1	3.3
初级产品出口国	35.9	5.2	5.2	5.1	9.1	5.2	4.2	4.1	3.6
按外债状况分组									
净债务国	39.8	5.9	5.8	6.1	9.0	7.1	7.5	5.1	4.1
官方融资型	19.0	8.4	8.7	9.3	14.1	9.1	7.3	6.6	5.0
债务拖欠或重组国④	30.6	8.1	9.0	8.4	11.3	6.7	7.9	6.9	6.4

注：* 以消费者物价衡量的通货膨胀率。①基于欧统局消费协调价格指数。②这里的“其他先进经济体”指除去美国、欧元区国家和日本以外的先进经济体。③包括格鲁吉亚和蒙古。虽然二者不是独联体成员，但由于同独联体国家在地理和经济结构上类似，故在地区分组上将二者归入独联体。④指2004~2008 年间有债务拖欠或重组经历的国家。

资料来源：IMF，*World Economic Outlook*，2010 年 10 月。

表 2-2　失业率：先进经济体（1992~2011 年）

单位：%

国家和地区	1992~2001 年	2002~2011 年	2005 年	2006 年	2007 年	2008 年	2009 年	2010 年	2011 年
先进经济体	6.8	6.7	6.2	5.8	5.4	5.8	8.0	8.3	8.2
美国	5.4	6.6	5.1	4.6	4.6	5.8	9.3	9.7	9.6
欧元区	9.7	8.8	9.0	8.4	7.5	7.6	9.4	10.1	10.0
德国	8.1	8.5	10.6	9.8	8.4	7.3	7.5	7.1	7.1
法国	10.6	9.1	9.3	9.3	8.3	7.8	9.4	9.8	9.8
意大利	10.4	7.8	7.7	6.8	6.2	6.7	7.8	8.7	8.6
西班牙	18.9	12.8	9.2	8.5	8.3	11.3	18.0	19.9	19.3
荷兰	4.8	3.8	4.7	3.9	3.2	2.8	3.5	4.2	4.4
比利时	8.5	8.0	8.5	8.3	7.5	7.0	7.7	8.7	8.5
希腊	10.1	10.1	9.9	8.9	8.3	7.7	9.4	11.8	14.6
奥地利	3.9	4.5	5.2	4.8	4.4	3.8	4.8	4.1	4.2
葡萄牙	5.4	8.1	7.7	7.8	8.1	7.7	9.6	10.7	10.9
芬兰	12.8	8.2	8.4	7.7	6.8	6.4	8.3	8.8	8.7
爱尔兰	10.1	7.2	4.4	4.4	4.6	6.3	11.8	13.5	13.0
斯洛伐克	—	14.3	16.2	13.3	11.0	9.6	12.1	14.1	12.7
斯洛文尼亚	7.3	6.3	6.5	6.0	4.9	4.4	6.0	7.8	8.1
卢森堡	2.7	4.5	4.3	4.5	4.4	4.4	6.0	5.8	5.6
塞浦路斯	3.2	4.9	5.3	4.6	4.0	3.6	5.3	7.1	6.9
马耳他	6.0	7.0	7.2	7.1	6.4	6.0	7.0	6.9	6.9
日本	3.6	4.7	4.4	4.1	3.8	4.0	5.1	5.1	5.0
英国	7.7	5.9	4.8	5.4	5.4	5.6	7.5	7.9	7.4

续表 2-2

国家和地区	1992~2001 年	2002~2011 年	2005 年	2006 年	2007 年	2008 年	2009 年	2010 年	2011 年
加拿大	9.1	7.1	6.8	6.3	6.0	6.2	8.3	8.0	7.5
韩国	3.7	3.4	3.7	3.5	3.3	3.2	3.7	3.3	3.3
澳大利亚	8.3	5.2	5.0	4.8	4.4	4.2	5.6	5.2	5.1
中国台湾	2.5	4.7	4.1	3.9	3.9	4.1	5.8	5.3	4.9
瑞典	7.8	6.9	7.6	7.0	6.1	6.2	8.3	8.2	8.2
瑞士	3.6	3.4	3.9	3.4	2.8	2.5	3.6	3.6	3.4
中国香港	3.5	5.4	5.6	4.8	4.0	3.5	5.1	4.4	4.1
捷克	—	7.1	7.9	7.1	5.3	4.4	6.7	8.3	8.0
挪威	4.4	3.6	4.6	3.4	2.5	2.6	3.2	3.5	3.6
新加坡	2.1	2.8	3.1	2.6	2.1	2.2	3.0	2.1	2.2
丹麦	7.6	4.2	5.1	3.9	2.8	1.9	3.6	4.2	4.7
以色列	8.6	8.5	9.0	8.4	7.3	6.1	7.7	7.4	7.2
新西兰	7.5	4.8	3.8	3.8	3.7	4.2	6.2	6.2	5.8
冰岛	3.3	4.0	2.1	1.3	1.0	1.6	8.0	8.6	8.4
主要先进经济体	6.5	6.7	6.2	5.8	5.4	5.9	8.0	8.3	8.1
亚洲新兴工业经济体	3.3	3.9	4.0	3.7	3.4	3.4	4.3	3.8	3.7

资料来源：IMF，*World Economic Outlook*，2010 年 10 月。

（三）世界财政形势回顾与展望

表 3-1 一般政府、中央政府财政余额占 GDP 比例：先进经济体（2003~2011 年）

单位：%

国家和地区	2003 年	2004 年	2005 年	2006 年	2007 年	2008 年	2009 年	2010 年	2011 年
一般政府财政余额占 GDP 比例									
先进经济体	-3.8	-3.2	-2.4	-1.4	-1.1	-3.6	-8.8	-8.0	-6.7
美国	-4.9	-4.4	-3.2	-2.0	-2.7	-6.7	-12.9	-11.1	-9.7
欧元区	-3.0	-2.9	-2.5	-1.3	-0.6	-1.9	-6.3	-6.5	-5.1
德国	-4.0	-3.8	-3.3	-1.6	0.2	0.0	-3.1	-4.5	-3.7
法国	-4.1	-3.6	-3.0	-2.3	-2.7	-3.3	-7.6	-8.0	-6.0
意大利	-3.5	-3.6	-4.4	-3.3	-1.5	-2.7	-5.2	-5.1	-4.3
西班牙	-0.2	-0.4	1.0	2.0	1.9	-4.1	-11.2	-9.3	-6.9
荷兰	-3.2	-1.8	-0.3	0.6	0.3	0.4	-5.0	-6.0	-5.1
比利时	-0.1	-0.3	-2.7	0.3	-0.2	-1.2	-5.9	-4.8	-5.1
希腊	-5.6	-7.5	-5.1	-3.1	-3.7	-7.7	-13.6	-7.9	-7.3
奥地利	-1.6	-4.5	-1.8	-1.6	-0.5	-0.5	-3.5	-4.8	-4.1
葡萄牙	0.0	-0.2	-2.5	-0.4	-2.8	-2.8	-9.3	-7.3	-5.2

续表 3－1

国家和地区	2003 年	2004 年	2005 年	2006 年	2007 年	2008 年	2009 年	2010 年	2011 年
芬兰	2.3	2.1	2.6	4.0	5.2	4.2	-2.4	-3.4	-1.8
爱尔兰	0.4	1.4	1.6	2.9	0.1	-7.3	-14.6	-17.7	-11.2
斯洛伐克	-2.8	-2.4	-2.8	-3.4	-1.9	-2.3	-6.8	-8.0	-4.7
斯洛文尼亚	-1.3	-1.3	-1.0	-0.8	0.3	-0.3	-5.6	-5.7	-4.3
卢森堡	0.5	-1.1	0.0	1.4	3.6	2.9	-0.7	-3.8	-3.1
日本	-8.0	-6.2	-4.8	-4.0	-2.4	-4.1	-10.2	-9.6	-8.9
英国	-3.3	-3.4	-3.3	-2.6	-2.7	-4.9	-10.3	-10.2	-8.1
加拿大	-0.1	0.9	1.5	1.6	1.6	0.1	-5.5	-4.9	-2.9
韩国	2.2	2.3	2.1	2.4	4.2	1.7	0.0	1.4	2.0
澳大利亚	1.6	2.1	2.4	2.0	1.5	-0.5	-4.1	-4.6	-2.5
中国台湾	-3.5	-3.8	-1.8	-1.6	-1.4	-2.4	-5.8	-3.8	-2.5
瑞典	-1.1	0.6	2.0	2.4	3.7	2.4	-0.8	-2.2	-1.4
瑞士	-0.8	-0.8	-0.3	1.4	2.1	0.7	1.4	-1.0	-0.9
中国香港	-3.1	-0.3	1.1	4.3	8.1	0.1	1.5	1.6	1.8
捷克	-6.6	-2.9	-3.6	-2.6	-0.7	-2.7	-5.9	-5.4	-5.6
挪威	7.3	11.1	15.1	18.5	17.7	19.3	9.9	11.1	11.3
新加坡	2.0	2.9	5.7	5.3	10.0	5.2	-0.8	2.4	1.5
丹麦	-0.3	1.6	4.8	4.9	4.6	3.4	-2.8	-4.6	-4.4
以色列	-6.9	-4.3	-2.2	-1.2	-0.2	-1.9	-5.4	-4.2	-3.3
新西兰	4.6	5.4	4.7	3.4	2.9	0.7	-2.8	-4.1	-3.4
冰岛	-2.8	0.0	4.9	6.3	5.4	-0.5	-12.6	-9.2	-5.6
主要先进经济体	-4.8	-4.2	-3.3	-2.3	-2.1	-4.7	-10.1	-9.3	-8.0
亚洲新兴工业经济体	0.0	0.3	1.2	1.7	3.6	0.7	-1.5	0.1	0.7
不包括社会保障的财政余额占 GDP 比例									
美国	-4.2	-3.9	-2.6	-1.1	-1.6	-5.3	-10.7	-8.3	-7.0
日本	-8.1	-6.6	-5.2	-4.1	-2.2	-3.7	-9.6	-9.0	-8.3
德国	-1.5	-1.2	-0.8	0.5	2.0	1.6	0.0	-1.7	-1.7
法国	4.1	4.9	5.6	5.9	5.7	5.2	2.0	2.1	4.3
意大利	3.2	3.4	2.6	3.7	5.1	4.0	2.7	3.0	3.8
加拿大	2.8	3.7	4.2	4.2	4.4	3.1	-2.2	-1.6	0.3
中央政府财政余额占 GDP 比例									
先进经济体	-3.1	-2.7	-2.3	-1.2	-1.0	-3.0	-7.3	-6.7	-5.4
美国	-3.8	-3.6	-2.7	-1.8	-2.2	-5.7	-11.9	-10.8	-9.3
欧元区	-2.3	-2.4	-2.2	-1.4	-1.0	-1.9	-5.1	-4.7	-3.4
德国	-1.8	-2.4	-2.1	-1.5	-0.8	-0.6	-1.6	-2.6	-1.9
法国	-3.9	-3.2	-3.0	-2.7	-2.1	-2.8	-6.2	-5.6	-3.6
意大利	-3.0	-3.0	-3.9	-2.8	-2.1	-2.7	-4.8	-4.7	-4.2
西班牙	-0.5	-1.3	0.2	0.7	1.1	-2.8	-9.4	-5.8	-2.5
日本	-6.7	-5.6	-5.9	-2.3	-2.2	-2.6	-4.2	-4.3	-3.9
英国	-3.4	-3.1	-3.0	-2.7	-2.6	-4.6	-10.1	-10.3	-8.3

续表 3－1

国家和地区	2003 年	2004 年	2005 年	2006 年	2007 年	2008 年	2009 年	2010 年	2011 年
加拿大	0.3	0.8	0.1	0.8	1.0	0.2	-3.1	-2.5	-2.0
其他先进经济体	0.0	1.0	1.8	2.5	3.7	1.7	-1.1	-0.5	0.2
主要先进经济体	-3.8	-3.5	-3.2	-1.9	-1.9	-4.0	-8.4	-7.9	-6.7
亚洲新兴工业经济体	0.2	0.9	1.5	2.2	4.2	1.4	-0.8	0.6	1.1

资料来源：IMF，*World Economic Outlook*，2010 年 10 月。

表 3－2　一般政府财政余额占 GDP 比例：新兴市场和发展中国家（2003～2011 年）

单位：%

国家和地区	2003 年	2004 年	2005 年	2006 年	2007 年	2008 年	2009 年	2010 年	2011 年
新兴市场和发展中国家	-2.8	-1.2	0.0	0.6	0.5	-0.1	-4.5	-3.7	-2.9
地区分组									
中东欧	-6.4	-3.9	-1.8	-1.8	-1.8	-3.0	-5.9	-5.3	-4.4
独联体①	1.1	3.2	6.0	6.5	5.1	3.7	-4.9	-3.9	-2.8
俄罗斯	1.4	4.9	8.2	8.3	6.8	4.3	-6.2	-4.8	-3.6
除俄罗斯	0.1	-1.2	0.5	1.9	1.1	2.2	-1.7	-1.8	-1.0
亚洲发展中国家	-3.7	-2.8	-2.5	-1.8	-0.8	-2.3	-4.6	-4.4	-3.6
中国	-2.4	-1.5	-1.4	-0.7	0.9	-0.4	-3.0	-2.9	-1.9
印度	-8.7	-7.2	-6.4	-5.3	-4.0	-7.4	-9.6	-9.2	-8.5
除中国和印度	-1.9	-1.6	-1.3	-0.8	-1.7	-1.6	-3.7	-3.2	-2.8
拉丁美洲与加勒比地区	-3.4	-1.8	-1.4	-1.3	-1.1	-0.8	-4.0	-2.7	-2.3
巴西	-5.1	-2.8	-3.4	-3.5	-2.6	-1.3	-3.2	-1.7	-1.2
墨西哥	-2.3	-1.3	-1.4	-1.0	-1.3	-1.4	-4.9	-3.6	-3.1
中东与北非	1.1	3.7	7.9	8.3	6.7	8.7	-2.6	-1.0	0.8
撒哈拉以南	-2.6	0.6	1.8	4.8	0.9	0.7	-5.6	-4.4	-3.3
除尼日利亚和南非	-2.8	-1.5	-0.1	6.5	1.6	0.3	-3.9	-2.0	-2.2
分析型分组									
按出口收入来源									
非燃料出口国	2.1	5.6	9.7	9.7	7.4	8.1	-3.9	-1.6	0.1
燃料出口国	-4.0	-2.9	-2.3	-1.6	-1.1	-2.1	-4.6	-4.2	-3.5
初级产品出口国	—	—	0.9	5.5	4.3	2.7	-2.5	-1.3	-0.9
按外债状况									
净债务国	-4.6	-3.4	-2.8	-2.0	-2.0	-3.0	-5.6	-5.1	-4.5
官方融资型	-3.8	-3.3	-3.6	-1.9	-3.1	-4.1	-4.6	-3.8	-3.7
债务拖欠或重组国②	-2.7	-1.6	-1.1	0.9	-0.7	-0.5	-3.5	-3.1	-3.3

注：①包括格鲁吉亚和蒙古。虽然二者不是独联体成员，但由于同独联体国家在地理和经济结构上类似，故在地区分组上将二者归入独联体。②指 2004～2008 年间有债务拖欠或重组经历的国家。

资料来源：IMF，*World Economic Outlook*，2010 年 10 月。

（四）世界金融形势回顾与展望

表4－1　广义货币供应量年增长率：部分国家和地区（2003～2011年）

单位：%

国家和地区	2003年	2004年	2005年	2006年	2007年	2008年	2009年	2010年	2011年
先进经济体									
日本	0.5	0.6	0.5	－0.7	0.7	0.7	2.1	—	—
英国	9.8	9.8	13.8	14.1	15.8	16.6	0.0	—	—
美国	5.0	5.6	4.1	6.0	6.1	9.8	3.7	—	—
新兴市场和发展中国家	18.2	17.3	19.7	21.4	21.1	17.7	15.1	15.8	13.2
按地区分组									
中东欧	19.3	20.9	26.9	19.9	20.5	19.1	9.2	6.1	9.7
独联体①	39.0	35.8	37.2	42.5	45.2	17.9	14.6	23.9	21.7
俄罗斯	39.4	33.7	36.3	40.5	45.2	13.8	16.4	25.3	22.5
除俄罗斯	37.7	41.9	39.8	49.0	45.3	31.9	9.0	19.6	19.1
亚洲发展中国家	17.3	14.2	16.2	17.4	17.3	17.3	21.2	19.1	11.9
中国	19.6	14.9	16.3	17.0	16.7	17.8	27.6	20.0	13.2
印度	16.3	13.3	19.2	21.4	21.1	19.3	17.4	22.6	20.5
除中国和印度	13.6	13.6	13.8	15.4	15.9	14.6	9.3	14.3	2.7
拉丁美洲与加勒比地区	17.5	16.5	18.3	19.6	16.0	15.5	10.2	13.1	12.8
巴西	20.5	16.6	19.2	18.6	18.4	18.0	15.8	12.9	8.5
墨西哥	13.5	12.6	15.0	12.8	11.5	11.9	7.0	7.4	10.4
中东与北非	13.0	17.3	19.2	22.0	24.3	18.3	12.7	10.3	12.5
撒哈拉以南	15.6	15.5	17.6	29.1	27.3	27.6	12.8	18.8	17.6
按出口收入来源分组									
非燃料出口国	23.8	26.4	28.2	37.3	33.8	21.2	13.9	18.8	20.0
燃料出口国	17.1	15.5	17.9	17.8	18.0	16.8	15.5	15.0	11.4
初级产品出口国	6.5	15.3	17.3	18.1	18.5	13.5	11.0	18.5	14.0
按外债状况分组									
净债务国	16.7	16.5	19.0	18.8	18.4	16.7	11.4	12.8	10.7
官方融资型	17.6	16.0	15.1	19.8	18.5	17.2	20.8	18.5	17.3
债务拖欠或重组国②	20.4	23.9	19.4	23.3	21.3	15.6	16.4	18.0	15.1

注：①包括格鲁吉亚和蒙古。虽然二者不是独联体成员，但由于同独联体国家在地理和经济结构上类似，故在地区分组上将二者归入独联体。②指2004～2008年间有债务拖欠或重组经历的国家。

资料来源：IMF，*International Financial Statistics*，2010年8月；IMF，*World Economic Outlook*，2010年10月。

表 4－2　汇率*：部分国家和地区（2002～2010 年、2008 年第二季度～2010 年第二季度）

币　种	2002	2003	2004	2005	2006	2007	2008	2009	2010①
欧元	0.944	1.131	1.243	1.246	1.256	1.371	1.472	1.393	1.308
英镑	1.501	1.634	1.832	1.820	1.843	2.002	1.853	1.564	1.542
日元	125.4	115.9	108.2	110.2	116.3	117.8	103.4	93.6	88.5
加拿大元	1.569	1.401	1.301	1.212	1.134	1.074	1.067	1.143	1.038
瑞士法郎	1.559	1.347	1.243	1.245	1.254	1.200	1.083	1.088	1.062
韩元	1251.1	1191.6	1145.3	1024.1	954.8	929.3	1102.0	1276.9	1170.2
澳大利亚元	1.839	1.534	1.358	1.309	1.327	1.193	1.169	1.264	1.119
新台币	34.580	34.440	33.430	32.180	32.530	32.840	31.530	33.060	31.950
港币	7.799	7.787	7.788	7.777	7.768	7.801	7.787	7.752	7.772
新加坡元	1.791	1.742	1.690	1.664	1.589	1.507	1.415	1.455	1.379
币　种	2008Q2	2008Q3	2008Q4	2009Q1	2009Q2	2009Q3	2009Q4	2010Q1	2010Q2
欧元	1.562	1.503	1.322	1.302	1.361	1.430	1.478	1.385	1.272
英镑	1.970	1.892	1.572	1.434	1.549	1.641	1.634	1.561	1.491
日元	104.511	107.613	96.111	93.716	97.275	93.609	89.680	90.653	92.021
人民币	6.958	6.840	6.834	6.837	6.830	6.831	6.828	6.827	6.823
韩元	1018.8	1067.3	1365.5	1416.1	1284.7	1238.9	1168.0	1143.9	1165.5
澳大利亚元	1.060	1.118	1.487	1.507	1.321	1.202	1.100	1.106	1.134
港币	7.800	7.799	7.754	7.754	7.751	7.751	7.751	7.764	7.779
新加坡元	1.366	1.397	1.487	1.512	1.473	1.439	1.394	1.403	1.391

注：＊汇率单位：欧元和英镑为美元/本币，其他货币汇率单位为本币/美元。季度数据为季度平均汇率。①为预测值。

资料来源：IMF，*World Economic Outlook*，2010 年 10 月；IMF，*International Financial Statistics*，2010 年 8 月。

表 4－3　股票价格指数：全球主要证券交易所（2009 年）

交易所	指数名称	指　数					
		最高值	日期①	最低值	日期①	2009 年底值	年增长率②
美洲							
利马证交所	IGBVL 总指数	15591	10－12	6490	02－24	14167	101.0
墨西哥证交所	IPC 指数	249	12－29	129	03－09	245	45.3
纳斯达克证交所	Nasdaq 综合指数	2291	12－30	1269	03－09	2269	43.9

续表 4－3

交易所	指数名称	指数					
		最高值	日期①	最低值	日期①	2009 年底值	年增长率②
纽约证券交易所	综合指数	7261	12－28	4226	03－09	7185	24.8
圣地亚哥证交所	IGPA 指数	16631	12－30	11440	03－06	16631	46.9
加拿大 TSX 集团	S&P/TSX 综合指数	11780	12－02	7567	03－09	11746	30.7
欧洲－非洲－中东							
雅典证交所	总价格指数	2932	10－15	1458	03－09	2196	22.9
西班牙交易所	全球 100 指数③	953	12－04	487	03－09	936	34.7
意大利交易所	MIB 指数	18503	10－19	10189	03－09	17652	20.7
布达佩斯证交所	BUX 指数	21613	11－11	9461	03－12	21227	73.4
德意志证交所	CDAX 指数	323	12－29	202	03－06	320	20.3
爱尔兰证交所	ISEQ 总指数	3469	09－17	1916	03－09	2975	27.0
伊斯坦布尔证交所	全国 100 指数	52825	12－31	23036	03－05	52825	96.6
伦敦证交所	FTSE 总指数	2772	12－29	1782	03－03	2761	25.0
卢森堡证交所	总价格指数	1255	12－30	647	03－17	1207	54.6
瑞士证交所	SPI 指数	5674	12－29	3622	03－09	5626	23.2
维也纳证交所	WBI 指数	1024	10－19	540	03－09	926	43.7
亚太地区							
中国香港证交所	标普大型股票指数	26565	11－18	14170	03－09	25565	42.9
雅加达证交所	JSX 综合指数	51	09－01	38	03－12	48	0.3
韩国证交所	KOSPI 指数	1719	09－22	1019	03－02	1683	49.7
印度国家证交所	CNX500 指数	4329	12－31	1967	03－09	4329	88.6
新西兰证交所	NZSX 总指数	3267	10－20	2470	03－03	3248	19.4
大阪证交所	300 普通股指数	1079	08－11	772	03－12	1008	7.3
菲律宾证交所	PSE 综合指数	3120	12－02	1759	03－17	3053	63.0
上海证交所	上证综合指数	3478	08－04	1844	01－05	3277	80.0
深圳证交所	深证综合指数	1234	12－03	571	01－05	1201	117.1
新加坡证交所	全部股票指数	2898	12－31	1457	03－09	2898	64.5
中国台湾证交所	TAIEX 指数	8188	12－31	4243	01－20	8188	78.3
泰国证交所	SET 指数	752	10－12	411	03－09	735	63.2

注：①日期格式为月－日；②与 2008 年底相比的增长率，单位为%；③巴塞罗那全球 100 指数。
资料来源：World Federation of Exchanges 数据库，http：//www.fibv.com。

表 4－4 上市债券市值：全球主要证券交易所（2008～2009 年）

单位：亿美元

证券交易所	2009 年				2008 年			
	总计	国内私人部门	国内公共部门	国外部门	总计	国内私人部门	国内公共部门	国外部门
美洲								
巴西证券交易所	748.0	705.0	43.0	0.0	553.9	520.2	33.7	0.0
布宜诺斯艾利斯交易所	913.1	24.8	888.4	0.0	1027.9	34.4	993.5	0.0
哥伦比亚证券交易所	10091.7	1933.0	8149.0	9.7	4143.0	935.6	3202.8	4.6
利马证券交易所	146.0	68.7	75.4	1.9	116.6	56.5	55.1	5.0
墨西哥证券交易所	542.9	—	—	—	450.5	—	—	—
加拿大交易所集团（TSX）	143.4	0.0	143.4	0.0	83.7	0.0	83.7	0.0
欧洲－非洲－中东								
雅典证券交易所	2818.4	10.6	2807.9	0.0	2812.6	11.1	2801.5	0.0
西班牙马德里交易所	19830.6	12496.1	7334.5	0.0	17002.0	11419.6	5582.4	0.0
意大利交易所	43367.5	702.7	20091.0	22573.8	36903.8	639.7	18124.1	18140.0
德意志交易所	213795.0	23189.2	31562.2	159043.6	202874.7	21874.2	29916.9	151083.6
埃及交易所	244.7	17.9	226.8	—	143.1	9.5	133.6	—
爱尔兰证券交易所	1030.6	—	1030.6	—	592.9	—	592.9	—
伊斯坦布尔证券交易所	2636.1	1.4	2228.4	406.2	2193.9	1.3	1796.7	395.9
伦敦证券交易所	48415.1	21604.0	11058.4	15752.8	27344.4	10720.8	5690.8	10932.8
卢森堡证券交易所	88285.1	0.0	28.7	88256.4	84672.7	0.0	27.9	84644.8
奥斯陆证券交易所	1409.6	487.7	901.3	20.5	825.3	339.1	466.7	19.5
瑞士证券交易所	5041.9	899.7	1160.2	2982.0	4795.5	1114.3	1185.6	2495.5
亚太地区								
中国香港证券交易所	505.4	168.4	211.2	125.8	534.2	167.8	218.4	147.9
韩国证券交易所	8710.9	2183.0	6524.5	3.4	6548.3	1731.2	4817.1	0.0
印度国家证券交易所	6655.7	357.4	6297.2	1.1	5146.5	278.7	4866.7	1.0
新西兰证券交易所	346.8	102.1	237.2	7.4	228.9	68.5	155.8	4.6
大阪证券交易所	63373.8	37.7	63336.1	0.0	62893.5	46.3	62847.2	0.0
上海证券交易所	2673.1	562.6	2110.4	0.0	2635.1	390.0	2245.2	0.0
深圳证券交易所	102.2	90.1	12.1	0.0	66.6	55.3	11.4	0.0
新加坡证券交易所	4151.5	—	—	—	3976.5	—	—	—
中国台湾证券交易所	1245.2	0.0	1245.2	0.0	1141.8	0.0	1141.8	0.0
泰国证券交易所	1189.2	234.5	954.7	0.0	1152.3	148.7	1003.6	0.0
东京证券交易所	63465.2	129.2	63336.1	0.0	62983.6	136.4	62847.2	0.0

资料来源：World Federation of Exchanges 数据库，http：//www. fibv. com。

（五）国际收支形势回顾与展望

表 5 – 1　国际收支平衡表：部分国家和地区（2002 ~ 2009 年）

单位：亿美元

国　家	2002 年	2003 年	2004 年	2005 年	2006 年	2007 年	2008 年	2009 年
美国								
经常项目差额	-4591.5	-5215.2	-6311.3	-7486.9	-8035.5	-7265.7	-7060.7	-4198.7
货物差额	-4793.4	-5457.6	-6683.8	-7870.6	-8435.4	-8269.1	-8362.7	-5126.9
服务差额	577.4	507.3	583.9	717.8	831.8	1255.0	1403.4	1340.6
收益差额	274.0	453.1	672.2	723.6	480.9	908.4	1182.3	890.0
经常转移差额	-649.5	-718.0	-883.6	-1057.7	-912.7	-1160.0	-1283.6	-1302.4
资本和金融项目差额	4990.4	5294.1	5336.5	7120.7	8052.6	6616.6	5060.2	2260.7
资本项目差额	-14.7	-34.8	13.2	113.4	-39.1	-19.0	9.5	-28.6
金融项目差额	5005.1	5328.9	5323.3	7007.2	8091.7	6635.5	5050.7	2289.3
直接投资差额	-700.9	-858.1	-1702.6	764.0	-17.7	-1228.4	-122.8	-688.9
证券投资差额	3790.4	4270.3	6899.8	5745.0	6278.4	7587.0	6450.7	-1728.2
金融衍生差额	—	—	—	—	297.1	62.2	-289.1	311.7
其他投资差额	1952.4	1901.4	98.1	357.2	1510.0	215.9	-939.8	4916.5
储备资产变动	-36.9	15.3	28.0	141.0	23.9	-1.3	-48.4	-521.8
净误差与遗漏	-398.8	-78.8	974.8	366.2	-17.1	649.1	2000.4	1938.0
日本								
经常项目差额	1124	1362	1721	1658	1705	2105	1566	1422
货物差额	938	1064	1321	940	813	1048	381	436
服务差额	-422	-339	-379	-240	-183	-213	-208	-204
收益差额	658	712	857	1034	1182	1385	1523	1313
经常转移差额	-49	-75	-79	-76	-107	-115	-130	-124
资本和金融项目差额	-1128	-1192	-1431	-1499	-1391	-2278	-2090	-1621
资本项目差额	-33	-40	-48	-49	-48	-40	-55	-50
金融项目差额	-1095	-1152	-1384	-1450	-1343	-2238	-2035	-1571
直接投资差额	-229	-225	-232	-422	-570	-513	-1063	-628
证券投资差额	-1060	-951	229	-133	1275	731	-2926	-2165
金融衍生差额	25	56	24	-65	25	28	248	105
其他投资差额	630	1840	203	-607	-1754	-2119	2015	1386

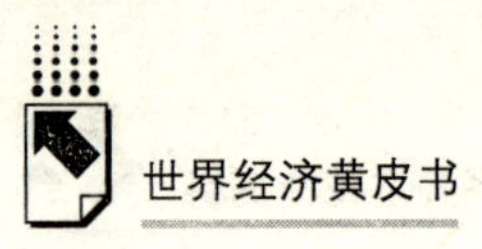

续表 5-1

国　家	2002 年	2003 年	2004 年	2005 年	2006 年	2007 年	2008 年	2009 年
储备资产变动	-461	-1872	-1609	-223	-320	-365	-309	-269
净误差与遗漏	4	-170	-289	-159	-314	173	523	199
欧元区								
经常项目差额	445	249	812	192	-3	289	-2169	-732
货物差额	1160	1129	1254	654	293	790	-200	575
服务差额	160	251	342	410	460	617	609	447
收益差额	-409	-501	-47	48	246	67	-1126	-523
经常转移差额	-466	-630	-737	-921	-1002	-1186	-1451	-1230
资本和金融项目差额	-80	-5	-868	-341	-180	-181	2459	682
资本项目差额	103	143	205	142	117	60	143	112
金融项目差额	-184	-148	-1072	-484	-298	-241	2316	570
直接投资差额	211	-114	-1005	-2594	-2141	-1024	-2938	-1290
证券投资差额	1351	633	573	1457	2400	2016	4901	4391
金融衍生差额	-124	-156	-105	-216	2	-884	-920	537
其他投资差额	-1592	-839	-691	640	-533	-292	1321	-2463
储备资产变动	-30	328	156	230	-25	-56	-48	-605
净误差与遗漏	-365	-245	56	149	184	-108	-290	50
中国								
经常项目差额	354	459	687	1608	2499	3718	4261	2971
货物差额	442	447	590	1342	2177	3154	3607	2495
服务差额	-68	-86	-97	-94	-88	-79	-118	-294
收益差额	-149	-78	-35	106	118	257	314	433
经常转移差额	130	176	229	254	292	387	458	337
资本和金融项目差额	323	527	1107	630	100	735	190	1448
资本项目差额	0	0	-1	41	40	31	31	40
金融项目差额	323	528	1107	589	60	704	159	1409
直接投资差额	468	472	531	678	603	1214	943	343
证券投资差额	-103	114	197	-49	-676	187	427	387
其他投资差额	-41	-59	379	-40	133	-697	-1211	679
储备资产变动	-755	-1170	-2064	-2070	-2470	-4617	-4190	-3984
净误差与遗漏	78	184	270	-168	-129	164	-261	-435

资料来源：IMF, *Balance of Payments Statistics*, 2010 年 8 月；中经网，2010 年 9 月。

表 5－2　经常项目差额及其占 GDP 比例：部分国家和地区
（2004～2015 年）

国家和地区	2004 年	2005 年	2006 年	2007 年	2008 年	2009 年	2010 年	2011 年	2015 年
经常项目差额（亿美元）									
先进经济体[①]	－2198	－4098	－4499	－3476	－5288	－1473	－1853	－2200	－3737
美国	－6311	－7487	－8035	－7266	－7061	－4180	－4872	－5239	－6382
欧元区	1169	453	476	473	－1060	－438	－47	131	－74
日本	1721	1657	1704	2110	1571	1417	1497	1311	1138
其他先进经济体[②]	1224	1280	1356	1207	1262	1728	1569	1597	1581
亚洲新兴工业化国家	829	794	897	1117	848	1425	1213	1282	1528
新兴市场和发展中国家	2223	4497	6656	6579	7092	3217	4201	4911	7691
中东欧	－532	－585	－871	－1326	－1521	－379	－630	－724	－993
独联体[③]	635	875	963	717	1075	426	786	814	－40
亚洲发展中国家	929	1675	2892	4147	4241	3190	3497	3899	7318
中东与北非	1062	2192	2864	2792	3478	348	1191	1740	2567
撒哈拉以南	－85	－27	310	101	86	－181	－171	－220	－200
西半球	214	367	498	148	－267	－186	－473	－599	－962
燃料出口国	1887	3556	4817	4419	6022	1367	3000	3651	3715
非燃料出口国	335	941	1839	2160	1070	1850	1201	1260	3976
初级产品出口国	－9	－16	95	61	－123	－30	－114	－170	－173
净债务国	－572	－943	－1166	－2151	－3618	－1605	－2650	－3135	－4067
官方融资型	－62	－84	－89	－112	－226	－154	－221	－228	－225
债务拖欠或重组国[④]	－61	－76	－55	－179	－327	－274	－289	－355	－373
经常项目差额占 GDP 比例（％）									
先进经济体	－0.7	－1.2	－1.2	－0.9	－1.3	－0.4	－0.4	－0.5	－0.7
欧元区[⑤]	0.8	0.1	－0.1	0.1	－1.5	－0.6	－0.3	－0.2	－0.3
主要先进经济体	－1.4	－1.9	－2.0	－1.3	－1.5	－0.9	－1.1	－1.2	－1.4
亚洲新兴工业经济体	6.2	5.3	5.4	6.1	4.9	8.9	6.6	6.6	6.0
澳大利亚	－6.0	－5.7	－5.2	－6.1	－4.4	－4.1	－3.5	－3.7	－5.8
奥地利	2.1	2.0	2.8	3.1	3.5	1.4	1.8	1.7	1.9
比利时	3.5	2.6	2.0	2.2	－2.5	－0.3	－0.5	－0.1	2.2
巴西	1.8	1.6	1.3	0.1	－1.7	－1.5	－2.9	－2.9	－3.2
加拿大	2.3	1.9	1.4	1.0	0.5	－2.7	－2.6	－2.5	－1.9

续表 5－2

国家和地区	2004 年	2005 年	2006 年	2007 年	2008 年	2009 年	2010 年	2011 年	2015 年
中国	3.6	7.2	9.5	11.0	9.4	5.8	6.2	6.5	8.0
捷克	－5.3	－1.3	－2.6	－3.1	－3.1	－1.0	－1.7	－2.4	－2.5
丹麦	3.1	4.3	3.0	1.5	2.2	4.0	3.1	2.6	1.0
芬兰	6.6	3.6	4.6	4.2	3.0	1.4	2.0	1.8	1.9
法国	0.6	－0.4	－0.5	－1.0	－2.3	－1.5	－1.9	－1.8	－0.9
德国	4.7	5.1	6.5	7.6	6.7	4.8	5.5	5.6	3.6
希腊	－5.8	－7.5	－11.3	－14.4	－14.6	－11.2	－9.7	－8.1	－7.3
中国香港	9.5	11.4	12.1	12.3	13.6	11.1	12.1	10.1	7.6
冰岛	－9.8	－16.1	－25.6	－16.3	－15.8	3.8	5.4	1.8	4.5
印度	0.1	－1.3	－1.1	－1.0	－2.2	－2.1	－2.2	－2.0	－2.0
爱尔兰	－0.6	－3.5	－3.6	－5.3	－5.2	－2.9	0.4	－0.1	－0.7
以色列	1.7	3.1	5.1	2.9	0.7	3.7	3.9	3.7	3.2
意大利	－0.9	－1.7	－2.6	－2.4	－3.4	－3.4	－2.8	－2.7	－2.4
日本	3.7	3.6	3.9	4.8	3.2	2.8	2.8	2.4	1.8
韩国	3.9	1.8	0.6	0.6	－0.6	5.1	1.6	2.2	1.9
荷兰	7.5	7.3	9.3	8.7	4.8	5.2	5.0	5.3	5.0
新西兰	－6.2	－8.3	－8.4	－8.0	－8.6	－3.0	－4.6	－5.7	－8.2
挪威	12.7	16.3	17.2	14.1	18.6	13.8	16.8	16.7	15.1
葡萄牙	－7.6	－9.5	－10.0	－9.4	－12.1	－10.1	－9.0	－10.2	－8.9
俄罗斯	10.1	11.0	9.5	6.0	6.2	3.9	5.1	4.6	－0.4
新加坡	17.5	22.0	24.9	27.6	19.2	19.1	22.0	22.4	21.3
斯洛伐克	－7.8	－8.5	－7.8	－5.3	－6.5	－3.2	－1.8	－1.9	－2.7
斯洛文尼亚	－2.7	－1.7	－2.5	－4.8	－6.2	－0.3	－1.5	－1.2	1.8
西班牙	－5.3	－7.4	－9.0	－10.0	－9.6	－5.1	－5.3	－5.1	－5.0
瑞典	6.7	7.0	8.6	8.6	7.8	6.4	5.4	5.8	5.7
瑞士	13.3	14.0	15.2	10.0	2.4	8.7	9.5	9.6	11.9
中国台湾	5.8	4.8	7.0	8.4	6.2	11.2	8.5	7.7	8.0
英国	－2.1	－2.6	－3.3	－2.7	－1.5	－1.3	－1.7	－1.6	－1.4
美国	－5.3	－5.9	－6.0	－5.2	－4.9	－2.9	－3.3	－3.4	－3.5

注：①因为数据来源不同，本表中的经常项目差额数据与表 5－1 中并不完全一致；②这里的“其他先进经济体”指除去美国、欧元区国家和日本以外的先进经济体；③包括格鲁吉亚和蒙古，虽然二者不是独联体成员，但由于同独联体国家在地理和经济结构上类似，故在地区分组上将二者归入独联体；④指 2004～2008 年间有债务拖欠或重组经历的国家；⑤调整了区域内贸易的统计误差。

资料来源：IMF，*World Economic Outlook*，2010 年 10 月。

表 5－3　储备资产变动*：部分国家和地区（2002～2009 年）

单位：亿美元

国家和地区	2002 年	2003 年	2004 年	2005 年	2006 年	2007 年	2008 年	2009 年
欧元区	-30.3	327.6	156.1	230.0	-25.4	-56.5	-47.9	-605.1
澳大利亚	-1.2	-68.8	-11.7	-72.6	-97.2	351.5	-36.9	—
巴西	-3.1	-84.8	-22.4	-43.2	-305.7	-874.8	-29.7	-475.8
加拿大	1.9	32.6	28.4	-13.4	-8.3	-39.1	-17.7	-104.7
中国	-755.1	-1378.9	-1900.6	-2506.5	-2847.8	-4607.0	-4795.4	-3984.2
捷克	-66.2	-4.4	-2.6	-38.8	-0.9	-8.7	-24.2	-42.8
丹麦	-55.5	-46.7	14.3	15.1	59.9	2.1	-74.2	-336.7
埃及	-0.6	-3.9	-6.8	-63.2	-36.1	-54.8	-17.5	1.6
芬兰	1.2	5.1	-8.1	1.8	43.2	-3.2	-2.4	-25.2
法国	39.7	-12.9	-41.1	90.5	-117.8	3.3	120.3	-93.5
德国	19.8	6.8	18.1	26.0	36.5	-12.3	-27.4	-123.6
希腊	-18.6	47.2	32.8	1.0	-2.8	-4.6	-0.4	-12.1
印度	-188.5	-262.2	-236.5	-145.5	-291.7	-874.9	-49.9	—
印度尼西亚	-40.1	-42.4	6.9	6.6	-69.0	-127.1	19.2	-125.1
爱尔兰	2.9	18.9	14.3	17.8	1.1	-0.2	-1.6	-10.3
以色列	8.0	-10.2	-2.8	-19.7	-4.2	16.9	-141.6	-168.2
意大利	-31.7	-11.1	28.4	10.3	5.7	-18.9	-82.0	-90.0
日本	-461.3	-1871.5	-1608.5	-223.3	-319.8	-365.2	-308.8	-269.2
韩国	-117.7	-257.9	-386.8	-198.6	-220.9	-151.3	564.5	-690.6
马来西亚	-36.6	-101.8	-220.5	-36.2	-68.6	-131.4	34.5	—
墨西哥	-73.8	-98.3	-41.2	-69.8	12.9	-102.6	-77.5	-57.0
荷兰	1.3	4.4	9.1	17.9	-7.8	14.1	-8.5	-72.0
新西兰	-10.9	-7.8	-6.3	-24.2	-42.6	-30.9	49.0	-35.6
巴基斯坦	-45.2	-30.0	17.3	-1.8	-13.8	-23.7	61.2	—
菲律宾	2.5	3.6	16.4	-16.2	-29.4	-85.5	-16.0	-49.1
葡萄牙	-10.2	64.6	18.6	17.4	23.6	9.6	-1.2	-11.4
俄罗斯	-68.4	-263.6	-452.4	-614.6	-1074.7	-1489.3	389.2	-33.6
沙特阿拉伯	-27.4	-16.1	-45.0	-639.6	-709.1	-798.2	-1370.4	326.4
新加坡	-12.6	-67.0	-121.9	-123.1	-170.1	-196.4	-130.7	—
南非	3.2	3.5	-63.2	-57.7	-37.1	-57.4	-22.3	-41.7
西班牙	-36.9	154.9	64.1	19.2	-5.8	-2.1	-6.9	-59.7
瑞典	-6.7	-20.8	11.0	-2.5	-12.9	0.1	-17.5	-151.6
瑞士	-25.5	-34.0	-16.2	182.1	-3.7	-34.6	-31.5	-481.2
土耳其	-61.8	-40.3	-7.9	-178.5	-61.0	-80.7	10.7	-2.3
英国	6.3	25.9	-4.1	-17.3	13.0	-25.7	30.7	-95.6
美国	-36.9	15.3	28.0	141.0	23.9	-1.3	-48.4	-521.8

注：＊指一国货币黄金、特别提款权、在国际货币基金组织的储备头寸、外汇储备、其他债权等方面本年末与上年末余额之间的差额。负号表示储备资产增加，正号表示储备资产减少。

资料来源：IMF，*Balance of Payments Statistics*，2010 年 7 月；中经网数据库，2010 年 9 月。

（六）国际贸易形势回顾

表 6－1　货物贸易进出口：部分国家和地区（2006～2009 年）

单位：亿美元

2009 年位次	国家和地区	货物出口			
		2006 年	2007 年	2008 年	2009 年
	世界	121120	139930	160970	124610
1	中国	9690	12201	14307	12015
2	德国	11081	13212	14462	11209
3	美国	10260	11482	12874	10569
4	日本	6467	7143	7820	5808
5	荷兰	4636	5508	6379	4986
6	法国	4959	5519	6012	4750
7	意大利	4169	4999	5380	4047
8	比利时	3669	4321	4718	3698
9	韩国	3255	3715	4220	3635
10	英国	4487	4391	4597	3507
11	中国香港	3227	3494	3702	3297
12	加拿大	3882	4207	4565	3156
13	俄罗斯	3036	3544	4716	3040
14	新加坡	2718	2993	3382	2698
15	墨西哥	2500	2718	2913	2297
16	西班牙	2137	2533	2815	2180
17	中国台湾	2240	2467	2556	2037
18	沙特阿拉伯	2113	2350	3135	1885
19	阿联酋	1456	1786	2390	1750
20	瑞士	1479	1721	2003	1727
21	马来西亚	1607	1762	1995	1574
22	印度	1218	1502	1948	1552
23	澳大利亚	1234	1414	1873	1540
24	巴西	1378	1606	1979	1530
25	泰国	1297	1539	1778	1525
26	奥地利	1368	1636	1813	1372
27	波兰	1108	1401	1705	1345
28	瑞典	1478	1689	1833	1307

续表 6－1

2009 年位次	国家和地区	货物进口			
		2006 年	2007 年	2008 年	2009 年
	世界	124350	142870	164930	126470
1	美国	19181	20204	21695	16038
2	中国	7915	9561	11326	10057
3	德国	9067	10550	11851	9314
4	法国	5419	6195	7035	5511
5	日本	5791	6222	7625	5507
6	英国	6014	6229	6330	4799
7	荷兰	4168	4926	5809	4458
8	意大利	4426	5117	5549	4104
9	中国香港	3358	3701	3930	3527
10	比利时	3520	4131	4663	3510
11	加拿大	3590	3902	4190	3303
12	韩国	3094	3568	4353	3231
13	西班牙	3287	3893	4208	2902
14	新加坡	2387	2632	3198	2458
15	印度	1784	2294	3210	2436
16	墨西哥	2635	2902	3183	2415
17	俄罗斯	1643	2235	2919	1919
18	中国台湾	2027	2193	2404	1747
19	澳大利亚	1393	1653	2003	1655
20	瑞士	1414	1612	1832	1556
21	波兰	1270	1657	2088	1466
22	奥地利	1372	1630	1843	1435
23	土耳其	1396	1701	2020	1409
24	阿联酋	1001	1325	1770	1400
25	泰国	1288	1400	1787	1338
26	巴西	958	1266	1824	1336
27	马来西亚	1312	1470	1569	1238
28	瑞典	1275	1526	1671	1188

资料来源：WTO Statistics Database Online，2010 年 9 月。

表 6－2　服务贸易进出口：部分国家和地区（2006～2009 年）

单位：亿美元

2008 年位次	国家和地区	服务出口			
		2006 年	2007 年	2008 年	2009 年
	世界	28183	33812	38036	33116
1	美国	4041	4708	5183	4702
2	英国	2336	2806	2851	2397
3	德国	1846	2170	2416	2148
4	法国	1281	1490	1636	1404
5	日本	1151	1271	1465	1243
6	中国	914	1217	1464	1287
7	西班牙	1059	1271	1426	1223
8	意大利	976	1107	1184	1009
9	荷兰	827	942	1027	918
10	印度	695	866	1026	863
11	爱尔兰	687	932	1016	946
12	中国香港	727	846	920	864
13	比利时	572	724	841	746
14	新加坡	640	805	829	737
15	瑞士	535	643	763	682
16	韩国	484	617	741	559
17	丹麦	523	620	725	546
18	瑞典	493	633	716	602
19	卢森堡	504	652	709	595
20	加拿大	590	636	648	570
21	奥地利	457	537	614	532
22	俄罗斯	309	391	507	419
23	希腊	357	430	504	377
24	挪威	331	404	456	378
25	澳大利亚	324	398	445	414
26	波兰	205	288	354	288
27	土耳其	250	283	345	325
28	中国台湾	289	310	345	309
29	泰国	246	301	334	305
30	芬兰	174	233	318	250

续表 6－2

2008 年位次	国家和地区	服务进口			
		2006 年	2007 年	2008 年	2009 年
	世界	26370	31265	35354	31145
1	美国	3145	3388	3649	3308
2	德国	2210	2560	2832	2554
3	英国	1703	1954	1969	1599
4	日本	1339	1487	1633	1457
5	中国	1003	1293	1580	1575
6	法国	1109	1283	1417	1241
7	意大利	981	1187	1279	1136
8	爱尔兰	785	949	1093	1036
9	西班牙	782	959	1043	865
10	荷兰	747	838	919	874
11	韩国	680	821	918	741
12	印度	583	703	884	744
13	加拿大	719	818	866	772
14	比利时	524	687	820	720
15	新加坡	645	747	789	739
16	俄罗斯	437	577	746	601
17	丹麦	452	540	624	506
18	瑞典	394	479	543	467
19	沙特阿拉伯	295	459	496	—
20	澳大利亚	316	392	476	413
21	中国香港	369	424	469	442
22	泰国	328	382	463	380
23	巴西	271	347	444	441
24	挪威	312	389	439	367
25	阿联酋	243	334	428	—
26	奥地利	334	390	427	378
27	卢森堡	298	379	413	359
28	瑞士	266	316	363	341
29	中国台湾	318	343	343	293
30	马来西亚	234	286	301	265

注：①因为部分国家和地区 2009 年服务贸易数据暂时无法得到，所以本表按 2008 年数据排序。
资料来源：WTO Statistics Database Online，2010 年 9 月。

表 6－3　原油进出口量：部分国家和地区（2007～2009 年）*

单位：千桶/天，%

国家和地区	原油进口量			
	2007 年	2008 年	2009 年	2009 年占世界比重
北美	10850	10569	9861	23.4
加拿大	833	816	798	1.9
美国	10017	9753	9062	21.5
拉美	1949	1941	1863	4.4
巴西	392	372	360	0.9
智利	211	209	139	0.3
东欧	1206	1141	1132	2.7
保加利亚	143	134	132	0.3
罗马尼亚	176	173	172	0.4
俄罗斯	62	48	48	0.1
西欧	11683	11624	11600	27.5
比利时	666	681	679	1.6
法国	1646	1682	1682	4.0
德国	2190	2153	2152	5.1
意大利	1776	1651	1650	3.9
荷兰	986	983	982	2.3
西班牙	1150	1166	1163	2.8
土耳其	473	440	439	1.0
英国	1029	1062	1060	2.5
中东	515	648	649	1.5
巴林	230	212	213	0.5
非洲	915	949	882	2.1
肯尼亚	38	38	38	0.1
摩洛哥	147	147	147	0.3
亚太地区	16026	16133	16200	38.4
澳大利亚	385	379	378	0.9
中国①	3277	3592	4093	9.7
印度	2412	2553	2598	6.2
印尼	298	261	325	0.8
日本	3986	3966	3445	8.2
新西兰	93	101	101	0.2
菲律宾	207	189	139	0.3
新加坡	699	639	600	1.4
韩国	2392	2332	2326	5.5
中国台湾	965	909	945	2.2
泰国	801	811	811	1.9
世界	43142	43004	42186	100.0

续表 6－3

国家和地区	原油出口量			
	2007 年	2008 年	2009 年	2009 年占世界比重
北美	1422	1564	1535	4.0
加拿大	1401	1525	1491	3.9
美国	21	39	44	0.1
拉美	4727	4479	4271	11.1
哥伦比亚	244	346	358	0.9
厄瓜多尔	342	348	329	0.9
墨西哥	1738	1446	1312	3.4
委内瑞拉	2116	1770	1608	4.2
东欧	5879	5658	6230	16.2
俄罗斯	5264	5046	5608	14.6
西欧	3222	2786	2775	7.2
挪威	2012	1702	1773	4.6
英国	933	840	776	2.0
中东	16776	17439	15324	39.8
伊朗	2467	2438	2232	5.8
伊拉克	1643	1855	1906	4.9
科威特	1613	1739	1348	3.5
阿曼	683	593	574	1.5
卡塔尔	615	703	647	1.7
沙特	6962	7322	6268	16.3
阿联酋	2343	2334	1953	5.1
非洲	6883	6397	6771	17.6
阿尔及利亚	1254	841	748	1.9
安哥拉	1158	1045	1770	4.6
刚果	239	240	216	0.6
加蓬	207	209	188	0.5
利比亚	1378	1403	1170	3.0
尼日利亚	2144	2098	2160	5.6
亚太地区	1791	1743	1613	4.2
澳大利亚	239	239	248	0.6
文莱	182	164	152	0.4
中国	76	107	104	0.3
印尼	319	294	250	0.7
马来西亚	401	402	372	1.0
越南	276	206	202	0.5
OPEC	24033	23896	22139	57.5
世界	40700	40066	38519	100.0

注：＊数据包括转口数据，每个地区只列出主要的而非全部国家和地区。①中国的原油进口量根据 2008～2010 年《中国统计年鉴》公布的进口吨数，按 7.33 桶/吨、一年 365 天估算。

资料来源：OPEC Annual Statistical Bulletin 2009，www.opec.org。

（七）国际投资与资本流动回顾

表 7－1　国际投资头寸表*：部分国家和地区（2002～2009 年）

单位：亿美元

国　　家	2002 年	2003 年	2004 年	2005 年	2006 年	2007 年	2008 年	2009 年
美国								
金融账户总资产	66491	76381	93406	119620	144280	183400	192450	183790
对外直接投资	18670	20545	24985	26517	29482	35529	37428	40512
证券投资	20767	31695	38080	45987	59884	72429	43120	59826
股本证券	13740	20794	25604	33177	43290	52480	27484	39774
债务证券	7027.4	10901	12476	12810	16594	19949	15636	20052
金融衍生品	—	—	—	11900	12390	25593	61274	35120
其他投资	25467	22305	28445	33331	40327	47075	47688	44295
储备资产	1586	1835.8	1895.9	1880.4	2198.5	2772.1	2937.3	4038
金融账户总负债	86937	97319	115940	138940	166200	202560	227390	211170
外来直接投资	15000	15810	17427	19060	21541	24105	25214	26728
证券投资	43305	55463	66212	73378	88435	103270	94730	104370
股本证券	13358	18395	21233	23040	27919	32316	21326	28302
债务证券	29947	37068	44980	50338	60516	70953	73405	76064
金融衍生品	—	—	—	11321	11792	24879	59678	33841
其他投资	28632	26046	32297	35178	44430	50302	47766	46235
国际投资净头寸	-20450	-20940	-22530	-19320	-21920	-19160	-34940	-27380
日本								
金融账户总资产	30521	35998	41670	42909	46919	53552	57210	60268
对外直接投资	3042	3355	3705	3866	4496	5426	6803	7409
证券投资	13945	17213	20097	21149	23435	25236	23767	28458
股本证券	2108	2745	3647	4086	5104	5735	3947	5940
债务证券	11837	14469	16450	17063	18331	19501	19820	22518
金融衍生品	34	49	57	263	230	390	774	462
其他投资	8823	8650	9385	9201	9811	12827	15620	13426
储备资产	4676	6731	8425	8430	8948	9674	10246	10512
金融账户总负债	15899	19862	23825	27591	28838	31603	32360	31349
外来直接投资	781	897	970	1009	1076	1329	2034	2001
证券投资	6104	8672	11534	15424	17629	19429	15461	15414
股本证券	3399	5610	7433	11261	12550	12459	7562	8296
债务证券	2705	3061	4101	4164	5079	6970	7899	7118

续表 7－1

国　家	2002年	2003年	2004年	2005年	2006年	2007年	2008年	2009年
金融衍生品	37	68	108	332	302	435	855	566
其他投资	8977	10225	11214	10826	9831	10410	14011	13368
国际投资净头寸	14622	16136	17845	15318	18082	21950	24850	28918
欧盟								
金融账户总资产	78666	101340	120310	130480	166540	210670	194420	204740
对外直接投资	21056	27423	31111	33221	42046	53240	52359	59619
证券投资	24041	33552	41364	45673	57306	68046	52404	60634
股本证券	8932	13778	17025	20355	25492	28872	16178	21350
债务证券	15109	19773	24339	25318	31814	39173	36226	39284
金融衍生品	1396	1717	2151	2269	2860	5050	8183	6859
其他投资	28330	34773	41851	45544	60033	79218	76263	70963
储备资产	3842	3877	3831	3778	4294	5113	5208	6668
金融账户总负债	85927	110990	131750	138710	179420	228320	216720	226610
外来直接投资	19150	26303	30364	28787	35886	46081	44660	48786
证券投资	34055	45345	55317	59868	78554	96683	84725	98201
股本证券	14308	19850	23729	28259	39986	48188	30177	39175
债务证券	19747	25495	31588	31609	38568	48496	54548	59026
金融衍生品	1528	1969	2658	2522	3134	5431	8690	7555
其他投资	31194	37375	43410	47532	61848	80120	78644	72071
国际投资净头寸	－7261	－9651	－11440	－8223	－12880	－17650	－22300	－21870
中国								
金融账户总资产	—	—	9334	12291	16904	24162	29567	34601
对外直接投资	—	—	527	645	906	1160	1857	2296
证券投资	—	—	920	1167	2652	2846	2525	2428
股本证券	—	—	—	—	15	196	214	546
债务证券	—	—	920	1167	2637	2650	2311	1882
其他投资	—	—	1658	2164	2539	4683	5523	5345
储备资产	—	—	6230	8315	10808	15473	19662	24532
金融账户总负债	—	—	6527	8156	10503	12281	14629	16382
外来直接投资	—	—	3690	4715	6144	7037	9155	9974
证券投资	—	—	566	766	1207	1466	1678	1900
股本证券	—	—	433	636	1065	1290	1505	1748
债务证券	—	—	133	130	142	176	172	152
其他投资	—	—	2271	2675	3152	3778	3796	4508
国际投资净头寸	—	—	2808	4135	6402	11881	14938	18220

注：* International Investment Position，表中数据为存量。

资料来源：IMF，*International Financial Statistics*，2010年8月。

表 7-2-1 FDI 流量：部分国家和地区（2007~2009 年）

单位：亿美元

国家和地区	流入量			流出量		
	2007 年	2008 年	2009 年	2007 年	2008 年	2009 年
世界	21000	17709	11142	22675	19288	11010
发达国家	14441	10183	5659	19239	15719	8206
欧洲	9884	5511	3784	13676	9921	4396
比利时	1184	1100	338	1059	1300	-151
法国	962	623	596	1643	1611	1472
德国	765	244	356	1625	1346	627
意大利	402	170	305	908	438	439
卢森堡	-291	93	273	630	166	150
荷兰	1154	-76	269	284	201	178
瑞典	272	337	109	376	278	303
英国	1864	915	457	3184	1611	185
北美	3744	3798	1485	4532	4113	2869
加拿大	1084	553	187	596	808	388
美国	2660	3246	1299	3935	3305	2481
其他发达国家	813	874	390	1031	1685	942
澳大利亚	455	467	226	168	328	184
百慕大	10	4	2	4	7	3
日本	226	244	119	735	1280	747
发展中国家	5649	6300	4783	2921	2963	2292
非洲	631	722	586	106	99	50
埃及	116	95	67	7	19	6
尼日利亚	61	68	59	5	10	1
南非	57	90	57	30	-31	16
拉美和加勒比国家	1636	1832	1166	560	820	474
巴西	346	451	259	71	205	-101
英属维尔京群岛	285	446	253	250	392	265
墨西哥	274	237	125	83	12	76
亚太地区	3382	3746	3032	2256	2043	1768
中国	835	1083	950	225	522	480
中国香港	543	596	484	611	506	523
中国台湾	78	54	28	111	103	59
印度	250	404	346	172	185	149
印度尼西亚	69	93	49	47	59	29
韩国	26	84	58	156	189	106
马来西亚	85	73	14	113	150	80
新加坡	358	109	168	276	-85	60
东南欧和独联体国家	910	1226	699	515	606	512
东南欧地区	128	127	76	14	19	14
独联体地区	781	1099	624	501	587	497
哈萨克斯坦	111	158	126	31	10	31
俄罗斯	551	755	387	459	561	461
除中国外所有发展中国家	4814	5217	3833	2697	2441	1812

资料来源：联合国贸发会，*World Investment Report 2010*。

表 7－2－2　FDI 存量：世界部分国家和地区（1990～2009 年）

单位：亿美元

国家和地区	流入存量			流出存量		
	1990 年	2000 年	2009 年	1990 年	2000 年	2009 年
世界	20818	74425	177434	20868	79675	189821
发达国家	15572	56532	123525	19416	70835	160108
欧洲	8089	24403	80378	8875	37597	99831
法国	978	3910	11330	1124	9259	17197
德国	1112	2716	7016	1516	5419	13785
意大利	600	1212	3940	602	1803	5781
荷兰	687	2437	5967	1069	3055	8506
瑞典	126	940	3045	507	1233	3674
英国	2039	4386	11251	2293	8978	16517
北美	6524	29960	36455	8166	29317	48697
加拿大	1128	2127	5249	848	2376	5669
美国	5396	27832	31206	7318	26940	43029
其他发达国家	959	2169	6692	2376	3921	11580
澳大利亚	736	1189	3281	305	960	3436
日本	99	503	2001	2014	2784	7409
新西兰	79	249	666	44	85	151
发展中国家	5245	17285	48935	1452	8626	26915
非洲	607	1542	5148	198	441	1022
埃及	110	200	667	2	7	43
尼日利亚	85	238	691	12	41	64
南非	92	435	1251	150	323	643
拉美和加勒比国家	1114	5021	14727	576	2044	6433
巴西	371	1223	4008	410	519	1577
英属维尔京群岛	1	321	1562	9	671	2249
墨西哥	224	972	3095	27	83	535
亚太地区	3525	10722	29060	677	6141	19460
中国	207	1933	4731	45	278	2296
中国香港	2017	4555	9122	119	3884	8341
中国台湾	97	195	483	304	667	1810
印度	17	163	1640	1	17	772
印度尼西亚	87	251	728	1	69	302
韩国	52	381	1108	23	268	1156
马来西亚	103	527	746	8	159	756
菲律宾	45	182	236	4	20	61
沙特阿拉伯	219	176	1471	21	50	403
新加坡	305	1106	3436	78	568	2131
泰国	82	299	990	4	22	163
越南	17	206	528	—	—	—
东南欧和独联体国家	—	609	4974	—	213	2798
俄罗斯	—	322	2525	—	201	2489.
除中国外所有发展中国家	5038	15351	44204	1407	8349	24619

资料来源：联合国贸发会，*World Investment Report 2010*。

（八）全球竞争力和大公司排名

表 8－1　全球竞争力指数：部分国家和地区

国家/地区	2010 年竞争力指数		2009 年位次	国家/地区	2010 年竞争力指数		2009 年位次
	位次	分数			位次	分数	
瑞士	1	5.63	1	文莱	28	4.75	32
瑞典	2	5.56	4	爱尔兰	29	4.74	25
新加坡	3	5.48	3	智利	30	4.69	30
美国	4	5.43	2	冰岛	31	4.68	26
德国	5	5.39	7	突尼斯	32	4.65	40
日本	6	5.37	8	爱沙尼亚	33	4.61	35
芬兰	7	5.37	6	阿曼	34	4.61	41
荷兰	8	5.33	10	科威特	35	4.59	39
丹麦	9	5.32	5	捷克	36	4.57	31
加拿大	10	5.30	9	巴林	37	4.54	38
中国香港	11	5.27	11	泰国	38	4.51	36
英国	12	5.25	13	波兰	39	4.51	46
中国台湾	13	5.21	12	塞浦路斯	40	4.50	34
挪威	14	5.14	14	波多黎各	41	4.49	42
法国	15	5.13	16	西班牙	42	4.49	33
澳大利亚	16	5.11	15	巴巴多斯	43	4.45	44
卡塔尔	17	5.10	22	印度尼西亚	44	4.43	54
奥地利	18	5.09	17	斯洛文尼亚	45	4.42	37
比利时	19	5.07	18	葡萄牙	46	4.38	43
卢森堡	20	5.05	21	立陶宛	47	4.38	53
沙特阿拉伯	21	4.95	28	意大利	48	4.37	48
韩国	22	4.93	19	印度	51	4.33	49
新西兰	23	4.92	20	匈牙利	52	4.33	58
以色列	24	4.91	27	巴拿马	53	4.33	59
阿联酋	25	4.89	23	南非	54	4.32	45
马来西亚	26	4.88	24	毛里求斯	55	4.32	57
中国	27	4.84	29	哥斯达黎加	56	4.31	55

续表 8－1

国家/地区	2010年竞争力指数		2009年位次	国家/地区	2010年竞争力指数		2009年位次
	位次	分数			位次	分数	
阿塞拜疆	57	4.29	51	希腊	83	3.99	71
巴西	58	4.28	56	菲律宾	85	3.96	87
越南	59	4.27	75	厄瓜多尔	105	3.65	105
土耳其	61	4.25	61	柬埔寨	109	3.63	110
俄罗斯	63	4.24	63	赞比亚	115	3.55	112
墨西哥	66	4.19	60	委内瑞拉	122	3.48	113
罗马尼亚	67	4.16	64	尼泊尔	130	3.34	125
伊朗	68	4.14	69	津巴布韦	136	3.03	132
埃及	81	4.00	70	乍得	139	2.73	131

注：*共有139个国家和地区参加排名，因篇幅所限本表未全部列出。
资料来源：世界经济论坛（World Economic Forum），*Global Competitiveness Report 2010－2011*。

表 8－2－1　《财富》全球前50家大公司排名（2009年）

排名		公司名称	总部	营业收入		利润（亿美元）
2009年	2008年			亿美元	年增长率(%)	
1	3	沃尔玛	美国	4082.1	0.6	143.4
2	1	荷兰皇家壳牌石油公司	荷兰	2851.3	－39.5	125.2
3	2	埃克森美孚	美国	2846.5	－35.7	192.8
4	4	英国石油公司	英国	2461.4	－32.9	165.8
5	10	丰田汽车公司	日本	2041.1	－0.1	22.6
6	11	日本邮政控股	日本	2022.0	1.8	48.5
7	9	中国石油化工集团公司	中国	1875.2	－9.8	57.6
8	15	中国国家电网	中国	1845.0	12.4	－3.4
9	73	安盛	法国	1752.6	118.4	50.1
10	13	中国石油天然气集团公司	中国	1655.0	－8.6	102.7
11	5	雪佛龙	美国	1635.3	－37.9	104.8
12	8	荷兰国际集团	荷兰	1632.0	－28.0	－13.0
13	12	通用电气	美国	1567.8	－14.4	110.3
14	6	道达尔	法国	1558.9	－33.6	117.4
15	37	美国银行	美国	1504.5	33.0	62.8
16	14	大众公司	德国	1462.1	－12.2	13.3
17	7	康菲石油	美国	1395.2	－39.5	48.6
18	24	法国巴黎银行	法国	1307.1	－4.0	81.1

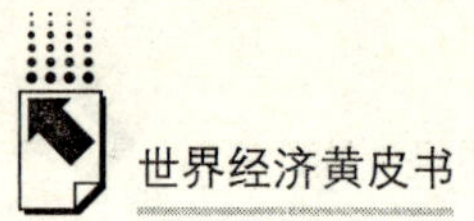

续表 8-2-1

排名		公司名称	总部	营业收入		利润（亿美元）
2009 年	2008 年			亿美元	年增长率(%)	
19	47	意大利忠利保险公司	意大利	1260.1	22.2	18.2
20	20	安联保险集团	德国	1260.0	-11.5	59.7
21	29	美国电话电报公司	美国	1230.2	-0.8	125.4
22	25	家乐福	法国	1214.5	-5.9	4.5
23	19	福特汽车公司	美国	1183.1	-19.1	27.2
24	17	埃尼集团	意大利	1172.4	-26.4	60.7
25	49	摩根大通	美国	1156.3	13.9	117.3
26	32	惠普	美国	1145.5	-3.2	76.6
27	26	意昂集团	德国	1138.5	-10.6	116.7
28	41	伯克希尔-哈撒韦公司	美国	1124.9	4.4	80.6
29	53	法国燃气苏伊士集团	法国	1110.7	11.7	62.2
30	23	戴姆勒股份公司	德国	1097.0	-21.8	-36.7
31	44	日本电报电话公司	日本	1096.6	5.8	53.0
32	40	三星电子	韩国	1089.3	-1.3	75.6
33	39	花旗集团	美国	1087.9	-3.2	-16.1
34	42	麦克森公司	美国	1087.0	1.9	12.6
35	55	威瑞森电信	美国	1078.1	10.7	36.5
36	46	法国农业信贷银行	法国	1065.4	2.9	15.6
37	35	西班牙国家银行	西班牙	1063.5	-9.7	124.3
38	18	通用汽车	美国	1045.9	-29.8	—
39	21	汇丰控股	英国	1037.4	-27.0	58.3
40	30	西门子	德国	1036.1	-16.2	31.0
41	—	美国国际集团	美国	1031.9	829.3	-109.5
42	256	英国劳埃德银行集团	英国	1029.7	219.8	44.1
43	60	卡地纳健康集团	美国	996.1	9.4	11.5
44	48	雀巢	瑞士	991.1	-2.4	96.0
45	63	CVS Caremark 公司	美国	987.3	12.9	37.0
46	141	富国银行	美国	986.4	91.0	122.8
47	52	日立	日本	965.9	-3.0	-11.5
48	45	IBM	美国	957.6	-7.6	134.3
49	16	德克夏集团	比利时	951.4	-41.0	14.0
50	22	俄罗斯国家天然气公司	俄罗斯	944.7	-33.2	245.6

资料来源：美国《财富》杂志，2010 年 7 月。

表 8－2－2　《财富》全球 500 家大公司之中国公司（2009 年）

排名 2008 年	排名 2007 年	公司名称	营业收入（亿美元）	年增长率（%）	
7	9	中国石油化工集团公司	1875.2	－9.8	57.6
8	15	中国国家电网	1845.0	12.4	－3.4
10	13	中国石油天然气集团公司	1655.0	－8.6	102.7
77	99	中国移动通信	717.5	10.4	116.6
87	92	中国工商银行	693.0	－1.8	188.3
116	125	中国建设银行	583.6	0.7	156.3
118	133	中国人寿保险	570.2	4.6	31.3
133	252	中国铁道建筑总公司	520.4	59.9	9.6
137	242	中国中铁股份有限公司	507.0	50.2	10.1
141	155	中国农业银行	497.4	3.5	95.1
143	145	中国银行	496.8	－3.2	118.7
156	185	中国南方电网	457.4	11.3	2.5
182	—	东风汽车公司	394.0	31.0	7.2
187	292	中国建筑集团总公司	381.2	27.9	8.4
203	170	中国中化集团公司	355.8	－20.0	6.6
204	263	中国电信	355.6	11.8	5.8
223	359	上汽集团	336.3	35.2	10.7
224	341	中国交通建设集团有限公司	334.7	28.8	7.0
242	218	来宝集团	311.8	－13.6	5.6
252	318	中国海洋石油总公司	306.8	9.5	36.3
254	415	中国中信集团公司	306.1	37.7	27.7
258	385	中国一汽集团	302.4	27.8	13.8
275	428	中国南方工业集团公司	287.6	32.7	2.7
276	220	宝钢集团	285.9	－19.5	14.5
302	281	香港和记黄埔有限公司	269.4	－10.9	18.3
312	335	中粮集团	261.0	－1.3	6.3
313	425	中国华能集团公司	260.2	19.5	0.4
314	375	河北钢铁集团	259.2	7.9	1.4
315	380	中国冶金科工集团公司	258.7	8.8	4.1
330	426	中国航空工业集团公司	251.9	15.9	7.7
332	331	中国五矿集团公司	249.6	－6.4	3.0
348	—	中国北方工业（集团）公司	241.5	13.7	4.6

续表 8-2-2

排名		公司名称	营业收入（亿美元）	年增长率(%)	
2008 年	2007 年				
352	372	中国中钢集团公司	240.1	-0.6	0.4
356	—	神华集团	236.1	14.1	32.8
368	419	中国联合网络通信集团有限公司	231.8	5.5	4.6
371	—	中国人民保险公司	231.2	40.9	1.5
382	411	中国香港怡和集团	225.0	0.6	16.0
383	—	平安保险	223.7	63.4	20.3
395	—	中国华润总公司	219.0	16.4	10.0
397	—	华为技术	218.2	21.3	26.7
412	—	中国大唐集团公司	214.6	46.6	-2.8
415	444	江苏沙钢集团	214.2	2.5	3.8
428	—	武汉钢铁(集团)公司	205.4	15.4	1.7
436	499	中国铝业公司	198.5	6.9	-6.2
440	494	中国交通银行	195.7	4.8	44.1
477	—	中国国电集团公司	178.7	31.4	0.3
备注:中国台湾					
112	109	鸿海精密集团	593.2	-4.1	22.9
281	291	国泰人寿保险有限责任公司	283.2	-5.1	0.8
327	342	广达电脑有限公司	254.3	-2.1	6.8
431	—	仁宝电脑工业股份有限公司	204.5	34.7	5.8
434	306	台湾中油股份有限公司	202.5	-28.8	11.4
452	323	台塑石化股份有限公司	192.0	-30.8	11.9
465	436	华硕电脑	184.7	-12.7	3.8
487	—	宏碁集团	173.8	0.3	3.4

资料来源：美国《财富》杂志，2010 年 7 月。

图书在版编目（CIP）数据

2011年世界经济形势分析与预测/王洛林，张宇燕主编.
—北京:社会科学文献出版社，2011.1
（世界经济黄皮书）
ISBN 978-7-5097-2016-5

Ⅰ.①2… Ⅱ.①王… ②张… Ⅲ.①世界经济-分析-2010
②世界经济-经济预测-2011 Ⅳ.①F113.4

中国版本图书馆CIP数据核字（2010）第239544号

世界经济黄皮书

2011年世界经济形势分析与预测

主　　编/王洛林　张宇燕
副 主 编/孙　杰

出 版 人/谢寿光
总 编 辑/邹东涛
出 版 者/社会科学文献出版社
地　　址/北京市西城区北三环中路甲29号院3号楼华龙大厦
邮政编码/100029
网　　址/http://www.ssap.com.cn
网站支持/（010）59367077
责任部门/皮书出版中心（010）59367127
电子信箱/pishubu@ssap.cn
项目经理/邓泳红
责任编辑/任文武
责任校对/张晓媛
责任印制/蔡　静　董　然　米　扬
品牌推广/蔡继辉

总 经 销/社会科学文献出版社发行部
（010）59367081　59367089
经　　销/各地书店
读者服务/读者服务中心（010）59367028
排　　版/北京中文天地文化艺术有限公司
印　　刷/北京季蜂印刷有限公司

开　　本/787mm×1092mm　1/16
印　　张/23.75　字数/405千字
版　　次/2011年1月第1版　印次/2011年1月第1次印刷

书　　号/ISBN 978-7-5097-2016-5
定　　价/49.00元

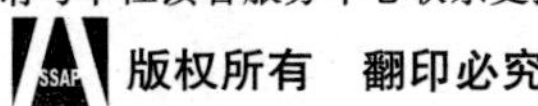

盘点年度资讯，预测时代前程

从“盘阅读”到全程在线，使用更方便
品牌创新又一启程

·产品更多样

从纸书到电子书，再到全程在线网络阅读，皮书系列产品更加多样化。2010年开始，皮书系列随书附赠产品将从原先的电子光盘改为更具价值的皮书数据库阅读卡。纸书的购买者凭借附赠的阅读卡将获得皮书数据库高价值的免费阅读服务。

·内容更丰富

皮书数据库以皮书系列为基础，整合国内外其他相关资讯构建而成，下设六个子库，内容包括建社以来的700余种皮书、近20000篇文章，并且每年以120种皮书、4000篇文章的数量增加。可以为读者提供更加广泛的资讯服务；皮书数据库开创便捷的检索系统，可以实现精确查找与模糊匹配，为读者提供更加准确的资讯服务。

·流程更方便

登录皮书数据库网站www.i-ssdb.cn，注册、登录、充值后，即可实现下载阅读，购买本书赠送您100元充值卡。请按以下方法进行充值。

充值卡使用步骤：

第一步

- 刮开下面密码涂层
- 登录 www.i-ssdb.cn 点击“注册”进行用户注册

第二步

登录后点击“会员中心”进入会员中心。

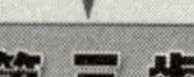

第三步

- 点击“在线充值”的“充值卡充值”，
- 输入正确的“卡号”和“密码”，即可使用。

社会科学文献出版社 SOCIAL SCIENCES ACADEMIC PRESS (CHINA) 皮书系列

卡号：51090596108551

密码：

（本卡为图书内容的一部分，不购书刮卡，视为盗书）

如果您还有疑问，可以点击网站的“使用帮助”或电话垂询010-59367071。